职业教育新形态教材·财经商贸类

# 商务写作与沟通

主　编　张岩松
副主编　曲　真　何慧鑫

清华大学出版社
北京交通大学出版社
·北京·

## 内 容 简 介

本书是职业教育新形态教材（公共基础课程和财经商贸类等相关专业课程教材），是微课+电子活页式教材和"课程思政"建设创新教材。本书将商务写作与商务沟通两方面内容有机整合，形成了独特的内容体系。全书分为商务写作与商务沟通两大模块，具体包括认识商务写作、商务公务文书写作、商务事务文书写作、商务契约文书写作、商务调研策划文书写作、商务公关礼仪文书写作，以及认识商务沟通、商务沟通的方式、商务日常沟通、商务应酬沟通 10 项任务，每项任务由项目目标（含知识目标、能力目标、思政目标）、项目导入、电子活页、思政园地、课后练习等栏目构成，突出应用性、实践性和职业性。在每项任务中穿插数十个"小微课""小贴士""小训练""例文评析"等栏目，适应碎片化阅读，增强趣味性和可读性。电子活页是每项任务基本内容的延伸，扩充了教材容量。商务应用文写作训练、最新商务沟通案例以及新颖实用的实训项目等丰富多样的课后练习，将在推进理实一体化教学，强化学训结合，不断提升学生商务写作与沟通理论与实践水平上发挥重要作用。

本书可作为职业院校各专业学生提高写作与沟通能力的公共基础课程教材，也可作为开放大学等各类成人高等院校商务类专业的教材，还可作为企业相关从业人员的培训用书和参考用书。

本书封面贴有清华大学出版社防伪标签，无标签者不得销售。
版权所有，侵权必究。侵权举报电话：010-62782989　13501256678　13801310933

**图书在版编目（CIP）数据**

商务写作与沟通 / 张岩松主编. -- 北京：北京交通大学出版社：清华大学出版社，2024.7. -- ISBN 978-7-5121-5275-5

Ⅰ. F7

中国国家版本馆 CIP 数据核字第 2024KE3903 号

**商务写作与沟通**
SHANGWU XIEZUO YU GOUTONG

| | |
|---|---|
| 责任编辑： | 郭东青 |
| 出版发行： | 清 华 大 学 出 版 社　邮编：100084　电话：010-62776969　http://www.tup.com.cn |
| | 北京交通大学出版社　邮编：100044　电话：010-51686414　http://www.bjtup.com.cn |
| 印　刷　者： | 北京时代华都印刷有限公司 |
| 经　　　销： | 全国新华书店 |
| 开　　　本： | 185 mm×260 mm　印张：19.75　字数：506 千字 |
| 版 印 次： | 2024 年 7 月第 1 版　2024 年 7 月第 1 次印刷 |
| 印　　　数： | 1—1 500 册　定价：59.00 元 |

本书如有质量问题，请向北京交通大学出版社质监组反映。对您的意见和批评，我们表示欢迎和感谢。
投诉电话：010-51686043，51686008；传真：010-62225406；E-mail：press@bjtu.edu.cn。

# Preface 前 言

习近平总书记在党的二十大报告中指出,"教育、科技、人才是全面建设社会主义现代化国家的基础性、战略性支撑","必须坚持科技是第一生产力、人才是第一资源、创新是第一动力,深入实施科教兴国战略、人才强国战略、创新驱动发展战略"。新时代要求广大教师承担起教育者的神圣职责,在教学全过程中一定要深入贯彻党的二十大精神,落实党的二十大报告的各项要求,不断强化课程思政意识,对学生进行社会主义核心价值观教育,强化学生顾全大局意识、责任担当意识、团队合作意识和诚信守法意识,切实提高学生的道德水准和职业素养,促进学生的全面发展。

现代社会,身在职场中的每一个人都离不开运用语言去说和写,即写作与沟通这两项基本技能。鉴于此,国内不少高校开设了"应用写作""演讲与口才""人际沟通"等课程,但写作与沟通大多是分离的,单项运作的多,综合协调、实践性训练的少,为了改变这种情况,我们尝试编写了《商务写作与沟通》教材。

本书是职业教育新形态教材(公共基础课程和财经商贸类等相关专业课程教材)、微课+电子活页式教材、"课程思政"建设创新教材。本书编写着力突出五大特色。

一是突出职业教育特色。坚持以提高学生综合职业素质为目标,着力培养学生的知识应用能力和实际操作能力,不断提升商务写作和沟通能力。全书内容覆盖了商务应用文的主要文种和商务沟通的主要技能,可教可学,可用可练。

二是体现课程思政特色。本书系大连职业技术学院课程思政教材培育项目的最新成果,全书突出"课程思政"建设,绪论及各项目下设"思政目标""思政园地"栏目,为师生提供贴近教材的课程思政元素,将思政教育潜移默化地融入商务写作与沟通课程教学始终,以构建"价值引领、知识传授和能力培养"三位一体的育人体系,发挥协同效应,促进学生思想道德水平的提升。

三是按照"先进""精简""实用"的原则编写教材。"先进"就是采用商务写作与商务沟通的新知识、新标准、新技术、新方法、新经验、新成果和新材料;"精简"就是体现职业教育"必需""够用"的原则,重点提出"写什么""怎么写""怎么写好""沟通什么""怎么沟通""怎么沟通好"。"实用"就是教材应用型特色鲜明,编写体例丰富,突出可操作性,强调商务应用文的格式规范、写作方法和技巧,并辅以典型范文和针对性强的写作训练,强调商务沟通的基本要求和基本技巧。

四是坚持校企"双元"合作开发。本教材以实践育人为核心,通过学校教师与企业管理专家通力合作，校企深度融合，共同研讨、共同开发课程标准，形成全书独到的内容体系和编写体例，使商务应用文基础知识与写作实践有机结合，使商务沟通基本理论在一线商务实践中融会贯通，使教材内容贴近商务工作实际，不断提升学生的职业能力，使其快速适应未来工作岗位，迈出职业生涯稳健步伐。

五是实现纸质教材与数字资源的完美融合。坚持教材建设与时俱进，不断创新的原则，以"互联网+"思维打造微课+电子活页式立体化教材，二维码链接了更多精彩的教学内容，大大丰富了教材容量。同时，提供与本教材配套的 PPT 课件、电子教案、课程教学大纲、模拟试卷等丰富的教学资源，助力教与学。

本书由张岩松担任主编，曲真、何慧鑫担任副主编，具体编写分工如下：项目 1～项目 2 由张岩松编写；项目 3～项目 7 由曲真编写并完成教学大纲、PPT 课件、电子教案、模拟试卷等教学资源建设以及部分微课小视频的制作；项目 8～项目 10 由何慧鑫编写并完成部分微课小视频的制作。全书由张岩松统稿。

本书在编写过程中参阅了大量文献，有些材料是参考互联网上发布的或转发的信息，在此向各位作者深表谢忱。

因受编者时间、精力等所限，书中不足之处在所难免，敬请读者批评、指正。

编　者

2024 年 3 月

# Contents 目 录

**模块 1 商务写作** ............................................................. 1

**项目 1 认识商务写作** ......................................................... 2
  项目目标 ................................................................. 2
  项目导入 ................................................................. 2
  任务 1.1 商务写作的概念和特点 ............................................. 2
    1.1.1 商务应用文的概念 ................................................. 3
    1.1.2 商务应用文的特点 ................................................. 3
  任务 1.2 商务应用文的分类和作用 ........................................... 4
    1.2.1 商务应用文的分类 ................................................. 4
    1.2.2 商务应用文的作用 ................................................. 5
  任务 1.3 学习商务应用文写作的意义和方法 ................................... 7
    1.3.1 学习商务应用文写作的意义 ......................................... 7
    1.3.2 商务应用文写作的学习方法 ......................................... 8
  电子活页:商务应用文写作的要素 ........................................... 12
  思政园地:胡乔木谈如何写好文章 ........................................... 14
  课后练习 ................................................................ 14

**项目 2 商务公务文书写作** .................................................... 17
  项目目标 ................................................................ 17
  项目导入 ................................................................ 17
  任务 2.1 公告、通告 ..................................................... 17
    2.1.1 公告的概念、特点与种类 .......................................... 17
    2.1.2 通告的概念、特点与种类 .......................................... 18
    2.1.3 公告的写作格式和写作要求 ........................................ 19
    2.1.4 通告的写作格式和写作要求 ........................................ 20
    2.1.5 公告、通告例文评析 .............................................. 21
  任务 2.2 通知、通报 ..................................................... 23
    2.2.1 通知的概念、特点与种类 .......................................... 23

    2.2.2 通报的概念、特点与种类 ········································ 24
    2.2.3 通知的结构与写法 ············································· 25
    2.2.4 通报的结构与写法 ············································· 27
    2.2.5 通知、通报例文评析 ··········································· 29
  任务 2.3 报告 ······························································· 30
    2.3.1 报告的概念 ··················································· 30
    2.3.2 报告的特点 ··················································· 30
    2.3.3 报告的种类 ··················································· 31
    2.3.4 报告的格式 ··················································· 31
    2.3.5 报告的写作要求 ··············································· 32
    2.3.6 报告例文评析 ················································· 33
  电子活页：函、请示、批复、纪要、决定、意见 ····························· 35
  思政园地：为何说"公文收发非小事" ········································ 37
  课后练习 ··································································· 37
项目 3 商务事务文书写作 ···················································· 40
  项目目标 ··································································· 40
  项目导入 ··································································· 40
  任务 3.1 计划 ······························································· 40
    3.1.1 计划的概念 ··················································· 41
    3.1.2 计划的特点 ··················································· 41
    3.1.3 计划的种类 ··················································· 42
    3.1.4 计划的作用 ··················································· 42
    3.1.5 计划的格式 ··················································· 42
    3.1.6 计划的写作要求 ··············································· 44
    3.1.7 计划例文评析 ················································· 45
  任务 3.2 总结 ······························································· 48
    3.2.1 总结的概念 ··················································· 48
    3.2.2 总结的特点 ··················································· 48
    3.2.3 总结的种类 ··················································· 49
    3.2.4 总结的作用 ··················································· 49
    3.2.5 总结的格式和写法 ············································· 50
    3.2.6 总结的写作要求 ··············································· 51
    3.2.7 总结例文评析 ················································· 52
  任务 3.3 条据 ······························································· 56
    3.3.1 条据的概念和作用 ············································· 56
    3.3.2 条据的种类 ··················································· 56

3.3.3　条据的特点····················································································56
　　3.3.4　条据的写作····················································································57
　　3.3.5　条据例文评析················································································60
电子活页：述职报告、简报、会议记录、启事··················································64
思政园地：70多年前的八路军借条····································································66
课后练习······························································································································66

# 项目4　商务契约文书写作····················································································70
项目目标······························································································································70
项目导入······························································································································70
任务4.1　招标书·············································································································70
　　4.1.1　招标书的概念················································································70
　　4.1.2　招标书的特点················································································71
　　4.1.3　招标书的类型················································································71
　　4.1.4　招标书的格式················································································71
　　4.1.5　招标书的写作要求········································································72
　　4.1.6　招标书例文评析············································································72
任务4.2　投标书·············································································································75
　　4.2.1　投标书的概念················································································75
　　4.2.2　投标书的特点················································································76
　　4.2.3　投标书的类型················································································76
　　4.2.4　投标书的结构和写法····································································76
　　4.2.5　投标书的写作要求········································································77
　　4.2.6　投标书例文评析············································································77
任务4.3　经济合同·········································································································80
　　4.3.1　经济合同的概念············································································80
　　4.3.2　经济合同的特点············································································80
　　4.3.3　经济合同的作用············································································81
　　4.3.4　经济合同的种类············································································81
　　4.3.5　经济合同的格式············································································82
　　4.3.6　经济合同的结构············································································82
　　4.3.7　经济合同的写作要求····································································85
　　4.3.8　经济合同例文评析········································································86
电子活页：意向书、协议书················································································93
思政园地：我国古代的合同················································································95
课后练习······························································································································95

III

## 项目5 商务调研策划文书写作 ·············· 98
### 项目目标 ·············· 98
### 项目导入 ·············· 98
### 任务5.1 市场调查报告 ·············· 98
#### 5.1.1 市场调查报告的概念 ·············· 99
#### 5.1.2 市场调查报告的作用 ·············· 99
#### 5.1.3 市场调查报告的特点 ·············· 99
#### 5.1.4 市场调查报告的种类 ·············· 100
#### 5.1.5 撰写市场调查报告的步骤 ·············· 101
#### 5.1.6 市场调查报告的结构和写法 ·············· 102
#### 5.1.7 市场调查报告的写作要求 ·············· 104
#### 5.1.8 市场调查报告例文评析 ·············· 105
### 任务5.2 市场预测报告 ·············· 107
#### 5.2.1 市场预测报告的概念 ·············· 107
#### 5.2.2 市场预测报告的作用 ·············· 108
#### 5.2.3 市场预测报告的特点 ·············· 108
#### 5.2.4 市场预测报告的写作结构 ·············· 109
#### 5.2.5 市场预测报告的写作要求 ·············· 110
#### 5.2.6 市场预测报告例文评析 ·············· 111
### 任务5.3 营销策划书 ·············· 112
#### 5.3.1 营销策划书的概念 ·············· 112
#### 5.3.2 营销策划书的特点 ·············· 113
#### 5.3.3 营销策划书的格式 ·············· 114
#### 5.3.4 营销策划书的写作要求 ·············· 116
#### 5.3.5 营销策划书例文评析 ·············· 117
### 电子活页：可行性研究报告、活动策划书、广告策划书 ·············· 119
### 思政园地：寻乌调查，为何是寻乌 ·············· 121
### 课后练习 ·············· 121

## 项目6 商务公关礼仪文书写作 ·············· 124
### 项目目标 ·············· 124
### 项目导入 ·············· 124
### 任务6.1 邀请函 ·············· 125
#### 6.1.1 邀请函的概念 ·············· 125
#### 6.1.2 邀请函的特点 ·············· 125
#### 6.1.3 邀请函的分类 ·············· 125
#### 6.1.4 邀请函的结构 ·············· 126

  6.1.5 邀请函的写作要求 ·········· 127
  6.1.6 邀请函例文评析 ············ 127
 任务6.2 欢迎词、欢送词 ············ 129
  6.2.1 欢迎词的概念、特点和类型 ·· 129
  6.2.2 欢送词的概念、特点和类型 ·· 130
  6.2.3 欢迎词的结构和写法 ········ 131
  6.2.4 欢迎词的写作要求 ·········· 131
  6.2.5 欢送词的结构及写法 ········ 132
  6.2.6 欢送词的写作要求 ·········· 132
  6.2.7 欢迎词、欢送词例文评析 ···· 133
 任务6.3 开幕词、闭幕词 ············ 137
  6.3.1 开幕词的概念、特点和类型 ·· 137
  6.3.2 闭幕词的概念、特点和类型 ·· 138
  6.3.3 开幕词的基本格式 ·········· 139
  6.3.4 开幕词的写作要求 ·········· 139
  6.3.5 闭幕词的基本格式 ·········· 140
  6.3.6 闭幕词的写作要求 ·········· 140
  6.3.7 开幕词、闭幕词例文评析 ···· 141
 电子活页：答谢词、贺信、感谢信、慰问信、请柬与聘书 ·········· 146
 思政园地：党的八大开幕词背后的故事 ·········· 148
 课后练习 ·········· 148

# 模块2 商务沟通 ·········· 151

# 项目7 认识商务沟通 ·········· 152
 项目目标 ·········· 152
 项目导入 ·········· 152
 任务7.1 沟通概述 ·········· 153
  7.1.1 沟通的概念 ·········· 153
  7.1.2 沟通的类型 ·········· 155
  7.1.3 沟通的原则 ·········· 159
  7.1.4 沟通的过程与策略 ·········· 163
 任务7.2 商务沟通的目标与层次 ·········· 168
  7.2.1 商务沟通的目标 ·········· 169
  7.2.2 商务沟通的层次 ·········· 170
 任务7.3 商务沟通的功能 ·········· 171
  7.3.1 实现信息资源共享 ·········· 172

  7.3.2 促进人际关系和谐 … 173
  7.3.3 调动员工参与管理 … 174
  7.3.4 促进企业科学决策 … 174
  7.3.5 激发员工创新意识 … 174
  7.3.6 有效传播企业文化 … 174
  7.3.7 塑造组织的良好形象 … 175
  7.3.8 赢得公众大力支持 … 175
  7.3.9 化解企业冲突危机 … 176
 电子活页：沟通的障碍及其克服方法 … 177
 思政园地：晋商乔致庸的沟通之道 … 179
 课后练习 … 179

## 项目 8 商务沟通的方式 … 186
 项目目标 … 186
 项目导入 … 186
 任务 8.1 有声语言沟通 … 188
  8.1.1 有声语言的特性 … 188
  8.1.2 有声语言沟通的优点和缺点 … 189
  8.1.3 有声语言沟通的技巧 … 189
  8.1.4 提高声音质量的方法 … 202
 任务 8.2 非语言沟通 … 212
  8.2.1 非语言沟通概述 … 212
  8.2.2 非语言沟通的作用 … 214
  8.2.3 非语言沟通的构成 … 219
  8.2.4 非语言沟通的运用 … 236
 电子活页：网络沟通、书面沟通 … 239
 思政园地：会说软话的"95后"女教师 … 241
 课后练习 … 241

## 项目 9 商务日常沟通 … 247
 项目目标 … 247
 项目导入 … 247
 任务 9.1 寒暄 … 248
  9.1.1 寒暄的原则 … 249
  9.1.2 寒暄的常用方式 … 249
  9.1.3 寒暄的基本规范 … 250
 任务 9.2 洽谈 … 252
  9.2.1 商务洽谈的准备 … 253

9.2.2　商务洽谈的原则 ……………………………………………………… 255
　　9.2.3　商务洽谈的规范 ……………………………………………………… 257
　任务9.3　倾听 …………………………………………………………………… 259
　　9.3.1　商务沟通中倾听的作用 ……………………………………………… 259
　　9.3.2　阻碍倾听的因素 ……………………………………………………… 261
　　9.3.3　商务沟通中倾听的原则 ……………………………………………… 262
　　9.3.4　商务沟通中倾听的技巧 ……………………………………………… 263
　电子活页：赞美、说服 …………………………………………………………… 267
　思政园地：千古名篇的说服艺术 ………………………………………………… 269
　课后练习 …………………………………………………………………………… 269

**项目10　商务应酬沟通** ……………………………………………………………… 274
　项目目标 …………………………………………………………………………… 274
　项目导入 …………………………………………………………………………… 274
　任务10.1　商务接待 ……………………………………………………………… 275
　　10.1.1　商务接待中的沟通技巧 …………………………………………… 275
　　10.1.2　熟悉商务接待的步骤 ……………………………………………… 277
　任务10.2　商务拜访 ……………………………………………………………… 283
　　10.2.1　拉近心理距离 ……………………………………………………… 284
　　10.2.2　与客户谈话的技巧 ………………………………………………… 284
　　10.2.3　掌握客户沟通要点 ………………………………………………… 286
　　10.2.4　熟悉商务拜访的步骤 ……………………………………………… 287
　电子活页：商务宴请、商务谈判 ………………………………………………… 294
　思政园地：中国古代的拜访礼 …………………………………………………… 296
　课后练习 …………………………………………………………………………… 296

**参考文献** …………………………………………………………………………………… 299

# 模块 1　商务写作

要是没有把应当写的东西经过明白而周到的思考，就不该动手写。

——〔俄〕车尔尼雪夫斯基《车尔尼雪夫斯基论文学》

得之在俄顷，积之在平日。

——〔清〕袁守定《占华丛谈·谈文》

作文贵直，而作诗文贵曲。

——〔清〕袁枚《随园诗话》

文有七戒，曰：旨戒杂，气戒破，局戒乱，语戒习，字戒僻，详略戒失宜，是非戒失实。

——〔清〕刘熙载《艺概·文概》

事以简为上，言以简为当。

——〔宋〕陈骙《文则》

不以文害辞，不以辞害志。

——《孟子·万章上》

世界上没有一篇好文章，不是经过仔细的推敲修改的。

——巴人（王任叔）《巴人杂文选·谈写作》

写作只需要一颗善感的心，好学深思的头脑和一支勤恳的笔。

——罗兰（靳佩芬）《罗兰小语》

# 项目 1 认识商务写作

### 项目目标

通过本项目的学习，应该达到以下目标。

**知识目标**：了解商务应用文的概念、特点、分类和作用；掌握商务应用文写作的基本要素；了解学习商务应用文的意义和方法。

**能力目标**：能够熟练运用商务应用文写作的基本知识，进行相应文种的写作；能够正确运用商务应用文的表达方式，撰写规范的商务应用文。

**思政目标**：培养诚信经营、合作互利的财商理念；挖掘商务应用文体所蕴含的文化价值和审美要素，培养客观严谨、逻辑性强的应用文写作思维；弘扬工匠精神，养成认真严谨、一丝不苟、诚实守信的写作态度；做到能写会用，展示良好的工作技能和工作作风，塑造职业形象，提高职业素养；培养科学理性精神，树立文化自信、理论自信意识。

### 项目导入

**撰写公司宣传文稿**

××展览服务有限公司是××国际集团在××市的独资公司，该公司资金雄厚、组展能力强、运作规范，是致力于提升我国展览业服务水平、促进国内外企业经贸合作、开拓市场的大型专业展览公司。在公司成立十周年之际，公司决定举办庆典活动。为了充分展现公司实力、营造庆典活动气氛，公司决定在活动前期运用报纸、电视、网络等媒体进行宣传。

这里，要求学生上网查询××展览服务有限公司的信息资料，以一家公司为背景，为公司写作宣传文稿，介绍公司的经营业务、管理理念和企业文化。公司宣传文稿要符合商务应用文写作规范，其主题、材料、结构、语言表达等符合相关要求，做到主题明确、材料准确、结构完整、语言简洁。

## 任务 1.1 商务写作的概念和特点

本书探讨的商务写作，是指商务应用文写作。商务应用文是社会经济活动中经济组织之间以及个人与经济组织之间进行必要经济活动的交流媒

**微课**
商务应用文的概念、特点和作用

介，在保证社会经济活动的规范性、有效性、持续性方面起着重要作用。

### 1.1.1 商务应用文的概念

应用文是用于应对生活、工作需要的实用文体。应用文是党政机关、企事业单位、社会团体以及人民群众在日常生活中、工作和生产活动中用来处理事务、沟通实务、沟通信息、表达意愿时使用的具有惯用格式的适用性文书的统称。

**小贴士**
应用文与文学作品的联系与区别

商务应用文是指企事业单位在经营运作、贸易往来、业务拓展等商务活动中用来记录情况、处理事务、研究问题所使用的一系列具有实用价值和固定的惯用体例格式的应用文体总称。沟通是人与人之间一种借助语言文字等方式进行联系、交换信息的行为，在具体的商务活动中，有效的沟通是相互理解、信任与合作的前提。写作从根本上说是一种沟通，所有的商务写作行为，其目的都是达到企业内外部的有效沟通。商务应用文既是商务信息的载体，又是企事业单位进行内外部组织管理、沟通协调的重要工具和手段。因此，要想成为一名优秀的企业管理人员，除了要博览群书、高瞻远瞩，具备强烈的事业心、责任心，还必须认清商务应用文写作在商务活动开展过程中所承担的工具或载体的作用。

### 1.1.2 商务应用文的特点

商务应用文作为应用文体的一个分支，其写作具有应用文写作的一般特点，即重在"应用"，具备一定的程式。但商务应用文必须准确体现商务活动领域中的特点和规范，文字是载体，商务是内涵。它的独特性就在于无时无刻不紧密联系市场，为经营服务，从而达到商务沟通和管理协调的目的。大致来说，商务应用文写作具有以下特点。

**1. 写作目的的实用性**

商务活动是一种有目的的活动，活动的过程就是实现预定的目标，如与对方谈判、签订合同，处理相互之间的纠纷，对市场做出预测、分析，与合作伙伴加强合作等。另外，商务应用文的撰写本身就是商务工作的实效在文字上的一种反映，每一篇应用文都应该产生不同的效用。

**2. 写作内容的专业性**

商务活动的内容决定了商务应用文的写作内容。商务活动涉及社会的方方面面，也涵盖诸多学科，如市场营销学、管理学、统计学、心理学等。因此，许多商务应用文的写作都是非常专业化的写作，它要求撰写者必须具备相关的专业知识，同时还得懂得其他一些专业知识。例如，商务谈判、市场调查报告、商品说明书等的撰写都要求撰写者具有相当扎实的业务知识，这样才能客观地反映市场动向，准确地传递商务信息，不至于在沟通中产生认知上的偏差。

**3. 体例格式的规范性**

大部分商务应用文的文体都具有相对固定的结构，这是长期以来在实际应用中逐步总

结并约定俗成的，如合同、函、行政文书的格式等。这种格式上的规范性和稳定性使得人们在使用中可以仿照标准样式去进行写作。当然，随着国际商务活动的日益频繁和新的媒体及沟通工具的出现，会使一些文体格式出现某些改变，我们要适应这种改变并总结这种新形势带来的变化。

**4. 语言表述的简洁性**

商务应用文在语言表达上非常重视信息的准确性。那种在写作上语言繁复的文书不仅会极大地影响沟通的效果，而且极易产生矛盾和差错，不利于商务活动的开展。①

小贴士

中国古代应用文

### 书 马 犬 事

明朝人冯梦龙在其《古今谭概·苦海部第七》中辑有这样一件事：

欧阳修在翰林院供职时，经常与同院出门游玩。有一次，见有一匹飞奔的马踩死了一条狗。欧阳修说："你们说一下这事。"一人说："有犬卧于通衢，逸马蹄而杀之。"另一人说："有犬卧于通衢，卧犬遭之而毙。"欧阳修笑说："像你们这样修史，一万卷也写不完。"那二人说："那你说呢？"欧阳修道："逸马杀犬于道。"那二人脸红地相互笑了起来。

**【点评】**故事所说的是写作方面的问题，即如何把事情写得既明确、精练又突出重点。显然，这对欧阳修来说是不成问题的。首先他做到了精练，只用六个字，比同院省了一半；其次做到了明确，一个句子就概括了事情的经过，不但点出主动与被动者，而且交代出主动者的动态、施动方式和地点；最后做到了突出重点，他将矛盾的主要方面"逸马"放在前边，这就突出了马的作用。两位同院则相形见：前一人做到了明确，而精练、突出重点方面不足；后一人做到了明确和突出重点，而精练又不足。看来欧阳修的确比两同院高明，不愧为"一代文宗"。

在如何提高分析、概括和驾驭文字能力方面，本文都有借鉴价值。

## 任务 1.2　商务应用文的分类和作用

### 1.2.1　商务应用文的分类

由于社会商务活动范围广、门类杂、环节多，且随着经济全球化趋势和我国社会经济的发展，商务活动的内容和项目也越来越多，新的文种不断出现，同时交叉性的文种也不断产生。因此，商务应用文的分类变得日益复杂且难以统一。

---

① 朱孔阳，吴义专. 商务应用文写作教程［M］. 2 版. 大连：东北财经大学出版社，2021.

在众多商务应用文写作书籍中，不同的编著者因其编著目的不同、使用对象不同，所采用的分类标准往往也不相同。本书将文书的性质作为分类标准，即将性质相似、特点和作用相近的文书归为类。采用这个标准，商务应用文大致可分为商务公务文书、商务事务文书、商务契约文书、商务调研策划文书、商务公关礼仪文书等类文体。

### 1.2.2　商务应用文的作用

**1. 规范管理作用**

在商务应用文中，有相当部分属于政策性和法规性文件，是机关、社会团体、企事业单位在某方面的行为规范，这类文书一经制定和发布生效，就具有很强的约束力和规范作用，有时还采取强制性的规定保证它的实施。如经国务院制定发布的有关经济方面的法规，上级机关发布的决定等，都对它涉及的管理对象具有约束力和规范作用。

**2. 宣传教育作用**

我国的商务工作、财经工作，都是根据党的路线、方针、政策和国家的法规进行的，即便是非公有制经济、混合所有制经济，在与国有经济"权利平等、机会平等、规则平等"的基本经济制度下，也必须遵守国家的法规。商务应用文可以运用各种不同的文种发挥宣传教育作用，或宣传政策法规，或研究推广新的科技，或介绍先进经验，或表彰先进，或抨击落后，也就是在处理一些具体事务上，表明支持什么、反对什么，起到宣传教育的作用。

**3. 调查研究作用**

调查研究是做好经济工作的重要保证。通过调查研究，撰写各种经济报告和研究文章，如市场调查报告、经济预测报告、可行性研究报告、经济论文等，可为经济政策的制定和决策的作出，提供可靠的参考和依据，从而保证其合理性、可行性和正确性。

**4. 联系沟通作用**

随着社会主义市场经济的不断发展，各组织、各团体、各部门之间的沟通、协调、联系更加频繁和广泛，相互协作不断加强。无论是国与国之间，还是地区与地区、单位与单位、上级与下级、个人与个人之间，在沟通思想、交流经验、传递信息、处理业务等方面，都需要商务应用文作为桥梁和纽带，把彼此连接起来，协调关系，寻找对策，求得问题的解决，推动工作的开展。

**5. 指导保证作用**

不仅是党和国家颁布财经法规、政策的公文，就是一些行业及单位的规章制度和经济合同等应用文，也都具有指导行动和规范行为的作用。举例说，一个企业不论是在生产还是流通、分配过程中，要保证工作的顺利进行，都离不开商务应用文。比如，建设一个新工程，事先就要进行深入的调查研究，准确论证其可行性，写出可行性研究报告；报告通过后，再开展招标，然后制订开工计划；根据计划制定各种具体措施或规定，逐步加以实施。总之，为了指导、监督、保证经济活动的有效开展，无论在哪个环节，商务应用文都发挥着重要的作用。

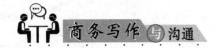

### 6. 凭据参考作用

商务应用文既然是指导、监督、保证商务活动、财经活动顺利开展和提高经济管理水平的一种工具，自然也是解决经济方面实际问题的一种依据。如上级发来的指示、会议上做出的决定、规章制度的各项条款等，有关单位和人员都要以此为依据去安排工作、处理问题。工作完成的好坏，也要以有关文件的规定进行检查、考核、总结。至于当事人双方签订的协议书、合同等，本身就是作为文字凭据而签订的，在执行中如果哪一方违反了规定，另一方就可以拿出原订文书追究责任。"前事之不忘，后事之师也。"商务应用文虽然是解决现实问题的，但在解决问题的过程中却积累了大量正面或反面的经验，值得有关部门和人员借鉴，既可以作为今后改进工作、发展经济，甚至制定方针、政策、法规的参考，也可为以后的发展起到资政、存史、教化的作用。

## 商务应用文的发展趋势

在经济和科学技术迅速发展的时代，商务应用文也发生了很大变化，总体来说，呈现以下发展趋势。

### 1. 中心内容经济化

目前的世界经济呈现出激烈竞争的态势，和平与发展是各国共同的主题。任何国家，都希望发展经济和科学文化事业，进而占有更广阔的市场，达到国家富强的目的。商务应用文写作中心内容经济化的发展趋势，是由经济全球化的本质所决定的，也是现代应用文国际化趋势的重要表现。

### 2. 使用范围国际化

受经济全球化的影响，各国的经济交往越来越频繁，商务应用文的使用日渐国际化、标准化。

### 3. 表达语言多样化

随着经济全球化的出现，国与国之间的经济相互依存，利益相连，无论是在技术的引用还是产品的交换等问题上，大多是以双方的共同发展为基础的，这是一种互利互惠的市场规则。随着中国加入世界贸易组织，立足本国、涉足世界的国际化趋势已经形成，因此，商务应用文写作也必将向表达语言多样化方向发展。

### 4. 格式日益规范化

随着商务应用文写作的日趋普及，应用文写作格式规范化的要求也越来越高。不同地区、不同国家的应用文写作都有其约定俗成的格式。客观来说，无论在哪一个国家，应用文格式的发展趋势，总是以简洁、明了、实用为主的。

### 5. 计算机写作的发展趋势

计算机及网络的出现，使商务应用文的写作、传播发生了巨大的变化。在知识经济时代，在时间就是效益、时间就是金钱的年代，快速、高效的办公模式成为时代的必然选择。计算机使商务应用文写作、传播、阅读、接受以及存储都发生了巨大变化，有望实现现代快速、高效的办公要求。

（资料来源：李薇. 商务应用文写作［M］. 3 版. 北京：高等教育出版社，2019.）

## 任务 1.3　学习商务应用文写作的意义和方法

### 1.3.1　学习商务应用文写作的意义

学习商务应用文写作，提高商务应用文写作水平，是社会和时代发展的迫切需要。对于相关专业的学生和从业者来说，掌握商务应用文的写作知识，撰写思路正确、观点清晰、结构完整、格式规范、语言流畅的商务应用文是一项必备的技能。当今社会，随着经济的发展和科技的进步，信息成了越来越重要的资源，信息的传递和交流直接或间接地影响人们的生产和生活。应用文作为信息传递和交流的工具，如前所述发挥着规范管理、宣传教育、调查研究、联系沟通、指导保证、凭据参考等重要作用。对每位大学生来说，学习商务应用文写作主要具有以下意义。

微课
商务写作意义和
商务应用文学习
方法

**1. 丰富个人知识储备**

我们要想撰写出优秀的商务应用文，就要在平日里积累丰富的素材，拓宽个人的知识面，努力学习专业知识。学习商务应用文写作可以丰富个人知识储备，优化知识结构。

**2. 提升个人素质**

商务应用文写作不仅对一个人的知识储备量有较高的要求，而且可以考查一个人的综合素质，如业务能力、管理能力、创新思维能力等。因此，学习商务应用文写作还能提升个人多方面的素质。

**3. 开拓发展空间**

无论是在生活中，还是在学习、工作中，学好商务应用文写作都是个人能力和文化素养的直接体现，其对适应现实生活与未来岗位需求、立足社会都大有裨益，能够给个人增添更多的优势，开拓更加广阔的发展空间。

**4. 处理工作事宜**

商务应用文是从长期的商务工作和管理实践中逐渐形成、规范、发展起来的，是具体业务和管理活动中不可或缺的工具。对商务应用文进行系统的学习，可以很好地完成工作、处理事务。

总之，商务应用文写作作为一门实践性很强的学科，是人们在长期实践过程中形成的智慧结晶，对个人发展乃至整个社会的进步都具有重要意义。[①]

---

[①] 林娟娟. 财经应用文写作：慕课版［M］. 北京：人民邮电出版社，2021.

### 1.3.2 商务应用文写作的学习方法

商务应用文作为企事业单位、各种社会团体,乃至个人用于记录、总结、沟通、规范、管理商务活动、商务行为的重要工具,是保证企业管理和商务活动正常进行、提高企业经济效益的有力手段。大学生作为未来经济、社会管理的中坚力量,加强自身商务应用文写作的学习与训练,提高写作能力显得尤为必要。

**1. 提高马克思主义理论水平,加强政治思想修养**

实践证明,商务应用文作者认识和反映事务能力的强弱,对国家的路线、方针、政策理解能力的强弱,在很大程度上取决于他们的马克思主义理论水平的高低。很难想象,一个缺乏马克思主义基本理论修养的撰稿人员会写出既能反映事物的本质,又能较好体现国家方针政策的文稿来。马克思主义讲的是关于世界观的理论,是揭示事物本质的基本规律的科学,是人们正确认识世界和改造世界的强大思想武器。马克思主义的基本理论是我们国家制定路线、方针政策的指导思想和理论基础。因此,掌握了马克思主义的基本理论,就可以比较深刻地理解和掌握国家的路线、方针和政策,有利于提高公文写作的水平。

商务应用文作者政治素养的高低,直接关系到所写出的文稿能否执行上级指示乃至中央的路线方针、政策,而这正是文稿质量高低的决定性因素。因此,商务应用文作者应该认真地学习马克思列宁主义、毛泽东思想、邓小平理论、"三个代表"重要思想、科学发展观、习近平新时代中国特色社会主义思想,不断提高自己的政策水平,杜绝在自己的文稿中出现政策性方面的错误。

**2. 了解经济政策法规,掌握深厚的财经专业知识**

大学生尚未步入社会,对外界信息包括国家的经济政策法规及相关的理论往往关注不够、接触不多、钻研不深,这既不利于大学生开阔视野,也制约着大学生商务应用文写作实践能力的提高。任何经济活动都必须在国家经济政策、经济法规允许的范围内进行,不能违反国家的经济法规和经济政策,不能损害国家和人民群众的利益,违反公序良俗,违背职业道德。因此,要保证商务应用文的内容合法有效,不偏离正确的方向,写作者必须对国家的经济政策和法规有所了解。同时,还要不断学习有关的经济理论,提高自身对商务活动的理性认识,掌握科学的分析方法,并能将科学的分析方法运用到商务应用文的写作过程中去,如此才可能写出质量高、有价值的商务应用文。因此,大学生要切实提高商务应用文的写作能力,就不能有"等靠要"思想,需要在学校阶段就养成用经济学原理去分析思考生活中问题的良好习惯,打下扎实的经济理论基础。

商务应用文写作的一个重要特征就是专业性强,它要求写作者除了具备一般的知识文化修养、写作素养之外,还要具有比较深厚的商务、财经专业知识修养。比如要为公司写一份市场预测报告,如果不具备一定的商务、财经专业知识,不明白"市场占有率""成本领先战略""差异化战略""利税总额""净利润""资金利润率""资金周转率""盈亏平衡分析法"等专业术语的内涵,又怎能写出令人信服的市场预测报告呢?所以,要写好商务应用文,大学生除了要掌握经济学、会计学、管理学等专业课程的基本原理、常识,还要对自己未来的发展方向、职业能力有一个较为明晰的认识，并以此为目标，进一步通过选修相关课程、自主学习建构符合职业理想的知识结构，使自己真正地成为知识结构合理、专业知识深厚的商务精英、管理精英。

#### 3. 深入实际，调查研究

调查研究是商务应用文作者的一项重要基本功，是他们不断观察、认识客观世界，获取信息的一条重要途径。商务应用文作者在动笔撰稿以前，必须围绕要说明的商务问题，充分掌握情况，深入实际，进行周密的调查研究。调查研究是马克思主义认识论在实际工作中的具体运用。坚持调查研究，就是坚持唯物主义的认识论。因为调查研究的过程，就是对具体事物在深入调查的基础上进行具体分析的过程。我们党的思想路线是"实事求是"，调查研究的过程，就是实事求是的思想路线的实践过程。因此，商务应用文作者要坚持马克思主义的认识论，要坚持党的思想路线，就必须坚持调查研究。

调查研究是商务应用文作者认识世界、掌握客观事物规律的基本手段和途径。客观世界是极其复杂的，要认识客观世界的真相，必须进行深入调查，并在此基础上进行科学的分析，才能取得正确的认识，掌握客观事物的规律。商务应用文是使各级机关、各个企业的工作协调一致、运转自如的一种重要工具。调查研究工作做得是否充分，决定了商务应用文写作的成败。

#### 4. 加强语文基础训练，用写作理论指导写作实践

商务应用文写作同其他文章的写作一样，要具备一定的语言基础和写作水平。要提高商务应用文写作能力，必须综合运用语文知识中的语法、逻辑、修辞知识和写作知识，严格地进行立意、选材、布局、谋篇、遣词造句和修改的基本技能训练，不断提高运用文字的水平。

我们要勤于动笔，多加训练，这样才能把理论知识内化为写作能力。鲁迅说："文章应该怎样做，我说不出来，因为自己的作文，是由于多看和练习，此外并无心得或方法的。"（《致赖少麒》）这的确是他的经验之谈。在课内外学习活动中，不放过每次锻炼应用文写作的实践机会，比如撰写活动宣传策划、活动通知、新闻稿、活动总结等，在理论的指导下认真写作，做到行文规范，掌握行文技巧，从而达到熟能生巧。在练习中，要着重培养朴实的文风，准确、简明的语言。练得多了，就会熟能生巧，写出各种符合要求的商务应用文来。

#### 5. 用历史的和发展的眼光来看待问题、分析问题

锻炼自己站在历史的高度和时代的高度来思考问题，培养大局意识。在工作中，熟悉本单位、本系统的各方面情况，有利于培养自身的大局意识。在平时，我们就要有意识地去了解自己所在学校、所在工作系统的总体情况，日后思考问题时就能做到从大局出发，而不是到写作时，才开始这样去做。那怎么去了解并掌握本单位、本系统的历史和发展情况呢？设想一下，当部门领导或单位领导给你布置一个写材料的任务时，你一般会怎么做？是接到任务就写，还是会去找一找参考资料？你一定会去找参考资料的。怎么找？在此推荐一个方法：查阅本单位、本系统不同时期的文件，因为不同时期的文件具有明显的继承

性、延续性和创新性。在大致阅读了不同时期的文件之后，就会从中把握事物发展变化的规律，也能正确地把握主流和主要趋势。

此外，还要用理性的思维看待商务应用文的真实性。文学作品要讲究真实，但讲究的是艺术真实，因此文学作品允许作者虚构、夸张，并且还需要作者充分发挥想象力，去实现思想、情感和心灵的真实。应用文则不同。应用文使用的材料、数据要坚持实事求是的原则，都是有据可查的，就像理工科学生做实验后撰写实验报告一样，不能弄虚作假。应用文讲究的是生活真实，"真实"是第一位的。要实现应用文的真实性，也需要在语言表达上细细琢磨。平时在阅读各类文件时，要理性看待文件材料，多看看优秀的应用文（范文）是如何表达真实的。

小贴士

## 商务应用文的写作过程

商务应用文的写作过程一般包括准备、构思、起草和修改等主要步骤。

### 1. 准备

准备是为了达到目标而在思想和行动方面采取相应措施的过程，包括思想理论准备和物质材料准备两个方面。

（1）思想理论准备。思想理论准备是指明确写作目的和有关理论政策等，包括了解写作的目的、任务、范围；弄清文章的性质、读者对象；认真阅读有关文件；明确政策界限等。

（2）物质材料准备。物质材料准备是指收集有关文字材料和实物。可以通过调查、研究、走访等形式获取直接材料，也可以通过报纸、广播、电视、网络等途径获取间接材料。

### 2. 构思

构思是对文章从内容到形式进行统筹安排、全面规划的过程。构思包括确立主题、选用材料、安排结构、编写提纲等。

（1）确立主题。根据材料确定主题，要在充分占有材料的基础上，提炼出高度集中、鲜明的主题。

（2）选用材料。确立主题之后，要围绕主题选用材料。选用的材料要真实、典型、新颖、丰富、多样。在充分占有材料的基础上，根据文体的特点作用，对材料进行定位分析，并围绕主题对材料进行精心的选择、剪裁和安排。

（3）安排结构。结构是文章的骨架、格局。安排结构即布局，就是对文章的段落层次、开头结尾、过渡照应、起承转合等进行全面规划和统筹安排。安排结构前首先要厘清思路，还要根据不同文体进行编排设计。

（4）编写提纲。编写提纲是指把构思的成果以书面形式固定下来。提纲的编写从整体到局部,从粗到细,从章到节再到层,每个层次还可以列出关键词语和主要材料。编写提纲要随想随记,不断调整、修改和深化。

### 3. 起草

起草是指作者把自己的整体构思写成文章初稿,把无形的思想变成有形的、成品的过程。起草的成功与否,基本上决定了整个写作过程是成功还是失败。

### 4. 修改

修改是对初稿从内容到形式各方面进行加工、完善直至定稿的过程。

(1)修改的重要性。修改是写作的组成部分和重要环节。对初稿进行反复修改,是定稿之前必须完成的一项重要任务。通过修改,不仅可以发现文字表达上的不足,还可以检验文中所述内容与实际情况是否相符。通过对应用文的修改,不仅可以提高作者的写作能力,而且可以提高作者处理日常事务的能力。

(2)修改的范围。修改的范围涉及文章的内容和形式,包括完善标题、突出主题、增删材料、调整结构、锤炼语言、修饰文字等各个方面。

(3)修改的原则和方法。一是要通观全局,从粗到细。首先要从整体着眼,考查文章内容与形式是否相符,是否体现了写作意图;其次深入次要方面,考查主题是否明确,材料是否典型,结构是否和谐,语言是否得体,文面是否标准等。二是区别对待不同文种。文种不同,写作要求就不同。要看清对象、对症下药、不千篇一律,避免张冠李戴。

(资料来源:王茜,冯志英,崔丽. 商务应用文写作[M]. 北京:清华大学出版社,2020.)

## 电子活页：商务应用文写作的要素

　　一篇完整的商务应用文，一般由主旨、材料、结构、语言四个要素构成。主旨主要解决言之有理的问题，材料主要解决言之有物的问题，结构主要解决言之有序的问题，语言主要解决言之有法的问题。

商务应用文的主旨

商务应用文的材料

商务应用文的结构

商务应用文的语言

## 学生工作页

| 商务应用文写作的要素 | | | | | |
|---|---|---|---|---|---|
| 任务1 | 明确商务应用文主旨的类别、要求,掌握确定主旨的依据和方法 | | | | |
| 任务2 | 明确商务应用文材料的分类和采集途径,掌握材料选择的原则,并能正确运用材料 | | | | |
| 任务3 | 掌握商务应用文结构安排的原则和基本要求,明确商务应用文结构的基本要素 | | | | |
| 任务4 | 明确商务应用文语言的特点和要求,掌握商务应用文语言的表达方式 | | | | |
| 任务5 | 请以"我看商务应用文"为题写一篇文章,谈谈你对商务应用文的看法 | | | | |
| 班 级 | | 学 号 | | 姓 名 | |

学生自评

我的心得:

建议或提出问题:

教师评价

## 思政园地:胡乔木谈如何写好文章

作为党内著名的笔杆子,胡乔木一生起草、整理了一系列载入史册的重要文件和历史文献。毛泽东曾夸奖他:"靠乔木,有饭吃。"邓小平称他是"党内第一支笔"。重读他写好文章的论述,对于当前领导干部自己动手写文章仍有借鉴意义。《如何写好文章——胡乔木谈写文章》一文归纳以下几点:写文章要树立科学的态度;应当打破一切固定的模式;文章的内容要充实;写好文章需要长期锻炼培养。

请扫描二维码阅读:汤春松. 如何写好文章:胡乔木谈写文章[N]. 学习时报,2014-03-03(A6)。

思政园地
如何写好文章——
胡乔木谈写文章

### 课后练习

**1. 判断题**

(1) 实用性是商务应用文最根本的特点。( )

(2) 商务应用文同文学作品一样,可以进行艺术加工,可以虚构和夸张。( )

(3) 商务应用文就其外部形式而论,有其固定或稳定的写作格式。( )

(4) 在商务应用文写作中,主旨是统帅,材料是基础。( )

(5) 商务应用文写作中常用的表达方式有叙述、说明、抒情、议论。( )

(6) 商务应用文的表达方式主要是陈述。( )

(7) 商务应用文的写作与文学作品完全不同。( )

(8) 商务应用文中的材料应充实,材料的使用越多越好。( )

(9) 为使文章上下文之间衔接、贯通,商务应用文写作可使用过渡与照应的方法。( )

(10) 商务应用文写作中叙述的人称,常用第一人称和第二人称。( )

(11) 一切文章都是实用的,商务应用文的实用性更为直接。( )

(12) 商务应用文写作应注重文采。( )

(13) 商务应用文的材料,是通过观察、调查、阅读来获取的。( )

(14) 为了让表达生动,商务应用文开头经常使用"曲径通幽式"。( )

**2. 简答题**

(1) 什么是商务应用文?它有何特点?

(2) 商务应用文有哪些类型?

(3) 商务应用文有何作用?

(4) 商务应用文写作的基本要素有哪些?

(5) 如何采集和运用商务应用文的材料?

（6）商务应用文结构安排的原则有哪些？
（7）商务应用文结构的基本要求是什么？
（8）商务应用文结构的基本要素有哪些？
（9）商务应用文语言的特点是什么？
（10）商务应用文语言有哪些表达方式？
（11）学习商务应用文写作有何意义？
（12）学好商务应用文写作有哪些方法？
（13）请谈谈你生活中接触到的应用文与中学作文有何不同。

### 3. 技能题

（1）提炼主题。请为下列材料提炼主题句。

**材料1**：只有真诚而不是做戏，才能使教育者与受教育者之间形成道德情感与道德信念上的共鸣。而现代道德教育最大的误区是受教育者与教育者之间缺乏真诚的交流。一面是振振有词的官话套话，另一面是装模作样的"雷厉风行"（缺乏信念投入），双方似乎都是让对方"听"，让对方"看"的。结果使道德教育与道德一样，成为一种外在的功利价值，而不是圆满自足的内在价值。古人说得好："德者，得也，行到而有得于心者也。"道德之谓道德，就在于它是一种真诚的、自觉的向善，而不是一种虚伪手段。现代道德的说教式，是导致现代道德教育扭曲变形的一个根本因素。

**材料2**：反腐败必须依靠人民群众，这是党的群众路线决定的，也是我们反腐的一条成功经验。但我国国民的总体素质仍然偏低，这严重影响了人民参与国家和社会生活的能力和程度，不利于群众性的监督和制约。只有加强精神文明建设，人民群众的文化素质提高了，参政议政的能力提高了，民主监督的意识增强了，才能更好、更有效地对党员、干部实施监督，真正把中共中央提出的切实依靠群众反腐败的方针政策落到实处。

**材料3**：两名推销员到南太平洋某岛国推销鞋子，他们到那里却发现当地居民没有穿鞋的习惯。于是，一名推销员给公司发了电报，称当地人没有穿鞋的习惯，并终止行动。另一名推销员也如实向公司反映了情况，却认为很有市场潜力，让公司运一批鞋到当地免费赠予居民试穿，结果不仅打开了市场，并且打破了当地居民不穿鞋的传统习惯，获得了成功。

（2）修改病句。

① 他们违反财经纪律，滥用扶贫资金建造商用大楼。
② 缺勤三天以下者，每天扣40元；缺勤三天以上者，扣当月全勤奖。
③ 我们要尽量节约不必要的开支和浪费。
④ 我们要建立和健全各项规章制度等一系列工作。
⑤ 农历初一至初七放假。
⑥ 该县企业所得税收入完成95.6万元，比上一年增长13%。
⑦ ××厂上一年利润200万元，今年只有100万元，减少了1倍。

（3）文字修改。

① 下面的三个例句多使用口语、歇后语、方言土语，虽然给人以亲切活泼之感，但不如书面语的语意精确、严谨、温文尔雅。请试加以修改。

- 这个人是个教书的，他是猪八戒吃碗碴儿—肚子里瓷（词）儿多，有两下子。
- 这块点心，馊了，臭了，快找他们退了。
- 清明快到了，上坟的又该多了。告诉大家坟前不要烧纸钱儿。

② 恰当使用行政公文专用词语和古语词改写下面几段文字，使之符合应用文语体要求。

- 水稻收割季节眼看就要到来了，我们县还缺少镰刀5 000把、箩筐2 000担，盼望着你们能快速地拨付给我们，满足我们县的紧急需要，可以不可以，请你们快点儿写封回信告诉我们。
- 我们局的这项工作得到了你们公司的大力支持，在这里，我们特向你们表示深深的感谢！
- 通过8月8日的来信，我们已经知道考察团将要到我们市访问的消息，你们要求的各项工作已经全部准备好了，殷切希望你们告诉我们考察团到达的具体时间。
- 刚才接到你公司发来的传真，要求我们工厂把本月生产的全部产品火速发运到广州。对于这个要求，我们厂有以下一些困难，实在难以按照你们的要求办理。
- 我们以上报告的事情和处理意见，如果没有什么不妥当的地方，就请领导批示后，转发给各个市、县人民政府，各地区行政公署及同该事件有关的各个部门，按照报告中提出的处理意见执行。
- 根据××市人民政府×政［××××］××号文件精神，为巩固我市创建国家卫生城市的成果，今年的西瓜市场管理，仍本着既方便经营者、消费者，又搞好市容卫生、交通秩序的精神，全市实行统一编号定点挂牌经营。现将有关事项通告如下：……

（4）写作训练。通过"绪论"的学习，你了解了有关商务应用文写作的基本知识，明确了商务应用文写作的基本规律和提高商务应用文写作技能基本途径。请你联系个人实际，谈谈对商务应用文写作这门课程的认识，设想一下掌握商务应用文写作技能对你今后的学习、生活和工作将有什么帮助，然后制订一份《商务应用文写作课程个人学习计划》，认真规划一下，你准备怎样学习这门课程，怎样提高自己商务应用文写作的技能。

# 项目 2　商务公务文书写作

## 项目目标

通过本项目的学习，应该达到以下目标。

**知识目标**：了解公告、通告、通知、通报、报告的概念、特点和种类等写作基础知识；掌握公告、通告、通知、通报、报告的写作格式和写作要求。

**能力目标**：能够正确阅读理解公告、通告、通知、通报、报告等财经公务文书；能够利用资料，正确撰写公告、通告、通知、通报、报告等常用财经公务文书。

**思政目标**：培养诚信经营、合作互利的财商理念；严格遵守公文操作流程，严肃工作程序，培养严谨务实、实事求是的工作作风；弘扬工匠精神，养成认真严谨、一丝不苟、诚实守信的写作态度；做到能写会用，展示良好的工作技能，塑造职业形象，提高职业素养；培养科学理性精神，树立文化自信、理论自信意识。

## 项目导入

**行政秘书王进的一项重要工作**

××区是××省会××市的核心城区，是历史悠久的文化名区，区域面积超 139 平方千米，2023 年常住人口近 70 万，现辖 9 个街道、1 乡 1 镇和 1 个省级开发区，也是全省经济、文化、金融中心。王进毕业后通过公务员考试，考进了××区区政府担任××科行政秘书，党政公文的处理是他日常工作的重要组成部分。

王进在以后的职业发展过程中会用到哪些公务文书？这些文书能起到什么作用？如何拟写这些文书？

## 任务 2.1　公告、通告

### 2.1.1　公告的概念、特点与种类

**1. 公告的概念**

公告是向国内外宣布重要事项或者法定事项的公务文书。它包含两方面的内容：一是向国内外宣布重要事项，公布依据政策、法令采取的

微课
公告

小贴士
文书、文件和公文

重大行动等；二是向国内外宣布法定事项，公布依据法律规定告知国内外的有关重要规定和重大行动等。

如果发布公告的时限较紧急，就通过广播、电视、报刊等迅速发出。

**2. 公告的特点**

（1）发布内容的重要性。公告主要用于国家机关向人民群众公布政策法令，说明采取重大行动的目的，宣布禁止妨害国家和公共利益的行为的有关规定，以及其他需要人民群众了解的事项。

（2）发布范围的广泛性。一般公文只向国内一定范围发布，公告则是向国内外发布，其信息传达范围有时是全国，有时是全世界。因此，公告既要能够将有关信息和政策公之于众，又要考虑在国内、国际可能产生的政治影响。

（3）发布机关的限制性。公告具有严肃、庄重、权威的特点。公告的发布机关多为较高级别的国家行政机关或权力机关，如全国人民代表大会，国务院，各省、市人民政府及人大等。公告一般以国家的名义向国内外宣布重大事件，有时也授权新华社公开宣布某一事项的有关规定、要求，如公布国家领导人的出国访问、国家领导人的选举结果等。基层单位、群众团体不制发公告，因为如果只注意到公告的广泛性和周知性，使公告演变为公而告之，将影响公告的严肃性。

**3. 公告的种类**

公告主要有以下三种类型。

（1）重要事项公告。凡是用于宣布有关国家的政治、经济、军事、科技、教育、人事、外交等方面的，需要告知全民的重要事项，都属此类公告。常见的有国家重要领导岗位的变动，领导人的出访或其他重大活动，重要科技成果的公布，重要军事行动等。

（2）法定事项公告。依照有关法律和法规的规定，一些重要事情和主要环节必须以公告的方式向全民公布。例如，《中华人民共和国专利法》第三十九条规定："发明专利申请经实质审查没有发现驳回理由的，由国务院专利行政主管部门做出授予发明专利权的决定，发给发明专利证书，同时予以登记和公告。"

（3）专业性公告。有一类公告是属于专业性的公告或向特定对象发布的公告，如经济上的招标公告，按《中华人民共和国专利法》的规定公布申请专利的公告；也有按《中华人民共和国民事诉讼法》的规定，法院递交诉讼文书无法送达本人或代收人时，可以发布公告间接送达。这些公告是向特定对象发布的，都不属行政机关公文。

### 2.1.2 通告的概念、特点与种类

**1. 通告的概念**

通告适用于在一定范围内公布社会各有关方面应当遵守或周知的事项。通告的使用者可以是各级各类机关，通告的内容往往涉及社会的方方面面。通告是各级机关、团体常用的、具有一定约束力和知照性的下行文。

**2. 通告的特点**

（1）规范性。通告常用来颁布地方性的法规，这些法规一经颁布，特定范围内的部门、单位和民众都必须遵守、执行，具有行政约束力甚至法律效力。

（2）业务性。通告常用于水电、交通、金融、公安、税务、海关等主管业务部门工作的办理、要求或事务性事宜，内容带有专业性、事务性。

（3）广泛性。通告适用范围很广泛，不仅在机关单位内部公布，而且向社会公布。其内容涉及社会生活各方面，因而各级机关、企事业单位、社会团体都可以使用。此外，通告的发布方式多样，可通过报刊、广播、电视公布，也可以张贴和发文，使公告内容广为人知。

（4）通俗性。通告要达到让公众遵守和周知的目的，要求语言通俗易懂。虽然通告常用于水电、交通、金融、公安、税务、海关等主管业务部门公布有关工作事宜，内容带有专业性、事务性。行文要使用专业术语，但也要尽量做到语言明确、通俗。

**3. 通告的种类**

通告按其性质可分为规定性通告和周知性通告两种类型。

（1）规定性通告。规定性通告用于公布国家有关政策、法规或要求遵守的约束事项，告知对象必须严格遵照执行；用于公布带有强制性的行政措施，为确保某一事项的执行与处理。规定性通告将提出具体规定，以要求相关单位与个人遵守。

（2）周知性通告。周知性通告是在一定范围内公布，要求这一范围内的人们普遍知晓有关事项的通告，一般没有执行要求。

**小贴士**
公告与通告的异同

## 2.1.3 公告的写作格式和写作要求

**1. 公告的写作格式**

公告的内容结构一般包括标题、正文和落款三部分。

（1）标题。公告标题的拟定通常有以下三种方式。

①"发文机关+事由+文种"，如"文化和旅游部关于行政规范性文件清理结果的公告"。

②"发文机关+文种"，如"××市人民政府公告"。

③"事由+文种"，或直接以"公告"为题。

需要说明的是，公告的发文字号不同于一般公文，它没有机关代字，而是在标题下，正中位置标示年份和序号，如：第一次全国经济普查主要数据公报（第一号）。另外，公告因为是广而告之的，故公告的格式中不设主送机关，直接进入正文，文后也无抄送机关。

（2）正文。公告的正文通常由公告的缘由、公告的事项和结束语组成。

① 公告的缘由。通常对发公告的背景、依据、目的、意义或原因作简要概括。有的公

告省略缘由，直接写公告事项。

② 公告的事项。公告事项即公告的具体内容。因各公告内容不同，事项的写法因文而异。内容少的只有一句话就可概括，如对国家主要领导人任命的决定。内容多的可分若干段或若干条逐一交代，如通过哪些决议，做出哪些决定等。

③ 结束语。一般常用"特此公告""现予公告"等语句，有时也可省略不写。

（3）落款。落款即在正文的右下方署上发文单位的名称，名称之下写上具体的发文日期，并加盖公章。标题中有发文单位名称的，落款处的署名也可省略，只标明发文日期即可。如在报纸上登载则常省略落款，还有的公告将成文日期在标题之下标示。

2. 公告的写作要求

（1）行文简要，措辞严谨。公告是告知重大事项或法定事项时使用的公文，内容要尽量做到简洁明了，概括主要事项。正文不需要对公告的意义或事情的经过缘由做过多的阐述，不能写得冗长。在文字方面，讲究用词的准确和严谨，行文朴实、庄重和得体，内容鲜明，表达清晰，条理性强。

（2）根据不同的要求写作公告。有些职能部门的公告，内容各异，要求不一，写法各有规定，故在公告的写作时，应按照各职能部门的要求去写。

（3）注意发文机关名称规范。发文机关名称一般要用全称，属几个机关共同发文的，可用习惯的简称。

### 2.1.4 通告的写作格式和写作要求

#### 1. 通告的写作格式

通告由标题、正文和落款三部分组成。

（1）标题。通告标题的写法有以下4种。

① "发文单位+事由+文种"，即"×××关于××的通告"。规定性通告或重要的周知性通告通常使用这种完全式标题。

② "发文单位+文种"，即"×××的通告"，如"中国银行××分行的通告"。

③ "事由+文种"，即"关于×××的通告"，如"关于税收财务大检查实行持证检查的通告"。

④ 只写文种，即"通告"。如遇特别紧急的情况，可在通告前加上"紧急"二字。

（2）正文。通告的正文一般由通告的缘由、事项、结尾三部分构成，但也有只写通告事项的。

① 缘由。缘由即发此通告的原因、根据、目的、意义等，说明为什么发此通告。缘由经常用"为了……""根据……""由于……"等短语概括，比较简洁。

② 事项。通告的事项是通告的关键部分，包括周知事项和执行要求。撰写这部分内容，首先要做到条理分明，层次清晰。如果内容较多，可采用分条列项的方法；如果内容比较单一，也可采用贯通式方法。其次要做到明确具体，需清楚说明受文对象应执行的事项，以便于理解和执行。

③ 结尾。通告的结尾部分写法比较简单，多采用"本通告自发布之日起实施"或"特

此通告"的模式化结语，以示强调，提出注意。有的通告会在结尾提出希望或要求。有的通告事项写完即结束全文，不再写结语，干净利落。

（3）落款。通告的标题如已有发文机关，并在标题下署上了日期，则可不用落款。如果标题没有发文机关，也没有日期，则落款处必须署发文机关名称和日期。

2. 通告的写作要求

（1）符合政策规定。通告的事项应该符合国家法律、法规和有关政策的规定，不能违背触犯法律、法规和政策，在行文的过程中要注意以法律、法规和政策为依据。

（2）事项具体明确。通告的内容事务性强，是直接指向某项事务，因此写作时对规范性要求、处罚措施、执行范围和时间等，要注意概念准确、明确具体，以便公众周知或遵照执行。

（3）语言通俗简要。通告的语言要通俗和简洁，尤其某些通告涉及业务比较具体，引用专业术语或行话时，一定要考虑到大众的理解程度，要尽量使用通俗易懂的文字。

## 2.1.5 公告、通告例文评析

【例文2-1】公告

### 文化和旅游部关于公布国家级文化生态保护区名单的公告

#### 文旅非遗发〔2023〕10号

根据《国家级文化生态保护区管理办法》（文化和旅游部令第1号），我部组织开展了国家级文化生态保护实验区建设成果验收工作。经材料审核、实地暗访、专家评审和社会公示等程序，现将通过验收的国家级文化生态保护实验区正式公布为国家级文化生态保护区，名单如下：

黔东南民族文化生态保护区

客家文化（梅州）生态保护区

大理文化生态保护区

陕北文化生态保护区（陕西省榆林市）

晋中文化生态保护区（山西省晋中市）

特此公告。

文化和旅游部

2023年1月28日

评析：本公告行文简要，目的明确，用语得体。公告标题由发文机关、事由、文种组成。正文先说明发文缘由，继而引出国家级文化生态保护区名单，最后以惯用的"特此公告"结尾。落款注明制发公告的机关名称和日期。

【例文2-2】通告

## ××市人民政府关于公布
## 价格调节基金征收项目标准和使用管理有关事项的通告

×府〔202×〕××号

为贯彻落实《××省价格调节基金管理办法》(省政府第××号令)，稳定与人民群众生产生活密切相关的重要商品价格，保障群众基本生活，根据《××省价格调节基金管理办法》的相关规定，结合本市实际，现就××市价格调节基金征收项目标准和使用管理的有关规定通告如下：

一、价格调节基金按以下项目和标准征收：

（一）建筑业按营业额的0.2%征收；

（二）娱乐业按营业额的1%征收；

（三）餐饮业按营业额的1%征收；

（四）住宿业按营业额的2%征收。

市级实行政府定价、政府指导价的非公益性项目待条件成熟后开征。

二、市发展和改革委员会为价格调节基金的主管部门，会同市商务局等有关部门负责价格调节基金的统筹使用，并承担日常管理工作；市税务局负责价格调节基金的代征工作，代征时使用税务部门统一的票据；市财政局负责价格调节基金的预算安排和资金管理；市监察审计财政部门对价格调节基金的征集、使用、管理情况进行监督；其他部门协助做好相关工作。

三、价格调节基金的缓缴、减缴、免缴和使用管理的其他事项以及相关法律责任等按照《××省价格调节基金管理办法》的规定执行。

四、对202×年9月30日前所欠缴、漏缴的价格调节基金，市发展和改革委员会要及时清理追缴。对拒绝补缴的，依法予以追缴和行政处罚；对不履行行政处罚决定的，依法申请人民法院强制执行。

五、本通告自202×年11月1日起执行。《××市人民政府办公厅转发市财政局关于调整价格调节基金征收对象和标准的意见的通知》(×府办〔202×〕××号）文同时废止。

特此通告。

××市人民政府

202×年10月23日

评析：这是一篇制约性通告，用于公布应当遵守的事项，此类通告告知的对象必须严格遵照通告内容执行。该通告的标题由发文机关、事由和文种构成，"××市人民政府"为发文机关，"公布价格调节基金征收项目标准和使用管理有关事项"为事由，"通告"为文种。正文开头部分以"为……根据……"的句式表明了通告的目的和依据，以"现就……

的有关规定通告如下"引出对通告事项的具体说明。主体部分列出了五条通告事项，对××市价格调节基金征收项目标准做了具体规定，对价格调节基金的使用管理做了明确的说明。结尾为通告的惯用语"特此通告"，落款写明了发文机关和成文日期。

该通告内容条理清晰，语言简明扼要，便于受文者领会，受文者必须严格遵照通告的内容执行。

## 任务 2.2  通知、通报

在日常生活中，通知和通报的使用极其广泛。不论在政府机关，还是企事业单位中都扮演着越来越重要的角色。因此，通知、通报的写作是现代从业人员必须掌握的一项职业技能。

### 2.2.1  通知的概念、特点与种类

**1. 通知的概念**

通知是公文中使用频率最高、使用范围最广的文种。它是指党政机关、企事业单位、社会团体向特定受文对象告知或转达有关事项或文件，让受文对象知道或执行的公文。通知包括"晓""谕"两重功用，或告诉人们有关事项，或要求办理、执行。

**2. 通知的特点**

（1）广泛性。通知应用广泛，使用频率高。在所有公文中通知的数量居首位，其原因有二：① 通知不受内容轻重繁简的限制，可以用于布置工作、传达重要指示，也可以用于交流信息，告知一般事项，或用于转发、批转公文，任免与聘用干部，比较灵活、实用。② 通知的作用广泛，一切机关与社会组织均可制发通知，不受机关或组织性质、级别的限制。

（2）执行性。通知大多属于下行文，其内容是要求下属单位予以办理或执行的事项。所以受文单位应该服从通知的安排，执行通知所述的事项。

（3）时效性。上级机关发布通知。一般对受文单位都有明确的时间要求，必须在规定的时间内办理完本通知的事项，不得贻误、拖延。若超过了规定的时间，往往自动失效。

**3. 通知的种类**

通知按内容性质的不同，可分为指示类通知、批示类通知、事项类通知、知照类通知四种。

（1）指示类通知。指示类通知是指上级机关向下级机关、所属单位布置任务和下达指示性措施的公文。通常而言，指示性通知是在上级机关向下属机关发布（或废止）行政法规和条例、规定、办法、实施细则等规章和其他重要文件时使用。

（2）批示类通知。批示类通知主要用于印发行政管理规章或重要讲话，转发上级机关或不相隶属机关的公文，批转下级机关的公文。

（3）事项类通知。事项类通知要求下级机关办理某些事项，除交代任务外，通常还会

提出工作原则和要求，请受文单位贯彻执行，具有强制性和行政约束力。有些事项、任务，不宜采用命令或意见行文的，可使用此类通知。

主要用于传达要求下级机关办理和需要有关部门周知或执行的事项，如布置工作、召开会议、安排活动、告知机构设立或变动、印章启用或废除、单位更名事项等。

（4）知照类通知。知照类通知也称一般性通知，用于告知某一事项或某些信息的通知，诸如庆祝节日，告知成立、调整、合并、撤销机构，人事任免，启用新印章或废除旧印章，单位更名，变更存、贷款计划，更正文件差错，通知有关单位或个人参加会议等，都可用此类通知行文。

### 2.2.2 通报的概念、特点与种类

**1. 通报的概念**

通报是上级把有关的人和事告知下级的公文。通报的运用范围很广，各级党政机关、企事业单位和社会团体都可以使用。它的作用是表扬好人好事，批评错误和歪风邪气，通告应引以为戒的恶性事故，传达重要情况以及需要各单位知道的事项。其目的是交流经验，吸取教训，教育干部、职工，推动工作的进一步开展。

**2. 通报的特点**

（1）典型性。一篇通报，无论是表彰先进、批评错误，还是传达重要精神或情况，都要求是典型人物、事件或情况，且具有典型意义，而非一般性的人、事、情况。

（2）告知性。通报常常把现实生活当中一些正、反面的典型或某些带倾向性的重要问题告诉人们，让人们知晓、了解。

（3）教育性。通报的主要目的是让人们知晓内容之后，从中接受先进思想的教育，或警戒错误，引起注意，接受教训，这就是通报的教育性。这一目的，不是靠指示和命令的方式来达到的，而是靠正、反面典型带动的。

（4）真实性。通报中所表扬、批评和传达的情况，要求准确无误，不允许有任何虚假成分，否则将失去正面教育意义，从而达不到教育目的。

（5）时效性。通报具有极强的时效性，写作时须抓住有利时机，及时制作，及时通报，以达到教育、宣传的目的，取得良好的教育效果。

（6）政策性。政策性并不是通报独具的特点，其他公文也同样具有这一特点。不过，对于通报，尤其是对于表彰性通报和批评性通报来说，政策性会显得更强一些。因为通报中的决定（即处理意见），直接涉及对具体单位、个人或事情的处理，还会牵涉到其他单位、部门效仿执行的问题，决定正确与否，影响颇大。因此，通报必须讲究政策依据。

**3. 通报的种类**

（1）表彰性通报。表彰性通报，就是表彰先进个人或先进单位的通报。这类通报，着重介绍人物或单位的先进事迹，点明实质，提出希望、要求，然后发出学习的号召。

（2）批评性通报。批评性通报，就是批评典型人物或单位的错误行为、不良倾向、丑恶现象和违章事故等的通报。

这类通报，通过摆情况、找根源，阐明处理决定，使人从中吸取教训，以免重蹈覆辙。这类通报应用面广，数量大，惩戒性突出。

（3）情况通报。情况通报，就是上级机关把现实社会生活中出现的重要情况告知所属单位和群众，让其了解全局，与上级协调一致、统一认识、统一步调，克服存在的问题，开创新的局面的通报。这类通报具有沟通和知照的双重作用。

### 2.2.3 通知的结构与写法

通知，包括标题、主送机关、正文、附件、落款（印章）等部分。

#### 1. 标题

通知的标题有完全式和省略式两种。完全式标题是发文机关、事由、文种齐全的标题，省略式标题则根据需要省去其中的一项或两项。省略式标题有如下三种情况。

（1）省略发文机关。如果标题太长，可省略发文机关。如"关于县级市经济管理权限的通知"，这个标题便省略了发文机关。省略发文机关的标题很常见。如果是两个单位以上联合发文，则不能省略发文机关。

（2）省略多余的"关于"和"通知"字样。例如"××县人民政府关于转发《××市人民政府关于转发〈××省人民政府关于转发人事部关于×××同志恢复名誉后享受××级待遇的通知〉的通知》"，这个标题有四个层次，用了三个"关于转发"，两个"的通知"，很不顺口。可以把这个标题简化为"××县人民政府转发人事部关于××同志恢复名誉后享受××级待遇的通知"。至于被省、地区等转发过的内容，可在转发意见中交代清楚。

（3）省略发文机关和事由。如果通知发文范围很小，内容简单，甚至张贴都可以，这样的通知标题可以省略发文机关和事由，只写文种"通知"二字。

#### 2. 主送机关

主送机关写全称或者规范化简称、统称。按性质、级别或惯例依次排列，同类型、相并列的单位之间用顿号间隔，不同类型、非并列关系的单位之间用逗号隔开，最后用冒号。如《关于开展国家公务员培训的通知》中这样写："各省、自治区、直辖市人事（人事劳动）厅（局），教委（教育厅），语委（语言文字工作机构），国务院各部委、各直属机构人事（干部）部门："。

#### 3. 正文

通知的正文主要包括通知原因或依据、通知事项、通知要求三部分。通知事项是主体部分，通知要求可以在通知事项中一并提出，也可以在事项之后提出，要求与事项是统一的整体。以下分别介绍一下四种通知正文的写法[①]。

（1）指示性通知的正文。一般先写发文的原因、目的、背景、依据，如"为有利于各级税务机关和纳税人正确理解增值税的有关规定，税务机关严格执行税法和纳税人正确履行纳税义务，现将有关增值税问题通知如下"。在事项部分，或写发布行政法规、规章制度、

---

[①] 李薇. 财经应用文写作 [M]. 3版. 北京：高等教育出版社，2019.

办法、措施等，或写带有强制性、指挥性、决策性、指示性的意见。通知事项多以分条列项的形式，条目清晰。通知在表达要求时，要根据通知事项的性质确定，可在通知事项中，也可在文尾。如通知的内容关系全局性的重大方针、政策、法规、制度等，要求下级令行禁止、照章办事的，除提出具体要求外，结尾语一般用"希遵照执行""希认真贯彻执行""希立即贯彻执行，并将执行情况上报"等。通知内容虽提出了政策性的要求，但又允许下级结合本地区、本单位的具体情况办理的，结尾语一般用"请研究执行"等。通知的内容有地区性、经验性的特点或有参考价值的，结尾语一般用"请参照执行"等。通知中的意见如果属于探索性的，或者政策上尚不完善、法律上尚不完备，需要下级边执行边探索，为上级提供修改根据时，结尾语一般用"希研究试行"或"希研究试行，试行中有何意见请及时反馈"等。

（2）批示性通知的正文。开头常常是表态，也有的是评价，有时只有一句话，却主旨明确、层次分明，说明了被批转或被转发的公文标题及发文机关，表明了态度，提出了要求。如"国务院同意国家××委《关于加强××××建设管理的请示》，现转发给你们，望认真贯彻执行"。可以把这部分称为"批语"，内容主要有以下三个方面：① 说明批转的目的或陈述转发的理由；② 对受文单位提出贯彻执行的具体要求；③ 根据具体情况做出补充性的规定。然后，以附件的形式把被批转、被转发的文件随文印发。可以把这部分看作是通知的主体内容。

用通知批转或转发下级机关、不相隶属机关和上级机关的公文时，对被批转或转发的文件已起到了一种公布、认可或推荐的作用。从构成上看，这种通知由批语部分和被批转或转发的文件组成，批语和被批转或转发的文件都不能单独作为一份文件。如果批语脱离被批转或转发的文件，没有实际依托内容，不能单独行文；如被批转或转发的文件没有批语则不能纳入通知的内容，不能体现发文单位的意图，失去了批语赋予的权威性和合法地位。

（3）事项性通知的正文。要使受文单位了解通知的内容（即事项），以及做什么，怎样做，有什么要求等。正文一般分三个部分：第一部分是开头，一般是说明发此通知的目的或依据；第二部分是主体，即事项部分，将通知的具体内容一项一项列出，把布置的工作或需周知的事项阐述清楚，并讲清要求、措施、办法等。这类通知多用于布置工作，因此也有人称之为"工作通知"；第三部分是结尾，多提出贯彻执行要求，如"请认真贯彻执行""请研究贯彻执行"等惯用语，也有的通知结尾不写惯用语。

（4）知照性通知的正文。大多以行文的依据、目的开头，以"现将有关问题通知如下"等惯用语进行过渡，引出通知事项。事项部分要求文字简练、内容周密、表述准确，不致产生歧义。会议通知一般应写明会议的名称、召开会议的原因或目的、主要议题、报到时间及地点、到会人员及需要准备的材料、联系单位、联系人及联系方式，有的通知还会附上会议日程安排和与会的有关证件、差旅费报销办法等。会议通知通常采用条文式写法。任免通知的写作则比较简单，一般先写任免决定的依据或原因、机关、时间，然后写任免人员的姓名及职务。

### 4. 附件

附件是附在正文后面的详细说明。有的通知没有附件。

### 5. 落款

发文机关、成文时间和公章。公章盖在成文日期上。成文时间一般以领导人签发的日期为准，如系联合行文，则以最后签发机关的领导人签发的日期为准，联合发文机关都要加盖公章。成文日期要写明年、月、日，用阿拉伯数字书写，位于正文下方偏右。

**通知的写作要求**

#### 1. 标题贴切明确

要拟定一个明晰贴切的标题，使读者一看标题便知通知什么或要求做什么事情，并可在文种前冠以"紧急""特急""补充""联合"等字样用以表明通知的类型。

#### 2. 写明主送机关

对于非周知性的通知，应一律写明主送机关名称，不论被通知的机关为几个，都应写明。

#### 3. 文字简练准确

通知的文字应当简练准确，需要交代清楚应知应办事项，并切实可行。

## 2.2.4 通报的结构与写法

通报通常由标题，主送单位、正文和落款四部分组成。

### 1. 标题

通报的标题一般采用完整式标题，即发文机关、事由、文种要素俱全，其中"事由"一般概括点明通报的对象和事件。例如《××省人民政府关于表彰×××同志勇斗歹徒英勇献身的通报》。有时也可以采用不完全式标题，即一般标题中只有事由、文种两个要素，例如《关于×××违规用电引发火灾的通报》。若是转发其他单位的通报，则应省略自身使用的"通报"文种，避免重叠。有的机关或者单位定期或者不定期编发的有连续编号的"通报"或者"情况通报"，实际上是"简报"的一种类型，不是法定的公文，既可以采用新闻标题，也可以不写标题。

### 2. 主送单位

通报大多有主送单位，一般为发文单位的下级单位，常以同类型机关统称的形式出现。

### 3. 正文

通报的正文一般包括主要事实、合理分析、处理意见、要求或号召四个部分。

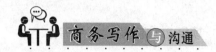

(1) 主要事实。这部分也可以称为"通报的缘由"。一般讲清通报的主要事件,把事件发生的时间、地点、通报对象、主要情节、事件结果等交代清楚。写作时,选材要真实典型,交代要详略得当。在写作笔法上,要平实清晰,不要使用文学作品笔法,特别是不要采用夸张、渲染、联想等艺术表现手法。

(2) 合理分析。这部分是写作的难点,要求撰写者透过通报的事实抓住事件的本质。写作可以从三个方面着手:一是明确通报事实的性质;二是分析通报事实产生的原因;三是分析通报事实的重要意义或者产生的严重后果。

(3) 处理意见。这部分是针对通报的主要事实,给予通报对象表彰或者批评的具体措施。处理意见简单的可以和"合理分析"部分篇段合一。内容较为复杂的,可以独立成段,按内在的逻辑联系,分条列项写作。

(4) 要求或号召。这部分是通报写作的重点,也是通报写作目的的根本所在。一般写明发文机关单位的要求和希望,希望受文单位要学习的经验(精神)或者吸取的教训。

小贴士
通报与通知
的区别

**4. 落款**

落款应该有发文机关的署名,并加盖印章。另起一行签署成文日期。

### 通报的写作要求

不同类型的通报有着不同的写作要求,具体如下。

**1. 表彰性通报的写作要求**

表彰性通报正文由"情况""决定""希望"三部分内容组成。"情况"即表彰的缘由,也就是"为什么要表彰",在这个部分中要采用概括的手法,介绍被表彰单位或个人的先进模范事迹,以此作为制发本通报的依据;所谓"决定",即表彰的具体内容,如立功受奖、授予的荣誉称号等,这是正文的第二层内容;最后是提出希望与要求,既包括对被表彰者的有关戒骄戒躁、再接再厉的要求,也包括对别人、别单位向被表彰者学习的要求。

**2. 批评性通报的写作要求**

批评性通报开头首先要概述事情的基本情况,即"问题";其次对"问题"进行分析,探因求源,找出产生这一问题的具体原因;再次是针对"问题"的解决办法,即处理意见或情况;最后提出希望或要求。

**3. 情况通报的写作要求**

情况通报首先要提出问题,其次对所提出问题进行多方面的分析,最后是解决问题的几点要求,应较多地使用祈使句,如"必须""不得""严禁"等。

## 2.2.5　通知、通报例文评析

**【例文 2-3】通知**

关于做好年底各项收入、支出入账工作的通知

各车间、科室：

　　根据集团公司《关于公司制改革财务管理有关工作的通知》(京财电〔202×〕××号)文件内容，集团公司要求我公司银行账户名称变更工作须于202×年12月22日前办理完毕。202×年12月25日 0:00 至 202×年1月1日 0:00 期间停止对外开具增值税发票，202×年12月25日前办理完成财务入账并完成增值税专用发票认证抵扣手续。为避免税务信息登记变更后出现原信息增值税专用发票无法正常认证抵扣，特要求如下：

　　1. 请各部门结合生产经营实际，合理预计票据传递时间，提前告知开票方我方原开票信息停用时间并在20日前完成发票签认后到财务部办理入账抵税等工作。

　　2. 请技术科结合其他业务开展情况，20日前将需要给对方单位开具发票的信息告知财务。请各部门主要领导上手，按照时间节点抓好此项工作，对于未在规定时间内完成发票入账、其他业务清算收入开票，影响全年经营指标完成的、违规跨年入账的，将严格追究责任部门和直接人员的责任。

202×年12月7日

　　**评析**：这是一则指示性通知，是上级机关、单位指示下级部门完成何种任务，如何开展工作，要求下级部门贯彻落实通知内容的文书。该通知的标题由事由和文种构成，"做好年底各项收入、支出入账工作"是通知事由，"通知"是文种。发文对象为"各车间、科室"。正文部分简要叙述了通知的根据和目的，以"特要求如下"引出下文，交代了两项具体要求，并写明对未完成任务的部门和直接人员予以追责。最后省略了结尾，落款部分只标注了成文日期，还应注明发文单位。

　　指示性通知需要将措施、办法和注意事项都交代清楚，而这则通知的缘由简洁明了、说理充分、内容具体明确、要求切实可行，符合指示性通知的写作规范。

**【例文 2-4】通报**

关于对财务中心×××违反公司着装规定的错误行为予以批评的通报

公司各部门：

　　3月27日下午，总经理办公室在执行日常检查过程中发现财务中心×××未着工作服上衣，违反了公司着装规定。28日上午，总经理办公室人员向财务中心下发检查通报后，接收人×××当即出言不逊，态度蛮横，并粗暴无礼地将通报甩到一边，全然不顾其言行的影响和后果。

×××的行为严重违反了公司员工的行为准则,对部门形象、办公秩序及公司相关工作的开展造成了不良影响,同时反映出其本人缺乏应有的纪律意识。

为了严肃纪律,维护公司形象,现就×××的错误行为做出如下处理决定:对×××予以通报批评,扣发一个月奖金,并要求×××向总经理办公室相关人员当面致歉。

希望公司各部门员工引以为戒,更加严格地要求自己,提高遵守公司规章制度的自觉性,在今后的工作中踏踏实实、勤奋工作,推动公司各项工作再上新台阶。

××××××股份有限公司(盖章)<br>202×年××月××日

**评析**:这是一份批评性通报,采用"事由+文种"的不完全式标题。正文第一段概述了通报的原因,并简单陈述了主要事实;第二段指出了错误的性质、问题的严重性和危害性;第三段写明了处理决定;末段针对此事提出了希望和要求。此批评性通报实事求是地反映事实真相,未夸大或缩小,重要环节交代清楚。在对错误进行分析时,准确并中肯地指出错误的原因,点明危害,恰如其分地提出处理决定,并通过对错误的处理,希望大家汲取教训,引以为戒。

# 任务2.3 报  告

在日常工作中,下级机关在工作中发现重大问题或特殊情况,需要向上级汇报工作,反映情况。定期的工作汇报能够让上级机关及时了解下面情况,并对下级机关的工作进行指导。报告是上传下达的重要平台,也是上级决策的依据,是党政机关使用频率较高的公文文种。

## 2.3.1 报告的概念

报告是党政机关、企事业单位、社会团体向上级机关汇报工作,反映情况,回复上级机关询问的公文。报告属于陈述性的上行文,行文旨在为领导机关了解情况、制定政策和指导工作提供依据。

作为党政机关公文的报告与平常一些专业部门写的审计报告、调查报告、立案报告、评估报告不是相同的概念。前者属于公文,后者属于事务性文书。

## 2.3.2 报告的特点

### 1. 汇报性

报告是下级机关向上级机关或业务主管部门汇报工作,让上级机关掌握基本情况并及时对自己的工作进行指导的一种载体,因此报告具有汇报性。

### 2. 陈述性

因为报告具有汇报性,即向上级讲述做了什么工作,或工作是怎样做的,有什么情况、经验、体会，存在什么问题，今后有什么打算，对领导有什么意见、建议，所以行文上一般采用叙述方式。

**3. 单向性**

报告是下级机关向上级机关行文，是为上级机关进行宏观指导提供依据，一般不需要受文机关的批复，属于单向行文。

**4. 事后性**

多数报告都是在事情做完或发生后，向上级机关做出汇报，属于事后或事中行文。

**5. 实践性**

报告无论是汇报工作成绩，还是反映工作中存在的问题，内容都必须属实，不夸大、不缩小，并能从中揭示出一定的规律。因此，报告的写作者必须熟悉工作情况，以实践为依据审核报告材料。

**6. 概括性**

写作报告要突出重点、点面结合，在概括叙述基本情况的基础上，按时间顺序、工作发展过程或情况的发现和分析过程等列出观点句，有层次地叙述。应避免把工作报告写成面面俱到的流水账。

### 2.3.3 报告的种类

**1. 根据用途分**

（1）工作报告。工作报告是向上级机关汇报工作的一种报告种类，所涉及的是机关单位日常或常规工作。

（2）情况报告。情况报告是侧重向上级机关反映突发事件、恶性事故、反常现象或严重问题的一种报告种类。

（3）答复报告。答复报告是答复上级机关的询问的一种报告种类，与其他三种报告不同，是被动行文。

（4）报送报告。报送报告是向上级机关报送文件或物品的一种报告种类。

**2. 根据性质范围分**

（1）综合报告。"综合"有两层含义：① 报告内容的范围较广，涉及机关单位各方面的工作、内容比较全面；② 汇报的角度有正反两方面，既涉及工作的成绩，又涉及工作中存在的问题和不足。撰写综合报告要有全局观，对机关单位的工作有宏观、整体的把握能力。

（2）专题报告。"专题"相对于"综合"也有两层含义：① 报告内容范围相对较窄，涉及机关单位某一方面的工作；② 报告的角度涉及某一方面，或者侧重工作成就，或者侧重工作中存在的问题或不足，要注意抓住重点，详略得当。

### 2.3.4 报告的格式

报告的格式通常由标题、主送机关、正文和落款组成。

### 1. 标题

第一行居中填写。一般地，报告的标题的写法有以下两种：① 由"事由+文种"组成，如"关于《食品安全法》执法情况的报告"。② 由"发文机关+事由+文种"组成，如"××市2022年政府工作报告"。

### 2. 主送机关

另起一行顶格写上直属上级机关的全称或规范化简称。报告的主送机关只能有一个，需其他上级机关了解时，以抄送的方式处理。

### 3. 正文

报告正文另起一行空两格开始写。不同种类的报告，正文的写法不尽相同，但一般包括开头、主体和结尾三部分。

（1）工作报告的正文。工作报告的内容一般按逻辑顺序"为什么做""做了什么""怎样做""做得怎样""今后怎样做"安排结构。从外在结构上看，由开头、主体、结尾三部分组成。

开头部分一般采用概述的方式总写工作情况，如开展工作的背景、目的、意义、依据，工作的总体内容，工作的总做法、总经验、总成就等。这一部分体现"为什么做"。

主体部分一般由三方面的内容构成，即成绩部分、问题部分、改进部分。

结尾部分可以总结全文，或使用习惯用语如"特此报告""以上报告请审阅"，或自然结尾。

（2）情况报告的正文。开头部分总叙突发事件、恶性事故、反常现象或严重问题。主体部分由三方面内容构成，即事件部分、原因部分、措施部分。结尾部分的写法同工作报告的结尾大致相近，或总结全文内容，或使用习惯用语"特此报告"，或自然结尾。

（3）答复报告的正文。答复报告的写法比较简单，因为针对上级机关的询问，故开头引述上级机关的来文及询问的问题，主体部分做具体的答复，结尾使用习惯用语或自然结尾。

（4）报送报告的正文。报送报告主要是以报告的形式将其他书面文件或物品清单呈报上级机关，正文的开头部分简明扼要介绍报送文件物品的缘由；主体部分介绍文件物品的名称、数额，结尾部分以"特此报告"等习惯用语结束。

### 4. 落款

在正文的右下方写上发文机关的名称和发文的日期，并加盖机关印章。发文机关如果标题中已出现，则落款处可以省略不写。

## 2.3.5 报告的写作要求

### 1. 突出重点，点面结合

报告应注意突出重点，点面结合到位，既要陈述整体，又要有充分的理论和数据加以说明，应列举典型事例说明工作的深度，方便上级领导了解工作情况。但切忌事无巨细，即使是全面汇报工作情况的综合报告，也不能事无巨细，而要抓住影响全局工作的基本方面重点汇报；专题报告更要突出一个"专"字，自始至终围绕一个问题去叙述、说明，其他方面的事简略带过，做到点面结合，重点突出。

#### 2. 内容详尽，实事求是

报告不要大量堆砌理论，但也不能只陈述事实，缺少理论说明。应在详尽陈述事实的基础上，加上必要的分析，从而挖掘问题的本质，提出合理的建议或意见。为使表述更具有说明性，必须列举典型事实，不能夸大，也不能缩小，要注意把握分寸感，应遵照事实和客观事物发展规律进行汇报，实事求是。

#### 3. 注意顺序，科学可行

报告要注意内容的顺序，注意按照时间顺序、事件发展的过程或逻辑关系涉猎若干问题，并有层次地分条式或概括式叙述清楚。同时，要注意内容的科学性和操作的可行性。报告不可脱离实际，凭空设想，应准确陈述事实，反映情况，提出建议。

#### 4. 综合分析，找出规律

报告要在介绍情况的基础上归纳综合，进行深入的分析，做出恰当的判断，从中找出规律性的认识，用以指导今后的工作。

#### 5. 及时报告，不失时机

报告反映的情况要及时，才能对上级机关有使用价值；同时，也使自己要解决的问题及时得到上级领导的指示与帮助。

#### 6. 报告工作，不带请示

对于报告，受文单位不用答复，如果夹带请示事项，将有关请示的内容掺杂在里面，就会贻误工作。对于需上级机关批准或帮助的事项，要另文"请示"，不可夹在"报告"中，以免受文机关不做答复，造成"误事"。

### 2.3.6 报告例文评析

××省商务厅关于××市百货大楼重大火灾事故的报告

商务部：

202×年2月20日9:40，我省××市百货大楼发生重大火灾事故，市消防队出动15辆消防车，经4个小时的扑救，火灾才被扑灭。由于开业不久，顾客不多，加之疏散及时，幸而未造成人员伤亡。但这次火灾已造成直接经济损失792万元。

经查，此次火灾是因电焊工×××违章作业（在一楼电焊铁窗架时，电火花溅到易燃货品上）引起的。另外，市商务局领导对上级领导机关和公安消防部门的安全防火指示执行不力，百货大楼安全制度不落实，也是造成火灾的原因之一。

火灾发生后，省人民政府召开了紧急防火电话会议，指出了××市百货大楼发生火灾的严重性，批评了××市不重视安全工作的错误倾向。我厅×××副厅长带领有关人员赶到现场处理。市商务局领导在市委、市政府领导下，组织力量对财产进行清理。百货大楼职工在总结教训的基础上，在街道路口增设摊点，以缓和市场供应。公安机关对事故责任

者×××已拘留审查。市委、市政府在分清责任的基础上，对有关人员视情节轻重进行了严肃处理：给予专管安全工作的百货大楼党委副书记、副总经理×××撤销党内外职务、开除党籍、开除公职的处分，并交司法部门依法处理；撤销×××百货大楼党委书记和市商务局党组成员、市百货大楼总经理职务。

这一次火灾事故是我省商务系统历史上一次重大安全事故，损失严重，影响很坏，教训深刻。问题虽然发生在××市，但也暴露了我省商务系统在安全工作上还存在不少问题，有的地区安全制度不落实，检查不认真，隐患整改不力，缺乏有针对性的防火措施。我们平时深入了解不够，检查督促不严，因此，我们也有一定责任。为了吸取教训，防止类似事故发生，已根据我省实际，多次用电报、电传、电话、简报通知各地以引起各地的注意，并定于4月20日召开全省商务系统安全工作会议，制定下一步安全工作方案，切实把我省商务系统安全工作抓紧、抓好。

特此报告。

××省商务厅
202×年4月15日

**评析：** 这则情况报告采用完全式标题。正文第一段概述了所报告事项的主要内容；第二段写明了事故发生的原因和责任分析；第三段详述了处理的经过和意见；第四段指出应吸取的教训，并提出希望；第五段为惯用语。该报告重点突出，条理清楚。

# 项目 2　商务公务文书写作

## 电子活页：函、请示、批复、纪要、决定、意见

# 学生工作页

| | 函、请示、批复、纪要、决定、意见 |
|---|---|
| 任务1 | 为了做好春运工作，及时运送在广东省工作的四川省民工回家过年，广东省交通运输公司与四川省交通运输公司商洽共同派出客车若干辆，联合运送组成运送民工的车队，确保春节前运送民工回家过年，解决运力不足，车辆不够的困难，保证安全做好春运工作。请就此拟一份商洽工作的函和一份答复事项的函 |
| 任务2 | ××市红旗机械厂青年工人王强，自入厂以来，虚心向老师傅学习，刻苦钻研技术，积极提出合理化建议，技术革新成绩卓著。为此，请你代红旗机械厂向上级××市轻工业局写了一份关于给技术革新能手王强同志晋升两级工资的请示 |
| 任务3 | 接任务一，××市轻工业局同意了红旗机械厂的请求，请你代××市轻工业局写一份同意的批复 |
| 任务4 | 请根据一次主题班会或团支部会议材料写一份纪要 |
| 任务5 | 李××是利群化工公司销售部的员工，于2023年6月出差期间参与赌博，将携带的10万元公款输光并向公司隐瞒了这一情况。事情败露后，公司经研究决定开除李××，并向公安机关报案。请根据以上材料，拟写一则处罚决定 |
| 任务6 | 请在互联网上下载政府部门下发的"实施性意见""建议性意见"以及专业机构下发的"评估性意见"，并就其写作分别进行评析 |
| 班　级 | | 学　号 | | 姓　名 | |

## 学生自评

我的心得：




建议或提出问题：




## 教师评价

# 思政园地：为何说"公文收发非小事"

刚刚大学毕业的小吴，被安排在办公室工作。办公室工作烦琐细碎，没有工作经验的他最初被安排负责打扫卫生、接打电话这些相对基础的工作。因为他工作认真、态度端正、细致用心、善于观察，对本单位的职责职能、机构设置、人员分工有了很好的了解和掌握，领导决定让其承担收发公文的工作。

很多人都说收发公文很简单，无非就是"收收发发"而已。小吴却不这样认为，她认为公文收发非小事。小吴为什么这样认为呢？请扫描二维码，具体了解一下其中原委，并谈谈其思政教育意义。

**思政园地**
为何说"公文收发非小事"

### 1. 撰写公告

××大学采购招标管理中心根据《中华人民共和国政府采购法》等有关法律的规定，依据××市财政局批复的政府采购申报表的要求，就LED电子显示屏项目进行询价采购，现向社会公开发布采购公告。相关材料如下所示，请参考公告模板，撰写招标公告。

（1）事由：LED电子显示屏询价采购。

（2）采购内容：3块LED电子显示屏。预算资金：6.5万元。显示屏为黑底红字，使用寿命超10万小时，防雨防雷且操作时无须计算机（用手机进行操控）。

（3）参与投标供应商的资格要求：① 符合《中华人民共和国政府采购法》供应商的资格要求；② 投标人必须是主要投标产品的生产企业或经销商，有竞标产品的供应能力，能满足合同规定的配送和服务要求；③ 在最近3年内无骗取中标、严重违约、发生重大安全事故及质量问题。

（4）报名方式与要求：

时间：202×年12月14—18日，上午8:00—11:30，下午2:30—5:30（北京时间）。地点：××大学采购招标管理中心（院行政大楼609室）。

报名时携带以下加盖公章复印件一套：营业执照副本、税务登记证副本、组织机构代码证副本、企业法人证书或法人委托书、法定代表人身份证复印件、被授权人身份证。

（5）竞价文件投递截止时间：202×年12月22日上午9:00。

（6）竞价文件递交方式：密封递交（报价表单独封装）。被询价供应商根据采购货物和要求，做出一次性书面报价。

（7）项目联系人：刘××。联系电话：2825××39。

（8）其他事项：本次采购的有关事务和本项目的更正公告敬请关注本院校园网站发布的信息，也可以与我中心联系。

（9）成文日期：202×年12月14日。

**2. 撰写通告**

请根据以下材料撰写一篇通告。

（1）通告目的：进一步拓宽××特产的销售渠道，维护和提升××特产的市场美誉度和信誉度，实现其持续健康发展。

（2）通告事项：在××市开展规范××特产线上销售，提升××特产品质专项行动。围绕线上××特产销售的薄弱环节，整治以次充好、虚假宣传等突出问题，加大执法查处力度，落实最严谨的标准、最严格的监管，切实保障××产业持续健康发展。以规范线上××特产销售行为为重点，杜绝一切不正当的销售行为。开展××特产质量追溯专项整治行动，严格规范使用追溯二维码，实现产后质量追溯零死角、全覆盖。

如有违反以上规定的电商经营者，由市场监督管理局依据相关法律法规对其进行处罚。

（3）发文单位：××市市场监督管理局。

（4）成文日期：202×年10月20日。

**3. 撰写通知**

（1）202×年国庆节在即，放假时间为10月1日—7日，9月30日上班、上课（按周四上课），10月8日上班、上课（按周五上课）。请你以学校校长办公室的名义，撰写一份面向全校的国庆放假通知。要求格式规范，要素齐全。

（2）银帆集团股份有限公司董事会研究，拟于202×年7月在集团公司旗下的银帆宾馆召开安全生产工作会议，会议主要传达××省安全生产管理局202×年6月电视电话精神、交流各单位安全生产工作情况、布置202×年下半年工作，要求各分公司经理、集团各部门负责人参加。

根据上述材料，请代银帆集团股份有限公司撰写一则会议通知。要求格式正确、内容完备。

**4. 撰写通报**

（1）2023年8月15日，××市商业银行遭到一伙歹徒袭击抢劫。在国家财产受到严重威胁时，银行职工赵××、钱××，××区公安分局孙××、李××奋勇当先，临危不惧，与歹徒进行了殊死搏斗。孙××、李××在与歹徒的搏斗中受伤，最后赵××、钱××协助公安干警将歹徒全部制伏。为了表彰他们的英雄行为，××市人民政府决定给予××区公安分局孙××、李××各记大功一次，授予××市商业银行职工赵××、钱××"英勇斗争先进个人"称号，并给予奖励各5 000元。根据上述材料，以××市人民政府的名义撰写一份通报。

（2）冷××是兴发公司的供销科长，因为公司货物销路不畅，他被扣除当月奖金而心中郁闷，于2023年5月13日，找到下属推销员于××、刘××在公司对面的餐饮部聚饮，喝得酩酊大醉，借酒发泄不满，砸坏了餐饮部柜台的花瓶一只，还辱骂了服务人员。餐饮部将情况反映给发达公司，公司领导经过研究，认为冷××作为公司的中层干部，应该严格自律、端正态度，但是他却酗酒闹事，影响恶劣。决定下发一份批评通报，对此事件进行严肃批评，给供销科长冷××记过处分，照价赔偿餐饮部被损毁的物品，向服务员赔礼道歉。对于推销员于××、刘××进行当众批评。请根据上面所给材料拟定一份通报。

**5. 撰写报告**

（1）2023年6月5日，××市一餐馆由于爆炸发生一起火灾事故。事故发生后，消防人员迅速赶到现场，附近的不少居民也自发赶来救火。经过几个小时的奋战，大火被扑灭。此次火灾造成2人死亡，多人受伤，烧毁财物若干。××医院克服种种困难，组织人员和药品抢救伤者，有3人因抢救及时而免于死亡。事发后，社会各界自发或组织向受灾家庭伸出援助之手，捐钱捐物。请根据上述情况，向市政府撰写一份事故报告。

（2）××大学工会委员会接到××市总工会××月××日《关于××的函》，来函询问该校工会干部有关待遇情况。该校的工会干部待遇情况如下：基层工会主席由教师兼任，每年减免工作量40学时；部门工会主席任职期间享受本单位行政副职待遇，由教师担任的每年减免工作量30学时；校工会委员任职期间减免工作量30学时；部门工会委员每年减免工作量15学时。请代××大学工会委员会写一份答复报告。

（3）下列材料为××集团公司财务处2019年上半年的主要工作，假设你是财务处负责人，请你以××集团公司财务处的名义给该集团公司写一份工作报告。要求格式正确，所缺内容可以自行补充。

① 完成年度的结账、过账工作，做好日常财务账务处理工作，季度做好公司财务分析工作以及公司月度财务快报、清欠报表、亿元项目分析报告、季报和年度报表工作，每月向公司总经理、总会计师填报《财务处工作月报》等主要指标情况，建立会计档案室，对公司直管已经完工的项目进行会计档案清理，及时将档案运回公司总部归档管理。每月末对公司各部门职工备用金进行催报，在6月底基本完成备用金的清理工作。

② 每季度末公司总部及分公司进行预算分析并形成分析报告，做好事中费用控制和总结。截至上半年公司总部管理费用751万元，加上上半年尚未入账的办公楼租金40万元，以及公司上半年绩效考核及6月工资估计约70万元，补助约20万元，共计约130万元未入账，上半年总部管理费用约为870万元，在年度控制目标2 000万元的一半内。

③ 按经济业务性质，完善经济合同台账，财务往来台账，项目管理台账，营销费用台账，资金和承兑汇票，保证金类台账等五类台账。

④ 加强对合同额、营业额、利润、现金流量和应收款项指标财务信息的搜集、分析、评价，对照财务指标的标准值、历史值、同行值、预算值等，及时发出预警信号。

# 项目3 商务事务文书写作

## 项目目标

通过本项目的学习，应该达到以下目标。

**知识目标**：了解计划、总结、条据的概念、特点和种类等写作基本知识；掌握计划、总结、条据的写作格式和写作要求。

**能力目标**：能够正确阅读理解计划、总结、条据等商务事务文书；能够利用资料，正确撰写计划、总结、条据等常用商务事务文书。

**思政目标**：培养诚信经营、合作互利的财商理念；学会规划与自省，善于收集和处理信息，正确地分析问题和解决问题；弘扬工匠精神，养成认真严谨、一丝不苟、诚实守信的写作态度；做到能写会用，展示良好的工作技能，塑造职业形象，提高职业素养；培养科学理性精神，树立文化自信、理论自信意识。

## 项目导入

**王进面对的商务事务文书**

时间如白驹过隙，转眼王新在公司工作已有半年了，他逐渐适应了紧张忙碌的工作，各种文书写作也更加熟练。年底，公司的事情很多，比如要组织开展辞旧迎新的活动，要进行年终考评，还要进行今年的工作总结及制订明年的工作计划。王新需要拟写的文书很多，如述职报告，公司的总结、计划等。

在工作事务中，计划、总结、述职报告等文书有哪些用途？王新又该如何拟写这些文书？

## 任务3.1 计　　划

古人云："凡事豫则立，不豫则废。"何为"豫"？"豫"通"预"。这句话的意思是说，只要事先做好准备和预防，就可以避免祸患或最大限度地减少祸患造成的损失。可见，若要实现既定的目标，必须先有客观科学的计划。实践中常用的计划、规划、安排、方案、预案、工作要点等文种，其基本属性中均有事先性的特点，都属于计划类文书。

### 3.1.1 计划的概念

计划是党政机关、社会团体以及企事业单位和个人，在工作、生产、学习以及日常生活中，为了实现某项目标和完成某项任务而事先拟订目标，明确任务、实施步骤和措施的文书。

计划不是单一的文种，是计划类文书的总称，主要包括以下几种名称。

#### 1. 计划
计划是布置常规性的工作任务，如单位制订的年度计划、季度计划、月度计划。

#### 2. 安排
安排是布置短期内的具体工作。如"××公司行政部第六周工作安排"。

#### 3. 规划
规划是全局性的、长远的、具有战略性的发展计划。规划涉及面较广，适用时间较长（一般三年以上），又比较全面地展现某一项较大的工作、工程或生产的大轮廓，如"××公司'十四五'发展规划"。

#### 4. 要点
要点是对所要做的工作提出主要的点的计划。一般是上级机关指导下级机关工作，明确工作要点。以文件形式下发。如"××市××公司××××年工作要点"。

#### 5. 方案
方案是对专项工作做出全面部署与安排的计划。方案要具体明确专项工作的目的、要求、工作方式方法和工作步骤，如"××××公司促销活动方案"。

#### 6. 打算
打算是短期内初步的、草案性的计划，如"××公司××××年第二季度工作打算"。

### 3.1.2 计划的特点

#### 1. 预见性
计划是在行动之前对行动的目标、任务、方法、措施所做出的预见性确认。这种预想不是盲目的、空想的，而是以方针政策和科学理论为指导，以本单位的实际条件为基础，以过去的成绩和问题为参照，对今后的发展趋势进行科学预测之后做出的。

#### 2. 针对性
计划一是根据党和国家的方针政策、上级部门的工作安排和指示精神而定，二是针对本单位的工作任务、主客观条件和相应能力而定。总之，从实际出发制订出来的计划，才是有意义、有价值的计划。

#### 3. 可行性
预见准确、针对性强的计划，在现实中才真正可行。如果目标定得过高、措施无力实施，这个计划就是空中楼阁；反过来说，目标定得过低，措施方法都没有创见性，实现虽然容易，却不能取得有价值的成果，也就算不上有可行性。

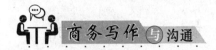

**4. 指导性**

计划一经通过、批准或认定，在其所指向的范围内就具有指导和约束作用。在这一范围内，无论是集体还是个人，都必须在计划的指导和约束下开展工作和活动，不得违背或拖延。

### 3.1.3 计划的种类

根据不同的分类标准，可以把计划分成不同的种类：

一是按性质划分，可分为专题性计划和综合性计划两种。前者又称单项计划，是针对特定方面的工作或任务制订的；后者又称总体计划，是对单位、部门或个人一定时期内的所有工作或任务做出全面安排的计划。

二是按内容划分，可分为工作计划、学习计划、销售计划、科研计划等。

三是按范围划分，可分为个人计划、部门计划、单位计划、国家计划等。

四是按时间划分，可分为周计划、月计划、季度计划、年度计划等。

### 3.1.4 计划的作用

计划的作用主要有以下几点。

**1. 指导作用**

计划通常是根据某种需要，结合本部门、本单位或个人的实际情况而制订的，它是工作的方向、行动的指南。计划可以使人们了解在一定时期内"做什么""怎么做""何时完成"，做到心中有全局、奋斗有目标，避免出现轻重倒置、先后不分的问题，能及时保质保量地完成任务。

**2. 预见作用**

人们通过制订计划可以对未来发展做出科学的预见，对各种情况做出正确的估计和分析，并提出相应的对策和措施，取得应变的主动权。领导者还可以根据计划，对人力、物力、财力进行科学调配，使"人尽其才，物尽其用"。

**3. 约束作用**

计划虽不属于正式公文，但在单位中，计划是由会议通过或经领导批准的，所以也就具有正式文件的效能。成为具体工作的准则。计划一旦批准实行，就具有一定的约束性，重要计划还具有法律性，人们必须严格按计划办事。

**4. 检查作用**

人们根据计划，可以随时掌握工作进程，检查指标完成情况，全面保证工作、生产、学习一个阶段、一个阶段地稳步发展。同时，计划也是考核一个单位或个人工作成绩的标准。

### 3.1.5 计划的格式

计划的内容结构通常由标题、正文和落款三部分组成。

1. 标题

计划的标题一般由制订计划的单位名称、适用时间、计划内容和文种四项要素组成，如"××市教育局 2023 年培训工作计划"。也可以省略时间或省略制订计划的单位名称，或者采用公文标题的三要素形式拟写，如"××省旅游业发展计划"。凡未定稿的计划，均应在标题后或标题之下正中括注"草案""初稿""征求意见稿""讨论稿""送审稿"等。

2. 正文

计划的正文包括前言、计划事项、措施和步骤、结尾四个部分。

（1）前言。前言的内容一般包括制订该计划的指导思想、政策依据和计划希望达成的目的，以及总任务、总要求等内容，即说"为什么"要制订这一计划。主要应当写明两点：① 计划根据党和国家哪些方针政策或上级指示进行制订；② 针对面临的形势做简要的分析，或对前期工作的基本情况做简要的概括（也可以不写）。前言是计划的总纲，必须简明扼要交代制订计划的理论依据和事实依据，对形势做出综合分析，其作用是统帅全文、引出正文。

（2）计划事项。要写清计划的目标，说明"做什么"。目标是对计划总任务的分解。任何工作计划都是在提出总任务的前提下，确定完成任务的各项基本目标，包括应该达到的指标在数量和质量上的要求。这部分内容要做到重点突出，简洁明确，数量、质量指标清楚、准确。必须着重写明计划期限内应该遵循的方针或原则、完成的目标和任务、实施的措施和步骤，亦称"计划三要素"，具体回答遵循什么、做什么、做到什么程度、怎么做、什么时候做等问题。

（3）措施和步骤。即针对所提出的工作指标和任务，写清楚"怎么做"。

措施，是指围绕计划目标而设计的一系列的实施办法，如要动员和依靠什么力量、利用哪些有利条件、采取哪些措施、克服哪些困难、负责人、配合合作的单位及个人等。措施是实现目标的保证，一定要周到严密、切实可行。

步骤，是指目标实现的程序设计和时间安排。计划的实现是一个过程，包含了不同的阶段，每一阶段又包含了若干环节。因此，工作计划的实施步骤要对计划目标的各个阶段和各个环节从时间、空间做出全局性的分析和评估，做好统筹安排，明确计划在实施中应先做什么后做什么，以及重点解决什么问题。

（4）结尾。结尾可以用来提出希望、发出号召、展望前景、明确执行要求等，也可以在条款之后就结束全文，不写专门的结尾部分。计划通常使用的结尾方法有：① 突出重点，把工作的重点和计划执行过程中的主要环节突出点明，作为结尾；② 强调注意事项，主体部分未写注意事项的，可在结尾中交代；③ 发出号召，即在计划结尾部分写明努力方向，展望计划前景，激励大家坚定信心，鼓足干劲，完成计划提出的工作任务。

结尾之后，还要署明单位名称和制订计划的详细时间，如果以文件的形式下发，还要加盖公章。

3. 落款

计划的落款主要包括以下两项内容：① 如有指标和数字材料，可以"附件"列于正文

之后、计划制订机关名称之前。② 在正文下方署上制订计划的机关名称和时间;如果标题中已注明,此处可不再标示。

### 3.1.6 计划的写作要求

**1. 胸有全局,立足本职**

从全局来看,我们每个单位、每个部门都是国家整体计划中的一个有机组成部分。因此,在制订计划时,必须认真学习、领会、贯彻党和国家的方针政策、法律、法令、法规,这些是我们制订计划时必须遵循的。离开了这些,就会偏离方向,就会犯错误。同时,要与主管上级的计划协调一致,还要结合本行业、本系统的特点或个人的实际情况,正确协调整体和局部的关系,正确处理长远利益和当前利益、集体利益和个人利益的关系。只有这样,才能确保本单位、本部门及个人的计划具有明确的指导思想和正确的方向。

制订计划还要有熟练的业务能力,使计划的制订具有科学性,切实符合本行业、本专业的特点。在制订计划时,应尽量避免使用一些各行业都通行的"共性话",当然更不能说"外行话",以避免"瞎指挥"。

**2. 实事求是,切实可行**

从某种意义上来说,计划实际上是一个单位或部门在一定时期内的奋斗目标。因而制订计划时,必须根据客观实际的需要和可能,从实际出发,实事求是,量力而行,做到既不凭个人的主观热情和愿望,也不一味照搬照抄上级的批示;既不盲目冒进,好高骛远,也不能僵化保守,目光短浅,而是要正确估计出本单位通过科学的组织、安排、部署,合理地使用人力,调动一切积极因素后,工作所能达到的最高限度。

**3. 发动群众,集思广益**

计划是靠群众去执行的,所以制订计划应做到民主与集中的统一。让群众充分讨论,广泛征求群众的意见,让他们亲自参与计划的制订。这样才能群策群力、集思广益,使计划更切合实际,完善可靠,从而避免主观武断;贯彻计划时便有了坚实的群众基础,可以更好地调动群众的积极性,保证了计划的落实和最终完成。

**4. 内容具体,重点突出**

计划一经制订并获得通过,便具有指导和约束作用。因此,计划中的任务要提得准确,数量和质量的要求要合理,数据必须准确可靠。同时,写计划要突出重点。综合计划往往列举多项工作,其中必有一项是占主导地位的中心工作;单项计划中一项工作的全过程往往由若干环节组成,其中必有一个占主导地位的中心环节,这个中心工作、中心环节就是拟订计划的重点。写作计划时,在任务的确定、措施的部署、步骤的安排上,以保证中心工作的完成为目的;在文字表述,层次结构、详略安排上,以有利于重点问题的表达为原则。那种事无巨细、包罗万象、没有重点、不分主次的计划,阅读起来抓不住要领,实施起来找不到主攻方向,是不可能成为人们行动指南的。

**5. 留有余地,多加修改**

计划虽然事前已经过周密的研究,但情况是复杂多变的。因此,计划的制订既要积极可靠，通过努力是能够实现的，又要留有余地。同时，计划是对未来行动的规定，由于各种主客观原因，制订的计划难免对未来预测有不周到的地方，针对未来情况所采取的措施也不可能完全正确，因此制订计划时要留有余地。在执行计划的过程中，应随着客观情况的变化作必要的修改，这就要求计划有一定的灵活性。

**6. 条理清晰，语言简明**

计划的内容通常是分条分项来写的，一条条、一项项都应写得条理清晰、主次分明。语言切忌琐碎，空洞抽象，使人难以捉摸。在表达方式上，以平直的叙述、简洁的说明为宜，不以议论、说明为主要表达方式。[①]

## 3.1.7　计划例文评析

【例文 3-1】财经工作计划

<h3 style="text-align:center">202×年财务处工作计划</h3>

202×年财务处全体人员将合理调节各项费用支出，使财务工作在规范化、制度化的优良环境中更好地发挥作用，从而谋取利润最大化。在新的一年里，财务处将一如既往地紧紧围绕公司的总体经营思路，从严管理，主动为公司领导经营决策当好参谋，具体有以下工作安排和计划。

**一、顾全大局，服从领导，坚定目标不动摇**

财务处全体人员要端正态度，发挥主观能动性，时刻坚持以公司大局为重，不折不扣地完成公司安排的各项工作任务。

（一）按财务预算科学、合理地安排调度资金，充分提高资金利用效率。平时要主动提供全面、准确的经济分析和建议，为公司领导经营决策做参谋。

（二）主动争取政策。主动利用行业政策，动脑筋、想办法，争取银行等相关部门的优惠政策，为公司谋取更大的经济利益。

（三）深入研究税收政策，合理避税增效益。新的一年里，全体财务人员应加强对税收政策法规的研究和学习，加强与税务部门各项工作的联系和协调，通过合理避税为公司增加效益。

（四）搞好固定资产管理。202×年，我们应加强闲置资产、报废资产处置工作，努力提高资产利润率。

**二、加强管理，挖潜增效，为实现生产经营目标和增长效益服务**

管理是生产力，是企业正常运行的保证；管理是提高企业核心竞争力的关键环节，建立创新的机制，必须靠管理来保证，管理对企业来说是永恒的。为此，财务处将加强内部管理列入工作重点，即进一步加强财务管理，降低财务费用，控制生产成本，实行全面预算管理，合理安排资金，压缩不必要的或不急需的开支，做到全年生产、开支有预算，有

---

[①] 王凤，金清子，韩雪. 新编大学生应用文写作教程[M]. 北京：中国人民大学出版社，2016.

计划，使企业资金有效合理地发挥效益。同时对于机关处室和各站所的费用，将实行科学预算、包干使用，并纳入年底对各单位的考核，有效控制各项费用的不合理开支。

（一）业务招待费管理。202×年，我们对业务招待费的管理依然依据行政负责、工会参与、纪委监督、包干使用、超支不补、节约归公的原则，管好、用好业务招待费，严格执行"就餐代金券制"。

（二）差旅费管理。严格规范差旅费报销程序和职工借款的还款时限，坚持按照公司《关于加强差旅费和职工借款管理的通知》制度执行，坚持原则，杜绝出现虚报冒领、借款长期不还及将公司资金挪作他用的现象。

（三）电话费管理。严格预算控制，电话费预算以处室为单位包干到位，努力降低话费开支。

（四）办公费管理。办公费管理要按照年初计划执行，经领导审批后，由公司统一采购、保管，各单位按计划领用。

（五）车辆费用管理。严格执行公司制订的相关车辆费用管理措施，从严、从细加强管理。车辆维修必须先有计划，经分管领导审核批准后进行维修；车辆用油由财务处负责采购、结算，车辆服务中心负责保管、登记、领用，杜绝乱购及无计划领用。

三、明确责任，从严要求，主动抓好会计从业人员职业道德素质培训，提高服务水平

财务处作为公司的一个对外窗口处室，我们将进一步提高服务水平，让"优质、方便、规范、真诚"的服务方针在财务处得到充分体现，做到内让公司全体职工称心，外让社会各相关人员及部门满意。财务处倡导"会计为生产经营一线服务，上一流程为下一流程服务，全员为客户服务，每个岗位相互服务"的认识，切实抓好财务行风建设。

评析：这是一份财务处的年度财务工作计划，安排了本单位一年中的全部财务工作，在计划开篇提出总的工作设想和目标。然后分三大项写明具体的工作安排和计划，每一大项又包含了多项具体的工作任务和措施。该计划要素完整，包括了目标、内容和措施。

【例文3-2】实施方案

## ××集团首批员工车改工作实施方案（试行）

为了有效地控制和节约车辆费用开支，合理配置内部车辆资源，按照集团"××司〔2021〕05号"文件和"××司〔2021〕07号"等文件的规定，特制定本方案。

一、车改原则

认真摸底、严谨推进；方案实用、相对公平。

二、参加对象

属集团现任四级以上在职的员工和个别经集团总裁特批岗位的员工，为首批参加车改的对象（以在2021年11月17日前填报了"首批参加车改员工确认登记表"，确认"是"或"否"参加车改的员工名单为准）。

## 三、组织领导

在总裁的领导下,集团成立"车改专项工作小组"。

成员组成如下:王莉、李小金、刘明、罗冰、成洪。

成员分工如下:由王莉牵头负责集团此次车改工作的组织与实施;李小金负责费用认定结算方面的工作;刘明负责司机安置聘用方面的工作;罗兵重点负责拟订方案等组织工作;成洪重点负责做好摸底汇总等具体事务工作。

## 四、具体做法

1. 属本次参加车改的员工,将统一按本人现任职级划分标准(二级16万元、三级12万元、四级8万元)享受一次性购车补助款,不能领取现金。

2. 属本次参加车改的员工,将统一按"1 400元+职级系数(另由集团总裁酌定)"享受每月"车辆补贴"(含司机、保险、修理、路桥、汽油、停车、罚款等所有用车的费用),可凭相关票据报销额定的费用;也可在年底时,按当年额定的费用总额报销费用,不能领取现金。

3. 属本次不参加车改的员工,将统一按本人现任职级划分标准(二级800元、三级600元、四级500元)享受每月"交通补贴",可凭交通票据报销额定的费用;也可在年底时,按当年额定的费用总额报销费用,不能领取现金。

4.(略)

5.(略)

6.(略)

7.(略)

8.(略)

## 五、实施步骤

本次车改专项工作是在集团进行二次艰苦创业,强力推进"凤凰涅槃"式内部改革的情况下,所做的一项十分严肃的工作,必须按照"认真摸底、严谨推进;方案实用、相对公平"的原则,具体拟分为四个步骤进行:

1. 摸底统计(11月6—13日)

属本次车改对象的员工,应在2021年11月13日前如实填报"首批参加车改员工摸底统计表",并统一报送集团盛菁处汇总备案。

2. 确认登记(11月14—17日)

属本次车改对象的员工,应在2021年11月17日前如实填报"首批参加车改员工确认登记表",并统一报送集团盛菁处汇总备案。集团强调:凡经本人确认,一经填报"是"或者"否"后,不得更改;若逾期不报,则视作自动放弃处理。

3. 拟订方案(11月18日—12月14日)

由集团"车改专项工作小组"负责,根据摸底统计和确认登记情况,结合集团车改专项工作要求,收集并采纳相关合理化意见和建议,组织拟订"车改实施方案",经送相关领导和参加本次车改的员工传阅后,报请集团总裁批准。

**4. 组织实施（12月15—30日）**

集团将在相关会议上正式公布《车改实施方案》。整个车改工作要求在今年年底前全部落实到位。

**六、相关事项**

本方案由集团"车改专项工作小组"负责组织实施，涉及司机安置与聘用方面的问题，由集团人力资源部负责落实；涉及费用认定与结算方面的问题，由集团财务部负责落实；涉及车改后空出车辆调配与使用方面的问题，由集团行政部负责落实。

本实施方案自2022年1月1日起正式试行。在试行中，统一由集团行政部负责解释并收集意见、建议，最后做出完善。

附件：××集团首批参加车改员工确认登记汇总表（略）

××集团车改专项工作小组<br>2021年××月××日

**评析**：《×××集团首批员工车改工作实施方案（试行）》主要从车改原则、参加对象、组织领导、具体做法、实施步骤和相关事项六个方面展开。全篇用词准确朴实、简明扼要，目标具体明确，方法与步骤切实可行。

# 任务3.2　总　　结

总结是一种立足现实用全面的眼光来审视评价过去的行为，以发展的眼光展望未来的工作。总结的着眼点不是回忆过去，它的目的是要从已经走过的道路中去探索和寻找经验，把感性认识上升到理性认识，有助于我们进一步升华认识、提炼经验。

## 3.2.1　总结的概念

总结是各级党政机关、人民团体、企事业单位和个人对前一阶段的工作、学习等进行回顾、检查和分析研究，从中得出经验和教训，获得规律性的认识，以便指导今后实践的一种事务文书。卓有成效的工作，是进行总结的客观物质条件；恰当、切实的分析与综合，则是对工作本质的必然揭示。一篇好的工作总结，必定是上述两个方面的完美统一。

## 3.2.2　总结的特点

**1. 回顾性**

这一点，总结与计划正好相反。计划是预想未来，对将要开展的工作进行安排。总结是回顾过去，对前一阶段的工作进行检验，但目的还是做好下一阶段的工作。它肯定成绩，将成功的经验加以提炼，归纳出带有普遍性的规律，更好地指导今后的工作；对不足之处进行理性分析，以便今后吸取教训，从而采取更合理的措施加以改进。

### 2. 客观性

写总结应该坚持实事求是的原则，对取得的成绩、成功的经验既不夸大其词、人为拔高又不故作谦虚；对存在的问题不遮掩、不回避。只有客观真实地进行总结，才能达到总结的真正目的，发挥总结应有的作用。

### 3. 指导性

作为一种回顾、思考的手段，总结是对以往工作实践的一种理性认识，回顾过去是为了展望未来，使今后的工作开展得更好。因此，总结的目的就在于总结和推广经验，发现和避免错误，从而指导将来的工作。

### 4. 平实性

总结以概括性的叙述为主要表达方式，并辅以适当的议论。不必把事情的经过写得完整而详细，只要用平实的语言叙述"做了哪些事""做得如何"就可以了。不需要华丽的辞藻，要求语言平实、准确。

## 3.2.3 总结的种类

总结可以按以下不同标准进行分类。

一是根据内容的不同，可以把总结分为工作总结、生产总结、学习总结、教学总结、会议总结等。

二是根据范围的不同，可以分为全国性总结、地区性总结、部门性总结、本单位总结、班组总结等。

三是根据时间的不同，可以分为月总结、季总结、年度总结、阶段性总结等。

四是从内容分，主要有综合总结和专题总结。专题总结是对某项工作或某方面问题进行专项的总结，尤以总结推广成功经验为多见。

值得注意的是，总结也有各种别称，如自查性质的评估及汇报、回顾、小结等都具有总结的性质。

## 3.2.4 总结的作用

总结有以下几方面的作用。

### 1. 总结是推动工作前进的重要环节

总结不仅是对过去工作的回顾和评价，从中发现存在的问题，找出经验教训，也是做好新工作的起点。这就是说，对已经结束了的工作进行回顾，不是总结的主要目的，其主要目的是把总结出来的经验和规律应用于今后的工作。因此，不能把写总结、做总结狭隘地理解为只是总结过去，它是为了及时获得经验教训，提高认识和工作技能，使今后的工作干得更好。

### 2. 总结是培养、提高工作能力的重要途径

一个人的工作能力是指其承担某项工作、执行某项任务的能力。在实际工作中，我们会获得丰富的感性认识。但它们往往是零散的、粗浅的、表面的。通过总结，就可以使它

们条理化、系统化，从而使我们对走过的道路或完成的工作，有一个正确的评价和完整的认识，并从中找出事物运动的规律和解决矛盾的方法；从而使我们知道怎样全面地、历史地、辩证地看问题，知道怎样分析、概括问题，知道怎样发扬成绩，克服缺点；知道怎样认识过去、现在和未来。因此，通过做总结可以形成理论联系实际的作风，学会观察事物和分析问题，提高思想认识水平和业务工作能力。

**3. 总结为上级制定政策提供依据、经验**

党和国家为了顺利开展各项工作，要制定一系列方针政策。方针政策不是凭空产生的，是从社会实践中分析、综合、概括出来的，它既是对实践的总结，又受实践的检验，是人们认识、掌握客观事物的结果。同时，总结可以及时为各级领导提供情况，可以帮助上级了解本部门的工作及其他情况。好的经验总结，上级常常把它提供给其他单位参考。这样就起到了很好的借鉴和推广作用。

小贴士
总结与计划的关系

### 3.2.5 总结的格式和写法

**1. 标题**

总结的标题通常由单位、时限、事由和文种构成。这种标题可称为公文式标题，如《财务部 2023 年工作总结》。此外，还有文章式标题，如《××橡胶厂何以取胜》，这种标题提示中心，便于吸引读者。把上面两种标题结合起来，便构成双层标题，也是常见的标题形式，如《适应新形势努力做好商业工作——××超市 2023 年工作总结》。

**2. 正文**

正文一般包括：基本情况；工作回顾（过程、做法）；经验、教训；存在的问题和今后的意见。正文因内容种类不同，写法也不同。

（1）工作总结。工作总结（汇报性总结）目的就是汇报，向上级反映情况、提供信息，所以多采用"倒三角"结构：① 回顾（全文主体）。② 反思（评价）：困难、问题、缺点、错误、经验、体会。③ 打算。

（2）经验总结。经验总结（典型总结）目的是介绍经验，多采用"正三角"结构。略述如下。

① 基本情况概述（前言部分）。交代客观背景，说明工作任务和指导思想；简述主、客观条件以及工作过程（始、中、终各时期遇到什么问题、怎么解决的、人们的认识有什么变化、后来怎样）；归纳主要成绩、工作效果及得到的启示。

这是对工作的俯瞰，是通观，也是全文的纲，要写得全面概括，其中有对工作过程的简要介绍，也有得失成败、经验教训的总叙，还要引用一些数据来说明工作的收获和成绩。由于是引言，写简要的一段即可。

② 工作回顾。要详细叙述工作任务、步骤、措施及具体成效、存在的问题，可根据情况进行综合叙述或分别叙述。其中，步骤和措施要写得具体；成效要写得形象、生动；存在的问题可以分述，也可以在后面综述。

写工作回顾时，要照应下文的经验教训，以利于经验教训的自然引出。

③ 经验教训。这是从工作回顾中归纳提炼出来的，可以用小标题或序号分列，也可以根据内在的逻辑关系综合叙述。这一部分务必与工作回顾相切合，并用正反两方面的事例来充实，以增强说服力。

经验教训在写法上要夹叙夹议，做到言之成理，既简明概括，又鲜明生动，不要写成干巴巴的条条框框。

工作，总是既有物质成果，又有精神成果，经验教训属于精神成果，是在工作中产生的理性认识。经验要反映某种规律性，具有重要的指导作用，因此必须在动笔前深入分析，并要表达好，使总结出来的经验成为"真经"。

④ 结语。主要指出问题、困难，写明今后的打算，明确努力的方向。

以上是经验总结的四个层次。其中工作回顾和经验教训是主体。有的总结将这两部分糅合起来写，有两种写法：第一种，以工作回顾带经验教训。按工作展开的程序和步骤分别说明每个步骤和阶段的工作，夹叙夹议地引出相应的经验教训，突出回顾。第二种，以经验教训为主。一般分列几个观点，分别展开议论，用工作办法、成效、事例给予充实。这样，由于工作回顾被拆开为阐述观点服务，就需要在"工作概况"部分适当加以详述，使人对工作基本面貌有所了解。

**3. 落款**

总结的落款包括署名、日期。标题中已标明或标题下已署名，结尾则可不写。个人总结署名一般写在征文的右下方。

## 3.2.6 总结的写作要求

**1. 实事求是，一分为二**

总结无论是写成绩还是写问题，都必须准确把握分寸，实事求是地叙述事物发展的全过程，用"一分为二"的观点，研究事物的内部联系，寻找其中的规律性。要如实地评价自己的工作，对成绩，不要夸大；对问题，不要轻描淡写。

**2. 调查研究，占有资料**

写总结的第一步是广泛地收集事实，充分占有材料。写作者应该积极参与相关工作，了解该项工作的全过程，在实际工作中掌握第一手材料。为此一定要深入第一线，开展调查研究，尽可能掌握第一手材料（比如典型事例、有说服力的数字、多数群众的意见等），一定要防止出现"平时不烧香，急来抱佛脚"的现象。如此，方可获得一些体会与实感，把总结内容写得扎实丰富。

**3. 注意共性，把握个性**

总结要注意共性，写出个性，一定要抓住本单位或个人最突出的、最能反映客观事物本质特点，最具鲜明个性和特色的东西，如新的情况、新的问题和新的经验教训等。

**4. 主次清晰，突出重点**

总结的选材不能求全贪多、主次不分，要根据实际情况和总结的目的，把那些既能显

示本单位、本地区特点,又有一定普遍性的材料作为重点选用,写得详细、具体,而一般性的材料则要略写或舍弃,人云亦云的东西尽量摒弃不用。下笔前要精心构思,落笔时要言不烦、言简意赅。写成后要竭力将可有可无的字、句、段删去。

5. 语言准确,生动简洁

对于表示分寸、范围、程度、数量等词语的使用,要特别注意其准确性。叙述事例可以运用文艺表现手法,也可以适当引用一些来自群众的生动活泼,富有感情色彩的典型语言,使文章引人入胜,但不能虚构,遣词造句要力求扎实。

### 3.2.7 总结例文评析

【例文3-3】单位工作总结

## 2022年××市市场监督管理局政务公开工作总结

2022年,××市市场监督管理局政务公开工作在市委、市政府的正确指导下,在市政务公开办的具体指导帮助下,深入贯彻《政府信息公开条例》,不断加强领导,提高思想认识,全力促进政务信息公开透明,真正将利民、便民、惠民的服务理念贯彻到工作实践中,政务公开工作取得一定成效。现将2022年政务公开工作总结如下:

一、加强组织领导,提高政务公开工作思想认识

根据近期的人事变动,市场监督管理局政务公开领导小组进行了相应的调整,安排了工作会议,根据市委、市政府的工作要求对我局相关工作进行了部署推进,继续有力地发挥了指挥、领导作用,进一步巩固了多年来形成的主要领导亲自抓、分管领导具体抓,办公室和各职能科室统筹兼顾、齐抓共管、各负其责的工作局面。

市局领导高度重视政务公开工作,多次就政务公开工作进行指导、批示。在政务公开领导小组工作会议上,市局主要领导张××同志强调政务公开工作是新时代条件下贯彻落实群众路线的必然要求,要求全体工作人员必须进一步提高思想认识,切实增强工作的主动性和责任感。

二、加强学习培训,理顺业务工作和政务公开工作的关系

政务公开工作是一项政策性强、涉及面广的全局性基础工作,内容繁杂,头绪众多。市局政务公开领导小组办公室为避免业务工作与政务公开工作脱节,同时为了提高工作人员的政务公开工作的能力和水平,适时开展了政务公开培训会暨重点工作推进会,学习了《××省全面推进政务公开工作实施细则》和《20××年××市政务公开工作要点》,并结合要点要求和政务公开目录,对政务公开工作进行了任务分解和动员部署,使业务部门明确了政务公开信息制作的主体责任,也知道了政务公开信息的制作要求,从而为我局政务公开信息内容的提升提供了有力的保障。

三、加强平台建设,巩固、拓展政务公开发布途径

政务公开工作脱离不开媒体和平台。在新的时代背景下,市工商质监局积极应对,与时俱进,在巩固既有的政务公开途径的基础上,不断开拓新途径。2022年,市场监督管理

局继续重视和加强"12315""12365"热线办理，将"12315""12365"热线作为政务公开工作的重要内容，指定专人进行办理及回复，解答市民的政策咨询、投诉举报等；加强"市民心声"论坛网上留言咨询的回复，在规定的时限内，做到事事有结果，件件有答复，办结率达100%，切实方便群众，解答群众疑惑；充分发挥新闻媒体的公开平台作用，制订了年度的新闻媒体宣传计划，通过新闻报道、合办专栏、接受节目采访、现场直播问政等多种方式宣传涉及本部门的重要活动、重大行动等信息，并对相关政策、决策进行解读，扩大政务公开的覆盖面和影响力；提高市局网站建设管理水平，切实落实政府网站建设管理的主体责任，根据国务院办公厅编制的政府网站发展的要求和政务信息公开的需要，对网站进行版面设计和内容发布，同时加强与网信通信管理、公安和技术支持公司等部门、单位的协作，对网站的开办、管理、运维等业务进行协同监管，以高度的政治敏锐性保障网站的安全、正常运转；加强市政府信息公开网建设，将其作为政务信息公开的主阵地，按照《××省政府信息公开目录内容基本规范》（20××年版）以及20××年市政务公开要点的要求，进一步完善信息公开目录体系建设和信息发布工作，不断提升标准化、规范化水平；加强了移动互联网背景下新的政务信息公开平台的建设，按照上级政府的要求，安排专人运维微博、微信和今日头条客户端这"两微一端"，微信、微博均入驻了市政府微信微博大厅，通过新兴平台的建设，有效地拓宽了政务信息的传播，增进了公众对政府工作的认同和支持；加强其他互联网政务平台建设，以高度的责任感，以打破"信息孤岛"的使命感，全力配合各主办单位、部门，建设、完善了企业信用信息公示平台（××）、智慧××、××省政务服务信息网（××）等多个互联网政务平台站点，实现了数据跨部门的互联互通、共享使用，推动了一批政务服务的上网运行。

四、加强政务公开信息质量建设，创新、优化发布形式

（略）

五、加强督查、整改，保障政务公开工作正常开展

（略）

一年来，虽然我们在推行政务公开方面做了一些工作，但工作中还是存在对政务公开的认识不到位的问题，有时对政务公开的范围和程度存在一定顾虑，距离上级政府要求的"阳光政府"尚有一段差距；当然对于部分政务公开工作如何具体操作和细节把控也有待上级政府部门统一调研解决。下一步我们将进一步加强组织领导，加大公开力度，不断提高政务公开工作质量和工作水平，为广大人民群众提供更加公开、更加优质、更加便捷、更加全面的服务。

评析：本文结合××市市场监督管理局2022年政务公开工作情况，对其成绩和经验进行了总结。正文由前言、主体和结尾构成。前言部分以精练的语言概述了本年度政务公开工作的指导思想，点明了工作重点和取得的成绩，给读者留下了总体印象。主体部分有重点，分主次地阐述了具体做法、取得的成效和经验。事例虽多，却条理分明、归类有序、层层推进，因此很有说服力。结尾部分对工作中存在的不足进行了反思，并对未来工作方向做出了初步规划。最后，因标题中已经写明总结者的名称，故省略了落款。

【例文3-4】个人工作总结

# 个人工作总结

自20××年入职公司至今已经六年多了,从管理处的财务助理到公司总部出纳、总部会计,无论是做事,还是做人,我都从×××这个温暖的大家庭学到了很多很多。"受人之托,终人之事"我做到了。展望未来我对公司的发展和今后的工作充满了信心和希望,为了能够制定更好的工作目标,取得更好的工作成绩,我把参加工作以来的工作情况总结如下。

## 一、前期工作总结

对于企业来说,能力往往是超越知识的,物业管理公司对于人才的要求,同样也是能力第一。××管理公司对于人才的要求是多方面的,包括组织指挥能力、决策能力、创新能力、社会活动能力、技术能力、协调与沟通能力等。

第一阶段(20××—20××年):初学阶段。

20××年毕业之初,在无任何工作经验且对物业管理行业更是一无所知的情况下,我幸运地加入了××管理团队,"账单制作→日常收费→银行对接→建立收费台账→与总部财务对接"看似简单,但对我而言,一切都是从零开始。我自觉加强学习,虚心求教释惑,不断理清工作思路,总结工作方法,在各级领导和同事的帮助指导下,从不会到会,从不熟悉到熟悉,我逐渐摸清了工作中的基本情况,找到了切入点,把握住了工作重点和难点,而随后财务助理兼客户代表的特殊身份更是加速缩短了我与"专业人"之间的距离。客户电话的接听、客服前台的接待,都需要很强的专业知识与沟通能力。物业管理中大多是一些细小琐碎的事,协调好了大事化小、小事化了,协调不好则工作会非常被动。这就要求在服务过程中不断提高自己与外界的沟通能力,同时在公司内部的沟通也非常重要。除了本部门之间,部门与部门之间的沟通也很重要,只有沟通好了,才能提高工作效率,减少不必要的人工成本。一方面,干中学、学中干,不断掌握方法,积累经验;另一方面,问书本、问同事,不断丰富知识,掌握技巧。

第二阶段(20××—20××年):职业发展阶段。

这一阶段在继续担任××财务助理的同时,我又接手了新接管项目××管理处前期的财务助理工作,进一步巩固了自己关于从物业前期接管到业主入住期间财务工作经验的积累,同时也丰富了自身的物业管理专业知识。项目进入日常管理之后,因为新招的财务助理是应届毕业生,我由此又接触到了辅导新人的工作内容。我将自己的工作经验整理成文字后,逐点与新人分享,共同发现问题、解决问题,经过三个月时间的努力,新招的财务助理已经能够很好地胜任财务助理工作了。20××年年底我又被调往公司新接管的××管理处担任财务助理,此时正逢财务部改革,我努力学习专业知识,积极配合制度改革,并在工作中小有成就,得到了领导的肯定。

第三阶段(20××年至今):职场提升阶段。

20××年年底,我被调往公司财务部担任出纳。出纳工作首先要有足够的耐心和细心,不能出任何差错，在每次报账的时候，每笔钱我都会算两遍、点两遍；每日做好结账盘库工作，做好现金盘点表；每月末做好银行对账工作，及时编制银行余额调节表，并做好和会计账对账的工作；工资的发放更是需要细心谨慎，这直接关系到员工个人的利益，因为日常的工作量已经基本饱和，每次做工资的时候，我都会主动加班，保证及时将工资发放给员工。公司总部出纳更大的一部分工作内容是与管理处财务助理的工作对接，由于当时管理处财务人员流动较大，面对新人更需要耐心地去指导她们的工作，细致地讲解公司的一些工作流程，使她们尽快融入金网络这个大家庭。

20××年年底我由出纳岗位转为会计，负责××和××管理处的主管会计工作，同时兼工资发放工作。这期间，我学习并掌握了公司财务核算的程序，以及××财务软件的操作技能，提高迅速；同时我的工作内容还包括通过对月度、季度以及年度的财务分析，及时并动态地掌握管理处营运和财务状况，发现工作中的问题，并提出财务建议，为管理处负责人决策提供可靠的财务依据。今年6月，我的工作内容再次调整，工资发放工作正式移交给了出纳，主要负责××、××及××管理处的主管会计工作。

二、经验和收获

在××工作的六年多时间里，积累了许多工作经验，尤其是管理处基层财务工作经验，同时也取得了一定的成绩，总结起来有以下几个方面的经验和收获。

1. 只有摆正自己的位置，下功夫熟悉基本业务，才能尽快适应新的工作岗位。
2. 只有主动融入集体，处理好各方面的关系，才能在新的环境中保持好的工作状态。
3. 只有坚持原则落实制度，认真理财管账，才能履行好财务职责。
4. 只有树立服务意识，加强沟通协调，才能把分内的工作做好。
5. 只有保持心态平和，"取人之长、补己之短"，才能不断提高、取得进步。

三、确立职业目标，加强协作

财务工作像年轮，一个月工作的结束意味着下一个月工作的重新开始。我喜欢我的工作。虽然繁复、琐碎，也没有太多的新奇，但作为企业正常运转的命脉，我深深地感到财务岗位的价值，同时也为自己的工作设定了新的目标。

1. 以预算为依据，积极控制成本、费用的支出，并在日常的财务管理中加强与管理处的沟通，倡导效益优先，注重现金流量、货币的时间价值和风险控制，充分发挥预算的目标作用，不断完善事前计划、事中控制、事后总结反馈的财务管理体系。
2. 实抓应收账款的管理，预防呆账，减少坏账，保全管理处的经营成果。
3. 积极参与，配合管理处开拓新的经济增长点。

以上是我对自己工作的总结，敬请各级领导批评指正。在今后的工作当中，我将一如既往地努力工作，不断总结工作经验，努力学习，不断提高自己的专业知识和业务能力，以新形象、新面貌为公司的辉煌发展而努力奋斗。

×××
××××年××月××日

**评析**：该范文是一篇个人工作总结。前言部分交代了工作的基本情况和撰写目的，开门见山,简单明了。

主体部分分为三个部分,分别对前期的工作情况、经验和收获、职业目标进行了详细的阐述。按照时间顺序,将工作过程分为三个阶段,具体阐述了每个阶段的成绩与做法,再从工作中总结经验和收获,根据之前的工作确定自己的职业目标。最后提出今后努力的方向,树立了信心。落款写明个人姓名和成文日期。

该工作总结结构清晰,内容完整。通过这篇个人工作总结,我们能够看出撰写人对本职工作有自己的体会和理解,这也是吸引受众的关键。

由该范文可知,工作总结与述职报告不同。工作总结一般采用叙述的表达方式,不求展示工作过程,只需归纳工作结果;述职报告则要采用夹叙夹议的方式来回顾工作情况、评价成绩等,有时交代某些情况还需要辅以适当的说明,以展示履职的思路、过程和能力为重点。

## 任务 3.3 条 据

微课
条据

### 3.3.1 条据的概念和作用

条据是便条和单据的合称,是相互交往的一方写给另一方的情况说明或凭据,是人们在日常工作、学习和生活中,彼此之间处理财物或事务往来时常用的一种日常应用文。条据虽不是正式单据,但也能起到信用凭证的作用,用途十分广泛。

条据的作用主要有:使对方知情;便于查证;备忘;作为凭据。

### 3.3.2 条据的种类

条据可分为两类:

**1. 凭证类条据**

这类条据的作用是作为证据、凭证,具有法律效力,如借条、欠条、收条、领条。

**2. 说明类条据**

这类条据的作用主要是告知对方某个信息,向对方说明某件事情。这类条据只起说明告知的作用,不具有法律效力,如留言条、便条、请假条。

### 3.3.3 条据的特点

**1. 一文一事**

条据是为记录钱物进出的单一事实而写的,一文一事是它的重要特征。不能把两件事或几件事写在同一个条据里。

**2. 简洁明了**

条据用来处理的都是一些临时性的事务,内容简单。所以写作时要求语句简洁,干净利落。通常只写一两句话即可,事明言止。不可拖泥带水,节外生枝。

条据只简洁还不够，还须明了。不明了，简洁是没用的。写条据，遣词造句要准确。比如，用词，含义必须确切单一，不能含混不清。举例来说，"借（了）"（双向动词）与"借到"含义有别，不能随意使用。又如，借条和欠条，法律效力时限不同。所以，写作时选择什么文种，相关常识必须了解。

### 3. 周严性

条据虽然文字简短，但事实要表达清楚、周严，事项的各个要素不能有疏漏。如当事人（收方、授方）、事情性质（原因）、财物数目、质地成色、时限要求等，必须写准确、写全面，明确无误。

### 4. 凭证性

写条据是收授钱物双方实行钱物交接时履行的一种不可或缺的手续。条据上有钱物收授方的签字盖章或手印，这使条据具有很强的凭证作用。条据记载一个事实，表达一个承诺。如果日后出现经济纠纷，条据就是核查当时事实的依据，具有法律效力。

凭证性是条据的本质属性，条据的其他属性，如一事一文、简洁明了、周严性等，都是从凭证性这一本质属性派生出来的，是凭证性的要求。

### 5. 便捷性

条据随用随写，非常方便，用纸一般以 32 开或 64 开大小为宜。

## 3.3.4 条据的写作

### 1. 借条的写作

借条也称借据，是个人或单位在借用个人或单位的现金、财物时所写的凭证性应用文。借条有两种：一是个人出示的借条，指个人在借他人或单位的钱物时所写的借条；二是单位出示的借条，指单位向个人或其他单位借钱物时所写的借条。借条一般由标题、正文、结语、落款四部分组成。

（1）标题。标题由文种名构成，即在正文上方中间写上"借条"或"借据"字样。

（2）正文。借条的正文应写明下列内容。

① 所借物的名称、数目、品种、型号、式样，规格。借出方也需写清楚。从单位借出的钱物要写上所为何用。

② 归还的具体日期或大致时间：如有较为复杂的情况，则要写明具体归还的方法。

（3）结语。结语惯用"此据""特此立据"等，写在正文的下一行，首起空两格。结语后面用句号。

（4）落款。条据的落款包括署名和日期，写在正文的右下方。其具体要求是：

① 以个人的名义出具的条据，由本人亲自签名。

② 以单位的名义出具的条据，应写上单位名称、经手人姓名，并加盖公章。

③ 日期写在署名的下方，用小写汉字将年月日全部写上，并右空四个字的距离。

④ 署名应居于日期上一行的日期上方正中位置。如果署名较长，可不居中，最后一字与日期最后一字对齐即可。

使用借条还有两点注意事项：一是借钱（物）一方在写好借条后，务必要当面清点所借钱物数量，以避免出现一些不必要的麻烦。当钱物归还后，应将借据当面销毁；二是凡条据中所涉及的金额和物品的数目都要用大写汉字表示，语言表述要清楚明了，不得涂改，以免引起嫌疑、留下后患。

### 2. 欠条的写作

欠条是欠物、欠款的个人或单位写给对方作为约期归还的一种凭据。欠条通常适用于下列几种情况：一是借了单位或个人的钱物，到时限不能归还或有部分的拖欠，须写欠条；二是在购买物品或收购产品时，不能支付或不能全部支付他人的款项，须写欠条；三是借了单位或个人的钱物，事后补写凭证，领用欠条。

（1）欠条的分类。欠条从不同的角度，有不同的分类。

① 从发文角度看，分为单位出具的欠条和个人出具的欠条。

② 从内容看，分为欠物条和欠款条。

（2）欠条的格式。欠条的格式包括标题、正文和落款三部分。

① 标题。第一行居中写上"欠条"两字，表明这是一张欠条。

② 正文。另起一行空两格开始写，要写清楚原来向谁借，借到什么东西，数量多少。现在已经归还多少，尚欠多少。余下的定于什么时候归还。

③ 落款。在正文的右下角写上欠方的单位名称及其经手人名字或欠方个人姓名和欠款日期。

（3）注意事项。欠条是索要欠物、欠款的凭据，所以在写欠条时不可潦草从事，欠条中"已还"和"尚欠"的部分一定要写清楚，以免引起歧义。同时，欠条要好好保存，以防丢失。

### 3. 收条的写作

收到单位或个人的财或物时写给对方的字据，就是收条。收条通常适用于下列两种情况：① 当原来借钱物或欠钱物一方将所欠、借的钱物还回时，借出方当事人不在场，而只能由他人代收，在这种情况下可以写收条。如果当事人在场，则不必再写收条，而只把原来的欠条或借条退回或销毁即可；② 个人向单位或某一团体上缴物品时，对方须开具收条，以示证明。

（1）收条的格式。收条的格式一般包括标题、正文和落款三部分。

① 标题。第一行居中写上"收条"两个字。

② 正文。另起一行空两格开始写正文，内容要写清楚收到什么人的多少财物。开头的固定用语为"今收到"。

③ 落款。落款一般要求在正文的右下角写上收钱物的个人或单位的姓名或名称，署上收到的具体日期，一般还要加盖公章。

是某人经手的一般要在姓名前署上"经手人"字样；是代别人收的，则要在姓名前加上"代收人"字样。

（2）注意事项。

① 写收条时，务必清点好所收到的物品钱款的具体数额，做到准确无误、不出差错。正文中也一定要把这些写清楚。

② 写收条时要分清是钱还是物品。如果收到的是钱，署名前写上"收款人"三个字，若是物品则不能写"收款人"三个字。

③ 写收条时，若是物品，还要注明有无损坏。

4. 领条的写作

领条是单位或个人在领到钱物后，向发放物品或钱物的单位或个人所写的一种凭据。领条在领取物款时经常使用，发放人据此报销账目，而领取者据此表示已如数领取。

（1）分类。

① 依据署名者来划分，可分为个人在领取到钱物后写的领条和单位在领取到钱物时所写的领条。

② 依其所领东西来划分，则可分为领款条和领物条。

（2）结构与写法。领条一般由标题、正文、落款三部分组成。

① 标题。标题直接由文种名构成，即写上"领条"字样。

② 正文。正文以"今领到"领起。应写明从哪里领取，领取的东西都有什么，其数目有多少。有的领条还要写出所领物品具体的用途。若所领的物品种类较多，可列表表示。

③ 落款。在正文右下方写上领取人和代领人的姓名和日期。

（3）写作要求。

① 写领条时，正文一定要如实写清领到什么单位的什么东西，数量是多少，品种有哪些。数量和金额要大写。

② 如果所领的财物是集体的，落款要写上单位的名称和经办人或经手人的名字。落款处一般须加盖公章。

5. 便条的写作

便条，是在日常生活中，当有事情要告诉另一方，或委托他人办事，在不能面谈又不便与对方联系的情况下书写的一种条据，是一种简单的书信。

便条的内容简单，大多是临时性的询问、留言、通知、要求，请示等，往往只用一两句话。

一般便条不邮寄，也不用信封，多是托人转交或放置在特定的位置，有的时候甚至写在公共场所的留言板上。

（1）分类。便条的种类繁多。如应邀便条、辞别便条、问病便条等。由于这种形式使用起来极其方便，因此在人们的日常交往中常常使用。一般来讲，请假条、托事条、催索条、留言条等也都属便条。

（2）结构与写法。便条通常由标题、称谓、正文、落款四部分组成。

① 标题。便条的标题是否需要书写视情况而定。一般人们只在写请假条、留言条时使用标题，即在正文上方中间写上"请假条"或"留言条"字样。

② 称谓。在标题下顶格写上收条人的称呼或姓名，后加冒号，如"尊敬的张老师："。

③ 正文。正文从下一行空两格处写起，要求将所要表达的意思、需对方办的事情清楚地写出来。

内容写完后，可视具体情况写下"谢谢""敬礼""特此拜托"等礼貌性的话语，也可不写。

④ 落款。落款包括署名和日期。

（3）写作要求。

① 便条要将所说的事写清楚，使他人一看便知。

② 便条要言语简洁，篇幅短小，以写某一件事为主，切忌长篇大论。

③ 在确定阅读者在当天能读到的情况下，人们习惯在便条的日期处写上"即日"。

### 3.3.5 条据例文评析

【例文3-5】借条

借　　条

今借到李明先生人民币伍仟玖佰元整，将于202×年9月1日前归还。

借款人：王强（本人签字）<br>202×年6月18日

评析：这是个人之间的借款条。标题写"借条"二字即可。"今借到"是借条的习惯用语。借条中涉及钱的数字用汉字大写，款项金额后面加上"整"字。有时也可在金额后以括号形式注明小写的数字。借条还须写清归还日期。落款先写"借款人"，再手写签名，在签名下方写清借款日期。

借　　条

今借到××××大学财务处人民币壹万捌仟元整，用于购买教师实训服，将于202×年5月18日前凭发票报销。

此据。

借款人：王忠诚（本人签字）<br>202×年3月30日

评析：这是个人向单位借款的借据，标题写"借条"二字即可。"今借到"是借条的习惯用语。借条中写明了被借单位全称、币种、数额及具体归还日期等必要的要素，还写明了借款用途，以明确借款的缘由。借条中涉及钱的数字用汉字大写，款项金额后面加上"整"字。

【例文3-6】欠条

欠　　条

原借李明同志人民币捌佰元整，已还伍佰元整，尚欠叁佰元整，两月内还清。
此据。

欠款人：徐青（本人签字）<br>202×年10月10日

评析：这则欠条内容完整，书写规范。"原借""已还"标明条据性质；欠条内容清楚，数额书写规范，还款时间约定明确；正文之下另起一行空两格，"此据"结尾。

欠　　条

原借学校财务处人民币捌仟元整，现已归还伍仟元整，尚欠叁仟元整，定于4个月内还清。
此据。

欠款人：王芳（本人签字）<br>202×年9月12日

评析：这是个人向单位出具的欠条。欠条开头交代了欠款的缘由，并写明原借款多少，已还款多少，还欠款多少，什么时候还清，表达清晰且完整，欠条中重新明确了双方的债权和债务关系。

【例文3-7】收条

收　　条

今收到××市"帮学助困基金会"资助我的学费人民币贰仟元整，被褥一套，棉衣两套，水壶一只，书包一个。
此据。

××班学生：许××（本人签字）<br>202×年3月15日

评析：这则收条以固定用语"今收到"开头，收到钱款的金额和物品的种类、数量都写得很清楚，同时注意到了金额大写等事项。

**【例文3-8】领条**

领　条

今领到学校四六级考试用屏蔽仪器十台，仪器均完好可用。
　　此据。

领取人：教务处金玲（本人签字）<br>
202×年××月××日

**评析**：这则领条不仅把领到的物品数量写得清晰，而且说明了物品的质量，同时注意了以固定用语"今领到"开头，领取人本人签字和领取日期都完备。

**【例文3-9】便条**

请　假　条

张老师：
　　本人因急性腹泻不止，需留院观察，特此请假三天（2023年7月12—14日），请批准。
　　附件：医院诊断证明

学生：王萍（本人签字）<br>
2023年7月11日

**评析**：这是一则病假请假条，请假理由、事项、证明材料齐全。

请　假　条

林主任：
　　我因参加会计师考试，特请假1天（5月16日），请予批准。
　　此致
　　敬礼！

财务室：江丽（本人签字）<br>
2023年5月12日

**评析**：这是一则因事请假的请假条，内容合情合理，语言简洁明了，符合请假条的写作规范。

留　言　条

张××：
　　我因家中有急事，下午不能来上班，已经向王总请过假了。请您晚餐时间不用等我，非常抱歉!

张××(本人签字)<br>202×年××月××日

评析:这是一则要素齐全、格式规范的留言条,因什么事留言、约定的事项都写得很清楚。

电子活页：述职报告、简报、会议记录、启事

述职报告

简报

会议记录

启事

项目3 商务事务文书写作

# 学生工作页

| | 述职报告、简报、会议记录、启事 |
|---|---|
| 任务1 | 请你根据去年一年的学习、工作情况,写一份格式规范、内容完整的述职报告,并向全班同学汇报。同学们分组展开评议,提出小组意见 |
| 任务2 | 从学校工作简报中随机抽出三篇,做对比分析,指出其优点和不足 |
| 任务3 | 假如你所在的班级近期要举办一项活动,想就相关问题征求同学们的意见。请根据要求,模拟召开一次会议,并完成会议记录 |
| 任务4 | ××青年俱乐部保洁员王××,在2023年3月10日晚场电影散场后清扫场地时,拾到一个黑色皮钱夹,内有人民币500元、银行卡、超市购物卡各一张。请据此代××青年俱乐部办公室写一则招领启事 |
| 班　级 | | 学　号 | | 姓　名 | |

学生自评

我的心得:

建议或提出问题:

教师评价

65

## 思政园地：70多年前的八路军借条

在抗日战争时期，因为条件太过艰苦困难，八路军战士们行军打仗的时候经常忍饥挨饿，而八路军纪律严明，绝对不允许拿群众一针一线，尽管物资紧缺仍然不去打扰老百姓。当时有许多爱国人士，他们实在心疼八路军战士，于是就给战士们送粮食和钱，八路军收下这些帮助后都打下了借条，并且承诺等战争胜利后，大家可以拿着借条来兑换。

请扫描二维码，了解八路军将领亲自为湖南乡绅周莲生打借条（借助了八路军420块大洋）的故事，并谈谈这一故事的思政教育意义。

思政园地
70多年前的
八路军借条

### 1. 撰写计划

（1）根据你的实际情况，制订一份本学期学习计划或工作计划。要求目标明确，措施步骤具体清楚，具有可行性。

（2）××钢铁股份公司（国有企业）团委，拟举办"五四"青年节庆祝系列活动，届时将举行多项纪念活动，包括篮球比赛、读书报告会、文艺联欢会、电影专场、青年书画展等，据此要制作一份活动安排表。请代为拟写这份表格式计划。如缺少有关项目，可自行添补。

（3）请根据下面所给的有关审计工作的资料，按指导思想、工作目标、工作步骤的顺序列出审计局工作计划写作思路。

① 202×年全市审计工作重点是"突出一个主题、破解两大难题、深化三大审计、实现四个提升"，即突出和谐社会建设主题；破解绩效审计和计算机审计两大难题；深化财政审计、政府投资项目审计和经济责任审计；提升审计质量、审计成果、队伍素质和管理水平。要努力提升"五个力"：谋划力、执行力、创新力、公信力和影响力。

② 在坚持上述工作基调的基础上，202×年全市审计工作目标是加快"四个推进"：一是深化绩效审计探索，提高财政资金使用效益和资源利用效率；二是突出民本审计理念；三是结合财政收支分类改革，持续强化财政审计一体化理念。推进公共财政管理体制的建立和规范；四是坚持以真实性、合法性和效益性为基础，全面加强审计监督，严肃查处重大违法违规和重大损失浪费问题，推进惩防体系构建。

③ 坚持以科学发展观统领全市审计工作，牢牢把握"依法审计、服务大局、围绕中心。突出重点、求真务实"的审计工作方针，以服务和谐社会构建和新农村建设为重点，以"加快审计转型年"为抓手，努力提升审计工作质量，使审计监督在推动全市经济、政治、文化和社会建设中发挥更大作用。202×年全市审计工作基调是：服务大局、突出重点、立足创新、提升素质、推进转型。

（4）某企业财务部拟写一份 202×年的部门工作计划，现提供相关工作内容和措施如下，请代其写一份完整的工作计划。

新的一年，财务部主要立足于基础工作，深化工作细节，以提高人员素质，追求工作质量为工作总目标，具体做好以下工作。

（1）财务基础工作。

① 制订公司财务制度：制订各项财务工作的执行流程及规范标准；细化和改善财务管理工作中各环节的监督、管理职能；完善内部控制，完善相关制度。

② 根据公司发展需要，拟定财务部岗位及岗位人员配置，制订岗位职责、工作标准和考核度；按照规范、精细、科学的标准，提升财务人员综合素质和强调工作的主动性。

③ 科学、合理地对会计科目进行归类，规范会计科目的使用方法；理顺现金收支、货款结算流程，经办人员必须填写现金、费用支付单据，写明支付缘由，并必须经公司财务部总监签字，方可支付；加强财务指标分析力度，按时完成月度、季度、年度的财务分析报表。

（2）财务管理工作。

① 加强对库存的监管。

② 挖潜创新、开源节流，加强对销售、费用的监管。

③ 加强对人员调动和工作交接的监督。

## 2. 撰写总结

（1）回顾个人上学期在思想上、学习上或工作上哪些方面收获比较大，有推广价值，自拟题目，写一篇个人专题总结。要求：

① 合乎总结的写作要求。

② 应有个性特点，是自己切身的体会。

③ 要概括出规律性。

（2）请结合最近参加过的一次课外活动情况，撰写一份总结，内容要求概括该活动的基本情况、主要收获和经验、存在的不足。

（3）撰写××公司财务工作总结。

××公司财务部202×年的主要工作成绩总结如下所示，请根据工作总结的写作要点，结合以下材料撰写一份财务工作总结。

① 认真做好202×年年终决算工作。年终决算工作全面反映了公司的经营状况、债权债务、资本结构，为 202×年度的绩效考核、经营责任目标考核工作提供了真实可信的详尽的数据信息。财务部将根据公司领导的经营思路，不断积累经验，提供更加详尽的财务数据。

② 多方协调及调整，科学编制202×年财务经营预算。围绕公司年度经营目标，制定和下达年度财务预算，持续推进全面预算管理工作。

③ 认真做好常规性财务工作。财务部能够分清轻重缓急，妥善处理各项工作，及时为各项经济活动提供有力的支持和配合，满足了各部门对财务部的工作要求。财务人员熟练掌握日常的财务工作流程，能够做到有条不紊、条理清晰、账实相符。从原始发票的取得到填制凭证，从会计报表编制到凭证的装订和保存，从经济合同的归档到各种基础财务资料的收集，所有工作都实现了正规化、标准化。收集、整理、装订、归档等，一律按照财务档案管理制度执行，这深化了财务基础工作，使得财务部成为公司的信息库。

④ 认真完成公司日常各项财务核算工作，严格遵守财务会计制度和税收法规，认真履行职责，严格按照公司有关规定程序和审批权限办理业务。每月能按时按质完成凭证编制复核，按时编制报送财务报表，及时反映公司经营状况。

⑤ 防范经营风险，特别是防范税务风险，促进公司稳健经营。建立良好的银企关系和税企关系；定期与税务部门进行业务沟通，认真听取对方意见和建议，使工作能更快速、更有效地完成；按时办理纳税申报，及时足额交纳各项税款。

⑥ 积极做好汇算清缴工作。在规定的时间内向税务局报送年度企业所得税纳税申报表，并汇算清缴，结清应缴应退税款。报送的资料包括年度企业所得税纳税申报表纸质资料和电子数据。

⑦ 有效开展成本核算，加强对各项业务的财务监督管理。对收入、成本、费用做专项检查，加强非生产费用和可控费用的控制、执行力度，不能超支的绝不超支，以提高公司经济效益，加强经济活动分析，提供各种数据给领导参考决策，当好领导的参谋，为公司发展出谋划策。

⑧ 加强应收账款的管理，协助客服部做好公司的资金回款，控制好费用，促进应收账款的增长。

⑨ 完善财务部各工作岗位职责。要求各岗位会计人员根据本岗位的职责要求进行工作总结、岗位评述和认定，对各自的工作提出建议、做出计划。这样既强化了各岗位会计人员的责任感，加强了内部核算监督，又促进了各岗位的交流、合作与团结。

**3. 撰写条据**

（1）2023年11月10日，刘明的妻子生病住院，经医生诊断需要动手术，而刘明此时手头正紧。第二天，刘明向单位同事王涛借了10 000元用于妻子治病，刘明同时向王涛保证将在一年内归还，并同意支付与银行同等利率的利息。根据上述信息，请你以刘明的身份写一张借条。

（2）不识字的爷爷向邻居王大爷借了9 560元，答应一个月后还他。请你代爷爷写一张借条。

（3）张明欠四海公司人民币50 000元，已经还了30 000元。请代张明写一张欠条。

（4）你是宏大商场采购部经理，2023年6月5日，你收到××电器股份有限公司送来的货物××型彩电40台。请你给对方送货员开具一张临时性收条。

（5）假如你是班级生活委员，9月1日开学第一天，你代表班级到学院后勤处领了5把扫帚、5把拖布、两个水桶和两个撮子。请你写一张领条。

（6）2023年3月17日早上，2021级国贸班王刚同学的母亲不慎摔伤了腿，父亲出差无法及时返回，需要他请假三天在医院照顾母亲。请你代王刚同学写一张请假条。

（7）假如你因参加某集团组织的周五至周日共三天的家电商品促销活动，周五不能到校上课，需请假一天。请据此给辅导员王老师写一张请假条。

# 项目 4　商务契约文书写作

## 项目目标

通过本项目的学习，应该达到以下目标。

**知识目标**：了解招标书、投标书、经济合同的概念、特点和种类等写作基本知识；掌握投标书、招标书、经济合同的写作格式和写作要求。

**能力目标**：能够正确阅读理解投标书、招标书、经济合同等财经商务文书；能够利用资料，正确撰写投标书、招标书、经济合同等常用财经商务文书。

**思政目标**：培养诚信经营、合作互利的财商理念；弘扬工匠精神，养成认真严谨、一丝不苟、诚实守信的写作态度；做到能写会用，展示良好的工作技能，塑造职业形象，提高职业素养；培养科学理性精神，树立文化自信、理论自信意识。

### 商务契约文书该怎么写

××职业技术学院拟采购一批实训室使用的电器类设备，按要求向社会公开招标。2021年10月11日，该校采购电器类设备项目举行开标会。参加开标的有招投标各方代表及法律顾问。

经过激烈的竞标，××商业集团公司以其规范、成熟的运营模式，有吸引力的标底胜出！很快，该公司收到了××职业技术学院的中标通知书。机会难得，公司总经理办公室秘书陈放要尽快做好与××职业技术学院合作的相关文书，等待与××职业技术学院正式签约。

在这个经贸合作项目里，需要用到招标书、投标书及合同文书，这些契约类文书该如何拟写？

## 任务 4.1　招　标　书

### 4.1.1　招标书的概念

招标书又称招标公告、招标说明书、招标通告等，是在进行技术攻关、工程建设、合作经营或大宗物资买卖之前，招标单位或其委托人所发布的用以公布项目内容、范围、标准、具体要求等，邀请投标人投标，选择最优投标人的经济类文书。

招标书一般通过公众传媒发布，一方面为招标单位传递招标信息，另一方面为投标单位的投标工作提供依据，最终实现双赢局面。

### 4.1.2 招标书的特点

**1. 规范性**

招标书的制作过程和基本内容要符合《中华人民共和国招标投标法》的基本规定和要求。

**2. 竞争性**

招标是一项实质性的经济活动，具有很强的竞争性，这种竞争是公平竞争，必须公开比较，严禁暗箱操作，要择优选取。

**3. 公开性**

招标是本着公开、公平、公正的原则进行的，招标文件必须公开发表或向所有投标者提供，后续的投标人资格审查、招标结果等都要予以公示，整个过程具有透明性和公开性。

**4. 效益性**

通过公开招标，让众多的投标人进行竞争，从而以最低或较低的价格获得最优的货物、工程或服务，取得最佳的经济效益。

**5. 时效性**

招标必须在规定的时间内完成，不能拖延，否则会影响工作进度。

### 4.1.3 招标书的类型

招标书种类繁多，按照不同的标准可以分为不同的种类。

按合同期限分，有长期招标书和短期招标书。

按计价方式分。有固定总价项目招标书、单价不变项目招标书和成本加酬金项目招标书等。

按性质和内容分，有工程建设招标书、大宗商品交易招标书、劳务招标书、科研课题招标书、技术引进或转让招标书等。

### 4.1.4 招标书的格式

招标书的格式通常由标题、正文和结尾组成。

**1. 标题**

第一行居中填写。主要有以下几种形式：① 文种式，如"招标书""招标公告""招标通告"。这种写法较不规范，一般用于单位内部。② 由"招标单位名称+文种"构成，如"××投资公司招标公告"。③ 由"标的物+文种"构成，如"食堂招标统通告""台式电脑招标公告"。④ 由"招标单位名称+标的物+文种"构成，如"××职业技术学院关于台式电脑招标公告""××公司建筑安装工程招标书"。⑤ 广告性标题。如"谁来承包××池塘"。

2. 正文

要求详细提出招标的具体内容及有关事项。一般包括前言和主体两部分。

（1）前言。简要地交代清楚招标单位的招标目的、依据、工程项目名称或产品名称等内容。通常以"受××委托……""依据……的方式"开头，体现招标项目的合法性。此外，为了吸引更多的投标者参与投标，有些招标书在前言部分还常概括地介绍招标单位的情况和优势。

（2）主体。主要包括招标项目（如招标的方式、范围、内容、要求等）和招标方法（招标程序，投标的截止时间，投标文件送达地点，开标的方式、时间、地点等）。

3. 结尾

文本签署招标单位（或者委托代理机构）的名称，联系人姓名、详细地址、邮政编码、电话、发布招标书的日期等。

### 4.1.5 招标书的写作要求

#### 1. 周密严谨

招标书是签订合同的依据，是一种具有法律效力的文件。要遵守国家对招投标工作的有关规定和具体办法，执行国家颁布的技术规范及质量标准。如果没有通用标准，应注明按图纸或按样品制作、加工，说明质量要求。

#### 2. 条理清楚

招标项目的有关情况，如招标范围和招标项目的名称、数量、技术质量要求、进度要求等，表达都应该具体、完备，最好分条叙述，避免"一锅粥"，给投标和中标后的一系列工作带来麻烦。

#### 3. 简洁清晰

招标书只要把所要讲的内容简要介绍，突出重点即可，不可过于冗长。

#### 4. 注意礼貌

撰写招标书要遵守平等、诚恳的原则，既不盛气凌人，也不低声下气。

### 4.1.6 招标书例文评析

【例文4-1】招标公告

## ××大学网络设备采购项目招标公告

××大学根据《中华人民共和国招标投标法》和学校相关采购管理办法的规定，决定对我院网络设备采购项目进行公开招标，欢迎符合条件的供应商前来投标。

一、采购项目及编号：网络设备采购项目（HZW×202×018）

二、采购内容（名称、数量、简要技术要求等）

采购内容主要包括网络控制器 1 台、网络交换机 13 台，具体包括设备供货、安装调试、项目协收、技术培训和免费设备保修，以及售后现场技术服务等，详见招标文件。

三、采购方式：公开招标

四、合格的投标人的资格条件

1. 在××市本地注册并具有独立法人资格的企业，符合《中华人民共和国政府采购法》第二十二条的规定，且符合、承认并承诺履行本招标文件的各项规定，所提供的货物和服务必须在我国境内是合法生产、销售的，或通过合法途径进口在我国境内销售的（提供海关证明文件）。

2. 投标人必须是获得××省或××市市场监督管理部门颁发营业执照的具有法人资格的经济实体，注册资金在 300 万元以上。

3. 投标人具有网络设备的经营资格、经营能力及售后服务能力，持有所投标产品的生产厂家针对本项目的"产品销售授权代理证书（原件或复印件盖章）"及"产品售后服务承诺书（原件或复印件盖章）"。

4. 最近 3 年内在经营活动中没有重大违法、违纪行为。

5. 具备合格投标人资格的公司不能将其资格授予下属公司使用参与投标，本次招标亦不允许联合体参与投标。

6. 投标人必须具备计算机信息系统集成服务 3 级及以上资质证书。

7. 投标人必须在××市有固定的经营场所，有一定数量的专业技术人员，具有良好的商业信誉和财务状况。

8. 相关法律、法规规定的其他条件。

五、招标文件的获取方式

凡有投标意向的单位，请于 202×年 10 月 18 日至 202×年 11 月 6 日，每日 8:30—16:00，与学校采购部联系购买招标文件。

地点：××路 3 号新校区 2 号楼 208 室。

标书售价：500 元人民币，售后不退。

联系人：张老师。联系电话：××××-××××××××

六、投标文件的递交方式

1. 投标文件递交的截止时间：202×年 11 月 8 日 13:30。

2. 递交地点：××路 3 号新校区 2 号楼 208 室。

七、开标时间与地点

1. 开标时间：202×年 11 月 10 日 13:30。

2. 开标地点：××路 3 号新校区 2 号楼三楼会议室（开标时间及地点有变更时另行通知）。

八、投标保证金及交付方式

投标保证金人民币壹万元整，在 202×年 11 月 8 日前必须汇至××大学账户（到账为准），投标保证金缴纳单位名称与投标单位名称必须一致（投标单位在汇款时必须注明投标

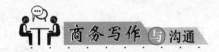

项目及编号（HZW×202×018）。

户名：××大学

账号：120×××××5900716526

开户行：中国工商银行×××支行

××大学<br>202×年10月18日

**评析：** 这篇招标书的标题由单位名称、招标项目和文种构成，招标书的正文第一段介绍事由，正文主体部分陈述了采购项目的具体内容、采购方式、合格的投标人的资格条件、招标文件的获取方式、投标文件的递交方式、开标时间与地点、投标保证金及交付方式等，最后提供了户名、账号、开户行信息。本招标书表达明确、简洁、格式规范，不足之处是第一段缺少对招标单位的简要介绍。

【例文4-2】招标书

建筑安装工程招标书

为了加快建筑安装工程的建设速度，提高经济效益，经_____（建设主管部门）批准，_____（建设单位）对_____建筑安装工程的全部工程（或单位工程，专业工程）进行招标。

一、招标工程的准备条件

本工程已经具备以下招标条件：

1. 本工程已列入国家年度计划。

2. 已有经国家批准的设计单位设计的施工图和概算。

3. 建设用地已经征用，障碍物全部拆除；现场施工的水、电、路和通信条件已经落实。

4. 资金、材料、设备分配计划和协作配套条件均已分别落实，能够保证供应，使拟建工程能在预定的建设工期内连续施工。

5. 已有当地建设主管部门颁发的建筑许可证。

6. 本工程的标底已报建设主管部门和中国建设银行复核。

二、工程内容、范围、工程量、工期、地质勘察单位和工程设计单位（此项用表格形式，见附表）

三、工程可供使用的场地、水、电、道路等情况（略）

四、工程质量等级，技术要求，对工程材料和投标单位的特殊要求，工程验收标准（略）

五、工程供料方式和主要材料价格，工程价款结算办法（略）

六、组织投标单位进行工程现场勘察，说明投标文件交底的时间、地点（略）

七、报名、投标日期，投标文件发送方式

报名日期：_____年_____月_____日。

投标期限：_____年_____月_____日至_____年_____月_____日；

投标文件发送方式：_____。

八、开标时间，评标结束时间，开标、评标方式，中标依据及通知

开标时间：_____年_____月_____日（从发出招标文件至开标，一般不得超过两个月）。

评标结束时间：_____年_____月_____日（从开标之日至评标结束，一般不得超过一个月）。

开标、评标方式：建设单位邀请建设主管部门、中国建设银行和公证处参加公开开标，审查证书，采取集体评议方式进行评标、定标工作。

中标依据及通知：本工程评定中标单位的依据是工程质量优良，工期适当，标价合理，社会信誉好，最低标价的投报单位不一定中标。评定结束后五日内，招标单位通过邮寄或专人送达的方式将中标通知书交给中标单位，并与中标单位在一个月（最多不超过两个月）内签订建筑安装工程承包合同。

九、其他（略）

本招标方承诺，本招标书一经发出，不改变原定招标文件内容，否则将赔偿由此给投标单位造成的损失。投标单位按照招标文件的要求，自费参加投标准备工作和投标。投标书应按规定的格式填写，字迹必须清楚，必须加盖单位和法定代表人的印章。投标书必须密封，不得逾期寄达。投标书一经发出，不得以任何理由要求收回或更改。对于在招标过程中发生的争议，双方如自行协商不成，则请求负责招标管理工作的部门调解仲裁，若对仲裁不服，可诉诸法院。

建设单位（招标单位）：_____

地　　址：_____

联 系 人：_____

电　　话：_____

_____年____月____日

附：施工图纸。勘察、设计资料和设计说明书（略）

附表：建筑安装工程内容一览表（略）

**评析**：此招标书首段简明扼要地写明了招标目的和项目名称，接着分条列款地详细陈述了招标事项、招标程序、其他事项及承诺。这份招标书格式规范、款项齐全。

## 任务 4.2　投　标　书

微课
投标书

### 4.2.1　投标书的概念

投标书是指投标单位按照招标书的条件和要求，向招标单位提交的报价并填具标单的文书。它要求密封后邮寄或派专人送到招标单位，故又称标函。它是投标单位在充分领会

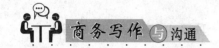

招标文件、进行现场实地考察和调查的基础上所编制的投标文书,是对招标公告所提出要求的响应和承诺,并同时提出具体的标价及有关事项来竞争中标。

### 4.2.2 投标书的特点

#### 1. 针对性

投标书最突出的一个特征就是它的针对性。从其定义就可以清楚地看到,投标者为达到自己承包或承购的目的,一定要以招标单位提出的各项要求为依据,展示自己的实力和优势;同时应严格按照招标书中的内容条款,有针对性地安排投标的内容,不可漫无边际地随意去写。

#### 2. 竞争性

投标书同样具有竞争性。投标人均以竞标成功作为自己最终的目的,而招标单位只能选择其一,投标人只有充分展示自己的实力和优势,才能在竞争中脱颖而出。

#### 3. 法律约束力

投标书还具有严格的法律约束力。投标书和招标书一样,均为日后签订合同提供原始依据,它本身必须在法律许可范围内。它的条款一经写入投标书,就具备了严格意义上的法律约束力,投标人必须完全按照其拟定的各项经济指标进行工作。

### 4.2.3 投标书的类型

#### 1. 按照招标的范围划分

按招标的范围,投标书可分为国际投标书和国内投标书。

国际投标书要求两种版本,按国际惯例以英文版本为准,也可以以建设采购方所在地的语言为准。如国外的企业进行国际招标,一般以英语(或当地语言)为准。如果是国内单位进行国际招标,招标文件中一般注明"当中英文版本产生差异时以中文为准"。

#### 2. 按性质和内容划分

按性质和内容,投标书可分为工程建设项目投标书、大宗商品交易投标书、选聘企业经营者投标书、企业租赁投标书、劳务投标书等。

#### 3. 按招标的标的物划分

按招标的标的物,投标书可分为货物、工程、服务三大类。

根据具体标的物的不同,还可以进一步细分投标书。例如工程类可进一步分为施工工程、装饰工程、水利工程、道路工程、化学工程等。每种具体工程的投标书内容差异较大。货物投标书也一样,简单货物如粮食、石油,复杂货物如机床、计算机网络等。不同类型投标书的差异非常大。

### 4.2.4 投标书的结构和写法

投标书一般由标题、招标号、正文和结尾四部分组成。

**1. 标题**

一般应包含单位名称、招标项目名称和文种,如"××公司招标书""办公设备招标书""新郑民东路综合改造工程施工招标公告"。也可直接用文种及其别称,如"招标书""招标公告""招标通告""招标启事"等。

**2. 招标号**

招标号一般由招标机构的英文缩写、编号两部分组成,位于标题的右下方。招标号有时也可以省略。

**3. 正文**

投标书的正文由"送达单位+引言+主体"组成。

(1)送达单位。在投标书标题的下一行顶格写上招标单位的名称。如果投标书中有明确规定的,则需要按照规定要求写称谓。

(2)引言。引言即投标书的开头部分。投标书的引言主要说明投标的缘由、意义、依据、背景、指导思想、投标方名称、投标意愿等,之后以承启语过渡到主体。

(3)主体。投标书的正文应具体写明本次投标的项目名称、数量、规格、技术要求、报价、交货(或完成)的日期、质量保证等内容。投标书的内容应该真实、详细,注意突出本单位的优势,但不得夸大其词,虚构或瞒报本单位的基本情况。

主体部分一般采用条文式结构,也可用表格式或条文表格式结构。

**4. 结尾**

结尾部分注明招标单位名称、法人代表、联系人姓名、招标单位的地址、邮政编码、电话号码、传真号、开户银行及账号、签署日期并加盖印章。

### 4.2.5 投标书的写作要求

(1)精研文件,合理标价。写投标书前必须认真、精心研究招标书,积极挖掘内部潜力,发挥内部优势,并充分利用外部力量,紧紧围绕招标事项提出符合自身实际情况的合理标价。

(2)内容具体,切实可行。投标书的内容要具体清晰,要紧紧围绕招标事项,提出有针对性的切实可行的措施。

(3)符合要求,格式规范。投标书应严格按照招标的要求和条件编制,并按规定格式填写,做到内容齐全、格式规范、表达简明具体、字迹清楚整洁。

(4)认真检查,防止疏漏。撰写之后要反复、认真检查,防止疏漏,最后加盖单位公章和法人代表印章。

### 4.2.6 投标书例文评析

【例文4-3】土地使用权投标书

××市土地使用权投标书

市政府土地招标小组:

我们阅读了市政府土地招标小组(以下简称招标小组)的招标文件,愿意遵照《土地

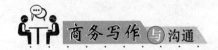

使用规则》的要求和招标文件的有关规定，并愿以人民币××××万元获得××地块的使用权。

1. 本投标书如被采纳，我们愿在接到正式中标通知书后，××天内动土，并根据投标文件的规定按时按质完成全部工程和按要求合理使用土地。

2. 我们在提交本投标书的同时，提交××银行开具的资信证明和担保书，本标书如能中标，则该资信证明和担保书即为我们的履约保证书。

3. 我们同意从投标之日起到180天内保留此标，在此期限终止前的任何时间，我们受本投标书的约束并随时接受本标书中列出的所有内容。

4. 在正式合同签订及执行以前，本投标书连同由招标小组发出的其他招标文件，将作为政府和我们之间具有法律约束力的合同书。

5. 我们理解招标小组并不限于接受最高价标和可以接受其他任何投标书。

6. 投标书附件：

附件一：本单位注册证书（影印件）（略）

附件二：本单位现状情况简介（略）

附件三：本单位过去三年的年度经营报告与财务报告（略）

附件四：规划设计方案（略）

投标单位名称（盖章）：

地址及电话：

投标单位负责人姓名、职务：

联系人姓名、职务：

×××有限责任公司

20××年××月××日

**评析**：这篇投标书针对××市招标小组的招标要求而作，语言简洁明了，礼貌周到，态度明朗。投标书内容包括投标意愿的表态，投标总金额，对开工时间、工程质量的承诺，对投标有效期、投标保证金的声明以及附件等。标书的内容齐全，结构完整，格式规范，是一篇写得较好的投标书。

【例文4-4】工程投标书

## ××建筑安装工程投标书

××建设单位招标办公室：

经我们认真研究核算，愿意承担××工程的施工任务。我们的投标书内容如下：

一、根据已收到的招标编号为××的××工程的招标文件，遵照《工程施工招标投标管理办法》的规定，我单位经考察现场和研究上述工程招标文件的投标须知、合同条件、技术规范、图纸、工程量清单和其他有关文件，愿以人民币××××××元的总价，按上述合同条件、技术规范、图纸、工程量清单的条件承包上述工程的施工和保修项目。

二、一旦我方中标，我方保证在××××年××月××日开工，××××年××月××日竣工，即×××天内竣工并移交整个工程。

三、如果我方中标，我方将按照规定提交上述总价5%的银行保函或上述总价10%的由具有独立法人资格的经济实体企业出具的履约担保书，作为履约保证金。

四、我方同意所递交的投标文件在《投标须知》第11条规定的投标有效期有效，在此期间我方将受此约束。

五、除非另外达成协议并生效，你方的中标通知书和本投标文件将构成约束我们双方的合同。

六、我方金额为人民币××××元的投标保证金与本投标书同时递交。

附件：

1. 企业简介、技术力量和施工机械装备情况（略）
2. 企业承担工程项目情况（略）

投标单位：（盖章）

单位地址：

法定代表人：（签字、盖章）

邮政编码：

电话：

传真：

开户银行名称：

银行账号：

开户行地址：

电话：

××××年××月××日

**评析**：这份投标书首先表明态度：经调查核算，愿意承担招标书中提出的任务；接着对投标项目的有关内容做出说明，包括工程内容、标价、工期、质量、施工方法及设备等；最后提出保证事项。该标书阐述清楚明白，态度实事求是，具有说服力。

# 任务 4.3 经济合同

微课
经济合同

## 4.3.1 经济合同的概念

经济合同是当事人（民事主体：法人、自然人、其他组织）之间为实现一定经济目的，明确相互权利义务关系而设立、变更、终止民事法律关系的协议文书。

签订经济合同是一种法律行为。其作用是明确当事人的权利义务，维护当事人的合法权益，维护社会经济秩序。签订合同的法律依据，原是《中华人民共和国合同法》。2020年5月28日，《中华人民共和国民法典》（以下简称《民法典》）颁布自2021年1月1日实施。《民法典》第三编合同编，内容更明确，更完备。其附则第一千二百六十条规定：自实施之日起，原《中华人民共和国合同法》同时废止。随着《民法典》的发布实施，经济合同必将在社会主义市场经济发展中发挥更重大的作用。

## 4.3.2 经济合同的特点

经济合同主要有以下五个特点。

**1. 合法性**

《民法典》是调整民事主体之间交易关系的法律。合同的撰写、履行、变更、解除、保全，违约责任等问题，是民法的重要组成部分。订立合同要严格遵守《民法典》的有关规定。符合法律法规的合同，才具有法律约束力，才能受到法律的保护。

**2. 约束性**

约束性是法律赋予合同对当事人的强制力，如当事人违反合同约定的内容，则产生相应的法律后果，包括承担相应的法律责任。

**3. 规范性**

经济合同的内容和形式都应该规范化。只有规范的合同，才能真正做到有章可依，避免矛盾和纠纷，确保合同双方的合法权益。

**4. 一致性**

合同的签订一般要经过要约和承诺两个阶段。协议的形成需要双方进行不断的、反复的协商、讨论，最终形成一致的意见。合同的内容只有表达当事人彼此一致的意愿，其条款才能成立。只有当事人经过充分的协商，将承担的义务和应享有的权利充分表达出来并形成语言文字，合同关系才算真正建立。同时，在履行合同过程中，如需要变更合同条款，也要重新协商补签，任何不经双方或多方协商一致而改变合同者，都要承担违约责任。

**5. 严密性**

经济合同的用语应该严密周到，不能有含混不清或者模棱两可的情况出现，避免合同在履行过程中出现不必要的争执。

### 4.3.3 经济合同的作用

**1. 政府宏观调控的需要**

推行经济合同制,有利于国家政策具体、准确地落实到生产、流通的各个环节,使各部门紧密联系在一起,形成统一开放的大市场。在经济合同的制约下,各个经济组织必须全面严格履行合同,使其在自身发展中保证国家经济目标的圆满完成。国家还可以通过了解全国各行各业所签订的经济合同及其执行情况,掌握社会的总需求和实际生产能力的情况,以此作为确定调整产业结构,转变增长方式等宏观调控政策的依据。

**2. 专业化协作的工具**

市场经济健康、合理、有序地发展,各类经济组织的密切协作显得尤为重要。合同这一法律工具,可以把生产,流通各个部门按照经济规律合理地组成一个整体,使它们互相依赖、互相推动,促进经济组织之间协作关系的正常发展和不断巩固。

**3. 提高经济效益的措施**

合同制是一种用经济手段管理经济的有效措施。签约各方为了实现一定的经济目的,在签订经济合同之前,要进行认真的调查研究,做好市场预测,对原料、产品、销售等都要了解掌握。合同经签订就必须履行,管理者必须千方百计地挖潜、降耗、增产,以保证内部各环节互相衔接,货畅其流,加速资金周转,保证履约。

**4. 保护当事人权益的依据**

签订经济合同是当事人双方的法律行为。合同的确立,标志着当事人双方都受到约束,其主体的利益也得到了法律的保护。当合同主体之间发生纠纷时,当事人一是可以按照事前约定,向仲裁机构申请调解或裁决;二是可通过法律程序上诉,使各自的利益得到保护。

**5. 规范市场行为,优化经济环境**

要形成统一、开放、竞争、有序的社会主义市场经济体系,必须有健全的法律体系。合同化管理是法制建设的重要组成部分,合同使不同性质的经济主体、不同身份的人员都有平等的地位。合同的各项条款又严格地规范了利益各方的竞争行为,竞争的平等有序又为进一步开放市场、搞活经济创造了更好的条件。

**6. 对外协作的纽带**

随着改革开放,国际经济交往日益增多,涉外合同为发展对外贸易、引进外资、利用外国先进技术起到了纽带作用,促进了经济进一步繁荣。

### 4.3.4 经济合同的种类

一般地,经济合同的种类有以下两种划分方法。

一是按内容分,《民法典》将合同列为19类:买卖合同,供用电、水、气、热力合同,赠予合同,借款合同,保证合同,租赁合同,融资租赁合同,保理合同,承揽合同,建设工程合同,运输合同,技术合同,保管合同,仓储合同,委托合同,物业服务合同,行纪合同,中介合同,合伙合同。

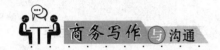

二是按形式分，订立合同，可以采用书面形式、口头形式或者其他形式。书面形式是合同书、信件、电报、传真等可以有形地表现所载内容的形式。

### 4.3.5 经济合同的格式

经济合同的格式通常有以下三种形式。

**1. 条款式**

用文字说明的方式，把当事人双方协商一致的内容，逐条表述清楚。非常规性的业务活动大多采用这种形式订立合同。

**2. 表格式**

把合同必不可少的有关内容设计、印制成一种表格，当事人签订合同时，只需把达成协议的各项内容填入表格中。常规性的业务活动多采用这种形式订立合同。

**3. 三条款表格式**

这里既有文字说明，又有表格的合同形式。签订合同的双方或多方把协商一致的内容用条款和表格两种方式写入合同中，把标的、数量、金额等内容以表格形式列出，其余内容如双方的责任、注意事项等用条款形式记载。这种格式使用频率较高，既醒目方便又灵活自由。

### 4.3.6 经济合同的结构

经济合同一般由首部、正文、尾部和附件四部分组成。

**1. 首部**

首部包括以下内容。

1）合同标题

合同标题即为合同的名称，在合同文本中居于合同首页中间的位置。主要有以下几种写法。

（1）合同种类充当合同名称，如《供用电合同》《保管合同》《建设工程合同》。

（2）"合同标的＋合同种类"，如《计算机显示终端承揽合同》《农副产品买卖合同》《建筑施工物资租赁合同》。

（3）"合同有效期＋合同种类"，如《2023年第一季度买卖合同》《2023年运输合同》。

（4）"单位名称＋合同种类"，如《××市××公司买卖合同》《×××港务局水路货物运输合同》。

（5）前述四种写法的混合运用，如《××市××公司2023年纺织品买卖合同》《×××港务局2023年第二季度钢材水路货物运输合同》。

2）合同约首

合同约首位于合同正文之前，写明合同的基本信息，如合同当事人名称、合同编号、时间、地点、邮编、电话等。

在合同约首分行并列写明签订合同当事人双方的单位名称及法定代表人姓名或自然人

姓名，并在名称或姓名后面用括号注明"甲方"和"乙方"，或以不同性质的合同专用称谓注明，如"借方""需方""承租方""出租方"等，不能称"我方""你方""他方"。如果是表格式合同，可以直接在设定的位置填写合同当事人名称。

编写合同编号便于登记和管理，也可根据情况不写编号。

**2. 正文**

正文是合同的具体内容和条款。一般包括合同前言和合同事项（主体）两大部分。

1）合同前言

合同前言主要写明当事人签订合同的依据或目的，常用"根据式"开头或"目的式"开头，例如："根据《中华人民共和国民法典》和《建筑安装工程承包合同条例》的有关规定，结合本工程具体情况，经双方协商致，签订本合同"；"为了发展旅游事业，经甲乙双方充分协商，订立本合同，以便共同遵守"。

2）合同事项（主体）

合同的主体是具体内容所在，要写明合同当事人签订的各项条款，即双方承担的义务和应享受的权利。这是决定合同是否合法有效的条件，是要求双方履行合同、承担法律责任的依据。

合同的种类不同，主体部分的内容也不尽相同。但不论哪一种合同，都应当具备以下基本条款，这是合同的核心部分。

（1）标的。标的是合同双方当事人的权利和义务指向的共同对象，是合同的中心内容，合同的标的多指货物、劳务、工程项目，也可以是货币、智力成果。例如，借款合同中的标的是货币，赠与合同中的标的是财产。标的是合同双方为当事人所要达到的目的，没有标的或标的不明确，双方当事人的权利、义务、责任便无法确定，合同也就无法履行。合同标的的提出，必须有利于当事人权利义务的具体实现，所以，应有明确、具体的标准。如借款合同，必须把借款的种类、币种、用途、数额、利率、期限、还款方式等一一写明，标的的表达不能使用含混不清、带有歧义的词语，以免留下引发经济纠纷的隐患。

（2）数量。数量是衡量标的的尺度，是确定双方权利义务大小的标准，是标的的计量。没有一定的数量，权利与义务的大小就很难确定。因此，合同必须明确规定标的的数量及其计量单位和计量方法。数量通常以重量、体积、长度、面积、个数等作为计量单位。数量可用基本计量单位计算，如米、千克、只等，也可用包装单位计算，如箱、包等，但必须注明每个包装单位内含有多少基本单位。必要时有些产品还应在合同上写明交货数量的正负尾差或合理磅差、自然减量或增量的单位以及换算方法。

（3）质量。质量是标的的内在素质（包括物理的、机械的、化学的、生物的）和外观形态的综合，是标的的性质和特征，反映了作为标的的产品或劳务的优劣程度。质量标准必须具体，有国家标准、部颁标准、省（市）标准的，要按标准约定；没有规定标准的，则由当事人协商确定标准。技术要求、验收标准也应规定清楚，并封样备验。

（4）价款或者报酬。价款或者报酬是指取得对方的产品或劳务等成果时所支付的代价，以实物为标的的称为"借款"，以劳务为标的的称为"报酬"或"酬金"。例如，价款在买卖合同中是指产品的价格款，在租赁合同中是指租金，在借款合同中是指利息；报酬在承揽合同中是指加工费，在保管合同中是指保管费，在运输合同中是指运输费。价款或者报酬均以货币数量来表示，是合同当事人等价有偿交换的经济关系的标志，都属于得到标的的一方向对方支付的代价。在有的合同中，既有价款又有报酬，如承揽合同如果定做方提出项目，技术要求，并请承揽方包工包料即请承揽方代购原料并进行加工，那么，就有代购材料的价款和加工的报酬，这需要在合同的条款中分别写清。

价款或者报酬条款，一般包括产品的价格组成、作价办法、作价标准、调价处理办法等，产品价格应按国家规定的价格及作价办法作价，国家没有规定价格的商品，当事人双方可以议价商定。

（5）履行期限、地点和方式。履行期限是指履行合同的时间要求，首先是指享有标的的一方要求对方履行合同义务的时间规定。一切经济活动都是有期限的，一方违背了期限要求，必然会给对方造成经济损失。因此，期限必须在合同中写明。例如，在买卖合同中，期限是指交付货物的时间；建设工程合同中，期限是指完成劳务，交付工作成果的时间。期限除享有标的的一方要求对方如期完成合同标的外，同时，期限也指提供标的的一方要求对方给付价款或者报酬的时间规定。合同可以一次性履行，也可以分期履行。无论怎样履行，都不应逾期。逾期履行也即延迟履行，提供标的的一方要向享有标的的一方按照违约责任的条款交付违约金。

履行地点是指履行合同的具体地点，即交付、提取标的的地点，这是分清当事人责任的重要条款之一。例如，建设工程合同的履行地点就是建筑工程所在地，买卖合同的履行地点则取决于当事人约定的产品交货方式，如果是提货，那么提货地点就是履行地点；如果是代办托运，那么托运地点就是履行地点；如果是送货，那么接货地点就是履行地点。地点不明确，势必给合同的履行造成一定的困难。

履行方式是指采取什么方法来实现合同所规定的当事人双方的权利和义务。一般来说，包括标的交付、提取方式和价款或者报酬的结算方式。当事人在订立合同时，必须确定一种履行方式。

履行期限、履行地点和履行方式是合同最容易引起纠纷的地方。因此，当事人双方在签订合同时，对此应做出十分具体、明确的规定。

（6）违约责任。违约责任是对不按合同规定履行义务一方的制裁措施，核心是责任问题。明确违约责任，对维护合同的法律效力及督促当事人履行合同义务具有重要意义。承担违约责任的主要方式，是支付违约金和偿付赔偿金。违约责任的具体内容，可由当事人根据具体情况商定，凡有关合同条例或细则对违约金有规定的，合同当事人必须依照执行。在写违约责任时，要具体写明不履行或不完全履行合同时应承担的经济责任和法律责任，如应支付的违约金、赔偿金的数额，是按总金额的比例还是按未履行部分金额的比例支付等。

（7）解决争议的方法。解决争议的方法是指当事人在履行合同过程中发生了争议，为解决矛盾纠纷所采取的方法。其具体内容由当事人约定，如由当事人协商解决或由人民法院解决等。由于种种原因,合同履行过程中出现矛盾在所难免,确定这项条款可以为尽快解决矛盾提供直接依据,提高办事效率。

除上述条款外,根据法律规定或合同性质必须具备的条款,如各种合同一般都有各自的专用条款,如买卖合同中的"包装要求",借款合同中的"借款用途""保证条款"等,以及当事人一方为了保障合同的顺利履行,避免、减少纠纷,要求在合同中规定某项条款,经双方协商同意规定的这些特约条款都是合同的主要条款,构成合同的重要内容。需要注意的是,当事人自行选择除法律、法规或条例规定之外的条款,是当事人的权利。但是,当事人不得滥用这些权利,不得在合同中约定与法律、法规相抵触或有损社会公益,以及侵犯他人利益的条款。在本部分的最后几个条款,还要写明解决纠纷的方式、合同的有效期限、合同的份数及保存方式和其他未尽事宜。

### 3. 尾部

尾部一般包括当事人签章、鉴定机关签章签约日期等内容。

当事人签章包括合同当事人双方单位的名称、地址、法定代表人姓名、委托代理人姓名或自然人姓名及其电话、电报挂号、开户银行、账户、邮政编码等。单位应加盖公章,法定代表人、委托代理人或自然人均应签字盖章。

须经有关机关见证或公证的合同,要将有关部门的见证、公证意见写在审核机关的下方,并签署有关部门的全称,加盖公章。

合同最后写明签订合同的具体日期,也可写在标题的右下方。

### 4. 附件

合同有特殊要求或有附件时,需要在合同中注明。通常是在合同正文"其他条款"之后注明:"合同附件、附表均为本合同的组成部分,且有同等的法律效力"如工程承包合同要在"附件"中列出工程项目表、工程进度表、工程图纸等。这些附件、附表均标注在合同落款的最下方。[①]

## 4.3.7 经济合同的写作要求

### 1. 内容完整,务求详尽

在经济合同中,产品的标的、数量、质量、履行期限、各方的权利和义务、违约责任等必须明确表述,因为这些往往是当事人会引起冲突的地方。违约责任必须量化,避免用"如有一方违约,应赔偿对方损失"之类笼统含糊的话,否则将难以执行。

### 2. 措辞严谨,避免歧义

合同措辞必须简明、准确、严谨,规范,做到条款清晰、概念准确,切忌词不达意或含混不清。比如,必须使用规范汉字,不使用"最近""基本上""可能""大概""上一年"这类模糊词语。合同中应该有的项目都应该列上,不能缺漏。价款与酬金数字必须大写。慎用简称,注意数字和标点符号,不能有引起歧义的地方,以免引起争执。

---

① 王茜,冯志英,崔丽. 财经应用文写作[M]. 北京:清华大学出版社,2020.

### 3. 字迹清楚，字面整洁

合同可以打印，也可以用钢笔、签字笔手写，但是签字部分必须手写。整个合同书不能有涂改和字迹模糊的地方。

## 4.3.8 经济合同例文评析

【例文4-5】购销合同

**202×年保温材料购销合同**

甲方：××集团有限公司

乙方：××隔热保温材料有限公司

经甲、乙双方协商，由乙方承担××小区四标段12～20号楼外墙保温材料的供应，为切实维护双方利益，特签订如下合同。

一、材料名称及单价

1. 材料名称及单价：玻化微珠按××元/吨，抗裂砂浆按××元/吨，胶粉按××元/吨，界面剂按××元/吨提供给甲方。

2. 供应材料必须提前提供材料合格证、产品质量检验报告等相关的质量证明文件，以及相关合格的送检样品。

二、产品质量要求

符合国家标准及图纸设计要求。

三、送达

甲方以电话或其他方式提前两天通知乙方，乙方按给定时间及时将合格产品送到甲方指定地点，经过甲方材料员验收合格签字认可，方视为货物送到。

四、付款方式

外墙保温材料进场后，保温工程完成至50%以上，甲方支付认可的材料款的50%货款，在整体工程全部竣工验收合格后一个月内，才支付剩余签字认可的材料货款。

五、责任与义务

甲方：

严格按合同条款支付工程材料款，如果对材料款不能按时支付，乙方有权在一个月后协商停止供货，直到支付款项达到合同金额为止。

乙方：

1. 严格按国家规范标准和图纸要求及时提供合格的材料，确保甲方施工进度的正常进行，否则按货款的50%处罚，且甲方有权更换供货商。

2. 严格按照约定的技术方案进行指导施工，配合甲方及监理严格检查验收每道工序，确保工程质量，如果有不合格产品由乙方负责。

3. 全面负责保温方案的专家论证在 15 天内通告。如果因此影响工程进度，乙方负责一切停工所产生的损失。

4. 负责甲方保温专项检测一次通告，否则造成的一切损失均由乙方承担。

## 六、违约责任

1. 若因甲方导致施工受阻，乙方不承担任何责任。

2. 若乙方不能按时供货，给甲方造成损失，由乙方承担全部责任。

3. 若乙方未能提供正规合格的材料，导致工程停工，或者延误工程竣工，或者工程停工、窝工、返工等一切损失（含材料损失）均由乙方承担。

## 七、争议处理

如果合同发生争议，双方友好协商解决，协商不成，双方均可向××市××区人民法院提起诉讼。

本合同一式两份，双方各执一份，自双方签字盖章之日起生效。

甲方（公章）：　　　　　　　　　　乙方（公章）：

法定代表人（签字）：　　　　　　　法定代表人（签字）：

202×年××月××日　　　　　　　202×年××月××日

**评析**：该范文是一份购销合同。购销合同是指一方将货物的所有权或经营管理权转移给对方，对方支付价款的协议。购销合同包括供应、采购、预购、购销结合及协作、调剂等形式。该合同的标题由时间、事由和文种构成，立约双方为××集团有限公司和××隔热保温材料有限公司。该合同以条款式写法将材料名称及单价、产品质量要求、送达、付款方式、责任与义务、违约责任及争议处理交代清楚，语言简明扼要，严谨准确，表达有条理性，合同条款符合国家的法律法规，体现了合同协商一致、平等互利的原则。

## 【例文4-6】租赁合同

### 租 赁 合 同

甲方（出租房）：××××××

法定代表人：×××

乙方（承租方）：××××××

法定代表人：×××

甲、乙双方经协商同意，就租用××广告牌一事，本着互惠互利原则，特签订本合同，以资共同遵守。

## 一、广告牌要求

甲方将位于××路边的一块广告牌，规格为××，面积为×平方米，提供给乙方作为其经营范围的商品宣传之用，有关广告内容的责任全由乙方自负。

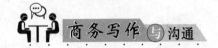

### 二、广告牌租用期限

广告牌租赁期限为×年（即从××××年××月××日起至××××年××月××日止）。乙方交纳广告牌射灯的电费。向工商、税务部门申报安装广告事宜由甲方代办，但因此而发生的费用，则由乙方自行承担。

### 三、乙方所发布广告内容的要求

1. 所发布的广告内容必须与××产品相关。
2. 广告内容及画面必须与工商登记内容、画面一致，不能违反国家政令法规。
3. 乙方必须在签订本合同即日起（即××××年××月××日前）将广告画安装完毕。若乙方不能按时安装广告画，甲方有权立即将广告牌收回，另行安排，乙方不得有任何异议。

### 四、广告画的设计、制作、安装

1. 广告画统一使用喷画形式设计、制作、安装，均由乙方负责，由此发生的费用全由乙方自负。
2. 在安装广告画前，乙方必须将要制作的广告画样本交付甲方审核，经甲方书面同意后，方可制作、安装。否则，由此造成的一切后果由乙方自负。

### 五、其他规定

1. 广告发布后，若乙方要求修改广告画的规格、内容、版面等，须以书面形式通知甲方。经甲方同意后，才能重新确定修改，由此造成的设计、制作、安装费用均全由乙方自负。
2. 因政府行为、场地拆迁或不可抗力因素从而导致广告终止发布，本合同立即终止，双方不负任何违约责任，甲方已收费用不退还。
3. 在同等条件下，乙方有优先承租原广告牌位置的权利。

本合同一式两份，甲、乙双方各执一份，从双方签字日起生效。

甲方：　　　　　　　　　　乙方：
法定代表人：　　　　　　　法定代表人：
电话：　　　　　　　　　　电话：

　　　　　　　　　　　　签约日期：××××年××月××日

**评析**：这是一份广告牌租赁合同，明确了签订合同的目的、当事人的权利和义务、当事人应承担的责任，使当事人能清楚地了解自己的权利和义务。该合同表述层次清晰，语言流畅。

【例文4-7】买卖合同

#### 房产买卖合同

出卖方（甲方）：_____

地址：_____    邮编：_____    电话：_____
法定代表人：_____    职务：_____
购买方（乙方）：
地址：_____    邮编：_____    电话：_____
法定代表人：_____    职务：_____

根据国家有关房产的规定，甲乙双方经协商一致，签订本合同，以资共同信守执行。

**第一条**　乙方购买甲方坐落在_____市_____街_____号的房屋_____栋_____间，建筑面积为_____平方米。

**第二条**　上述房产的交易价格：

**第三条**　付款时间与办法：

1. _____。

2. _____。

**第四条**　甲方应于____年____月____日前将交易的房产全部交付给乙方使用。

**第五条**　税费分担

1. 甲方承担房产交易中房产局应征收甲方的交易额的____%的交易费；承担公证费、协议公证费。

2. 乙方承担房产交易中房产局应征收乙方的交易额的____%的交易费，承担房产交易中国家征收的一切其他税费。

**第六条**　违约责任

1. 乙方必须按期向甲方付款，如逾期，每逾期一天，应向甲方偿付违约部分房产款____%的违约金。

2. 甲方必须按期将房产交付乙方使用，否则，每逾期一天，应向乙方偿付违约部分房产款____%的违约金。

**第七条**　本合同主体

1. 甲方是_____，共____人，委托代理人_____，即甲方代表人。

2. 乙方是_____单位，代表人是_____。

**第八条**　本合同经国家公证机关_____公证处公证。

**第九条**　本合同一式_____份。甲方产权人各一份，乙方一份，_____房产管理局、_____公证处各一份。

**第十条**　本合同发生争议的解决方式：_____。

甲方：_____
代表：_____                                    _____年____月____日
乙方：_____
代表：_____                                    _____年____月____日

**评析：** 本合同是一份房产购买合同，是我们日常生活中常见并且常用的一种合同形式。这份合同措辞严密，语言规范；各项条款内容详细清楚，没有漏洞，也不会产生歧义。

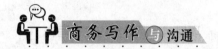

**【例文4-8】运输合同**

## 航空运输合同

托运人（姓名）_____与中国民用航空_____航空公司（以下简称承运人）经友好商定，由_____（发货地点）空运_____（货物名称）到_____（到达地点），双方特签订本合同，并共同遵守下列条款：

**第一条** 托运人于____月____日起需用_____型飞机_____架次运送_____（货物名称），其航程如下：

____月____日自____至____，停留____日；

____月____日自____至____，停留____日；

运输费用总计人民币_____元。

**第二条** 根据飞机航程及经停站的条件，可供托运人使用的载量为_____公斤（内含客座）。如因天气或其他特殊原因需增加空勤人员或燃油时，载量酌减。

**第三条** 飞机吨位如托运人未充分利用，承运人可以利用空隙吨位。

**第四条** 承运人除因气象、政府禁令等原因外，应依期飞行。

**第五条** 托运人签订本合同后要求取消飞机班次，应交付退机费_____元。如托运人退机前承运人为执行本合同已产生调机费用，应由托运人负责交付此项费用。

**第六条** 托运人负责所运货物的包装。运输中如因包装不善造成货物损毁，由托运人自行负责。

**第七条** 运输货物的保险费由承运人负担。货物因承运人一方的人为问题所造成的损失，由承运人赔偿。

**第八条** 在执行合同的飞行途中，托运人如额外要求停留，应按规定收取留机费。

**第九条** 本合同如有其他未尽事宜，由双方共同协商解决。凡涉及航空运输规则规定的问题，按运输规则办理。

托运人：_____　　　　　承运人：_____

开户银行：_____　　　　开户银行：_____

银行账号：_____　　　　银行账号：_____

_____年____月____日

**评析**：这是一份分条列项式的航空运输合同。该经济合同精短，语言简洁，格式规范。首部写当事人姓名和事由。第一至第九条写标的、数量和质量、价款和酬金、履行期限、地点和方式这些合同必备条款，不足之处是漏写了出现纠纷如何处理及合同份数和保存方式等。

**【例文 4-9】劳动合同**

## 劳动合同书

甲方（用人单位）：＿＿＿＿＿＿＿＿

乙方（劳动者）：＿＿＿＿＿＿＿＿＿

性别：＿＿＿＿＿＿＿＿＿＿＿＿＿＿

公民身份号码：＿＿＿＿＿＿＿＿＿＿＿＿

根据国家劳动合同相关法律，经双方平等协商，自愿签订本合同。

一、甲方义务

（一）遵守国家及省、市的法律、法规和政策，保障乙方的合法权益；

……

二、乙方义务

……

三、本合同期限、工时制度、工作内容、工资给付

……

四、劳动合同的终止，解除和续订

……

五、解除劳动合同的有关补偿

……

六、医疗期及待遇

……

七、违约责任及其他的约定事项

……

八、附则

……

（注：合同双方应在了解本合同内容后，再决定是否签名。一经签订，须严格履行。本合同的乙方必须由本人签名，不得代签；甲方必须加盖法人印章并由法定代表人或其委托代理人签名盖章）

甲方：＿＿＿＿＿＿＿＿（盖章）

乙方：＿＿＿＿＿＿＿＿（签名）

签订时间：＿＿＿＿年＿＿月＿＿日

鉴证人：＿＿＿＿＿＿＿＿（盖章）

鉴证机关：＿＿＿＿＿＿＿（盖章）

鉴证时间：＿＿＿＿年＿＿月＿＿日

评析：这是一篇较为规范的用人单位劳动合同，其条款主要包括用人单位的名称、法定代表人或主要负责人，劳动者的姓名、住址和居民身份证或其他有效公民身份号码，劳动合同期限、工作内容和工作地点、工作时间和休息休假、劳动报酬、社会保险、劳动保护、劳动条件和职业危害防护，以及法律法规规定应当纳入劳动合同的其他事项，合同内容完备，格式规范，同时强调订立和变更劳动合同，应当遵循平等自愿、协商一致的原则，不得违反法律法规。

## 电子活页：意向书、协议书

意向书　　　　　　协议书

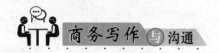

# 学生工作页

| 意向书、协议书 |||
|---|---|---|
| 任务1 | 鹏宇商贸有限责任公司拟从武夷山广佳茶厂订购特级大红袍,双方经过洽谈,广佳茶厂为鹏宇商贸有限责任公司提供九折优惠,并承诺供应2024年优质新茶。双方要签订意向书,请你代为撰写 ||
| 任务2 | 因房屋拆迁,你需要租住同事王小明的房子两年,请拟订一份租房协议书 ||
| 班 级 | 学 号 | 姓 名 |

| 学生自评 |
|---|

我的心得:

建议或提出问题:

| 教师评价 |
|---|

项目4 商务契约文书写作

# 思政园地：我国古代的合同

现代社会，作为法律文书的合同使用极为广泛。公司、企业每天都要和合同打交道，合同与个人的生活也是息息相关的。大到买房、买车，小到办卡，办理各种水、电、气、暖的业务，都会接触到合同，不过，合同并不是现代社会的产物，合同的起源历史悠久。

请扫描二维码，了解我国古代的合同，增强文化自信。

思政园地
我国古代的合同

### 1. 撰写招标书

（1）请根据下面的材料，拟写一份招标公告。

××学院拟做 800 套课桌椅，自备材料，投标单位包工。××学院对课桌椅的规格及质量要求已提出了书面材料。202×年 4 月 30 日—5 月 15 日为工程招标的起止时间，202×年 5 月 20 日在××学院中心会议室公开开标。交货时间为 202×年 8 月 30 日。××学院地址在××市××路××号。电话：××××××××。联系人：×××。

（2）请根据下列材料。以××市轻工业商品贸易大厦筹备处的名义，写一份工程设计招标书，要求格式规范、符合招标书的写作要求。有关内容可以虚拟、充实。

经上级批准，准备新建轻工业商品贸易大厦。建筑面积 30 000 平方米，楼高 20 层，建筑地点在××区解放路中段。要求由甲级设计单位投标设计，并具有必要的设计条件和成功设计过类似的项目。有意者请于 202×年 10 月 20 日前到××市轻工业商品贸易大厦筹备处面谈。联系人：轻工招待所 205 房间李先生。联系电话：××××××××。

### 2. 撰写投标书

（1）请根据以下材料，请你以××公司的名义，拟写一份投标书。要求格式规范、符合投标书的写作要求。字数不超过 1 000 字。

××公司经认真阅读××市城中村改造项目与国有建设用地使用权出让文件，完全接受并愿意遵守招标文件中的规定和要求，对所有文件均无异议。××公司正式申请参加××局于 2023 年 11 月 25 日在××市国土资源局二楼交易服务大厅举行的城中村改造项目与国有建设用地使用权出让招标活动。××公司保证按照招标文件规定，缴纳投标保证金贰佰万元。若能中标，××公司保证按照城中村改造项目与土地出让招标文件的规定和要求履行全部义务。若××公司在此次城中村改造与国有建设用地使用权出让招标活动中，出现不能按期付款或有其他违法行为，××公司愿意承担全部法律责任，并赔偿由此产生的损失。联系人：×××；联系电话：××××××××；申请日期：××××年××月××日。

（2）请根据以下招标公告的内容，为投标单位拟写一份投标书。

95

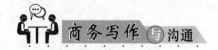

# 招 标 公 告

日期：2023.08.15

招标编号：××××—×××××××××/01

1. 上海机电设备招标有限公司（以下简称：招标机构）受上海××物流有限公司（以下简称：招标人）委托，对其下述货物进行国际竞争性公开招标。现邀请合格投标人就下列货物及其相关服务提交密封投标：

（1）设备名称及数量：燃气轮机1套；

（2）技术要求：见本招标文件第八章；

（3）交货期：合同生效后3个月内交货。

2. 有意愿的合格投标人可在招标机构得到进一步的信息和查阅招标文件。

3. 有意愿的合格潜在投标人可自2023年8月15日起每天（节假日除外）9:00—11:00，13:30—16:00（北京时间），在上海市长寿路285号恒达大厦16楼（上海机电设备招标有限公司）购买招标文件。本招标文件每套售价：500元人民币，中国境内邮购另加邮资60元人民币，中国境外邮购另加邮资80美元，售后不退。

4. 潜在投标人在购买招标文件后，应及时办理"中国国际招标网"（http://www.chinabidding.com）的网上投标人注册，经网站验证认可后，方可进行本次招标的投标工作以及在招标网上查看评标结果公示和公示结果公告。否则，投标人不能有效进入招标投标法定程序，由此产生的后果将由投标人自负。

5. 所有潜在投标人的投标文件应于2023年9月16日10:00时（北京时间）之前递交到上海市××路×××号××大厦16楼上海机电设备招标有限公司招标三处，迟于上述投标截止时间递交的投标文件恕不接收。请投标人在投标截止时间的15分钟前到达投标地点办理投标登记等相关手续。

6. 本次招标定于2023年9月26日10:00时（北京时间），在上海市××路×××号××大厦16楼上海机电设备招标有限公司进行公开开标。届时请投标法定代表人或其授权代表出席开标会。

如上述日程安排发生变更，以招标机构发出的书面变更通知为准。

上海机电设备招标有限公司竭诚欢迎有制造或供货能力的中国境内外合格投标人进行投标。

招标机构名称：上海机电设备招标有限公司

招标机构地址：上海市××路×××号××大厦16楼

邮政编码：××××××

联系人：王丽、刘晖

电话：021—××××××××、××××××××

传真：021—××××××××

电子信箱：×××@163.com

开户银行：建行上海市分行营业部

账号：31001550400055646341

SWIFT CODE：PCBCCNBJSH×

开户银行地址：上海市淮海中路200号

### 3. 撰写经济合同

（1）请按下面的材料拟一份购销合同。

××市食品公司购买××市肉类联合加工厂火腿200吨，每吨价格45 000元（肆万伍仟元）。

付款方式采用银行托收承付，第一次收货后五日内交付全款的50%，验收完第四次收货后五日内交付余款。

交货方式：甲方于××××年××—××月分四次在××火车站交付给乙方。

包装：纸箱，每箱40斤，每箱有4~6个单独真空包装的火腿。

质量标准：产品质量抽检合格率必须符合国家标准。外包装破损率不得高于2%。食品包装破损度不得高于1%。

违约责任及处理：逾期不履行合同的，违约方按每天1%的尾款或货物折价款付对方违约金。

（2）黄××从某职业学院毕业五年了，他通过自己创办的迅驰汽车修理厂（甲方）积累了大量的资金。最近他和佳通服务有限公司（乙方）商定合作创办佳迅出租汽车公司，计划经营大、小车辆50辆，总投资人民币220万元，双方投资比例为7:3，合作期限为5年。公司设董事会，人数为5人，其中甲方3人，乙方2人，董事长1人由甲方担任，副董事长1人由乙方担任。正、副总经理由甲方和乙方分别担任。企业毛利润按国家税法照章纳税，扣除各项基金和职工福利等，纯利润根据双方投资比例进行分配。合作期内，乙方纯利润所得达到乙方投资额、退还投资资金后，企业资产归甲方所有。请根据以上材料，拟写一份规范的合同。

# 项目 5　商务调研策划文书写作

## 项目目标

通过本项目的学习，应该达到以下目标。

**知识目标**：了解市场调查报告、市场预测报告、营销策划书的概念、特点和种类等写作基础知识；掌握市场调查报告、市场预测报告、营销策划书的写作格式和写作要求。

**能力目标**：能够正确阅读理解市场调查报告、市场预测报告、营销策划书等商务调研策划文书；能够利用资料，正确撰写市场调查报告、市场预测报告、营销策划书等常用商务调研策划文书。

**思政目标**：树立正确的商业伦理观念，培养良好的职业道德和法律意识；培养敢于打破常规、勇于开拓进取的创新精神，拥有积极向上的人生态度；弘扬工匠精神，养成认真严谨、一丝不苟、诚实守信的写作态度；做到能写会用，展示良好的工作技能，塑造职业形象，提高职业素养；培养科学理性精神，树立文化自信、理论自信意识。

## 项目导入

**王涛商务调研策划文书的写作**

王涛所在的××商业集团公司主要经营家用电器，为了占有更多的市场份额，拟在2024年度开展一系列的促销活动，为此拟于五月下旬和六月初，对几个城市进行为期10天的洗衣机消费者和终端卖场调查。调查对象为各个层次的人群。调查采用问卷和面谈提问相结合的方式。样本选取方法为在每个城市的不同地点随机选取。这次调查的目的是，了解目前消费者对各种洗衣机的看法，并进行分析判断，提出对策建议，为公司今后营销策略的调整服务。

调研结束后，公司准备在"十一"期间组织一次大型营销活动……王涛马上忙碌起来，他决定为公司做好充分的调查，写出科学合理的调查报告、预测报告，为公司领导层的决策提供参考。接着，他还要策划"十一"期间的大型营销活动，并保证活动的成功举办。

## 任务 5.1　市场调查报告

无论是生产者还是经营者都必须以市场为导向安排自身的经济活动，市场调查报告是生产经营中必不可少的应用文书。

微课
市场调查报告

## 5.1.1 市场调查报告的概念

市场调查报告是调查报告的一种，是通过直接、系统地收集有关市场情报、资料，并且对其进行整理和分析以后，科学地阐明市场状况以及市场发展规律，提出调查结论，供有关决策者使用的书面报告，它是记载市场信息的重要方式。这种报告是实际工作中常用的一种文体，它的表现形式、特点与一般的调查报告有很多趋同之处。作为记述市场调查成果的一种经济应用文，市场调查是其写作的前提与基础，要想写出好的市场调查报告，首先必须认真进行市场调查。如何选择市场调查的范围和内容，应该根据市场调查报告的要求而定。

## 5.1.2 市场调查报告的作用

### 1. 均衡供需

通过市场调查，可以了解市场供需情况，对商品、服务等市场的供需情况进行预测，制订供应总量计划和品种计划，这对于合理、均衡地组织市场供应，使供给和需求的关系趋向平衡具有重要作用。

### 2. 指导生产

通过市场调查，可以了解消费者的各种需求，有利于企业按消费者的需要生产产品，提高产品在市场上的占有率，顺利完成商品从生产到消费的转移。

### 3. 合理定价

通过市场调查，可以充分了解同类产品、相同服务的市场价格，有利于企业在保证经济效益的基础上，确定自己产品或服务的适当价格，使产品或服务具有较强的竞争能力。

### 4. 了解信息

通过市场调查，可以充分了解同行业的经营情况，学习他人先进的管理经验，有利于提高自身的经营水平，达到以最小劳动消耗取得最大经济效益的目的。

## 5.1.3 市场调查报告的特点

### 1. 规范性

规范性是应用文有别于文学作品的一个重要特征。市场调查报告作为应用文的一种，也不例外。在格式上它有严格的规范性，应该写些什么，不应该写些什么，在长期的实践中，已经有了约定俗成的要求。比如关于市场调查的现状部分，就必须写，而且要写得全面具体，真实可信。在语言上它也有严格的规范性，就是必须使用有关的经济术语和行业内的惯用语，而不是简单地用一些大白话来表述。

### 2. 专业性

市场调查报告是为企业服务的，它需要真实地反映市场的现状，还必须具有较强的专业性。如果它的内容没有很强的专业性，没有深刻、全面地反映经济生活的现实，就起不到指导企业生产经营、满足人们物质需要的作用。

### 3. 实效性

所谓实效性，是指在具体的现实中市场调查报告所产生的实际效果和实用价值。市场调查报告作为现代经济管理的工具和手段，其价值取向就是实用，即解决经济生活中的实际问题。可以说，务实是市场调查报告写作的本质特征。这个文种在经济应用文中的作用和意义日渐重大，从某种意义上说，务实也是原因之一。

### 4. 客观性

客观性指的是市场调查报告的内容必须真实可信，是准确反映现实的材料。这一点是市场调查报告写作的基本要求。客观地写作、冷静地分析，这样得出的结论才具有实效性，否则只会误导实践。在调查中，应该实事求是，和市场现状尽量保持一致；在写作中，应该有一说一，有二说二，既不夸大，也不缩小，让笔下文字和现实高度统一起来。

## 5.1.4 市场调查报告的种类

市场调查报告涉及的内容广泛，表现形式多样，常用的市场调查报告有以下几种。

### 1. 反映市场基本情况的市场调查报告

这类市场调查报告，内容相对而言比较单一，有商情简报、市场行情报告等。这种类型的调查报告只对调查对象的某一方面进行调查，不是面面俱到地进行分析。从内容上只反映市场的真实情况，可以不加分析。

### 2. 总结市场经营、管理经营和存在问题的市场调查报告

这类市场调查报告一般用来反映先进单位或个人的典型经验或存在的问题。它往往充分列举问题或成绩，并从中分析概括出成功的经验或失败的教训，给读者以启发和参考。它所介绍的经验具有一定的代表性，揭示存在的问题具有普遍性，所以能起到推动、指导工作的作用。特别是对当前经济转型和互联网经济中涌现出来的具有普遍指导意义的典型经验加以总结推广，可使之在更大范围内开花结果。

### 3. 揭示市场问题的市场调查报告

这类市场调查报告是针对国内市场发展变化中存在的问题进行周密调查，查清事实，揭露问题。它可以为职能部门解决市场存在的问题提供资料，可以引起有关方面对市场的重视。

### 4. 研究探索市场政策的市场调查报告

这类市场调查报告，是针对市场经营、管理、执行政策中需要探讨、研究的问题，开展调查研究而形成的市场调查报告。

### 5. 针对消费者情况的市场调查报告

这类市场调查报告主要通过在消费者中进行广泛调查，反映他们的需求、分布地区及其经济收入情况，了解他们因职业、年龄、性别、民族、所受文化教育不同而形成的消费心理、消费习惯、消费水平的差异，摸清他们消费与购买力的规律，诸如喜欢购买什么、在什么季节购买、购买的数量等。

## 5.1.5 撰写市场调查报告的步骤

**1. 明确目标**

首先要明确调查的目标，也就是通过调查解决什么问题。基于这种目的，确定调查内容和范围，了解相应的市场情况。盲目行动会使调查陷入无意义的信息收集。如果不明确调查目标，调查成本会超出想象，变得事倍功半。

**2. 明确对象**

确定调查主题后，应当围绕主题确认调查对象。调查对象的选择应有典型意义，在当前及未来一段时间具有代表性。选择合适的调查对象，这将使所撰写的报告具有更广泛的参考价值。

**3. 全面地收集资料**

资料的收集围绕调查主题和调查对象展开，既要兼顾历史性的资料，也要有当前现状的数据。调查的内容不但要有价值，还需要与主题"对口"。这样会减少调查的盲目性，提高工作效率。一般来说，市场调查的内容主要涉及以下四个方面。

（1）社会环境调查。社会环境包括政治、法律、经济、科技、社会文化、地理、气候环境。这些社会环境因素是企业生存和发展的不可控制因素，只有适应社会环境，与之相协调，才有可能在市场竞争中争取主动。

（2）市场需求调查。在市场经济条件下，市场需求是指以货币为媒介，表现为有支付能力的需求，即通常所称的购买力。购买力是决定市场容量的主要因素，是市场需求的核心。此外，对消费者状况的调查能够对当前消费需求和消费构成有所把握，帮助企业开拓新的发展领域。

（3）市场供给调查。市场供给是指全社会在一定时期内对市场提供的可交换商品和服务的总量。它与购买力相对应，是市场需求得以实现的物质保证。企业在生产经营过程中除了要掌握市场需求情况，还必须了解整个市场的货源状况，包括货源总量、构成、质量、价格和供应时间等一系列情况。只有对本企业的供应能力和供应范围了如指掌，才能及时生产和组织到适销对路的商品，避免积压和脱销。

（4）市场营销活动调查。现代市场营销不再是简单的、彼此分割的营销活动，而是包括商品、定价、分销渠道和促销在内的营销组合活动。因此，市场营销活动要围绕这些组合活动展开，其主要内容包括商品实体、包装、价格、销售渠道、广告、产品寿命周期和竞争对手状况等。

深入调查，全面地收集资料是写作市场调查报告的重要阶段，俗话说"七分跑，三分写"，说的就是调查报告的主要精力在于"调查"。信息的形式是多种多样的，想要获得丰富而深层的有效信息，就必须运用正确的调查方式和调查方法。首先要拟定调查提纲，这是为了避免调查过程中可能会出现的随意性和盲目性；其次应当采用科学的调查方法；最后对收集到的资料加以辨别和整理。

**4. 分析资料**

资料收集工作完成后，对资料应当进行综合性的分析、研究。比如，结合企业内部的统计会计报表、业务往来函电，外部的上级文件、媒体的相关报道、用户的反馈意见等，综合这些资料，可以使报告的研究结论更加全面和深刻，帮助企业预测未来的发展趋势。

**5. 撰写报告**

市场调查的最后一步是撰写书面报告。一般而言，书面调查报告可分为两类：一类是针对行业专家和研究者所撰写的"专门性报告"，这类报告的读者专业性强，对整个调查的分析方法和数据统计更感兴趣；另一类是针对企业决策者和一般消费者所撰写的"通俗性报告"，他们更关心报告的结论和指导意见。

小贴士
市场调查的主要方法

## 5.1.6 市场调查报告的结构和写法

市场调查报告的结构与一般调查报告的结构相同，篇幅可长可短，写法比较灵活。

**1. 标题**

标题，是画龙点睛之笔，要根据调查的内容、结论和主题的表达精心拟订市场调查报告的标题，使之问题相符、清晰醒目、新颖生动，突出报告的中心内容。一般有两种形式：

（1）公文式。公文式标题，一般由调查区域、对象（相当于公文标题中的"事由"）和文种组成，如"××市居民住宅消费需求调查"。在实际运用中一般以"调查"二字作为文种的代称。

（2）文章式。在文章式标题中，文种不出现，往往直接点明报告的主要内容，或阐明作者的观点、看法，或对事物做出鲜明的判断、评价。如"对当前巨额结余购买力不可忽视"。值得注意的是，尽管标题形式不一，标题中的调查区域、文种可以省略，但调查对象不能省去。

**2. 正文**

正文一般包括前言、主体和结尾三部分。

（1）前言。"万事开头难"。前言是正文的开头部分，开头开得好，既可使报告顺利展开，又能吸引读者。常见的写法有以下几种。

① 开门见山，揭示主题。文章开始先交代调查的目的或动机，揭示主题。如："随着改革开放的不断深入和人民生活水平的日益提高，住宅已逐渐成为城镇居民消费的主要对象。为全面了解××市住宅消费市场需求的情况，推动居民住宅储蓄和城镇住房抵押贷款业务的进一步开展，受××单位委托，××单位于20××年××月××日，对该市居民住宅消费需求进行了抽样调查。"

② 结论先行，逐步论证。就是先将调查结论写出来，然后逐步论证。这种开头形式观点明确，使人一目了然。如："通过对××牌收银机在京各商业部门的拥有、使用情况的调查，我们认为它在北京不具备市场竞争能力，原因主要从以下几个方面来阐述……"

③ 交代情况,逐层分析。可先介绍背景、调查数据,然后逐层分析,给出结论。也可先交代调查时间、地点、范围等情况,然后分析。对于一些规模较大的市场调查,可先介绍背景情况、调查数据资料等基本情况,使读者有一个感性认识,然后再深入分析研究。例如《关于香皂的购买习惯与使用情况的调查报告》的开头:"本次关于香皂的购买习惯和情况的调查,调查对象主要集中于青年,其中青年占 55%,中年占 25%,老年占 20%……"

④ 提出问题,引入正题。即提出人们所关注的问题,引导读者进入正题。如《"上帝"都到哪儿去了》的开头写道:"逢年过节,中国人的头等大事就是置办年货。如今赶上年根儿,却令人心寒。那么上帝都到哪儿去了?是商品品种与数量满足不了消费者?……"

开头部分的写作方法灵活多样,可根据调查报告的种类、目的、资料及调查报告的篇幅要求等情况,适当选择。但不管怎样,总是围绕着为什么进行调查、怎样调查和结论如何这几个问题做文章。

(2) 主体。主体部分是报告的核心部分,它决定着整个调查报告质量的高低和作用的大小。这部分着重通过调查了解到的事实,分析说明被调查对象的发生、发展和变化过程,调查的结果及存在的问题,提出具体的意见和建议。

主体部分由于涉及内容多,文字长,有时也可以用概括性或提示性的小标题,有利于层次的清楚,主题的突出。这部分的结构安排是否恰当,直接影响报告的质量。一般分为基本情况部分和分析部分两部分内容。

① 基本情况部分。这部分要真实地反映客观事实,但不等于对事实的简单罗列,应该有所提炼。主要有三种方法:第一,先对调查数据资料及背景资料作客观的介绍说明,然后在分析部分阐述对情况的看法、观点或分析;第二,首先提出问题,然后再分析问题,目的是找出解决问题的办法;第三,先肯定事物的一面,由肯定的一面引申出分析部分,又由分析到引出结论,循序渐进。

② 分析部分。这部分是市场调查报告的主要组成部分,要对资料进行质和量的分析。通过分析,了解情况,说明问题、解决问题。主要有以下三类情况。

第一类,原因分析。是对出现问题的基本成因进行分析,如对××牌产品滞销原因的分析;对高档饭店、酒楼买卖渐稀,大众生意日渐红火这一现象的分析。

第二类,利弊分析。是对事物在市场活动中所处的地位、起到的作用等进行利弊分析。

第三类,预测分析。是对事物的发展趋势和发展规律做出的分析。如对××市居民住宅需求意向的调查,通过居民家庭人口情况、住房现有状况、收入情况以及居民对储蓄的认识,对分期付款购房的想法等,对××市居民住房需求意向进行分析。

主体部分的层次段落一般有四种形式。

- 顺序式,即按事物发展的先后顺序安排层次,各层之间联系密切。
- 递进式,即各层之间一层深入一层,层层剖析。
- 并列式,即各层意思之间是并列关系。
- 总分式,即先说明总的情况,然后分段展开,或先分段展开,然后综合说明。

总之，市场调查报告的主体部分，要有情况、有分析、有建议，材料翔实，观点鲜明，层次清楚。

（3）结尾。结尾部分是调查报告的结束语，往往与前言相呼应，起到收束、总结全文的作用。有的概括全文，经过层层剖析后，综合说明报告的主要观点，深化文章的主题；有的形成结论，在对真实资料进行深入细致的科学分析的基础上，得出报告结论；有的提出看法和建议，通过分析形成对事物的看法，在此基础上，提出建议和可行性方案；有的展望未来，指明意义。

### 5.1.7 市场调查报告的写作要求

#### 1. 以科学的市场调查方法为基础

科学的决策必须以科学的市场调查方法为基础。因此，要善于运用询问法、观察法、资料查阅法、实验法以及问卷调查等方法，适时捕捉瞬息万变的市场变化情况，以获取真实、可靠、典型、富有说服力的商情材料。在此基础上所撰写出来的市场调查报告，就必然具有科学性和针对性。

#### 2. 以真实准确的数据材料为依据

数据材料是定性和定量研究的依据，在撰写市场调查报告时要善于运用统计数据来说明问题，以增强市场调查报告的说服力。

请就全班同学手机 App 使用情况做一个小调查，将得到的合计值填入表 5-1。

表 5–1　App 使用情况调查表

| 性别 | 每天使用时间（合计） | | | 常用类别（多选） | | | |
| --- | --- | --- | --- | --- | --- | --- | --- |
| | 1 小时以下 | 1~2 小时 | 2 小时以上 | 通信类 | 资讯类 | 游戏类 | 购物类 |
| 男生 | | | | | | | |
| 女生 | | | | | | | |

结论：

#### 3. 以充分有力的分析论证为杠杆

撰写市场调查报告，必须以大量的事实材料作为基础，包括动态的、静态的材料，表象的、本质的材料，历史的、现实的材料等，但写进市场调查报告中的内容绝不是这些事实材料的简单罗列和堆积，而必须运用定性和定量的方法对其进行充分有力的分析归纳，只有这样，市场调查报告所做出的市场预测及所提出的对策与建议才会获得坚实的支撑。

## 5.1.8 市场调查报告例文评析

<h3 style="text-align:center">2021上半年中国袋泡茶行业现状与消费趋势调查报告</h3>

因方便快捷，袋泡茶逐渐成为新宠，其用户比例也在不断扩展。随着袋泡茶产业的壮大，产业内部出现茶叶、花草茶、谷物茶等细分领域，这种创新性也吸引了一定的拥趸者，为深入了解中国袋泡茶行业现状与消费趋势，特进行此调查。调查方式为数据搜集与分析。各项调查工作结束后，形成调查报告如下：

**一、基本情况**

（一）2020年中国袋泡茶线上市场规模超过百亿元，同比增长155.9%。数据显示，2020年受新冠疫情影响，线下渠道销售受挫，袋泡茶行业在线上加强发力，众多袋泡茶商家涌入电子商务领域，利用直播电商等新业态带动销售，因而2020年中国袋泡茶线上市场规模大幅增长，是茶叶线上市场规模的48.57%，中国袋泡茶线上市场持续扩张。

（二）超过五成用户因希图简便以及适应工作学习场景要求而首选喝袋泡茶。数据显示，超过五成用户表示冲泡简单、便携是喝袋泡茶的主要原因，此外干净卫生、种类丰富等特点也是袋泡茶用户消费的重要原因。从消费场景上看，袋泡茶（47.4%）在工作学习消费场景中脱颖而出，打败了传统茶叶（34.2%）、咖啡（38.4%）、奶茶（26.6%）等饮品，成为用户偏爱的选择。

（三）袋泡茶行业呈现用户年轻化、产品多元化、包装精品化趋势。数据显示，在更偏好袋泡茶的受访用户中，超过一半的用户在30岁以下，用户年轻化趋势明显，为了应对这一市场变化，袋泡茶行业开始对品牌产品、服务等进行创新，在袋泡茶口味、原料、功能、消费场景、包装等维度进行改革和拓展，推动行业朝多元化、精品化方向发展。

**二、专门调查部分**

（一）中国袋泡茶行业需求侧分析：用户需求大

截至2021年2月，中国茶叶消费群的规模为4.9亿人。调研数据显示，喝茶的用户中有51.0%会选择袋泡茶，袋泡茶消费用户规模增长潜力比较大。中国饮茶文化盛行，因而茶叶消费者用户比较多，而袋泡茶是对传统茶叶的创新，加上袋泡茶具有冲泡便利、携带方便等优点，在茶叶消费群体中也比较受欢迎。

（二）中国袋泡茶行业供给侧分析：新式茶饮

数据显示，2020年中国新式茶饮市场规模为1 840.3亿元，同比下降10.0%，主要是因为疫情的影响，但未来随着疫情的消退，新式茶饮的市场规模将会持续扩大，预计到2022年中国新式茶饮市场规模将超过3 000亿元。新式茶饮是袋泡茶的一个重要消费场景，因而新式茶饮市场规模的持续扩大，也有望带动袋泡茶行业的发展。

（三）产业上游：2017—2024年全球茶叶市场规模

中国袋泡茶上游是茶叶供应。中国虽然是茶叶产量大国，但是部分茶叶受气候等因素影响供应不足，因而主要依赖进口。数据显示，2018年全球茶叶产量为589.7万吨，全球茶叶市场规模也有望从2017年的494.6亿美元上升到731.3亿美元。国际市场茶叶产量的稳定增长及市场规模的持续扩大，都有力保障国内茶叶进口业务。

（四）产业中游：世界及中国袋泡茶消费水平

数据显示，截至2020年中国袋泡茶年消费量占茶叶总量的比例约5%，与世界平均的23.5%依然有较大差距。据调查，饮用袋泡茶频率每周超过一次的中国消费者占比为78.3%。艾媒咨询分析师认为，虽然大多数消费者饮用袋泡茶的频率较高，但整体来说，袋泡茶的消费者数量与茶叶消费者相比依然较少，这也是中国袋泡茶消费量占比较低的主要原因。

（五）产业下游：2015—2021年中国袋泡茶线上市场规模

2020年受新冠疫情影响，线下渠道销售受挫，袋泡茶行业在线上加强发力，众多袋泡茶商家进入电子商务领域，利用直播电商等新业态带动销售，因而2020年中国袋泡茶线上市场规模大幅增长155.9%至128.7亿元。中国袋泡茶线上市场规模增速明显高于传统茶叶，一方面是因为袋泡茶线上市场规模基数较小；另一方面是因为袋泡茶产品定位年轻消费群体，这部分群体多为互联网原始居民，对便携、冲泡简单的袋泡茶接受度更高，因而袋泡茶商家在线上营销、产品包装、文案等方面可以迎合年轻消费者的偏好。

### 三、消费者分析

（一）2021年上半年中国消费者对茶饮产品消费习惯分析

调查显示，2021年第一季度26.8%的中国消费者表示更喜欢袋泡茶产品，在这部分消费者中，43.6%的消费者表示喝袋泡茶的频率非常高（每天一次以上），只有2.0%的消费者尚未喝过袋泡茶。袋泡茶的冲泡饮用受时间、空间等限制较小，因此比茶叶来说更适合高频率饮用，随着袋泡茶的社会认知度和认可度不断提高，袋泡茶的用户群体有望进一步扩大。

（二）2021年上半年中国消费者花草袋泡茶消费行为分析

据调查，2021年第一季度，在花草袋泡茶领域消费者最喜欢的是多种花草混搭的袋泡茶产品，单盒袋泡茶的价格接受度主要分布在20~60元。由于花草茶除口味之外带有一些功能性，因此多种花草混搭不仅能丰富口感的体验，也能带来更多不同的功效，更受消费者欢迎。

### 四、行业分析

（一）袋泡茶行业典型案例茶里：产品介绍

茶里产品主要分为原味茶系列、拼配茶系列、养生茶系列以及礼盒系列。在茶里种类众多的产品中，水果茶中的蜜桃乌龙尤其受到年轻人的喜爱，在其天猫旗舰店上是销量第一名的产品，月销7万份以上。在2020年的"双11"活动中，茶里蜜桃乌龙茶售出14万份，取得了茶行业单品销量第一名的好成绩。

（二）袋泡茶行业典型案例立顿：商情舆情

数据显示，立顿在近一年的网络热度整体在100以下，但保持缓缓上升的趋势。从网络口碑来看，口碑值为34.8，偏负面。从2012年立顿被接连爆出茶叶"农药超标""大路货""陈茶"等问题后，加上新式茶饮以及花草茶等竞品入局，立顿红茶销量以及市场影响力都在逐年下降，这就使得立顿母公司联合利华在 2020 年 8 月宣布将于 2021 年年底将立顿品牌剥离。但立顿作为一个拥有 130 多年历史的品牌，其品牌知名度、产品生产和经管上仍有较大的优势，因而扭转品牌老化趋势、迎合新时代消费观念可能是立顿未来的破局之路。

（三）袋泡茶行业典型案例川宁：商情舆情

舆情数据监测系统显示，川宁当前的消费用户主要分布在西北地区，新疆大本营是主要的消费市场，占比达到 30.73%。2020 年 3 月—2021 年 3 月川宁主题词主要围绕着"茶叶""受欢迎""袋泡茶""立顿"等。

**五、结论及建议**

（一）中国袋泡茶行业发展挑战分析：茶叶品质不高

数据显示，关于袋泡茶行业存在的问题，48.3% 的受访用户认为是袋泡茶茶叶品质不佳，38.2% 认为价格偏高，此外，种类较少、可选品牌少、包装和产品设计等问题也引起了用户的关注。产品质量决定着企业的生命线，因而袋泡茶商家加强对茶叶品质的管理，提高产品标准化程度，包括种植、生产环节的标准化，运输、仓储环节的标准化以及口感、风味等方面的标准化，才能保证袋泡茶叶质量。

（二）中国袋泡茶行业发展趋势分析：产品多元化

袋泡茶脱胎于传统茶叶，开始以单一口味的袋泡茶为主，为了创造新的消费点，袋泡茶商家对产品的口感、原料、功能、消费场景等方向不断探索，袋泡茶呈现出多元化发展趋势。袋泡茶产品多元化发展趋势，一方面是迎合当前年轻消费一代个性化、潮流化的消费需求，另一方面也是袋泡茶商家寻求差异化发展的重要方向。

（三）中国袋泡茶行业发展趋势分析：消费场景多元

数据显示，消费者在工作学习和日常饮用的场景中最喜欢喝袋泡茶，而社交小聚以及餐后的场景中袋泡茶的地位仅次于茶叶。袋泡茶目前已经逐渐渗透到了各个消费场景之中。但在商务待客、社交送礼等比较正式的场景中，袋泡茶尚未成为消费者的主要选择，但茶叶仍是主流，因而袋泡茶在商务场景仍有发展潜力，可以通过产品高端化来探索布局。

**评析**：这份市场调查报告观点鲜明、材料翔实、中心突出，分析、判断科学、客观。前言部分说明了调查的目的，介绍调查的内容和对象以及采用的调查方法、方式；主体部分首先用数据说明调查对象的基本情况；其次分别从"需求侧""供给侧""产业上、中、下游"专门分析，同时分析了行业情况、消费者情况；最后明确调查结论，有针对性地提出建议。

# 任务 5.2　市场预测报告

## 5.2.1　市场预测报告的概念

市场预测古已有之。早在春秋后期，政治家、富商范蠡就运用经济循环学说，预测市场物价一定会随天时和气候的变化而有所变动，所以，他提出了"水则资车，旱则资舟"的原则。意思是说，在水灾泛滥时，就要预测到水灾结束后，车辆将成为紧俏的商品，其价格必会大涨，因此要做车辆的生意；同样，天旱时就要预测到久旱必涝，船只将成为特别需要的商品，因此要想赚大钱，就得预做船只的生意。他还指出："论其有余不足，则知贵贱。贵上极则反贱，贱下极则反贵。"也就是说，要根据市场上商品的供求关系来预测商品的贵或贱，以确定自己所掌握的商品的售价。如果商品太贵了，那就会由于卖不出去而降价；如果商品太便宜了，那就会由于市场畅销而涨价。范蠡的这个经济理论是有一定道理的。在市场经济条件下，为了更好地促进生产，满足需求，增强有效供给，减少和防止商品经营的盲目性，就得不断进行预测。可以说，不断预测是生产销售与管理的先导。

市场预测，有时称经济预测，是在对市场历年来的历史资料进行统计以及对市场现状进行调查的基础上，依照事物发生、发展和变化的规律，对某一事物或现象的未来状况、形态做出估计和推测。市场预测报告是在对历史资料统计以及对市场现状调查的基础上，运用科学的方法，对未来一定时限、一定区域内特定市场的发展规律，市场走向做出预计和测算的应用文体。市场预测报告有广义和狭义之分，广义的市场预测报告又称为经济预测报告，狭义的市场预测报告又称为产品销售预测报告。市场预测报告在写作时又有"××市场猜想""展望""分析"等名称。

**小贴士**
市场调查报告与市场预测报告的区别

### 5.2.2 市场预测报告的作用

**1. 科学决策的向导**

市场预测报告是建立在市场调查和市场分析的基础之上的合理推论，是经济理论与经营实践有机结合的成果。对市场现状进行充分、准确的分析和预测，有助于企业管理的决策者把握市场的变化规律，洞察业内的动态走势，明确未来的经营方向。可以说，准确的经济预测，往往能规避失误，提高决策的正确性。

**2. 企业发展的动力**

未来的市场是动态的、变化的。市场预测报告往往能提示市场需求的倾向和变动趋势，使企业经营管理提前明确发展思路，拟定产销规划，抢占市场先机，从而提高企业的科学化、现代化管理水平，提高企业的市场适应能力和竞争能力。

**3. 资源优化的参谋**

企业的生存必须适应市场的变化。企业的发展总是要以最少的资源博取最大的效益。市场预测报告对市场发展变化的合理推断，为企业的人力资源、产业规划、产品结构、产销安排、原料采购、成本控制、能源配给和资金运作等资源的运用，提供了应变、调整的依据。企业通过这些资源优化、科学整合，不仅为企业、为社会节约了大量宝贵的资源，也为企业、社会增加了财富，为国家的经济创造了可持续发展的强劲动力。

### 5.2.3 市场预测报告的特点

**1. 科学性**

市场预测报告的科学性表现在预测报告必须充分占有市场信息，以市场客观事实为依据，正确揭示市场活动的客观规律，把握市场发展变化的基本趋势。这就要求在预测过程中要深入进行市场调查，收集各种真实可靠的数据资料，运用恰当的预测方法，找出预测对象的客观运行规律，使预测结论做到准确可靠，经得起推敲和时间的考验，提出的建议应切实可行，有科学性。

#### 2. 预见性

市场预测报告具有事前反映的特点。它要勾画未来经济发展的轮廓，揭示经济运行变动的趋势，预言经济活动变化的未来，展示经济发展的必然前景。这就要求预测者充分运用以往的事实材料，采用正确的预测方法，对预测对象的未来发展趋势和状况做出科学的分析和表述，使预测结果反映预测对象的客观运动规律和发展趋势。

#### 3. 综合性

市场是复杂的，各种因素都会对市场产生影响，这就使市场预测报告的内容涉及政治、经济、文化、历史等领域，它是外部现象和内在原因的综合；是纵向分析和横向分析的综合；是历史的连贯性和发展的预见性的综合；是微观经济效益和宏观经济效益的综合。因此，市场预测报告具有很强的综合性。

#### 4. 时效性

"时间就是金钱。"市场预测报告记录所反映的是经济发展的最新变化和各方面的最新动态，它能为生产、管理、经营、销售者提供必要的决策信息，信息的价值与提供信息的时间往往是密切相关的，预测人员必须快速将信息传递给决策部门和管理部门。所以，时效是市场预测报告的价值所在，准确及时的市场预测报告，有助于企业在竞争激烈的市场上夺得一席之地。

**小贴士**
市场预测的种类和方法

### 5.2.4 市场预测报告的写作结构

#### 1. 标题

（1）公文式标题。公文式标题一般由预测期限、预测范围、预测对象和文种组成，如《2020年华为手机消费市场预测》。其中文种有时可用"发展趋势""回顾与展望"等词语来代替。

也有些公文式标题省略了预测时限、预测范围，直接由预测对象和文种组成，如《热水器市场预测》。

（2）一般文章式标题。有些标题和一般文章的标题一样，不提示文种，而是直接展现文章的结论或观点，如《新能源汽车需求即将快速增长》。

（3）正副式标题。这类标题一般由一个正标题和一个副标题构成，正标题一般揭示预测报告的主旨或结果，副标题用来说明预测的范围或对象，如《稳字当头——2019年房地产市场走势展望》。

市场预测报告的标题同其他市场调查类文章标题一样，形式灵活多样，但无论哪种形式，都必须符合经济文书报告体标题写作的基本要求，不能省略其预测对象。

### 2. 正文

（1）前言。前言位于市场预测报告的正文开端，简要说明调研的目的、对象、预测方法等，概述调研的经过和主要发现，或指出预测活动的主要意义、影响等。

前言有时可以省略，融入主体中去体现。它存在的目的是强调预测的核心观点，让人们快速了解预测报告的整体情况，引起关注，产生阅读兴趣。

（2）主体。市场预测报告的主体一般包括现状概述、预测情况、建议措施三个部分。

① 现状概述。用叙述和说明的方法，首先从收集的材料中选取有代表性的资料和数据来概括经济活动的历史和现状，以此作为下文进行预测分析的依据，如当前的政策导向、经济状况、市场需求、产品情况、竞争对手概况等，要抓住重点，做到客观、全面。

② 预测情况。预测分析是预测报告的核心部分，根据调查所获得的各种资料、数据，运用科学的分析、预测方法进行讨论，揭示其发展变化的规律，结合各项因素的影响，预测经济活动的未来趋势，最终提出预测结果，这是市场预测报告的意义所在。这部分内容由分析论证和结论预测两部分构成。

③ 建议措施。这是针对上文的预测情况提出的对策或建议。建议应当具体可行，真正能为解决未来发展趋势中出现的问题指明方向、提供办法。市场预测报告是为决策和管理提供参考和依据的，因此建议措施要服务于未来的发展变化才具有价值。

"现状""预测""建议"三个方面的内容紧密联系，有着清晰的逻辑关系。报告需要大量的数字及图、表进行佐证，其结构安排根据内容可以灵活掌握，既可以使用一般文章的直述式结构安排，也可以使用条款式结构，使内容庞杂的预测报告分析的条理更为清晰。

### 3. 落款

在正文的右下方写明作者姓名和报告时间，如果署名在报告标题下方，落款处只署报告时间。

## 5.2.5 市场预测报告的写作要求

市场预测报告对撰写人的要求极高，在写作中要坚持辩证唯物主义与历史唯物主义，在全面了解现实市场状况的基础上，预测并判断市场的未来走向。

### 1. 深入调查，立足实际

市场调查必须是在对市场的历史、现状进行深入细致的调查的基础上进行的。这也是写好预测报告的前提。调查阶段所取得的资料不准确、不全面，不仅不能全面正确地把握市场变化的趋势和规律，而且很可能做出错误的结论，给决策者带来失误，给生产经营者带来损失。因此，掌握市场历史与现状材料是写好预测报告的前提。

### 2. 目标明确，突出重点

预测目标在市场预测报告的写作中具有重要作用，只有明确了目标后，材料的收集、筛选、使用，报告的结构安排才有依据。目标明确后要突出重点，一篇预测报告只能回答重点问题，不能面面俱到。

### 3. 谙熟政策，重视国情

撰写预测报告要掌握有关经济政策。我国的市场营销活动主要是在党和国家的经济政策的指导下进行的，不熟悉经济政策，单靠对市场现状的了解和运用预测方法，是搞不好市场预测的。同时，在分析问题时要从中国国情出发，充分考虑有关政策规定。

### 4. 语言准确，行文简练

市场预测报告的价值，主要看预测的结论是否准确，建议是否切实可行。因此撰写市场预测报告必须对采用的资料、预测模型反复确认、推敲。语言的运用要准确、简洁，不必单纯追求语句的华丽、手法的夸张等。只有准确、简洁的语言，才能更好地表达准确的结论和切实可行的建议、措施。

## 5.2.6 市场预测报告例文评析

未来清洁能源行业发展趋势

在社会资本投融资迎来利好的大势下，我国大力发展清洁能源，风电、光伏、核电发电量占比分别达到 4.0%、1.1%、3.6%，风电发电保持中速平稳增长，光伏发电有望实现快速增长，以下是清洁能源行业发展趋势分析。

近年来，国家大力支持能源行业发展，我国已经成为全球最大的太阳能、风力与环境科技公司的发源地。根据清洁能源行业分析数据，20××年，我国可再生能源水电装机 3.52 亿 kW，同比增长 2.5%，风电装机 1.84 亿 kW，同比增长 12.4%。其中，水电发电量最高，达 12 329 亿 kW·h，同比增长 3%，其次是风电发电量，为 3 660 亿 kW·h，同比增长 20%。

**趋势一：细分市场竞争格局存差异**

20××年，我国 6 000 kW 及以上电厂装机容量为 17.7 亿 kW，同比增长 5.2%，增速比上年同期回落 2.0 个百分点。清洁能源行业发展趋势指出，火电装机容量为 11.2 亿 kW，占我国总装机容量的 63.21%，清洁能源中的水电、核电、风电、太阳能发电装机容量分别为 3.1 亿 kW、0.42 亿 kW、1.8 亿 kW、1.2 亿 kW，分别占我国总装机容量的 17.49%、2.37%、10.16%、6.77%。

**趋势二：行业投资市场总体平稳**

截至 20××年 12 月，水电装机 3.52 亿 kW，同比增长 2.5%；风电装机 1.84 亿 kW，同比增长 12.4%；光伏发电装机 1.74 亿 kW，同比增长 34.0%；生物质发电装机 1 781 万 kW，同比增长 20.7%。

**趋势三：清洁能源未来前景广阔**

清洁能源行业发展趋势指出，政策的大力支持也是清洁能源具有广阔前景的重要因素。根据国家发展改革委、国家能源局印发的《××××××××》目标，到 20××年，清洁能源成为能源增量主体，能源结构调整取得明显进展，非化石能源占比 15%。

根据能源发展"××"规划，20××—20××年，可再生能源、天然气和核能利用持续增长，高碳化石能源利用大幅减少，非化石能源占能源消费总量比重达到 20% 左右。天然气占比达到 15% 左右，新增能源需求主要依靠清洁能源满足。

我国对清洁能源发展高度重视，投资额连续多年位居全球第一，水电、风电、光伏发电装机容量稳居全球首位，取得了举世瞩目的成就。就目前的形势看，实现清洁低碳发展既是当前发展的迫切需要，也是未来的必然要求。

目前，我国电力发展清洁化、智能化、国际化是大势所趋。中国国际贸易促进委员会电力行业委员会会长×××认为：我国电力工业发展已经进入转方式、调结构、换动能的关键时期，供需多极化格局越来越清晰，结构低碳化趋势越来越明显，系统智能化特征越来越突出，电力工业发展出现了机遇与挑战并存的局面。

×××<br/>20××年××月××日

**评析**：这是一篇未来清洁能源行业发展趋势预测报告，标题点出了文章论述的主题，开门见山让人一目了然。开头部分概括说明了清洁能源行业发展的总体情况和趋势。第二自然段简述了我国清洁能源行业发展总体向好的现状，接下来从三方面来探讨分析我国清洁能源行业的发展趋势，即"细分市场竞争格局存差异""行业投资市场总体平稳""清洁能源未来前景广阔"。报告余下部分用来说明国家政策对新能源行业发展的支持，分析了清洁能源发展的必然性。最后以概括性话语结尾。

这篇市场预测报告条理清晰，结构完整。行文中运用了较多数据等来论证预测观点，以实际数据为基础，有理有据，使结果更加科学、令人信服。

## 任务 5.3　营销策划书

### 5.3.1　营销策划书的概念

营销策划是策划人依据市场营销的基本规律与技巧，在对企事业单位内部环境予以准确分析并有效运用各种资源的基础上，激发创意，制定出有目标、可实现的解决问题的一套策略规划。营销策划书也称企划方案，是营销策划方案的书面反映，是营销策划者针对企事业的产（商）品或劳务等营销活动事先做出运筹规划的书面文件。

微课
营销策划书

营销策划书是表现和传递营销策划内容的载体，一方面是营销策划活动的主要成果，另一方面也是企业进行营销活动的行动计划。一份优秀的营销策划书，能够准确、完整、规范地反映营销策划的全部内容，充分、有效地说服决策者认同、信服、采纳并实施自己营销策划的意见或创意。营销策划文书是企业未来营销操作的行动指南。

小贴士
策划书的含义

根据具体营销对象不同，营销策划文书可以分为商品销售策划文书、促销活动策划文书、市场推广策划文书、新产品开发策划文书、商品（服务）布局策划文书、营销定位策划文书、网点布局策划文书等。

## 5.3.2 营销策划书的特点

### 1. 前瞻性

通常情况下,市场营销策划书涉及的工作是企业近期或在不太久远的将来要实施的事项,但是,市场是瞬息万变的,营销运作所依存的环境也在不断变化。因此,策划的内容要有一定的前瞻性,做出的策划方案要能够适应不断变化的实际情况,要把策划时和实施时的可变因素及应对、解决方法都考虑进去。如果策划没有前瞻性,方案缺乏弹性和包容性,遇到一点新情况就要另作策划,那么,工作的连续性、稳定性就会被破坏,企业正常的发展就会受到干扰。

### 2. 创新性

市场营销策划是针对企业未来一段时间内的营销活动做出具体的谋划,具有指导未来的价值,这就要求市场营销策划要有创新性,即从新的角度,用辩证的、动态的、系统的、发散的思维来整合市场营销策划对象所占有和可利用的各类显性资源和隐性资源,在新的排列组合方法指导下,使各种生产要素在生产经营的投入产出过程中形成最大的经济效益。体现市场营销策划的创新性时,要考虑这样几个问题:一是创新思维路线的选择;二是企业经营理念的设计;三是资源的整合;四是营销操作过程的监督和管理。总之,创新要有独特的定位、最佳的营销组合、最有力的整合传播、最科学的媒体投放和最科学的营销管理。

### 3. 系统性

市场营销策划是关于企业营销的系统工程。其系统性首先表现在时间上,营销策划要一系列的营销活动来支持和完成,营销策划的各个环节总是环环相扣的。一个活动的结束,必然是下一个活动的开始,各个活动又由一个主线策划目标连在一起,构成营销活动链。整个营销策划由于有了营销活动链的存在,构成一个有机的、系统的整体。缺乏这样的营销活动链的营销策划是短命的,也不会有效果。其次表现在空间上的立体组合,一个大的营销活动是需要多种因素配合的,尤其需要营销要素的立体组合。只有通过对营销组合的各个要素的整体策划,才能在实践活动中使营销组合形成综合推动力,来推动产品的销售。

### 4. 操作性

市场营销策划具有较强的实践性。它不仅要回答企业在市场营销活动中出现的各种疑难问题的原因,还要制定出解决这些问题的具体方法和建议,而且更重要的是如何开拓市场、营造市场以及在激烈的竞争中获取丰厚的利润。这就要求市场营销策划不仅要提供创意、思路,而且要制订具有现实操作性的市场策划方案,提出开拓市场和营造市场的时间、地点、步骤及系统性的策略和措施,此外还必须具有特定资源约束条件下的高度可行性,在方案中落实人、财、物的合理搭配。在营销策划中不仅谋划战略、策略,更要谋划战术与技巧,还要有具体实施的细则,尽可能通过谋划用最少的资源投入获取较大的产出收益。

### 5.3.3 营销策划书的格式

一般而言，一份规范的营销策划书基本结构框架应包括封面、主体、封底、附录等结构，其中主体部分内容较多，详见以下阐释。

**1. 封面**

封面是策划书的脸面，会给读者留下第一印象，不能草率从事。封面设计的基本原则是醒目、整洁，字体、字号、颜色都要根据视觉效果具体制定，要有艺术性。策划书的封面要注明策划书的名称、策划委托机构、策划机构、策划人姓名及联系方式、策划的完稿日期、策划执行的时间。有的策划书还需要注明策划书的保密级别、策划书的编号等内容。

**2. 摘要**

摘要是对营销策划项目内容所做的概要说明，需勾勒出策划方案的各个章节重点与结论，使读者大致了解策划书的主要内容。摘要的写作要简明扼要，篇幅不宜过长，300～400字为宜。

**3. 目录**

策划书的目录与一般书籍的目录具有相同的作用，它涵盖全书的主体内容。目录实际上就是策划书的简要提纲，具有与标题相同的作用，所以，策划人应认真编写。

**4. 前言**

前言是策划书正式内容前的情况说明部分，它要交代清楚策划的来龙去脉，主要内容包括：① 策划的背景，即社会大环境发展趋势；② 委托单位的情况；③ 接受委托的情况；④ 策划的重要性和必要性；⑤ 本次策划要达到的目的与策划的主要过程。前言的内容应简明扼要，文字不宜过长，一般控制在1 000字以内。

**5. 策划目标**

策划目标具有导向性的作用。在确定目标之前必须进行问题界定，通过各种界定问题的方法发掘企业存在的问题及其原因，在此基础上确定企业的营销目标（营销目标包括提升企业或品牌的知名度和美誉度、增加购买机会、销售收入等）。

**6. 环境分析**

环境分析是营销策划的依据与基础，所以，营销策划都是以环境分析为出发点的。环境分析包括企业营销的外部环境与内部环境。营销策划中常见的分析工具有：PEST分析、SWOT分析、波特五力分析和对消费者行为的5W2H分析等。环境分析要求具有简洁性和准确性等特点。

**7. 营销战略**

营销策划要能够清楚地表述企业所要实行的具体战略。营销战略其实质就是要交代清楚营销策划的总体布局。它一般包括市场细分（segment）、目标市场（target）和市场定位（position）三方面的内容，也被称为"STP策略"：① 市场细分，其目的在于帮助企业发现市场机会,以正确选择目标市场。② 目标市场。它是指根据企业资源状况和实力,找准目标市场。③ 市场定位。它是指企业为在目标顾客心目中寻求和确定最佳位置而为产品和经营所设计的特色活动。

### 8. 营销组合策略

确定了营销目标、目标市场和市场定位之后,就必须在各个细分市场的基础上做出较为合理而可行的营销组合策略。营销组合策略就目前而言还是以 4P 策略为基本框架的。虽然目前主要以 4P 策略为基本策略框架,但在营销策划中还应该吸收 6P 理论、4C 理论、7P 理论的合理精神。

### 9. 行动方案

行动方案可以划分为两类:组织机构和行动程序安排。在行动方案中,需要确定以下内容:要做什么活动?何时开始?何时完成?其中的各项活动分别需要多少天?各项活动的关联性怎样?在何地?需要何种方式协助?需要什么样的布置?要建立什么样的组织机构?由谁来负责?实施怎样的奖酬制度?

### 10. 费用预算

预算包括营销过程中的总费用、阶段费用以及项目费用。在营销策划中,要力图使各种花费控制在最小规模上,以获得理想的经济效益。营销预算最常用的是"活动项目估计",即按照策划所确定的活动项目列出细目,计算出所需经费。之所以要制定费用预算,其原因是对营销策划做可行性分析。

### 11. 实施进度计划

实施进度计划是将策划活动的全部过程拟成时间表,在其中标明具体何日何时要做什么,以此作为策划过程中的控制与检查。同时使行动方案更具可操作性。

### 12. 策划控制方案

编写策划控制方案的目的是保障营销策划能够成功施行。它分为一般控制方案和应急方案两部分。

1)一般控制方案

在一般控制方案中,要说明每月或每季详细检查目标的达到程度。高层管理者要对目标进行重新分析,找出未达到目标的项目及原因,然后做出对实施营销效果的具体评价方案,评价方案要包括经营理念、整体组织、信息流通渠道的畅通情况、战略导向和工作效率等内容。

2)应急方案

应急方案主要考虑市场信息的不确定性。在营销策划中,一般要制订多套应急方案。

### 13. 结束语

结束语主要是再重复一下主要观点,并突出要点。结束语并不是非要不可的,它主要起到与前言呼应的作用,使策划书有一个圆满的结束,不至于使人感觉到太突然。

**14. 封底**

与封面相对应，它保证了策划书的完整性和美观性。

**15. 附录**

附录的内容对策划书起到补充说明的作用，它要能够增强阅读者对营销策划的信任，提高营销策划的可信度。一般在附录中会包括报刊、政府机构或企业内部的统计资料和调查数据等，营销策划的备用方案一般也置于这里。附录也要标明顺序，以便查找。

值得注意的是以上营销策划书的构成仅供参考，只要能把问题分析透彻，提出恰当的策略，采取何种形式是不能严格限制的。

### 5.3.4 营销策划书的写作要求

营销策划书是创意和策划的书面形式，是文字或图表的物质载体，使得策划人的策划方案能够被他人了解和接受。在撰写营销策划书时，应注意以下写作要求。

**1. 要有明确的目标**

明确的目标是营销策划书内容的关键，也是制订各种策略的基本依据。如果没有明确的目标，而将创意、构思集于一体，最后只能是一盘散沙。

**2. 营销方案具有可操作性**

在行文过程中，应根据现有资源及技术条件制订可行性强的营销方案，对待实际存在的营销问题，要系统、详细地分析是什么、为什么、怎么办，这样才能开拓市场，成功营销。如果缺乏可操作性，再好的营销策划书也是空谈。

**3. 有出色的创意**

市场总是瞬息万变的，资源也在不断地排列重组，没有创意的营销策划书终会被淘汰。因此，在撰写营销策划书时，一定要具备创新理念和发散思维，将新颖的营销理念贯穿营销方案，这样才能成功地实现营销目标。

**4. 把握一定的写作技巧**

在做营销策划时要站在全局角度，对整个市场营销活动进行全局性的规划，所以撰写营销策划书时需要体现出这一点。营销策划书虽然没有固定的格式，但还是有一些写作技巧的。具体如下：① 给出一定的理论依据。寻找理论依据来支持自己的观点，可以让自己的策划观点有理有据，不会让人有空口说白话的感觉。② 举一些恰当的例子。适当举一些好的例子，不仅可以增强策划书的生动、形象感，还可以增强执行者的信心。③ 利用数据说明问题。用真实的数据来说明问题，可以大大增强策划书的可信度和说服力。④ 适当运用图表。在适当的时候运用图表，可以更好地帮助客户和执行人员理解策划方案，使方案更易于被接受和执行。⑤ 合理利用版面安排，同时还要注意细节，消灭差错。

**5. 增强策划书封面设计的艺术性**

营销策划文书的封面不可小觑，它是营销策划文书的脸面，是给人留下的第一印象，对策划内容的形象定位起到辅助作用。封面设计要有艺术性、观赏性、醒目、整洁，切忌花哨、烦琐。

## 5.3.5 营销策划书例文评析

**桃李食品有限公司营销策划书**

桃李食品有限公司，是一家集生产、销售面包、月饼、粽子于一体的综合性食品生产加工企业，致力于食品产业开发，以及为社会提供优质、美味、营养的食品。

**一、策划背景**

中秋佳节是中国的传统节日，而月饼作为中秋节的一种饮食文化已经深入人心。许多月饼的生产厂家如雨后春笋般出现，月饼的竞争也就相对激烈起来。桃李依靠多年积累打下的品牌，是一个最大的优势。所以也要靠更好的品牌宣传攻势和良好的产品结构发挥这一优势。

**二、市场分析**

1. 市场潜力大：目前，中国中秋月饼市场的消费潜力在80亿～100亿元。

2. 目前，国内竞争队伍分为四种：一是老字号月饼，依托品牌优势和良好口碑在市场上占据大片领地，意欲收拾旧山河，但是缺少资金。二是酒楼月饼，出击全国市场的比较少，多以地方品牌为主。三是酒店月饼，各地知名酒店凭借其在各地方市场的号召力和成熟的渠道，主攻企业等团体市场。四是小作坊月饼，这类品牌主要沉积在中低端月饼市场，其惯用手法是价格战。各地市场都有不少品牌。

3. 优势品牌逐步凸显：企业品牌意识逐步增强，消费潮流也趋向知名品牌。

4. 好利来品牌唱主角：好利来的知名度是家喻户晓的，全国老少皆知。它占据了大部分的市场。

**三、产品分析**

1. 月饼是一种季节性很强的产品，其应季售卖期集中在中秋前，月饼的售卖期不过一个月，真正的高峰期也就是中秋节前十天，属于典型的瞬间爆炸性消费。

2. 位列"中国十大名饼"的桃李在品牌和质量上绝对是过硬的。

3. 产品定位于中高端白领人士热衷个性消费的人群。事实上，桃李已经吸引了稳定而庞大的较高消费档次的年轻消费者。

4. 品种全，但不清晰，要发掘各类品种的产品个性。

**四、产品定位**

1. 强调中高端及健康的定位，向外地进军，开拓市场。

2. 可将低端月饼改造成蛋糕或馅饼状的日常食用月饼。

**五、营销方式**

1. 继续沿用产品分销的手段，主要采取连锁店销售的方式，和一些大的非食品企业建立战略联盟关系，切实把握消费者的动态。

2. 凭借口碑，向外地由北至南地宣传产品，宣传奇特的口味和健康安全的品种以吸引爱新奇的年轻人和追求健康的成功人士,同时宣传品牌文化。

3. 在各个城市设立专门的销售地点,所有的销售人员要统一服装,向消费者提供优质的服务,树立企业形象。

4. 赞助一些中国传统类节目,目的是宣传中国传统的文化和独特的品位,让消费者参与互动。

5. 依靠消费者,请消费者试吃和参与设计包装的活动,以及时调整产品结构。调整产品结构,实现定制化的生产,能减少月饼销售周期的风险。

6. 可让权威的媒体,报道企业的实力。通过良好的卫生状况和品质,让消费者放心购买产品和信任品牌。

### 六、广告策略

针对全国,除日常月饼可以在元旦之后上市和宣传外,其余的可在九月开始展开宣传攻势,聘请代言人。根据产品的定位制定不同的广告方式,如日常、高端等。

1. 在户外用大量的招贴海报。画面要求简洁、时尚、健康。

2. 在大量的公共汽车上张贴车身广告或者在灯箱上做广告。画面要求简洁、时尚、健康。

3. 在各大商场超市大量地张贴宣传海报充分吸引消费者的眼球。可以制作系列海报,画面温馨自然。

4. 影视广告。展示高雅的环境,温馨的画面。

5. 电商平台广告,在新产品上市时使用。

6. 随日常月饼附赠宣传中国传统文化和产品的卡片,通过积累以换购其他奖品和商品。

### 七、媒体策略

企业要使自己的产品迅速占领一定的市场,就需要进一步加大对广告的投入,利用一切媒体对自己的产品进行宣传。

1. 利用中央电视台如"一套""二套""三套"黄金时段的影响力集中投放,扩大桃李的品牌知名度,努力营造全国性的月饼品牌。

2. 免费向消费者赠送精美的手提包。

3. 现在的网络营销前景十分广阔,企业可以在网络上宣传自己的月饼品牌,如在网络上,企业可以制作一个宣传短片,并在门户网站上适量投放,以此吸引网民购买自己的月饼。

**评析:** 这份营销策划书分为七个部分,分别从策划背景、市场分析、产品分析、产品定位、营销方式、广告策略及媒体策略等方面进行分析和策划,结构符合营销策划书的写作要求,内容操作性也较强。

项目 5　商务调研策划文书写作

# 电子活页：可行性研究报告、活动策划书、广告策划书

可行性研究报告

活动策划书

广告策划书

# 学生工作页

| 可行性研究报告、活动策划书、广告策划书 |||
|---|---|
| 任务1 | 在各高校校园中,无论是老师还是学生都有打印和复印的需求,并且这一类需求是相对稳定和持续的。请以你所在的学校为例,综合考虑各种因素,做一份开设一家打印复印店的可行性研究报告 |
| 任务2 | 以一个值得纪念的日子为题,如同学聚会、重大事件、节日等,写一份活动策划书 |
| 任务3 | 请为××牌手机撰写一份广告策划书 |
| 班 级 | 学 号 | 姓 名 |

学生自评

我的心得:

建议或提出问题:

教师评价

项目5 商务调研策划文书写作

## 思政园地：寻乌调查，为何是寻乌

寻乌调查，是毛泽东在中央苏区时期于江西寻乌所作的一次规模最大、内容最丰富、资料最翔实的社会调查。

从1930年5月2日抵达寻乌至6月5日离开，毛泽东在寻乌工作、生活了一个多月。在这期间，毛泽东作了20多天的社会调查，开了10多天的调查会。

那么，毛泽东为什么选择寻乌作城市商业调查呢？请扫描二维码，加深对调查的认识和了解，并分析其思政教育意义。

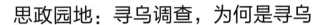

思政园地
寻乌调查，
为何是寻乌

### 1. 撰写市场调查报告

（1）请对你所在职业技术学院放置在教学楼道、学生宿舍走廊等地的自动售货机做一番调查，就饮料、零食的销售情况写一份调查报告。

（2）请组织一个3～5人的调查小组，就校园周边餐饮商家的经营状况（经营规模、品种、客流、环境、卫生等）进行调查，并写一份市场调查报告。

（3）假设你打算做某商品的代理商，请就这一商品的市场情况进行调查，并形成一份市场调查报告。

（4）根据以下材料，写一篇市场调查报告。

中国饮料工业协会统计报告显示，国内果汁及果汁饮料实际产量超过百万吨，同比增长33.1%，市场渗透率达36.5%，居饮料行业第四位，但国内果汁人均年消费量仅为1公斤，为世界果汁平均消费水平的七分之一，西欧国家平均消费量的四分之一，市场需求潜力巨大。

我国水果资源丰富，其中，苹果产量世界第一，柑橘产量世界第三，梨、桃等产量居世界前列。近日，我公司对××市果汁饮料市场进行了一次市场调查，根据统计数据，我们对调查结果进行了简要的分析。

追求绿色、天然、营养成为消费者喝果汁饮料的主要目的。品种多、口味多是果汁饮料行业的显著特点，据××市场调查显示，每家大型超市内，果汁饮料的品种都在100种左右，厂家达十几家，竞争十分激烈，果汁的品质及创新成为果汁企业获利的关键因素，品牌果汁饮料的淡旺季销量无明显区分。

目标消费群调查显示，在选择果汁饮料的消费群中，15～24岁年龄段的占了34.3%，25～34岁年龄段的占了28.4%，其中，又以女性消费者居多。

影响购买因素——口味：酸甜的味道销得最好，低糖营养性果汁饮品是市场需求的主流。包装：家庭消费首选750毫升塑料瓶大包装，260毫升小瓶装为即买即饮或旅游时的首选；礼品装是家庭送礼时的选择；新颖别致的杯型因饮用后瓶子可当茶杯用，所以也影响了部分消费者的购买决定。

饮料种类选择习惯——71.2%的消费者表示不会仅限于一种选择，会选择购买多种饮料；有什么买什么的占了20.5%；表示只购买一种饮料的占8.3%。

购买渠道选择——在超市购买占61.3%；个体商店购买占28.4%；批发市场占2.5%；大中型商场占5.4%；其余为酒店、快餐厅等餐饮场所购买。

一次购买量——选用多少就买多少的有62.4%；选择一次性批发很多的有7.7%；会多买一点存着的有29.9%。

**2. 撰写市场预测报告**

（1）为方便学生生活，学校拟在校区内办一个小型实习超市，在做出决策之前，请你从经营方向、规模、品种、方式等几个方面进行市场调查，并通过分析写出一份关于学校实习超市的市场预测报告。

（2）请根据以下材料做出市场预测，拟写一份市场预测报告，要求逻辑严谨，条理清晰，语言通畅。

随着高校的大规模扩招，高校大学生数量大幅度增长，人均生活空间日趋减小，传统的大学生食堂已经不能满足大学生餐饮需要。快餐行业在学校周边迅速发展壮大，为了了解××学校周边××快餐店的发展状况，特意做此××快餐店202×年市场预测报告。

（一）××快餐店环境

1. 地理环境：××快餐店位于××美食城，距离××职业技术学院100米左右。××职业技术学院有将近一万名大学生，且附近居民区集中。

2. 店面环境：店面规模小，无宽敞的地方让消费者在店内进餐，装修简单，但店面干净、整洁。

3. 竞争环境：××快餐店周边有很多快餐店和面食店，竞争非常激烈。其中××砂锅饭、××烧卤饭、××快餐等是非常强大的竞争者，其余的快餐店对其影响较小。

（二）××快餐店的商圈

1. 因××快餐店附近是××职业技术学院，消费者以大学生为主，消费金额不高，属于文教区商圈。

2. 以××快餐店为中心，距离××快餐店50米为半径画圆，它的周围是××职业技术学院及居民住宅区，所以人流量大。但在这个商圈中，也有几家竞争者。

（三）××快餐店的经营范围：只经营快餐和砂锅饭。

（四）价格和规格：××快餐店每份快餐价格主要在8~15元浮动。与其他快餐店对比，它的价格相对合理，大学生普遍能够接受这样的价格。

（五）促销策略：无。

（六）××快餐店内基本信息：一个门面、若干张桌子、一个厨房、两个卖饭窗口、7~8个工作人员。

**3. 撰写营销策划书**

（1）东方轴承厂生产的汽车宽边轴承，强度高，比前代产品的使用性能更好，但没有制定相应的广告宣传策略，鲜为人知，销路不畅，企业濒临倒闭。请为该厂写一份营销策划书,以推销该厂产品。

(2)请为你故乡的一种特色食品做市场调查,写出营销策划书。

(3)假如你暑假在某生产健身器材企业的销售部门实习,参与撰写某款健身器材的营销策划案,请自选一款健身器材并撰写一份营销策划方案。

(4)××女装品牌为推广产品,拟撰写一份营销策划书。请参考提供的相关信息为××女装品牌撰写营销策划书,要求语言简洁、内容具体,策划方案逻辑性强、具有可操作性。

## ××女装营销策划相关信息

策划项目:××女装营销策划。

策划项目:进一步推广××女装品牌形象,以获得顾客的广泛认同。

产品特性:主要使用真丝、全棉等天然面料,也特别注重运用如富强纤维、氨纶、莱卡等新面料,品质高端,款式多样,能够满足不同需求的消费者。本品牌主张素雅、简洁、个性而不张扬,并坚持独立的原创设计。本品牌的产品既具备天然面料的舒适性,又具备现代服装的时尚性。

营销目标:营销策划实行期间,综合销售量达到1 000万件,预计毛利为20 000万元,市场占有率实现30%。

目标市场战略:从性别、年龄、风格等方面进行市场细分。

市场营销组合:从产品策略、价格策略、渠道策略、促销策略等方面进行考虑。

市场营销预算:总费用20万元,阶段费用10万元,项目费用10万元。

# 项目6　商务公关礼仪文书写作

**项目目标**

通过本项目的学习，应该达到以下目标。

**知识目标**：了解邀请函、欢迎词（欢送词）、开幕（闭幕词）的概念、特点和种类等写作基础知识；掌握邀请函、欢迎词（欢送词）、开幕（闭幕词）的写作格式和写作要求。

**能力目标**：能够正确阅读理解邀请函、欢迎词（欢送词）、开幕（闭幕词）等商务公关礼仪文书；能够利用资料，正确撰写邀请函、欢迎词（欢送词）、开幕（闭幕词）等常用商务公关礼仪文书。

**思政目标**：培养团队协作精神，提高工作统筹规划能力，强化礼仪意识和与人沟通的基本准则；强化自我认知，培养健康、积极的求职心态，增强求职信心；弘扬工匠精神，养成认真严谨、一丝不苟、诚实守信的写作态度；做到能写会用，展示良好的工作技能，塑造职业形象，提高职业素养；培养科学理性精神，树立文化自信、理论自信意识。

项目导入

### 商务公关礼仪文书写作是时代需要

金秋十月，硕果满枝。10月1日，在举国欢庆节日之际，××商业集团公司又迎来了一件大喜事——××商业集团公司辽宁分公司终于成立了！××商业集团公司辽宁分公司举行了隆重的开业庆典活动。公司办公大楼彩幅飘舞，花团锦簇，处处洋溢着喜庆祥和的气氛。庆典活动由公司副总经理主持，公司经理致欢迎词，×市长致祝贺词，公司董事长致答谢词……王萍和同事们接待来宾，一片繁忙景象。庆典圆满结束后，王萍又接到一个任务，就是为公司拟写一封感谢信，感谢各有关单位长期以来的支持。

有人把当今社会称为"全面公共关系时代"。随着经济、社会的繁荣和发展，人们的社会交往活动也越来越广泛，邀请、祝贺、迎送、答谢等活动日益频繁。掌握商务礼仪文书的写作，是高职院校培养大学生综合职业能力的需要。

## 任务 6.1 邀 请 函

### 6.1.1 邀请函的概念

邀请函,也叫邀请书、邀请函,是单位、团体或个人为了举办各种联谊活动、纪念活动、交往活动向受邀方表达郑重邀请的书信。邀请函体现了活动主办方的愿望、友好和盛情,在商务活动中具有重要作用。

邀请函与请柬相似,但邀请函的信息量比请柬大,使用范围也比请柬广,而请柬比邀请函庄重、典雅,表达的礼仪、情感色彩更浓。

### 6.1.2 邀请函的特点

#### 1. 文书性

邀请函的文书性就是指它的书面性。它与一般的通知不同,后者既可以是书面的,也可以是口头传达的,而邀请函只能是书面的,或直接当面呈递,或托人致送,或邮寄。

#### 2. 广泛性

邀请函的使用范围相当广泛,可应用于各种社会活动、经济活动、学术活动。属于社会活动的各种座谈会、联谊会、纪念活动,属于经济活动的各种博览会、展销会、物资交流会、洽谈会,属于学术活动的各种学术年会、讨论会、答辩会等,都需要邀请大量有关单位和人士参加,都要使用邀请函这种专用书信。它往往起到增进友谊、联络感情、发展业务、交流创意的作用。

#### 3. 非保密性

邀请函与一般的书信不同,一般书信对象性强,只有收信人才有权拆看书信的内容,具有保密性。而邀请函的内容一般情况下则是公开的,是允许被邀请人以外的人看的,在请人托带时,信封常常是不封口的。

#### 4. 谦敬性

邀请函作为一种请约性的社交文书,邀请对象一般是亲朋好友、知名人士或专家,行文注重谦恭有礼,力求得到对方更多的理解和支持,包含表达尊重、联络情感的意味,邀请者要情感真挚,表现出充分的诚意,用语热情、谦恭、有礼貌。

此外,邀请函类似于请柬,具有约请性;类似于通知,具有告知性。

### 6.1.3 邀请函的分类

#### 1. 普通邀请函

普通邀请函的邀请对象一般是亲朋好友,如邀请某人参加聚会、出席典礼等,一般为个人信函,所以内容格式上的要求都比较宽松,可以写得随意一些,只需要表明邀请的意图,说明活动的内容、时间、地点等即可。但既然是邀请函,那么就一定要在信中表达非常希望对方能够参加或者出席的愿望。普通邀请函的篇幅可以非常短。

### 2. 正式邀请函

正式邀请函通常是邀请有一定社会威望的知名人士或专家参加会议或学术活动，一般为事务信函。正式邀请函通常要包括以下内容：① 表明邀请对方参加的意图以及会议或学术活动的名称、时间、地点；② 要对被邀请者的威望和学术水平等表示推崇和赞赏，表明如果被邀请者能够接受邀请，会给会议或者活动带来很好的影响；③ 要说明会议或活动的相关事宜，最好是能引起对方兴趣的事宜；④ 表达希望对方能够参加的诚意⑤ 要请收信人对发出的邀请做出反馈，如确认接受邀请。因此，这类邀请函的措辞要相对正式一些，语气要热情有礼。

## 6.1.4 邀请函的结构

邀请函一般由标题、称谓、正文和落款四部分构成。

### 1. 标题

常规邀请函的标题一般有两种构成方式：① 单独以文种名称构成，如"邀请函"。② 由"事由+文种名称"构成，如"××企业客户答谢会邀请函"。

需要注意的是，"邀请函"三个字是完整的文种名称，与公文中的"函"是两种不同的文种，不能拆开写成"邀请×××的函"。

### 2. 称谓

如果邀请函有相对明确的邀请对象，就要另起一行顶格把邀请对象的单位名称或个人姓名写出来以示重视，并在称谓后面加写冒号，比如会议邀请函，通常是需要写明称呼的。需要注意的是，个人姓名前一般要加敬语，个人姓名后要缀职称、职务或"女士""先生"。如果面向全社会发出邀请，没有明确的邀请对象，可以不写称呼这一项，比如一些经济活动邀请函有时就没有称呼。

### 3. 正文

主要包括活动的目的、意义、内容安排及发出邀请、结语。

开头一般告知被邀请方举办礼仪活动的原因、意图；接着写明活动内容、事项及要求，以及活动的地点和时间安排等，并向被邀请方发出热情诚恳的邀请；结尾一般要写邀请惯用语，如"敬请光临""欢迎光临"等。

如有需要，差旅费、活动经费和被邀请者应准备的材料、文件、发言等，也应在文中交代清楚。如邀请方与被邀请方相距较远，还应写明交通路线等内容，并留下主办单位的联系人、联系电话、传真、电子邮件地址、企业网址等。

此外，为了确保礼仪活动顺利进行和宾主双方在活动期间愉快交流，邀请函有时需要通过"回执"来确认被邀请方能否按时参加活动。通过回执还可了解被邀请的参会人员的详细信息，如所在企业、姓名、性别、职务、级别、民族习惯等，这有利于主办方制定合理的接待标准和规格，安排相应的接待程序。避免主办方因安排不当，礼仪欠妥而造成不良的影响。

回执常采用表格的形式，将被邀请方需要填写的事项逐项列出。一般包括参会企业名称、参会人员姓名、性别、职务、民族、参会要求、被邀请方的联系人、联系电话、传真、电子邮件地址等。回执随邀请函同时发出。并要求按时回复。

#### 4. 落款

要写明礼仪活动主办单位的全称和成文日期，应年、月、日齐全，并加盖公章，以示庄重。

### 6.1.5 邀请函的写作要求

#### 1. 讲究措辞

邀请函的主要内容类似于通知，但又有商量的意思，因而不能用行政命令式的态度，避免使用"务必""必须"之类带强制性的词语，不能有丝毫强求之意，一定要讲究措辞，突出"请"意。邀请函用语要做到简短、文雅，宜用期盼性语言表达。邀请函的语言还要含有尊敬之意，在用词上一定要礼貌、热情。有些邀请函在开头还应解释一下自己不能亲自当面邀请的原因，以免引起不必要的误会。

#### 2. 事项周详

邀请函是被邀人进行必要准备的一个依据，所以各种事宜一定要在邀请函上显示出来，使邀请对象可以有准备而来，这也能为活动主办的个人或单位减少一些意想不到的麻烦。

如果有需要注意的事项，要在适当的位置注明。希望邀请对象收到邀请函后给予回复的，则须在邀请函上注明"请回复"字样。有时为了方便联系，也可留下自己的电话号码或地址。若对参加活动的人有具体要求可简单地在邀请函上注明。

#### 3. 提前送达

要使被邀人尽早拿到邀请函，这样可以使其对各种事务有一个统筹安排，而不会由于来不及准备或拿到邀请函时已过期而无法参加举办的活动。

### 6.1.6 邀请函例文评析

【例文6-1】活动邀请函

小贴士

原来古人的邀请函可以这么美

## ××教育科技（集团）有限公司参观活动邀请函

尊敬的××学校领导：

您好！

××教育科技（集团）有限公司始创于2020年，地处××省××市××区××路128号，是一家集校企合作、专业共建、联合办学、教育投资、学历教育、职业培训、高端就业、劳务派遣、出国留学等于一体的综合性教育科技集团公司。集团经过多年的发展，目前已突出地完成了"教育项目研发—校企合作培养—高端就业安置—后期跟踪服务"等系统的无缝链接，集团致力于打造新形势背景下的校企合作、专业共建、联合办学的新型教育模式，使培养的学生都能够实现阳光、体面、高端、高薪就业，让每位学生都拥有美好的未来。

  为了加深学校与我公司之间的相互了解，增进彼此的信任和友谊，探索新形势下如何响应"十四五"规划，谋求校企双方在"互联网+"时代的职业教育发展，加强校企合作无缝对接，以便为共同推动职业教育科学发展做出贡献，××教育科技（集团）有限公司诚邀贵校领导于2023年8月16—18日前来我公司参观并指导工作。

  特此函达。

××教育科技（集团）有限公司
2023年7月20日

  **评析**：这则活动邀请函在正文部分对公司情况进行了简介，并讲明了举办活动的缘由和意义，同时表明邀请之意。但是有关活动的具体内容仅仅写明了时间，日程安排等都未写出，也未写明联系人和联系方式，因而在具体工作中，该邀请函缺乏可操作性，不便于有关人员参加。

**【例文6-2】会议邀请函**

**202×年第××届中国ECR大会嘉宾邀请函**

尊敬的企业、行业代表：

  您好！

  随着电子商务和移动技术的发展，中国消费品行业已经进入消费者时代。在互联网、物联网、大数据、云计算、移动平台等技术的驱动下，线上线下实现整合，消费者通过全渠道可以随时随地实现完美购物。

  在全渠道的背景下，传统的营销方式很难满足消费者需求，如何通过全渠道营销实现消费者个性化的消费需求；如何把线上线下两方面体验完美融合，通过多渠道与消费者互动；如何满足消费者购物、娱乐和社交综合体验的要求，是目前生产商、零售商面临的重要课题。

  由中国物品编码中心、中国ECR委员会联合举办的"202×年第××届中国ECR大会"将于202×年6月6—8日在××省××市盛大召开。本届大会以"全渠道战略与企业转型"为主题，邀请传统消费品龙头企业和新兴电商知名企业代表就全渠道、新技术、标准化等话题展开深入讨论，分享各自观点。

  在本次大会即将召开之际，我们诚挚邀请您出席本届大会，集思广益，共谋未来。会议议程详见附件，更多信息，请登录中国ECR委员会官方网站查询。

  联系人：王平。联系电话：010-××××××××/139××××××××

  敬请届时拨冗参会！

  附件：会议回执

中国物品编码中心
中国ECR委员会
202×年4月12日

评析：这是一则会议类邀请函，该邀请函正文前两段交代了会议的背景、缘由与会议举办的意义，第三段交代了会议的主办方、会议名称，以及会议召开的时间、地点、会议主题、参会对象等内容，最后以"敬请届时拨冗参会！"为结束语，表达邀请的诚意。这是一次较为大型的会议，主办方为更好地进行会议组织与管理，还随邀请函附上了"会议回执"，因此在结束语的下一行需要写上附件说明。

【例文6-3】开幕式邀请函

邀 请 函

尊敬的×××先生/女士：

　　我们很荣幸地邀请您作为贵宾参加2023年××月××至××日在北京国家会议中心举办的××展会的开幕式，并诚挚邀请您出席由××公司与××家具装饰业商会共同举办的一系列高规格的同期活动。

　　此次展会将迎来300余家海内外展商参展，其中包括科勒、乐家、吉博力、嘉科米尼、威能和菲斯曼等一系列国际品牌。

开幕式

日期：2023年××月××日

时间：9:00—10:00

地点：××会议中心大厅

　　开幕式结束后，我们还邀请您参加以下精心筹备的各项活动。顶尖技术在中国的精彩诠释——家用锅炉制造商联合新品发布会。

日期：2023年××月××日

时间：10:00—12:00

地点：××会议中心××会议室

××××××公司<br>2023年××月××日

评析：这是一份开幕式邀请函。正文首先表达邀请对方的诚意，然后简单、明了地交代开幕式的时间、地点、参与人员，以及会议具体安排和一系列同期活动安排，情感真挚，行文言简意赅，热情、谦恭、有礼貌。

## 任务6.2　欢迎词、欢送词

微课
欢迎词

### 6.2.1　欢迎词的概念、特点和类型

**1. 欢迎词的概念**

　　欢迎词是由东道主出面对宾客的到来表示欢迎的讲话文稿，是在迎接宾客的仪式、集会、宴会上主人对宾客的光临表示热烈欢迎的一种礼仪文书。

### 2. 欢迎词的特点

（1）愉悦性。中国有句古话是"有朋自远方来，不亦乐乎"，所以致欢迎词当有一种愉快的基调，言辞用语务必富有激情和表现出致辞人的真诚。只有这样才能给客人一种"宾至如归"的感觉，为下一步各种活动的完满举行打下好的基础。

（2）口语性。欢迎词本是现场向宾客口头表达的，所以口语化是欢迎词文字上的必然要求，在遣词用语上要运用生活化的语言，既简洁又富有生活的情趣。口语化会拉近主人同来宾的亲密关系。

（3）适度性。欢迎词简洁明了、短小精悍，最忌长篇累牍，言不及义。但是如果场面非常隆重，太过简短也会显得不够礼貌。

### 3. 欢迎词的类型

（1）按表达方式分类。按表达方式分类可分为以下两类：① 现场讲演欢迎词。一般由欢迎人在被欢迎人到达时在欢迎现场口头发表的欢迎稿。② 报刊发表欢迎词。发表在报刊或公开发行刊物上的欢迎稿，一般在客人到达前后发表。

（2）按社交的公关性质分类。按社交的公关性质分类，可分为以下两类：① 私人交往欢迎词。私人交往欢迎词一般是在个人举行较大型的宴会、聚会、茶会、舞会、讨论会等非官方的场合下使用的欢迎词。通常要在正式活动开始前进行。私人交往欢迎词往往具有很大的即时性、现场性。② 公务往来欢迎词。公务往来的欢迎词一般在较庄重的公共事务中使用。要有事先准备好的得体的书面稿，文字措辞上的要求较私人交往欢迎词要正式和严格。

## 6.2.2 欢送词的概念、特点和类型

### 1. 欢送词的概念

欢送词是在欢迎宾客的仪式、集会、宴会上主人对宾客即将离去表示热烈欢送的一种礼仪文书。

微课
欢送词

### 2. 欢迎词的特点

（1）惜别性。有句古诗说的好"相见时难别亦难"，中国人重情谊这千古不变的民族传统精神今天更显得珍贵。欢送词要表达亲朋远行时的感受，所以依依惜别之情要溢于言表。当然，格调也不可过于低沉，尤其是公共事务的交往更应把握好分别时所用言辞的分寸。

（2）口语性。同欢迎词一样，口语性也是欢送词的一个显著特点。遣词造句也应注意使用生活化的语言，使送别既富有情趣又自然得体。

### 3. 欢送词的类型

（1）按表达方式分。按表达方式分，可分为如下两类：① 现场讲演欢送词，一般由欢送人在被欢送人到达时在欢送现场口头发表的欢送稿。② 报刊发表欢送词，即发表在报刊或公开发行刊物上的欢送稿。

（2）按社交的公关性质分。按社交的公关性质分，可分为如下两类：① 私人交往欢送词。私人交往欢送词一般是在个人举行较大型的宴会、聚会、茶会、舞会、讨论会等非

官方的场合下使用的欢送词。通常要在正式活动结束后进行。私人交往欢送词往往具有很大的即时性、现场性。② 公务往来欢送词。这样的欢送词一般在较庄重的公共事务中使用。要有事先准备好的得体的书面稿，文字措辞上的要求要比私人交往欢送词正式和严格。

### 6.2.3 欢迎词的结构和写法

欢迎词一般由标题、称呼、正文、结尾和落款五个部分构成。

**1. 标题**

标题一般应由致辞人、致辞场合和文种三个要素组成。例如《×××在欢迎新员工仪式上的欢迎词》；也可以省略致辞人，由场合和文种组成，如《在贸易洽谈会上的欢迎词》；还可以直接以文种作为标题，如"欢迎词"。

**2. 称呼**

称呼在第二行顶格写，一般要写全称，有的在名称前加上诸如"尊敬的""亲爱的"之类的修饰语，并在其后加上被欢迎宾客的头衔，也可加"先生""女士""夫人"等。

**3. 正文**

这部分是欢迎词写作的主体，应根据实际情况表达不同的内容。

（1）开头。欢迎词正文的开头要表示欢迎之情。一般先用简短的语句交代举行什么仪式，发言者代表谁向宾客表示欢迎、问候。

（2）主体。欢迎词正文的主体部分一般说明或阐明欢迎的缘由，可叙述彼此的交往历史与友谊，对宾客在交往过程中所做的贡献予以赞扬，突出双方合作的成果，并表示继续加强合作的意愿；对初次来访者可多介绍本单位的情况。

（3）结尾。正文的结尾热情地表示良好的祝愿或希望。

**4. 结尾**

用简短的话语，再次对来客表示欢迎与祝愿。

**5. 落款**

在正文的右下侧，由致辞的机关、致辞人具名，并署上日期。

### 6.2.4 欢迎词的写作要求

欢迎词是出于礼仪的需要而使用的，因此要十分注意文明礼貌。具体而言，要注意以下几点。

**1. 重对象**

欢迎词多用于对外交往。在各社会组织的对外交往中，所迎接的宾客可能是多方面的，如上级领导、检查团、考察团等。来访目的不同，欢迎的情由也应不同。欢迎词写作要有针对性，看对象表达不同的情谊。

**2. 看场合**

欢迎的场合、仪式也是多种多样的，有隆重的欢迎大会、酒会、宴会、记者招待会；

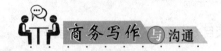

有一般的座谈会、展销会、订货会等。欢迎词要看场合写作，该严肃则严肃，该轻松则轻松。

**3. 有真情**

欢迎应出于真心实意，热情、谦逊、有礼，语言要亲切，饱含真情，注意分寸，不卑不亢。

### 6.2.5 欢送词的结构及写法

欢送词通常由标题、称谓、正文、结尾和落款几个部分组成。

**1. 标题**

标题有两种写法：一是由场合和文种组成，如《在欢送会上的讲话》；二是直接以文种作为标题，如"欢送词"。这里需要注意的是，在"场合+文种"的标题中，因已点明了欢送的场合，所以文种一般不写"欢送词"，而写"讲话"。

**2. 称谓**

称谓即对被欢送宾客的称呼，一定要写得礼貌得体，符合礼仪。用语要确切、亲和，一般应在称呼之前冠以诸如"尊敬的""亲爱的"之类的修饰语，并在其后加上被欢迎宾客的头衔，也可加"先生""女士""夫人"等。

**3. 正文**

这部分是欢送词写作的主体，应根据实际情况表达不同的内容。

首先简要表达真挚热情的欢送之意；其次叙述被送者或宾客的成绩、贡献或双方的友谊，并对此做出积极的评价；最后要再次表达惜别之情，以及对被送者或宾客的祝福和勉励。

**4. 结尾**

结尾部分再次向对方表示真挚的欢送之情，或者同时表达期待再次合作的心愿。

**5. 落款**

在正文的右下侧，由致辞的机关致辞人具名，并署上日期。当然，也可在标题之中载明相关信息。

### 6.2.6 欢送词的写作要求

**1. 客套勿多，内容充实**

欢送词不能只讲客套话，要有实质内容。欢送词写作容易犯的毛病就是客套太多，内容空泛，这样的欢送词很难收到理想的效果。

**2. 表示友好，坚持立场**

在重要的社交场合和国际交往中，欢送词既要表示友好，又要坚持立场原则，维护自身利益。因此欢送词表达时一定要注意技巧和方法，从而获得社交或外交成功。

**3. 措辞慎重，体现尊重**

欢送词的措辞要慎重，勿信口开河，要尊重对方的风俗习惯、宗教信仰，不讲对方忌讳的内容，以免发生不该发生的误会。

#### 4. 言简意赅，短小精悍

欢送词要言简意赅，篇幅不宜过长。欢送词也是一种礼节性的社交公关辞令，要短小精悍，这样更易于表达主人的尊重和礼貌。

#### 5. 热情友好，真挚诚恳

语言要精练、明快，语气要热情、友好，恰到好处，感情要真挚、诚恳。

### 6.2.7 欢迎词、欢送词例文评析

【例文6-4】考察团莅临指导欢迎词

欢 迎 词

尊敬的张鹏董事长、尊敬的考察团全体成员：

大家好！

今天，美丽的古城迎来了我们最尊贵的客人，对此，我们表示最热烈的欢迎和最真诚的祝愿，愿大家在古城心情愉快，万事如意。

×××集团与我公司已经建立了长期、友好的合作关系。多年来贵公司一直大力支持我们的工作，今天董事长亲自率领考察团一行莅临我公司对我们的生产技术、经营管理进行指导，我们再次表示热烈的欢迎和衷心的感谢。

董事长先生，你们先进的企业运营理念、科学的经营模式，一直是我们学习的榜样，这次的现场指导定会使我们的技术和管理人员开拓视野。我相信，通过这次指导，不仅能进一步加深双方的了解与信任，促进我们双方友好合作关系的进一步发展，更能使我们寻找到和搭建起更广阔、更深入的合作平台。

最后，让我们以热烈的掌声，向董事长和考察团的所有成员表示热烈的欢迎！谢谢大家！

王涛<br>2023年7月18日

**评析**：这份欢迎词的正文首先对客人表示了热烈的欢迎和良好的祝愿；其次概括叙述了对方给予的帮助、支持，并表示感谢，阐述了来访的意义；结尾再次表达欢迎之情。行文简洁，真诚热情。

【例文6-5】厂庆招待会上的欢迎词

×××厂30周年厂庆招待会上的欢迎词

女士们、先生们：

值此×××厂30周年厂庆之际，请允许我代表×××厂，并以我个人的名义，向远道而来的贵宾们表示热烈的欢迎。

朋友们不顾路途遥远专程前来贺喜并洽谈贸易合作事宜，为我厂30周年厂庆更添了一

份热烈与祥和，我们由衷地感到高兴，并对朋友们为增进双方友好关系做出努力的行动，表示诚挚的谢意！

今天在座的各位来宾中，有许多是我们的老朋友，我们之间有着良好的合作关系。我厂建厂30年能取得今天的成绩，离不开老朋友们的真诚合作和大力支持。对此，我们表示由衷的钦佩和感谢。同时，我们也为能有幸结识来自全国各地的新朋友感到十分高兴。在此，我谨代表全厂再次向新朋友们表示热情欢迎，并希望能与新朋友们密切协作，发展相互间的友好合作关系。

"有朋自远方来，不亦乐乎。"在此新老朋友相会之际，我提议：为今后我们之间的进一步合作，为我们之间日益增进的友谊，为朋友们的健康幸福，干杯！

**评析**：这是某厂30周年厂庆招待会上的欢迎词。这份欢迎词在表达上最突出的特点是考虑周到，礼貌得体。在欢迎、感谢老客户、老朋友的同时，不忘对新朋友、新客户表示热烈欢迎。欢迎词开头首先对前来参加庆典活动的客人表示热烈欢迎。其次表达"有朋自远方来，不亦乐乎"的高兴心情，对老朋友给予的合作与支持表示真诚感谢，对前来参加活动的新朋友表示欢迎，并表明发展相互间友好合作关系的希望。最后以"为……干杯"表示良好祝愿。整篇欢迎词欢快、流畅、简短，感情色彩浓烈，使新老朋友之间的友谊在友好、热烈的喜庆气氛中得以升华。

**【例文6-6】迎新生欢迎词**

欢 迎 词

亲爱的202×级新同学：

你们好！

在硕果累累的金秋时节，你们怀揣着无限的憧憬，来到了××学院。你们的到来，犹如徐徐清风，让××学院更加清新宜人，璀璨多姿。××学院全体师生期盼着你们的到来，我们用最诚挚的心意衷心地祝福你们，欢迎你们！

同学们，欢迎你们加入××学院这个大家庭！我们知道，同学们，特别是第一次进入××学院的同学们，心情一定非常激动。是的，因为你们即将踏入的是一个繁花似锦的校园，一个令人眷念的故地，一片生生不息、蓬勃向上的热土。在这里，我们向你们表示由衷的祝贺和热烈的欢迎！

"长风破浪会有时，直挂云帆济沧海。"同学们，让我们揽万卷文采，汲百代精华，踏实地走好每一步，共同携手，描绘出属于自己的一片蓝图。

祝大家在大学的三年里快乐、幸福！

**评析**：这是一份大学迎新生欢迎词。正文首先表达了对新生的热烈欢迎，其次将大学生活中将要面临的机遇与挑战娓娓道来，最后再一次表达对新生的美好祝愿。全文感情真挚，结构合理，用词得体。

项目6　商务公关礼仪文书写作

**【例文6-7】欢送仪式上的致辞**

鄂州市委书记王立在贵州援鄂医疗队欢送仪式上的致辞

尊敬的各位领导、贵州援鄂医疗队的全体将士们：

今天，是个美好的日子。"三月三，拜祖先"。这不仅是汉族"祛除病痛灾祸、祈求福祉降临"的"上巳节"，也是贵州布依族、苗族同胞赓续千年的传统节日。我们在这里送战友、踏征程，全市人民长街列阵，眼中饱含热泪，心中万般不舍。

慷慨自古英雄色，甘洒热血写青春。风雪交加之夜，你们辞别家人、千里逆行，为患者和家属点亮了生命之光；艰难困苦之际，你们白衣执甲、以命相拼，凭一腔热血拯救了千年吴都；春暖花开之时，你们又收拾行装、凯旋归乡，让我们来不及看清彼此的模样。但是，过往并肩鏖战五十多个日夜，大家用心和心结下的患难真情，这座英雄的城市和他英雄的人民将永远铭记、永世不忘！

侠之大者，为国为民。医之圣者，悬壶济世。你们不仅给了我们"第二次生命"，更给了这座城市"重启的力量"。鄂州"凤凰涅槃、浴火重生"，离不开习近平总书记和党中央的亲切关心，离不开"集中力量办大事"的制度优势，离不开"一方有难八方支援"的民族精神，更离不开贵州四千万各族同胞的倾囊相助。这一切，都将成为我们重整旗鼓、砥砺前行的不竭动力，全市人民一定会团结一心、奋力拼搏，将这座江南美丽田园城市建设得更加美好！

送君还旧府，明月满前川。临别之际，我们约定：摘下口罩，我们一定会去"爽爽的贵阳"、拜访"多彩贵州"；也请亲爱的战友们"常回家看看"，看看这座"拼过命"的城市和患难与共的亲人。

最后，向全体队员和你们的家人表示衷心的感谢并致以崇高的敬意。让我们同祝伟大祖国繁荣昌盛！祝福贵州人民、鄂州人民幸福安康！

祝战友们一帆风顺、一路平安！

202×年××月××日

**评析**：这篇欢送仪式上的致辞，也是欢送词的一种。第一段写出送别时间、情境；第二段回顾医疗队的无私付出、并肩作战的深情厚谊；第三段表达鄂州对党和国家、对贵州同胞支持与帮助的感激之情；第四段抒发对未来的希冀、展望；第五段再一次表达感谢、敬意以及祝福。词句间流露出真挚的感激与不舍，富有文采，情意绵长。

**【例文6-8】商务伙伴欢送词**

欢　送　词

尊敬的女士们、先生们：

首先，我代表×××对你们访问的圆满成功表示热烈的祝贺。两天来，我们本着平等互利的原则，经过认真协商，签订了《××协议》，为双方今后的合作和发展打下了良好的基础。明天，你们就要离开××了，在即将分别的时刻，我们依依不舍。大家相处的时间

135

是短暂的,但我们之间的友好情谊是长久的。我们之间的合作刚刚开始,中国有句古语:"来日方长,后会有期"希望我们加强合作,不断往来,欢迎各位女士、先生在方便的时候再次来××做客,相信我们的友好合作会结出丰硕的果实!

祝大家一路顺风,万事如意!

**评析**:这是一份商务伙伴欢送词。正文部分先表示祝贺之意,再介绍来访取得的主要成果,说明分别时的心情,最后表达了良好愿望。值得注意的是,落款信息在标题或正文中已经写明,因此右下角处不必再落款。全文格式规范,语言简练,情感真挚。

**【例文6-9】毕业欢送词**

<h2 style="text-align:center">欢 送 词</h2>

亲爱的××××届毕业生:

在这充满诸多回忆和美好憧憬的日子里,你们作为新一届的职业学校毕业生和祖国现代化建设的生力军,即将结束流光溢彩的校园生活,走上工作岗位,到改革开放的大潮中去接受洗礼,迎接新的挑战。

在母校宁静温暖的怀抱里,你们留下了奋进拼搏的足迹,为了翱翔蓝天,你们一遍又一遍地展翅高飞;为了遨游大海,你们一次又一次地抗击"风波"。窗明几净的教室里出现过你们专心苦读的身影,丰富多彩的文体活动中展示过你们充满青春活力的风采,夕阳晚照的林荫道上留下过你们探求知识,思索人生的足迹……

现在,你们将挥手告别母校,踏上新的征程。同学们,校园生活的结束既是终点,也是起点。国家和人民对你们寄予了殷切的期望,我国要走新型工业化道路,成为世界制造强国,没有一支高素质的制造业和现代服务业队伍是不可能的。你们正是现代化建设中的新鲜血液,是国家新型工业化道路上的生力军。母校希望你们坚定信念、振奋精神、开拓进取,用高尚的职业道德、丰富的专业知识、精湛的职业技能,从自身实际出发,积极投身于现代化建设的洪流中,为祖国的建设添砖加瓦,为社会的繁荣贡献自己的智慧和力量。母校相信你们会在长期而艰苦的实践中锻炼自己,不断实现自己的人生价值。

千里之行,始于足下。亲爱的同学们,愿你们求真务实、忠于职守、刻苦钻研,以优异的成绩回报社会,为母校争光。今天,母校的师长欢送你们踏上学成报国的万里征程;明天,父老乡亲和母校师生将分享你们事业成功的无限欢乐。

海阔凭鱼跃,天高任鸟飞。亲爱的同学们,祝你们一路顺风,拥有一个美好的明天!

××××职业学校团委<br>××××年××月××日

**评析**:这篇毕业欢送词,热情洋溢,富有文采,字里行间充满了真挚的情感。正文开头点明主题,接下来回顾校园生活的点滴,并提出殷切的希望。结束语为学校送出的美好祝愿,感情真挚。

【例文 6-10】退休欢送词

**欢 送 词**

尊敬的各位领导、老师，亲爱的同学：

岁月承载着历史的步伐，天地积淀着文明的精华，又是一载流光溢彩，又是一季桃李芬芳。我们的×××老师在教育一线兢兢业业、勤勤恳恳工作了35年，马上就要退休了。尊敬的×××老师，今天我们全体师生怀着无限崇敬的心情，特为您举行欢送会。

×××老师，您用知识的甘霖滋润着学生的心田，您用青春的热血传承着人类的文明，您用无悔的青春演绎着诗意的人生，您用35年的执着选择了淡泊，您用35年的平凡造就了伟大，您用35年的高尚摒弃了功利，您用35年的微笑勾画着年轮……

35年来，您始终默默无闻，无私奉献；35年来，您在工作中一直乐于吃苦，敢于挑重担；35年来，您不但坚持教主要课程，而且身兼多职。无论教学工作，还是校内其他工作，您都用崇高的使命感和高度的责任感去对待，您都能一丝不苟地出色完成任务。您担任主课，每年统考成绩都能居于中上游，从来没有拖学校后腿。临近退休了，您仍然教主课，还担任68人一个班的班主任。不管分内分外事，您都能挺身而出却不计报酬。去年，您白天上课，晚上还要负责留守学生的就寝管理。您管理留守学生认真仔细，不厌其烦；您管理留守学生一年来，吃苦了，费力了，却无怨无悔；您管理留守中心，立下了汗马功劳，却从来不邀功请赏。

尊敬的×××老师，您是一位出色的教师，您是一位模范班主任，您是一位勤奋的学生管理员。您就要离开三尺讲台了，聚也依依，散也依依。千言万语，万语千言，道不尽我们对您的无限眷恋之情。

我们相信，您即使离开了讲台，仍然会心系校园，关注教育。我们真诚邀请您退休后经常光临办公室，经常提出您的合理化建议，经常献一献您的锦囊妙计。让我们同心描绘××教育壮丽的画卷，让我们真诚祝愿您青春永驻！祝愿您在每一个红红火火的日子里，天天都有一份好心情！祝愿您快乐幸福，安康永远！

×××<br>202×年××月××日

**评析**：这是一篇欢送老教师退休的欢送词，正文首先简要表达真挚热情的欢送之意；其次叙述被送者的成绩、贡献，并积极评价；最后再次表达惜别之情以及对被送者的祝福。全文以诗般的语言叙事、抒情、表达祝福，是一篇很好的欢送词。

## 任务 6.3 开幕词、闭幕词

### 6.3.1 开幕词的概念、特点和类型

**1. 开幕词的概念**

开幕词是党政机关、企事业单位及社会组织和团体在重要会议开幕时由主要领导人向

大会所做的讲话文稿,旨在阐明会议的性质、宗旨、目的、任务和重要意义,向与会者提出开好会议的要求。开幕词是会议的序曲,直接且集中地体现大会的指导思想,为会议定下总的基调。开幕词是会议的重要文件之一。

**2. 开幕词的特点**

(1) 宣告性。无论召开什么重要会议或开展什么重要活动,按照惯例,一般都要由主持人或主要领导人致开幕词。这是一个必不可少的程序,标志着会议或活动的正式开始。

(2) 指导性。开幕词通常要阐明会议或活动的性质、宗旨、任务、要求和议程安排等,集中体现了大会或活动的指导思想,起着定调的作用。开幕词对引导会议或活动朝着既定的正确方向顺利进行,保证会议或活动的圆满成功,有着重要的意义。

(3) 简明性。开幕词应运用通俗、明快、上口的语言,内容要简洁明了,短小精悍,最忌讳长篇累牍,言不及义,多使用祈使句,表示祝贺和希望。

**3. 开幕词的类型**

开幕词按内容可以分为侧重性开幕词和一般性开幕词。侧重性开幕词往往对会议召开的历史背景、重大意义或会议的中心议题等作重点阐述,其他问题一带而过。一般性开幕词则只对会议的目的、议程、基本精神、来宾等作简要概述。

### 6.3.2 闭幕词的概念、特点和类型

**1. 闭幕词的概念**

闭幕词是党政机关、企事业单位及社会组织和团体在重要会议即将结束时由会议主要领导人向大会所做的讲话文稿,闭幕词是会议的尾声,标志着整个会议闭幕结束。闭幕词也是会议的重要文件之一。

微课
闭幕词

**2. 闭幕词的特点**

(1) 宣告性。闭幕词要宣布会议的结束,标志着整个会议闭幕。

(2) 总结性。闭幕词通常对会议的有关情况(如会议的过程、会议的成果、会议的议题、会议的作用、与会人员提出了哪些意见和建议等)进行总结,并在此基础上提出今后的工作任务及贯彻会议主要精神的要求,使与会人员更全面、深入地理解会议的基本精神,更加自觉、切实地贯彻和执行有关会议精神。

(3) 评价性。闭幕词要对整个会议召开成功与否、会议的作用和成果等做出适当的评价。

(4) 号召性。闭幕词一般要号召与会人员及非与会的相关人员为完成会议提出的任务而努力奋斗。

**3. 闭幕词的类型**

闭幕词和开幕词一样,按照内容可分为侧重性闭幕词和一般性闭幕词两种。侧重性闭幕词往往对会议的成就、会议要求等作重点讲述,其他问题点到为止。一般性闭幕词只对会议的情况、效果、希望等作简要概述。

### 6.3.3 开幕词的基本格式

开幕词一般由标题、时间、称呼、正文四部分组成。

#### 1. 标题

开幕词标题的拟定有以下三种方式：①"会议名称+文种"，如"电子商务协会第一届会员代表大会开幕词"。②"致辞人姓名+会议名称+文种"，如"×××在××集团运营工作会议上的开幕词"。③ 在文种名称上有所变化，如"×××在 202×年全国供应商大会开幕式上的讲话""×××在××集团第五届股东大会上致辞"。

#### 2. 时间

一般标于标题之下，用括号注明会议开幕的时间；如果在标题中未提及致辞人的姓名而又需要标注的，也要在此处署上。

#### 3. 称呼

称呼一般根据会议的性质及其与会人员的身份而定，如"各位代表""各位来宾""各位委员""女士们、先生们""同志们"或"朋友们"等，顶格写，后面加冒号。

#### 4. 正文

正文是开幕词的主要部分，包括开头、主体、结尾三个层次。

（1）开头。开头主要是宣布会议开幕。在称呼下一行空两格书写，一般由会议全称和宣布会议开幕构成。有时开幕词还可对会议的规模、筹备工作及与会人员的情况等做简要介绍，通常还应对与会人员表示祝贺，或者介绍出席会议的领导和来宾的姓名并表示欢迎。若开头仅有一句话，也应单独成段，使之与主体部分分开。

（2）主体。主体是开幕词的核心部分，一般包括以下内容：阐明会议的重要意义，即对过去工作情况的概括和总结，说明会议召开要达到什么目的和解决什么问题；指明会议的指导思想，说明会议的议题和议程安排；向与会人员提出要求等。这些内容可根据具体的情况，围绕会议中心议题去组织材料，安排内容，篇幅不宜太长，语言要尽量简洁，层次要清晰，对会议内容只进行原则性交代即可。

（3）结尾。这部分一般是提出希望，发出号召，对相关人员表示感谢，并对完成会议议程之后的情况做出预示性评价，最后，表达对会议的美好祝愿，往往以"预祝大会取得圆满成功"结束全文。

### 6.3.4 开幕词的写作要求

一篇出彩的开幕词能够调动人们参加会议的积极性，为会议定下基调。在撰写开幕词时，要注意以下要求。

#### 1. 语言通俗，富有感情

会场上的听众是开幕词的受文者，要想使其快速了解开幕词的内容、产生共鸣，就必须在语言表达上讲求通俗、口语化，同时做到语言简明生动、感情色彩饱满，并具有感

召力。

#### 2. 开门见山,快速切入

开幕词的篇幅不宜过长,因此要做到内容上开门见山,快速切入主题,切忌长篇累牍,占用过多的会议时间。

#### 3. 鼓舞人心,带动气氛

开幕词一般包含对会议的良好祝愿,通过介绍会议或活动来激发与会人员的参与意识,因此措辞要具有鼓动性,力求能够带动会议气氛,起到鼓舞人心的作用。

#### 4. 主题明确,中心突出

开幕词的内容要紧紧围绕会议主旨,做到主题明确、中心突出,这样才能对会议起到指引作用。

### 6.3.5 闭幕词的基本格式

闭幕词一般由标题、时间、称呼、正文四部分组成。

#### 1. 标题

闭幕词标题的写法与开幕词相同,只需把"开幕词"换为"闭幕词"即可。

#### 2. 时间

一般也标于标题之下,注明会议闭幕的时间;如果在标题中未提及致辞人的姓名,也要在此处签署。

#### 3. 称呼

格式一般与开幕词相同。同一次会议上开幕词和闭幕词的称呼基本一致。

#### 4. 正文

正文是闭幕词的主要部分,包括开头、主体、结尾三个层次。

(1)开头。开头主要是说明会议圆满结束,并宣布会议闭幕。格式与开幕式开头格式相同。

(2)主体。主体是闭幕词的主要部分,包括两方面:一是应先对会议的情况进行总结和综述,说明会议讨论了哪些议题,取得了哪些成果,解决了哪些问题等;二是向与会人员提出贯彻会议精神的要求与希望,指出今后的任务及存在的问题。

(3)结尾。结尾部分应深化主题,发出号召,提出希望,对会议的工作人员表示感谢,往往以"我宣布××大会闭幕"作为结束语。

### 6.3.6 闭幕词的写作要求

在写作要求上,闭幕词与开幕词有诸多相通之处,如语言口语化、富有感召力,语言表达言简意赅等。除此之外,还有以下撰写闭幕词时应注意的写作要求。

#### 1. 着重概括,有所侧重

开幕词标志着会议的开始,侧重于对会议主旨、性质、目的、任务、议程、要求等的阐述,而闭幕词标志着会议的结束,所以要着重概括阐述会议内容和会议基本精神,还要对会议的主要成果和深远影响做出恰当评价，同时对会议过程中的重要问题做出适当调整或补充。

### 2. 善于总结，指导今后

撰写闭幕词时，撰写者要善于总结，从会议的实际情况出发，紧密结合中心议题进行阐述，针对会议情况、完成的议题、取得的成果、会议精神和意义等作概括性阐述，这样才能对今后的工作产生指导意义。

### 3. 热情洋溢，措辞有力

要使与会人员充满信心尽职尽责地完成会议提出的任务，就要以热情洋溢的文字和简洁有力的措辞来激发与会人员的斗志，增强与会人员完成任务的信念。

## 6.3.7 开幕词、闭幕词例文评析

【例文 6-11】职代会开幕词

××公司职代会开幕词

各位代表：

在这万象更新之际，××××××第二十二届职工代表大会第二次会议在这里隆重召开了。在此，我代表大会主席团向大会表示热烈的祝贺，并向参加会议的全体代表及各条战线广大职工群众致以亲切的问候！

第二十二届第一次职工代表大会以来，广大职工群众认真学习贯彻党的十九大和十九届二中、三中、四中、五中、六中全会精神，全面践行习近平新时代中国特色社会主义思想，在公司党委和×××的正确领导下，按照第二十二届第一次职代会所确定的工作思路，上下一心，团结协作，与时俱进，开拓创新，获得了经济效益稳步增长和社会效益全面进步的骄人业绩。2022 年，是我公司全面贯彻落实党的二十大精神，深化改革，加快发展的重要一年，也是实施"十四五"计划的关键一年。在新的一年里，继续团结和动员广大职工群众，紧紧围绕经济建设这个中心，解放思想，努力拼搏，艰苦奋斗，争创佳绩，是本次职代会的重要任务。

这次大会的指导思想是：以马克思列宁主义、毛泽东思想、邓小平理论、"三个代表"重要思想、科学发展观、习近平新时代中国特色社会主义思想为指导，全面贯彻党的二十大精神，认真贯彻落实公司工作会议部署，坚定不移地推动党的全心全意依靠工人阶级根本指导方针的贯彻落实，组织和动员全公司广大职工群众紧紧围绕公司党委和×××的工作思路，进一步解放思想、转变观念、扎实工作、求实创新，使全公司在企业改革上有新突破，在企业管理上有新举措，在五大产业上有新发展，在招商引资对外开放上有新思路，在×××××上有新提高，为推动公司经济快速发展而努力奋斗。

这次会议的主要议题是：1. 听取和审议《行政工作报告》。2. 听取×××××资金使用情况、集体合同执行情况、业务招待费支出情况、厂务公开执行情况的报告和 2022 年责

任指标考核的说明。3. 听取2021年提案审查处理情况和2022年提案解答报告。4. 审议决定2021年职工福利基金使用情况及2022年安排意见。5. 审议决定2021年财务决算和2022年财务预算报告。6. 民主评议企业副处级以上领导干部。7. 签订2022年集体合同。8. 审议通过其他各项议案。

各位代表、同志们，认真协商讨论新一年公司的各项工作，动员广大干部职工群策群力，和衷共济，加快建设小康的步伐，是我们这次会议神圣的责任。希望与会的各位代表不负重托，以高度的政治责任感，充分行使民主权利，积极建言献策。相信在公司党委的正确领导下，经过我们全体代表的共同努力，会议确定的目标一定能够实现，也一定能够把这次会议开成一个民主团结、求真务实、开拓奋进的大会。

预祝大会圆满成功！

**评析**：这篇开幕词第一段表示祝贺和慰问；第二段点明会议的意义和作用；第三段指出会议的指导思想；第四段指出会议的主要议题；第五段提出希望和要求，预祝会议成功。全文条理清楚、思路明确、指导性强。

**【例文6-12】博览会开幕词**

## 第二届金融理财博览会开幕词

（202×年9月12日）

×××

女士们、先生们，新闻界的朋友们：

首先，我谨代表×××市政府、×××金融工作办公室、金融理财博览会组委会，对参加202×年第二届金融理财博览会开幕式的朋友们表示热烈的欢迎和衷心的感谢！

其次，作为×××专业的金融盛会，金博会是推动××金融业发展与合作的一个重要平台。市政府专门召开协调会，要求金博会贯彻创新、务实的指导思想，每年每届都要与时俱进，有所创新，全面反映××金融发展的最新成就；同时要贴近实际、贴近民生、贴近企业，通过金博会宣传××，为企业和市民提供金融服务。

近年来，××进一步加大了对金融业的支持力度，不遗余力地为金融业发展提供最优惠的政策、最优质的服务、最优良的环境，推动金融业继续发展壮大。作为与×××金融产业发展相配套的综合性金融展会，在社会各界的大力支持下，金博会经过两年的培育，已经发展成为××专业的金融盛会。金博会的成功举办对营造金融业发展的良好氛围和环境，促进××地区金融业的交流与发展发挥了积极的作用。

今后，金博会要办成知名品牌，一年比一年更有影响力。为了实现这个目标，金博会要着重挖掘内涵，在实效上下功夫，产生现实的生产力。金博会要成为企业融资洽谈会，作为平台，提供银行、证券、保险等金融机构以及投资机构与企业对接的机会，通过宣传金融产品，普及金融知识，有利于增强社会公众的理财意识和风险防范意识，有利于提升金融服务经济、社会和民生的能力,推动和扩大金融交流合作,促进经济与金融良性互动。

最后,衷心祝愿金博会圆满成功,并祝各位领导和嘉宾身体健康、工作进步,祝各位参展商取得丰硕成果,满载而归。

谢谢大家!

**评析:** 这篇开幕词范文来自第一范文网,它是第二届金融理财博览会开幕式上的开幕词,标题由会议名称和文种构成,"第二届金融理财博览会"为会议名称,"开幕词"为文种。标题之下注明了日期和致辞人,其中日期用括号括起,符合开幕词的写作规范。对与会人员统称为"女士们、先生们",除此之外,还提到了与会的新闻工作者。正文的开头部分用简洁的文字表达了对来宾的欢迎和感谢,主体部分着重阐述了金博会的重大影响和重要意义,展望了今后金博会的发展方向以及将产生的长远意义。结尾部分表达了对会议和与会人员的美好祝愿。这是一篇侧重性开幕词,内容以金博会的重要性、长远意义为侧重点,对其他会议要素没有过多叙述,主题明确,体现了会议的中心思想。在结构上,这篇开幕词做到了完整、层次清晰。在语言上,这篇开幕词通俗易懂,简洁明了,体现了友好、热情,具有一定的鼓动性。

**【例文6-13】成立大会闭幕词**

**晋城市陕西商会成立大会闭幕词**

(××××年××月××日)
潘厚德

尊敬的各位领导、各位嘉宾、各位会员:

金色十月,秋高气爽,这是一个果实飘香的季节,在各级领导的大力关怀和支持下,今天,我们晋城市陕西商会隆重成立了。刚才各位领导的讲话热情洋溢、语重心长。给我们商会的发展指明了方向,也给了我们极大的鼓舞和鞭策。有关上级单位、兄弟商会和友邻单位送来了贺信和珍贵的礼品,表达了对我们的支持和关心,增强了我们办好商会的信心。为此,我谨代表全体会员再次向到会的各级领导和嘉宾表示衷心的感谢和崇高的敬意!

巍巍太行,秀美晋城。这一方热土是我们共产党八路军成长壮大的福地。这里矿产资源丰富,人文资源优越,晋城人诚信热情、宽容厚道。改革开放以来,我们陕籍有7 000多人来晋经商办企业,借着天时、地利、人和的大好环境不断发展壮大,为晋城的社会经济发展做出了一定的贡献。今天,商会的成立使我们的会员终于在晋城市有了自己的家,这个家是我们企业家抱团发展、团结合力的纽带,是互相学习、交流经验的平台,也是解决问题、谋势发展的桥梁,我们要把这个家建设好。我们要以科学发展观为引领,加强对会员的思想和政治教育,积极引导会员"爱国、诚信、敬业、守法、贡献",提高会员综合素质,组织会员参与晋城地区各项经贸活动,推动会员企业做大做强、再创佳绩。我们要以完善组织机构功能、以服务立会为根本,进一步提高服务质量,维护会员合法权益,热

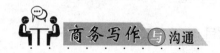

情投入当地社会公益事业,扶贫帮困,为构建和谐社会做出贡献。

各位领导,各位来宾,各位会员,今天的成立大会是商会工作的起点,我们坚信商会一定能在理事会带领下,不辜负各级领导和陕籍乡亲的期望,真正成为陕商的贴心人,为促进晋陕两地的经贸交流和社会发展做出我们更大的贡献。

谢谢大家!

**评析:** 这是一则热情洋溢、催人奋进的闭幕词,既营造了晋城市陕西商会成立的隆重气氛,也展望了商会未来发展的美好前景。从结构上看,全篇由此次会议达成的成果及致谢开头,以回顾和评价作为主体,最后以展望和号召作为结尾,结构清晰,内容完整。

【例文6-14】交易会闭幕词

## ××在旅游商品展示交易会闭幕式上的讲话

同志们:

为期3天的××市旅游商品展示交易会,现在就要圆满闭幕了。这次盛会展出了各地独具特色的旅游商品,评出了一批较高水平的市优秀旅游商品,成功举办了旅游商品研讨会、旅游经贸洽谈会和"彩绘——霸王醉现场笔会",签订了一批旅游商品开发合作项目。整个展示交易会规模气势恢宏,活动气氛热烈,内容丰富多彩,特色鲜明突出,经贸洽谈会硕果累累。总的来说,这次盛会时间虽然不长,但节奏安排得十分紧凑,举办得非常成功。这次盛会必将打开旅游商品开发新的一页,谱写出旅游商品发展新的篇章。

通过这次盛会,我们获得了与会各方在旅游商品开发、研制、生产、销售方面的丰富经验,进一步增强了危机意识、开放意识、合作意识和发展意识。通过这次盛会,我们进一步推介宣传了自己,促进了与会各方对彼此的了解,增进了友谊,加深了感情,必将获得与会各方对旅游商品乃至整个旅游经济发展的进一步关心和支持。

这次会议能够取得圆满成功,是与会各方共同努力的结果,是各位参会领导和朋友们关心、支持的结果,是组委会工作人员辛勤努力的结果。在此,我谨代表市人民政府向大家表示诚挚的谢意!

旅游商品开发是加快旅游业发展的重要组成部分,是延伸旅游产业链条、提高旅游产业地位的重要方面,是增强旅游消费弹性、转变旅游增长方式的重要手段。在旅游发达国家,旅游商品收入在整个旅游收入中占到80%左右。从旅游供给要素来讲,旅游商品是"食、住、行、游、购、娱"六大要素中不可缺少的部分,也是最富有消费潜力的一大要素;从市场需求来看,购物消费是旅游行程中弹性比较大、需求比较强烈的一个重要领域,是适应游客需要的一个重要方面;从服务经济大局来讲,加快旅游商品开发是促进经济结构调整、带动社会就业的重要手段。正是基于这种认识,我们举办了这次旅游商品展示交易会。这次盛会中,我们收获很多,我认为主要体现在以下几个方面。

一是进一步提高了对开发旅游商品重要性的认识。通过旅游商品展示、交易和研讨,大家进一步看到了旅游商品广阔的发展前景,明确了今后旅游商品发展的方向,认识到了其在旅游发展中举足轻重的地位,体会到了旅游商品在搞活商贸流通、服务经济大局、促进社会就业、满足人民日益增长的物质文化需求方面所起的巨大作用，形成了高度共识，增强了开发、研制旅游商品的责任感和使命感，从而为推动我市旅游商品的发展，进而为推动全市旅游产业的发展注入了强大精神动力。

二是发现了一批特色旅游商品以及开发人才和开发企业。通过旅游商品的展示、交易、评选，一大批独具地方特色、富有文化品位和地方风情的旅游商品从幕后走到了台前，从民间走向了商场；从事旅游饮食开发的优秀人才脱颖而出，与之紧密相关的是，他们的作品、智力成果也应运而生，使我市旅游商品的开发也随之迈上了一个新台阶。从这次比赛来看，无论是我们的选手，还是我们的产品，包括获奖的和没有获奖的，可以说都代表了我们旅游饮食界的先进水平，都可以堪称我们旅游界的骄傲。这些是我们旅游产业兴旺发达的基础所在，是我市旅游产业繁荣昌盛的根本所在。

三是进一步明确了我市旅游饮食开发应该努力的方向。大赛是一种较量，是一种比较，这次大赛涌现出了一大批优秀选手、产品，这是我们自己与自己相比的结果。但是，从更高标准、更高层面来看，我们在旅游饮食产品上还存在着很大差距，主要表现：地域特色不够鲜明，模仿的成分多了点，创造的成分少了点；文化底蕴不够深厚，人为的雕饰多了点，天然的本色少了点；大众特征不够明显，比赛的成分多了点，普及的成分少了点。看到差距，就是看到了努力的方向，就是看到了奋斗的目标，看到差距才能缩小差距，才能改变差距。因此，我们务必要保持清醒的头脑，绝不能因为自己跟自己比，有了进步，就沾沾自喜、妄自尊大，而应该把成绩看得轻一点，把差距看得重一点。坚持一切从实际出发，居安思危，埋头苦干，逐步缩小差距，争取用几年的时间把旅游饮食档次提升到一个新的层次。

竞赛只是手段，提高才是目的。希望参赛的各个单位要以此次大赛为契机，本着精益求精的原则，一如既往、坚持不懈地搞好职工的技能培训，切实提高服务质量和水平，以推动我市旅游饮食开发实现新的跨越。

同志们，我深信，在大家的共同努力下，我们旅游饮食队伍一定会涌现出更多、更杰出的人才，我们旅游产业的明天一定会更加美好。

谢谢大家！

**评析：** 这是第一范文网上的一篇闭幕词，它是在旅游商品展示交易会闭幕式上的闭幕词，其标题采用了"×××在×××闭幕式上的讲话"的形式。标题中已经写明了致辞人的姓名，所以在标题和正文之间不必再注明致辞人姓名，只需标注日期即可，但该例文缺少日期。正文的开头部分首先宣布大会取得成功、即将闭幕，总结了大会的进行情况，以及大会的收获、意义和影响。主体部分进一步明确了大会的深远意义，同时对旅游商品开发的重要意义做了简要阐述，分条阐述了会议的重要作用，肯定了成果，同时也发现了问题，还分析了当前形势，提出了相应的要求。结尾部分表达了对旅游饮食队伍的良好祝愿。该范文对旅游商品展示交易会所取得的成果进行了高度概括，体现了闭幕词的总结性，同时对大会的深远影响和意义进行了着重阐述，反映了闭幕词的评价性。此外，还对今后的旅游饮食发展提出了要求，体现了闭幕词的要求性。全篇内容有所侧重，主题鲜明，对今后相关工作的开展具有定的指导意义。

## 电子活页：答谢词、贺信、感谢信、慰问信、请柬与聘书

| | |
|---|---|
| 答谢词 | 贺信 |

| | | |
|---|---|---|
| 感谢信 | 慰问信 | 请柬与聘书 |

## 学生工作页

| | 答谢词、贺信、感谢信、慰问信、请柬与聘书 |
|---|---|
| 任务1 | 某职业技术学院院长带领部分商贸系师生到××大酒店参观学习,受到热情欢迎和款待,××大酒店董事长还在欢迎仪式上致欢迎辞,请代院长致答谢词 |
| 任务2 | 教师节快到了,请你代表学校全体学生写一封节日贺信 |
| 任务3 | 假设某日你在学校食堂,不慎将钱包丢失,内有身份证、学生证、校园一卡通和100多元现金。××同学拾到后,按照学生证的信息找到你,亲手将钱包交给你。请写一封感谢信,表达你的感激之情 |
| 任务4 | 202×年春节即将到来,请代××市市委、市政府拟写一份给离退休干部的慰问信 |
| 任务5 | 202×年9月1日,××企业将在××大酒店××宴会厅举行成立30周年庆祝大会,请你代该企业拟一份请柬 |
| 任务6 | ××职业技术学院拟聘请著名职业教育专家王××担任名誉顾问,请你代该学院拟一份聘书 |
| 班 级 | | 学 号 | | 姓 名 | |

### 学生自评

我的心得:


建议或提出问题:


### 教师评价

## 思政园地：党的八大开幕词背后的故事

思政园地
党的八大开幕词
背后的故事

1956年9月15日至27日，中共第八次全国代表大会终于在北京政协礼堂召开。这是新中国成立后召开的第一次大会，又是继新民主主义革命、社会主义改造胜利后举行的大会。从普通共产党员到高层领导，无不透露出胜利后的喜悦与自豪。

在热烈的掌声中，毛泽东宣布中共八大开幕，并致开幕词。你知道党的八大开幕词背后的故事吗？请扫描二维码，并分析其思政教育意义。

### 1. 撰写邀请函

（1）广州××公司将于8月8日在公司中心会议室举行五周年庆典活动。届时将邀请广州仪器仪表协会、质检机构代表、认证单位、生产企业代表、经销商代表等有关人员参加，具体活动内容包括参观广州××公司、会前娱乐活动、庆典致辞、节目表演、浪漫灯光自助晚宴、交流讨论、有奖问答等。请你替该公司发出一份邀请函，请相关人士参加。

（2）××总公司因项目需求，邀请××技术支持公司派遣专业技术人员前来进行实地考察，并商讨合作相关事项，考察时间为三天。请按要求拟一份邀请函。

（3）在"弘扬诚信文化、共建绿色校园"系列活动中，有一个"诚信文化家校共建"专题研讨沙龙，需要邀请部分学生家长参与，院学生会向这些家长代表发出了邀请函。请你拟写这封发送给家长的邀请函。

### 2. 撰写欢迎词、欢送词

（1）王新的母校××职业技术学院院长带领部分师生到王新工作的××商业集团公司参观学习，受到了公司领导和员工的热情欢迎和款待。××商业集团公司在师生到来时召开了欢迎会。学习过程中，双方相处很融洽，都获益匪浅，临别时公司还召开了欢送会，××商业集团公司总经理发表了欢送词。

请结合活动的具体安排，根据上述材料，代××商业集团公司总经理，分别拟写出欢迎词和欢送词。

（2）××有限公司是一家以生产家居用品为主的企业。经过20年的发展，该企业成长为该行业的优秀企业之一，生产范围涉及四大类型60多个品牌，年产值达到18亿元，实现利润5亿元。2023年5月18日是该企业成立20周年纪念日，公司领导准备举办20周年庆典，邀请上级领导、各界朋友前来参加。请你替该公司领导写一份欢迎词。

（3）新学期开始了，学院又迎来了不少新生，你作为老生代表请在迎新生大会上致欢迎词。

（4）根据下面所给的材料，写一份欢送词。

北京市×××总公司员工王先生前往大连市×××分公司进行了为期一个月的技术指导工作，如今他将要启程返回北京。

（5）××投资有限公司董事长金××率领8人到××汽车制造公司洽谈合作。经过双方谈判，由××投资有限公司向××汽车制造公司注资20亿元，收购该公司12%的股票，从而成为该公司的第四大股东，并签署了《××投资有限公司向××汽车制造公司注资协议》，该项资金主要用于新款汽车的开发。该协议的签署标志着两家公司在汽车制造方面的合作进入了实质性阶段，从而为××汽车制造公司在科研开发方面的投入注入了新的资金。会谈结束后，××汽车制造公司为××投资有限公司举行了一个简短的欢送仪式，公司董事长王××在会上做了欢送发言。请根据以上材料拟写欢送词。

（6）毕业季到了，毕业生就快要离开学校了，请你作为学弟或学妹代表在欢送毕业生的典礼上致欢送词。

### 3. 撰写开幕词、闭幕词

（1）为学校召开的田径运动会写一篇开幕词。

（2）请根据以下材料为"全国202×年家电新产品推广会"撰写一份开幕词。

会议名称：全国202×年家电新产品推广会

时间：202×年3月28日

与会人员：各地经销商

致辞人：×××

开幕词应包含的内容如下。

① 举办方基本情况：××集团有限公司在202×年秉承"诚信天下，商企共赢"的公司理念，保持了在同行业中脱颖而出的发展优势；在与客户合作的过程中，公司始终坚持"合作、包容、共享、多赢"的合作理念、"致力于客户成功"的服务理念，使公司产品迅速成为家电市场的主流品牌。公司经过近几年的培育和发展，在全国各地区的销售网络逐渐扩大和完善，形成了一支稳定的销售队伍，销售业绩节节攀升，前景喜人，大大提高了品牌的知名度和美誉度。

② 会议内容：202×年家电新产品推广会主要展示的产品有三大系列，共100多个。其产品外形美观、质量过关、效果独特、做工精细，加之有奖终端拉动，可以最大限度地让利于客户；公司提供售前、售中、售后等全方位的服务，解除广大经销商朋友的后顾之忧。

③ 会议意义：经过此次会议，经销商朋友可以进一步掌控市场、掌控终端，并进一步增强开发市场的信心与决心，进一步加强商企之间的相互交流与合作，进一步完善市场销售网络，进一步抢占市场份额和优秀客户资源，进一步加大宣传和提高产品的知名度与美誉度，提升品牌形象，不断将公司做大、做强。

（3）为学校举办的文化艺术节写一篇闭幕词。

（4）请根据以下材料为××信息产业职业教育集团举办的首届产品（项目）展示洽谈

会撰写一篇闭幕词。

① 会议名称：××信息产业职业教育集团举办的首届产品（项目）展示洽谈会。

② 会议时间：202×年6月16日。

③ 致辞人：张××。

④ 会议内容：有60家信息类高职学院与研究院所、生产企业的150余名专家、技术人员参加这次会议，共有150件产品（项目）到会展示。大会期间，共有20个合作项目正式签约，还进行了产品推介、成果转让与交易、技术成果交易洽谈等多项活动，签订了产品（项目）合作意向书80份，涉及60个产品（项目），初步形成了信息产业项目链和产品链。

（5）会议意义。

① 这次活动搭建了职业院校和企业团结协作、公平竞争、互利互惠、共同发展的平台。这一平台，让企业与学院、企业与企业、学院与学院面对面接触，企业了解了学院的办学成果，学院了解了企业的人才需求，为进一步推进××信息产业职业教育集团的稳步、务实、健康发展奠定了良好的基础。

② 此次洽谈会是一次契机，通过相互沟通和友好交流及实质性的成功合作，实现资源共享，达到企校双赢，从更高层次上推动校企合作、工学结合，探索新形势下职业教育的办学模式，真正实现职业教育服务于社会、服务于地方经济的办学宗旨。

（6）今后努力方向：将本着实事求是、讲求实效、互利互惠、自愿参加的原则，依托××省信息产业行业，组建和运营好××信息产业职业教育集团，实现资源共享、信息共享和成果共享，提高整个集团的办学质量和行业效益，促进××职业教育、信息行业企业和职业院校自身的发展，为信息行业培养适应生产、建设、管理和服务第一线的信息技术高级应用型人才。

（7）其他：××信息产业职业教育集团将在12月举行挂牌仪式，届时将邀请与会人员再次参加。

# 模块 2　商务沟通

公司管理层的首要职能就是建立和保持一个良好的沟通机制。

——〔美〕切斯特·巴纳德《管理层职能》

沟通不仅仅是几句话，或是画布上的油彩，也不只是科学家眼中的数学符号、等式和模型；沟通是人与人之间的一种相互关系，通过沟通，人们能够消除孤独、分享经验、互相启迪思想。

——〔美〕威廉·马斯特勒《创造性管理》

有意而言，意尽而言止者，天下之至言也。

——〔宋〕苏洵《策略第一》

与人相交，一言一事，皆须有益于人，便是善人。

——〔清〕张英《聪训斋语·卷二》

要使人信服，一句言语常常比黄金更有效。

——〔古希腊〕德谟克利特《著作残篇》

有许多隐藏在人心中的秘密都是通过眼睛被泄露出来的，而不是通过嘴巴。

——〔美〕爱默生《报酬随笔》

要耐性地倾听，对方通常都会提出适当的解决方案。

——〔美〕玛丽·凯《经理人箴言录》

交际是人生一大乐趣。

——〔英〕西·史密斯《随笔集》

# 项目7 认识商务沟通

**项目目标**

通过本项目的学习,应该达到以下目标。

**知识目标**:了解沟通的内涵、种类、沟通的准备与过程,明确有效沟通的条件,掌握沟通的基本原则,明确沟通的障碍并能够克服。掌握商务沟通的内涵、目标、层次和功能。明确商务沟通的发展趋势。

**能力目标**:能够充分认识沟通、商务沟通的作用,强化沟通意识,明确自身沟通的优势和劣势,着力培养和提高自己的沟通能力,增强商务沟通的自信心和主动性,形成良好的人际关系。

**思政目标**:培养诚信经营、合作互利的财商理念;树立热情礼貌、以和为贵的沟通交流态度;提升专精勤思、兼容并蓄的职业素养;增强商务沟通中的换位思考意识、责任意识和诚信意识,提升沟通道德水准;提升人际交往中的文化自信、爱国主义情怀和民族自豪感。

**土著人的最高礼节**

有一天,哈佛商学院的一位教授接到非洲土著的请柬,邀请他到非洲讲授部落的竞争力战略。

教授为了表示对土著人的尊敬,于是准备了好几套西服上路。土著人为了表示对文明国度知名教授的尊敬,准备按照部落至高礼节欢迎他的到来。

讲课的第一天,教授西装革履地出现在土著人面前,讲了一整天,一直在冒汗。为什么呢?原来土著人以最高礼仪在听课——男女全部一丝不挂,只戴着项圈,私处也只遮盖着树叶,在下面黑压压地站成一片。

第二天,教授的讲课同样也是一个冒汗的过程。为了入乡随俗,教授也脱得一丝不挂,只戴了个项圈,私处也只遮盖着树叶;但是土著人为了照顾教授的感情,吸取了头一天的教训,于是全部西装革履。

直到第三天,双方做了很好的沟通,台上台下全穿西装,竞争力战略才顺利地传授下去。

## 任务 7.1　沟通概述

随着社会的发展，国家之间、政府组织之间、个人之间的联系变得越来越紧密，也越来越重要。各组织及个人，只有通过彼此间有效联系和合作，才能得到发展和壮大。企业在遇到危机事件时，需要在最短的时间内以最快的速度面对社会各界做出反应。其反馈的最直接手段就是正确运用一定的沟通方式。因此，沟通成为现代社会生活和工作中关系企业的管理和发展、关系部门的团队建设、关系个人的人际关系的重要因素。

### 7.1.1　沟通的概念

**王总经理的一天**

微课
沟通概述

王伟是一家公司的经理，下面是他一天的工作情况：
早晨 8:00 来到办公室，打开计算机开始处理、收发邮件。
8:20 开始批阅文件，然后开始撰写年度工作报告的提纲。
9:00 浏览了一个地区经理提交的关于改变某项工作流程的备忘录，于是决定要为这件事召开一次会议。
按照约定，"10:00 听取了人力资源部宋经理关于新招聘员工相关事宜的汇报。"
11:00 去机场迎接来自美国的客户，并与其共进午餐。
下午 1:30 引领美国客户去公司参观，并就进一步合作事宜进行了磋商。
下午 3:30 接受了一名记者的采访。
下午 4:00 召集各部门经理就与美国公司合作事宜开了一个紧急会议。
……
上述他一天中的每一件事情，都可以称为"沟通"。

**1. 沟通的定义**

沟通（communication）是人们通过语言和非语言方式传递并理解信息、知识的过程，是人们了解他人思想、情感、见解和价值观的一种双向互动的过程，是将信息编译，并通过各种媒介在人与人之间传递并得到理解和反馈的过程。

**2. 沟通的特点**

（1）沟通内容的多样性。沟通不仅要传递信息，而且还要传递情感。在沟通的过程中，传递的信息包罗万象，可分为以下几类。

① 语言信息，包括口头语言信息和书面语言信息。
② 非语言信息，包括身体语言和辅助语言系统等，如语音、语调、语速，言语中的重

音、停顿、语气等，这些因素都能够帮助传递大量的信息。

对于信息的传递，一个良好的沟通者应该能够区别出哪些是基于推论的信息，哪些是基于事实的信息。

（2）沟通双方的参与性。沟通既包括发送者对信息的传递，也包括接收者对信息的理解。如果发送者的信息和想法没有传递到接收者，那么沟通也就没有发生。也就是说，说话者没有听众或作者没有读者都不能构成沟通。因此，在沟通过程中，沟通双方都占有重要的地位，缺一不可。信息发送者要充分考虑信息接收者的知识经验、思维方式、文化水平，用对方熟悉的语言进行编码，确保所传递的信息能被接收方理解，才能达到沟通的目的。

（3）沟通结果的不定性。沟通并不意味着双方一定要达成一致的意见。人们常常错误地认为良好的沟通就是双方达成一致协议，而不知道真正的答案是准确理解信息的意义。沟通双方能否达成一致意见，对方是否接受信息发送者的观点，往往并不是沟通有效与否可以决定的，它还涉及双方根本利益是否一致、价值观念是否相似等其他关键因素，这样的案例在商业谈判中屡见不鲜。

（4）有效沟通的双向性、互动性。有效的沟通是一个双向、互动的反馈和理解的过程。人们每天都在与他人进行各种各样的沟通，但并不意味着每个人都是优秀的沟通者，也不是每一次沟通都会成功。这是因为有效的沟通往往不是一个纯粹单向的沟通过程。有时你已经告诉对方你所要表达的信息，但这并不意味着对方已经与你进行了有效沟通。因此，有效的沟通是一个双向、互动的反馈和理解的过程。

（5）沟通过程的完整性。沟通是一个完整的过程。沟通过程始于信息源发出信息，终止于得到反馈。只有信息接收者准确理解了信息发送者的意思，沟通过程才算完成。如果有一个环节没有完成，都不算真正的沟通。

**3. 沟通的本质**

本质是指事物本身所固有的属性、面貌和发展的根本性质。事物的本质是隐蔽的，是通过现象来表现的。那么，沟通的本质是什么呢？显然，

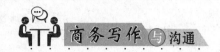

**小故事**
范雎与蔡泽

探寻沟通的本质必须从沟通活动的现象入手。从沟通的定义来看，沟通是信息的传递过程，由此可以引申为沟通的本质是交流信息。但这并没有真正揭示沟通的本质，只是从表面上认识沟通。可以说，对沟通本质的认知与理解，是树立沟通意识、运用沟通技巧进行有效沟通的关键问题或核心问题。

随着管理沟通理论与实务研究的不断深入，长期从事沟通教学研究和从事管理实践的专家、学者和实际工作者，开始探究沟通的本质问题。归纳起来主要有以下几种观点。

第一种观点认为：沟通的本质就是达成共识。福建中庚实业集团有限公司董事长助理吴铁认为："管理就是沟通并达成共识。因此，无论是对内做协调，还是对外公共关系的维护，最本质的东西是达成共识。"

第二种观点认为：管理沟通的本质是换位思考。持这一观点的是学者魏江。他在其编写的 MBA 教材《管理沟通——理念与技能》中，从"换位思考"这一沟通本质的角度探究了如何开展建设性沟通、沟通对象分析和自我分析。

第三种观点认为：坦诚是沟通的本质。新加坡（北京）中圣国脉管理咨询有限公司高级顾问曹勃认为："坦诚是沟通的本质和企业成功的核心要素。"

第四种观点认为：沟通的本质是信任。持这种观点的是英国的莱克斯曼（Laksman）教授。国内学者赵波在其所著的《陷阱——中国企业案例启示录》中提出："由于信任属于意识领域，而沟通属于行为范畴，意识并不一定代表行为的必然发生。"他质疑："是在信任基础上产生有效沟通，还是在有效沟通基础上产生信任？"他提出了一个问题：即使完全信任，是不是就能达成有效沟通？他引用了一个古老王国的故事以供人们思考。

**小故事**
走向哪扇门？

### 7.1.2 沟通的类型

你在学习和生活中，常用什么方式和他人沟通？请列举出来。

根据不同的标准，沟通的类型可以划分如下。

**1. 按照沟通的媒介划分**

按照沟通的媒介划分，沟通分为口头沟通、书面沟通、非语言沟通、电子媒介沟通、手机媒体沟通等。各种沟通媒介的比较如表 7-1 所示。

表 7-1　各种沟通媒介的比较

| 沟通媒介 | 举例 | 优点 | 缺点 |
| --- | --- | --- | --- |
| 口头 | 交谈、讲座、讨论会、电话 | 快速传递、快速反馈、信息量很大 | 传递中途经过层次越多，信息失真越严重、核实越困难 |
| 书面 | 报告、备忘录、信件、文件、内部期刊、布告 | 持久、有形、可以核实 | 效率低、缺乏反馈 |
| 非语言 | 声、光信号、体态、语调 | 信息意义十分明确，内涵丰富 | 传递距离有限，界限模糊，只能意会，不能言传 |
| 电子媒介 | 传真、闭路电视、计算机网络、电子邮件（E-mail） | 快速传递、信息容量大、一份信息可同时传递给多人、廉价 | 单向传递，电子邮件可以交流，但看不见表情 |
| 手机媒体 | 微信、QQ、短信 | 体积小巧，便于携带，隐蔽性好；普及率高，覆盖面广；手机功能强大，传播迅速 | 国内手机资费高、网速慢；手机用户结构复杂；手机传播中存在虚假、诈骗、色情、暴力等有害信息 |

### 病人面前莫摇头

医学院的主任带着学生到附属医院上临床实习课。一群穿白大褂的实习学生来到某一个病房前，主任说："大家进去后，看一看这个患者的症状，仔细想想他得了什么病。知道的就点头，不知道的就摇头。大家不要多说话，免得吓着病人，明白了吗？"众实习生连连点头，生怕给主任留下不良印象而影响成绩。病房中的病人本来只是轻微的肺积水，看到一大群穿着白大褂的"医生"走了进来，心中不免有几分紧张。

实习医生甲走进病房后，看了病人一会儿，咬着笔杆想了想，无奈地摇了摇头；换实习医生乙走进病房，把病人看来看去，判断不出该病人是何症状，想到自己可能要面临重修学业，眼角含着泪水摇了摇头；轮到实习医生丙，看了看病人，只是叹了一口气，一副垂头丧气的样子，摇摇头就走了出去；当实习医生丁开始看病人时，只见病人冲下床来，满脸泪水地跪着磕头说："医生啊，请你救救我吧，我还不想死呀！"

【点评】面对不同情况，应选择不同的沟通方式。不恰当的沟通方式，即使出发点是好的，其沟通结果也可能会适得其反。

#### 2. 按照组织系统划分

按照组织系统划分，沟通可以分为正式沟通和非正式沟通。

（1）正式沟通。

① 链式沟通。在链式沟通中，居于两端的人只能与邻近的一个成员联系，居中的人则可分别与其两侧的人沟通信息。

② 轮式沟通。轮式沟通网络在组织中代表一个主管直接管理部属的权威系统。

③ 环式沟通。此形态可以看成链式沟通的一个封闭式控制结构，表示5个人之间依次联络和沟通。其中，每个人都可同时与两侧的人沟通信息。

④ 全通道式沟通。这是一个开放式的网络系统，其中每两个成员之间都有一定的联系，彼此可随时沟通情况。此方式集中化程度很低。

⑤ Y链式沟通。Y链式沟通，其中只有一个成员位于沟通的中心，成为沟通的媒介。在组织中，这一网络大体相当于组织领导、秘书班子再到下级主管人员或一般成员之间的纵向关系。

正式沟通方式示意图如图7-1所示，各种正式沟通方式的比较如表7-2所示。

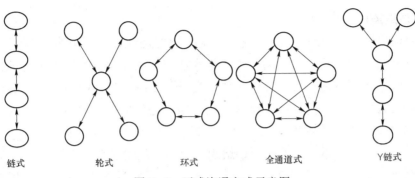

| | 链式 | 轮式 | 环式 | 全通道式 | Y链式 |

图7-1 正式沟通方式示意图

表7-2 各种正式沟通方式的比较

| | 沟通方式 | | | | |
| --- | --- | --- | --- | --- | --- |
| 沟通特点 | 链式沟通 | 轮式沟通 | 环式沟通 | 全通道式沟通 | Y链式沟通 |
| 解决问题速度 | 较快 | 快 | 慢 | 快 | 中 |
| 正确性 | 高 | 高 | 低 | 中 | 高 |
| 突出领导者 | 相当显著 | 非常显著 | 不显著 | 无 | 中 |
| 士气 | 低 | 非常低 | 高 | 高 | 中 |

（2）非正式沟通。非正式沟通主要包括以下4种。

① 单线式。单线式的传递方式是指通过一连串的人，把信息传播给最终的接收者。

② 集束式。集束式的传播方式是指把信息有选择地告诉自己的朋友或有关的人，这是一种藤式的沟通传递。

③ 偶然式。偶然式的传播方式是指按偶然的机会来传播信息，有些人未接收到信息，这与个人的交际面有关。

④ 流言式。流言式的传播方式是指一个人主动将信息传播给所有与他接触交往的人。

非正式沟通方式示意图如图7-2所示。

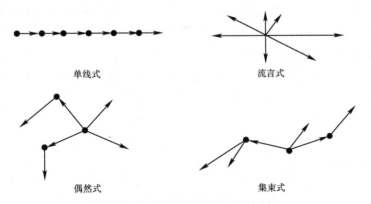

图7-2 非正式沟通方式示意图

### 3. 按照信息流向划分

按照信息流向划分，沟通又可分为上行沟通、下行沟通和平行沟通。在群体和组织中，从一个层次向另一个更低层次的沟通称为下行沟通。这主要是指管理人员对员工进行的沟通，包括管理者给下属分配任务、介绍工作，指导员工解决工作中出现的障碍，指出员工日常工作中的表现等。下行沟通不仅仅是口头沟通，还包括书面沟通、电子媒介沟通等。上行沟通是指员工向上级主管报告或建议的沟通。平行沟通是组织内部同阶层工作人员的横向联系。一般来说，组织由上而下的沟通渠道很多，而且主管们常拥有较多说话的机会。因此，下行沟通不需要鼓励就可以大行其道。相对而言，上行沟通在很大程度上被忽视了，沟通渠道也不够畅通。应该说，上行沟通可以增加职工的参与感，而平行沟通可以打破部门间各自为政的低效率局面。

小故事
获得工作评价

### 4. 按照是否进行反馈划分

按照是否进行反馈划分，沟通可分为单向沟通和双向沟通。单向沟通和双向沟通的比较如表 7-3 所示。

表 7-3 单向沟通和双向沟通的比较

| 特点 | 类型 | | | | | |
|---|---|---|---|---|---|---|
| | 速度 | 准确性 | 传递者 | 接收者 | 干扰 | 条理性 | 反馈 |
| 单向沟通 | 快 | 低 | 压力小 | 无信心 | 小 | 有条理 | 无 |
| 双向沟通 | 慢 | 高 | 压力大 | 有信心 | 大 | 无条理 | 有 |

小案例

## 课堂中的沟通

阳阳是一个调皮的学生，常常在课堂上捣乱。有一天，第一节上音乐课，阳阳一会儿打扰前面的同学，一会儿乱唱曲子，一会儿自说自话翻音乐书。结果，因为他不遵守纪律而导致全班同学被扣了一颗星。

朱老师上第二节思品课，走在去教室的路上得知这件事。当她走进教室的时候，学生们便纷纷告状，诉说阳阳今天如何如何的不好。而阳阳坐在位子上，低头不语，好似一个犯了天大错误的罪人。等学生们一一说罢，朱老师请阳阳到讲台上，阳阳慢吞吞地挪了上来，看上去情绪很失落。

"阳阳，我想听听你的想法。"朱老师说。

阳阳默不作声。

"那么，就让朱老师站在你的角度，感受一下你此时内心的想法吧！"朱老师关切地看着阳阳，继续说道，"我想，你听到同学们如此说你的不是，一定感到很没面子，你也一定没有想到同学们对你竟有如此大的意见。"阳阳一个劲地点头。

"那么,你认为同学们对你有这么大的意见,今后在班级里还能交到朋友,还有人愿意和你玩吗?"

说到这里,阳阳的泪水"哗"地一下奔涌而出,一边抽泣一边说:"没有了,没有人愿意和我玩了!"

朱老师看时机成熟了,便因势利导,说道:"那么,如果你想让同学都认可你,愿意和你玩。今后上音乐课,你如何做才能赢得同学们的尊重与好感?"

阳阳一下子说了好多平时老师教育学生课堂上该如何遵守纪律的话。

朱老师听了很高兴,鼓励他:"朱老师相信你能用实际行动来证明给同学们看!"

"好的,看我的吧!"看着灿烂的笑容重新回到阳阳的脸上,朱老师也笑了。

【问题】朱老师与阳阳的沟通是何种沟通?有何特点?效果如何?

## 7.1.3 沟通的原则

人们在社会生活中进行人际沟通和人际交往时,不仅要有良好的、正当的动机,遵循普遍的社会道德规范,而且还需要采取正确的方法并遵循一定的原则。

### 1. 尊重原则

人人都有自尊心,都有受人尊重的需要,都期望得到别人的认可、注意和欣赏。这种需要的满足会增强人的自信心和上进心;反之,则会使人失去自信,产生自卑,甚至影响其人际交往。因此,在沟通中首先要遵循相互尊重的原则。尊重原则要求沟通者讲究言行举止的礼貌,尊重对方的人格和自尊心,尊重对方的文化背景。这里既包括要善于运用相应的礼貌用语,如称呼语、迎候语、致谢语、致歉语、告别语、介绍语等;也包括遣词造句的谦恭得体、恰如其分,如多用委婉征询的语气;还包括平易近人、亲切自然的态度。尊重是不分对象的,学会善待每一个人,有时你会得到意外的收获。当然,对对方的尊重不仅仅表现在沟通形式上,更表现在沟通中所交流的信息和思想观念上,即要把对方放在平等的地位上,摒弃偏见,待人以诚。

### 苏东坡与老和尚

有一天,苏东坡与老和尚一起打禅。老和尚问苏东坡:"你看我打禅像什么?"苏东坡想了一下,并没有回答,同时反问老和尚:"那你看我打禅像什么?"老和尚说:"你真像是一尊高贵的佛。"苏东坡听了这一番话,心中暗暗地高兴。于是老和尚说:"换你说说你看我像什么?"苏东坡心里想气气老和尚,便说:"我看你打禅像一堆牛粪。"老和尚听完苏东坡的话淡淡地一笑。苏东坡高兴地回家找家里的小妹谈论起这件事,小妹听完后笑了出来。苏东坡好奇地问:"有什么可笑的?"苏小妹斩钉截铁地告诫苏东坡,人家和尚心中有佛,所以看你如佛;而你心中有粪,所以看人如粪。

【点评】这个饶有趣味的故事给我们的启示是:从批评者的言行能看出其眼界和见识。当你骂别人的同时,也是在骂自己。运用言语骂人的人,必定得不到对方的认同,也会失去别人的信任。一个良好的沟通应该建立在彼此尊重的基础上,人与人之间和谐相处,才能达到沟通的效果。

2. 清晰原则

与人沟通时要提供清晰的信息,才能达到预想的效果。只有你的思路逻辑清晰,沟通才能顺利进行。人的语言表达的逻辑思路很重要,应该把握住表达的主线。如果你的每句话都很清晰,但是连贯起来,对方却弄不清楚你的观点,这就是你的逻辑出现了问题。无论在工作、学习和生活中,都一定要提供清晰、明确且具有指导性的重要信息,使得同事、朋友及亲人对下一步工作或未来的目标都有着清晰的思路,达到沟通的目的。

### 敏感"散伙"二字

林小姐是一家广告公司的总经理。年初,公司与电视台签订了合同,承办了电视台半个小时的汽车栏目。为了更好地承办这个栏目,公司引进了一个新的合伙人。新的合伙人非常有能力,但优点明显的人,缺点往往也同样明显。林小姐与新合伙人在工作中产生了一些摩擦,有时会因为一些小事情发生争执。一天,因为林小姐修改了他的方案,两个人产生了争执。林小姐随口说出:"不行就散伙吧。"合伙人听了后没有再说什么,但是,从那天起,两个人的矛盾逐渐加深。后来,合伙人对林小姐讲述了自己的看法,觉得林小姐说出"散伙"二字让他听起来特别刺耳。林小姐这才知道,这个合伙人几年前离了婚,所以对"散伙"特别敏感。

其实林小姐也不是真的想"散伙",只是随口说出,却使用了对方无法接受的语言和方式,她也没有想到对合伙人造成这么大的伤害。

【点评】在沟通前应该认真思考对方能够接受什么样的语言,什么样的方式,要选择对方能够接受的方式方法进行沟通,这是沟通获得成功的第一个步骤。

3. 理解原则

理解原则就是要求沟通者要善于换位思考,要设身处地体会对方的心理状态与感受,这样才能产生与对方趋向一致的共同语言。同时还要耐心、仔细地倾听对方的意见,准确领会对方的观点、依据、意图和要求,这既可以表现出对对方的尊重和重视,也可以更加深入地理解对方。

项目 7 认识商务沟通

沟通不仅是信息的传递,更是对信息的理解和把握,准确地理解信息的意义才可以进行良好的沟通。理解又是人际沟通的润滑剂,下面这个小案例会带给大家这个道理。

### 理　　解

一家电梯公司与某酒店订有维修合同。有一天,电梯坏了。酒店经理不愿让电梯一次停两个小时以上,因为这样将会给客人造成不便,但这次维修起码需要 8 个小时。电梯公司的代表给酒店总经理打了电话,不过他并没有开口在时间上讨价还价,而是说:"我知道你们酒店生意很好。不愿让电梯停太长时间,这样会给客人带来不方便,我理解你的忧虑,我们一定尽力使你满意。可是我们检查后发现电梯需要大修,否则将会带来更大的损失,那样电梯就得停更长时间了。我想你更不愿给客人造成几天的不便吧。"最后经理同意停 8 小时,这比停几天更可取一些。正因为代表从经理方便客人的立场表示理解,才能够说服经理接受他的主张,且没有引起经理的不悦。

问题:沟通中如何做到理解对方?

**4. 宽容原则**

人际沟通的双方要心胸开阔、宽宏大量,把原则性和灵活性结合起来。只要不是原则性的重大问题,应力求以谦恭容忍、豁达超然的风度来对待各种分歧、误会和矛盾,以诙谐幽默、委婉劝导等与人为善的方式,来缓解紧张气氛、消除隔阂。事实证明,沟通中心胸开阔、态度宽容、谦让得体、诱导得法,会使沟通更加顺畅并赢得对方的配合与尊重。

### 特殊的房子

贝聿铭是著名的华裔建筑设计师。在一次正式的宴会中,他遇到这样一件事:当时的宴会嘉宾云集,在他邻桌坐着一位美国百万富翁。在宴会中这位百万富翁一直在喋喋不休地抱怨:"现在建筑师不行,都是蒙钱的,他们老骗我,根本没有水准。我要建一个正方形的房子,很简单嘛,可是他们做不出来,不能满足我的要求,都是骗钱的。"贝聿铭听到后,风度非常好,没有直接地反驳这位百万富翁,他问:"那你提出的是什么要求呢?"百万富翁回答:"我要求这个房子是正方形的,房子的四面墙全朝南!"贝聿铭面带微笑地说:"我

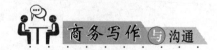

就是一个建筑设计师,你提出的这个要求我可以满足,但是我建出来的这个房子你一定不敢住。"这个百万富翁说:"不可能,你只要能建出来,我肯定住。"贝聿铭说:"好,那我告诉你我的建筑方案是,建在北极。在北极的极点上建这座房子,因为在极点上,所以各个方向都是朝南的。"

5. 坦诚原则

日本企业之神、著名国际化电器企业松下电器公司的创始人松下幸之助有句名言:"伟大的事业需要一颗真诚的心与人沟通。"松下幸之助正是凭借这种真诚的人际沟通艺术,驾轻就熟于各种职业、身份、地位的客户之中,赢得了他人的信赖、尊重和敬仰,使松下电器成为全球电器行业的巨人。

有人做过一个统计,从描述人品的词语中选出你认为最重要的几个,"真诚"被排在了第一位。崇尚真诚是时代的主旋律。真诚既然是人心所向,在沟通中你就应该坚持它。沟通最基本的心理保证是安全感,没有安全感的沟通交往是难以发展的,只有抱着真诚的态度与人沟通,才会得到意想不到的效果。一个人尽管不善言辞,但有真诚就足够了,没有什么比真诚更能打动人的。

### 女孩用真诚打动了他

西方经济萧条时期,有个女孩子好不容易找了一份在一家首饰店做销售员的工作。一天早晨清扫时,她不小心打翻了首饰盒,六枚戒指只找回了五枚。这时她发现有位男青年匆匆向门口走去,女孩凭直觉断定准是他捡走了那枚戒指,因为早晨商店里人很少。女孩赶上去叫住了他,很真诚地说:"你知道现在工作很难找,这是我的第一份工作,家里还有母亲等我赡养。"男青年停顿了一会儿,跟她握了一下手(戒指在他手里),说:"祝你好运!"女孩用真诚打动了他。

【问题】女孩的沟通有何独到之处?

6. 互利原则

在沟通的过程中,双方互惠互利,能够加深双方的感情。你热情地帮助了别人,反过来别人有机会也可能帮助你;有时,在帮助别人的过程中,本身也是一件互惠互利的事。帮助别人要有不图回报的心态,以建立良好的人际关系。

项目 7　认识商务沟通

 小故事

### 卖房老人与买房警官

有一位老人，在一个环境幽静的山谷，拥有一栋占地 500 平方米的房子，因受其健康状况的影响，他要卖掉房子和花园搬到养老院去住。老人想将房子的价格定在 30 万美元。而有一位叫罗冰的警官很想买下这栋房子，可他只有 3 万美元，余款只能按每月 2 000 美元支付。

罗冰知道老人是出于无奈才卖房子的，老人对房子有很深的感情。于是罗冰找到老人与之商量："如果你能将房子卖给我，我保证每个月接你回来一两次，带你回到花园，坐在这儿，和往日一样，赏花散步。"老人微笑点头，双方都很满意。老人还把整屋的古董家具都送给罗冰，包括一架大钢琴。当爱的因素加进交易之中时，罗冰不可思议地赢得了经济上的胜利，更重要的是老人赢得了快乐和他们之间的亲密关系。

【点评】卖房老人与买房警官罗冰在房屋交易过程中建立了友谊，逐渐加深了感情，双方都给予了对方很多帮助，双方都收获了友谊与快乐。

### 7.1.4　沟通的过程与策略

#### 1. 沟通过程模型

从沟通的定义中人们了解到，沟通过程涉及沟通主体（发送者和接收者）和沟通客体（信息）的关系。沟通的过程是一个完整的、双向的过程：发送者要把想表达的信息、思想和情感，通过语言发送给接收者；当接收者接到信息、思想和情感以后，会提出一些问题，给对方一个反馈，这就形成了一个完整的双向沟通的过程。具体如下。

① 发送者获得某些观点或事实（即信息），并且有把信息传送出去的意向。

② 发送者将其观点、事实以言辞来描述或以行动来表示（即编码），力求不使信息失真。

③ 信息通过某种通道传递。

④ 接收者由通道接收到信息。

⑤ 接收者将获得的信息解码，转化为其主观理解的意思。

⑥ 接收者根据他理解的意思加以判断，以采取不同的反应或行动。

沟通的过程模型如图 7-3 所示。

由此可见，一个看起来简单的沟通过程，事实上包含着许多环节，这些环节都有可能产生沟通的障碍，从而影响沟通目的的实现。现在可以理解，为什么每天你都有可能遇到一些因沟通而引发的误解、尴尬甚至是矛盾和冲突的事件了。

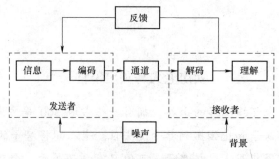

图7-3 沟通的过程模型

### 2. 沟通过程中的要素

要想取得沟通的最佳效果，必须首先把握沟通过程中的要素，这主要包括以下几个方面。

（1）发送者与接收者。沟通的主体是人，任何形式的信息交流都需要有两个或两个以上的人参与。由于人与人之间的信息交流是一种双向的互动过程，所以，把一个人定义为发送者而把另一个人定义为接收者，这只是相对而言的，这两种身份可以发生转换。在信息交流过程中，发送者的功能是产生、提供用于交流的信息，是沟通的初始者，处于主动地位；而接收者则被告知事实、观点或被迫改变自己的立场、行为等，所以处于被动地位。发送者和接收者这种地位对比的特点，对信息交流的过程有着重要影响。

（2）编码与解码。编码是发送者将信息转换成可以传输信号的过程。解码是接收者将获得的信号翻译、还原为原来含义的过程。编码和解码的两个过程是沟通成败的关键。最理想的沟通，应该是经过编码与解码两个过程后，接收者形成的信息与发送者发送的信息完全吻合，也就是说，编码与解码完全"对称"。"对称"的前提条件是双方拥有类似的知识、经验、态度、情绪和感情等。如果双方对信息符号及信息内容缺乏共同经验，则容易缺乏共同的语言，那么就无法达到共鸣，从而使编码、解码过程不可避免地出现误差和障碍。

（3）信息。在沟通过程中，人们只有通过"符号—信息"的联系才能理解信息的真正含义，由于不同的人往往有着不同的"符号—信息"系统，因而接收者的理解有可能与发送者的意图存在偏差。

### 什么是雪？

南方的孩子没见过雪，所以不知道什么是雪。

教师说雪是纯白的，儿童就将雪想象成盐；

教师说雪是冷的，儿童就将雪想象成冰激凌；

教师说雪是细细的,儿童就将雪想象成沙子。

最后,儿童在考试的时候,这样描述雪:雪是纯白色,味道又冷又咸的沙子。

(4)通道。通道是发送者把信息传递到接收者那里所借助的媒介物。口头交流的通道是声波,书面交流的通道是纸张,网上交流的通道是互联网,面对面交流的通道是口头语言和身体语言的共同表现。在各种通道中影响力最大的仍然是面对面的原始沟通方式,因为它可以最直接地发出及感受到彼此对信息的态度与情感。因而,即使是在通信技术高度发达的美国,在总统竞选时,候选人也总是不辞辛苦地四处奔波去选民面前演讲。

### "章鱼哥"预测南非世界杯结果的背后

2010年南非世界杯足球赛期间,最引起人们关注的事件是,德国的一只名叫保罗的章鱼居然成功地预测了8场关键性比赛的结果。在亿万人表示出巨大的兴趣、关注和惊愕之时,有权威人士指出,"章鱼哥"保罗的背后实际上有着一支强大的参谋团队,支撑"章鱼哥"在预测世界杯比赛结果时做出准确的判断。

这支参谋团队根据数据和情报分析,基本上能够对一场比赛的走势做出判断。而"章鱼哥"的饲料是可以人为控制的。参谋团队利用"章鱼哥"的饮食习惯,就可以将预测结果通过"章鱼哥"的行动来展现给全世界球迷。

这个至今还不知名的预测团队借用了"章鱼哥"的名义赢得了全球性的关注,达到了他们传递信息的目的。

(5)背景。背景就是指沟通所面临的总体环境,任何形式的沟通都必然受到各种环境因素的影响。沟通的背景通常包括以下几个方面。

① 心理背景。即沟通双方的情绪和态度。它包括两方面内容:一是沟通者的心情和情绪,或兴奋、或激动、或悲伤、或焦虑,不同的心情和情绪会影响沟通的效果;二是沟通双方的态度,如果沟通双方彼此敌视或关系淡漠,则其沟通常常会由于偏见而出现误差,双方都较难准确理解对方的真实意思。

② 社会背景。即沟通双方的社会角色及其相互关系。不同的社会角色关系有着不同的沟通模式。上级可以拍拍你的肩头,告诉你要勤奋、敬业,但你绝不能拍拍他的肩头,告诉他要乐于奉献。因为对应于每一种社会角色关系,无论是上下级关系,还是朋友关系,人们之间都有一种特定的沟通方式,只有采取与社会角色关系相适应的沟通方式,才能得到人们的认可。

③ 文化背景。即沟通者的价值取向、思维模式、心理结构的总和。通常人们体会不到文化背景对沟通的影响。实际上,文化背景影响着每个人的沟通过程及环节。当不同文化

发生碰撞、交融时，人们往往能较明显地发现这种影响。例如，由于文化背景的不同，东西方人在沟通方式上存在着较大的差异：东方人重礼仪，多委婉；西方人重独立，多坦率。东方人多自我交流、重心领神会；西方人少自我交流、重言谈沟通。东方人认为和谐重于说服，西方人认为说服重于和谐。这种文化差异使得不同文化背景下的管理人员在沟通时遇到不少困难。

④ 物理背景。即沟通发生的场所。特定的物理背景往往造成特定的沟通气氛。如在能容纳千人的大礼堂进行演讲与在自己的办公室高谈阔论，其气氛和沟通过程是大相径庭的。而在嘈杂的市场听到一则小道消息与接到一个电话特意告知你一则小道消息，给你的感受也是截然不同的：前者显示出的是随意性，而后者体现的却是神秘性。

**小案例**
不同的沟通环境

（6）噪声。噪声就是妨碍信息沟通的任何因素，噪声存在于沟通过程的各个环节。典型的噪声包括以下几种。

① 影响信息发送的噪声。表达能力不佳、词不达意；逻辑混乱、艰深晦涩；知识经验不足，使解码造成局限；发送者不守信用、形象不佳等。

② 影响信息传递的噪声。信息遗失，外界噪声干扰，缺乏现代化的通信工具进行沟通，沟通媒介选择不合理等。

③ 影响信息接收和理解的噪声。知觉的选择性，使人们习惯于对某一部分信息敏感，而对另一部分信息"麻木不仁""充耳不闻"；信息接收者的选择性理解是指信息接收者往往根据自己的理解和需要对信息进行"过滤"，造成信息在传递过程中出现偏差；信息量过于巨大，过犹不及，使接收者无法分清主次，对信息的解码处于抑制状态等。

（7）反馈。即将信息返回给发送者，并对信息是否被接收和理解进行核实，它是沟通过程的最后一个环节。通过反馈，信息交流变成一种双向的动态过程，沟通双方才能真正提示沟通的有效性。如果反馈显示接收者接收到并理解了信息的内容，这种反馈称为正反馈，反之则称为负反馈。反馈可以检验信息传递的程度、速度和质量。获得反馈的方式有很多种，直接向接收者提问，或者观察接收者的面部表情，都可获得其对传递信息的反馈。但只借助观察来获得反馈还不能确保沟通的效果，将对接收者的观察与直接提问结合起来能够获得更为可靠、完整的反馈信息。

**小案例**
老板的脸是办公室的"晴雨表"

**3. 有效沟通的策略**

只要你树立了正确的沟通理念，采用科学的沟通渠道和方法，就能实现有效沟通。具体来说，有效沟通的策略主要有以下方面。

（1）明确沟通目的。沟通双方在沟通之前必须弄清楚沟通的真正目的是什么，动机是什么，要对方理解什么。确定沟通目标，沟通内容就容易理解和规划了。

（2）组织好沟通信息。为了使信息顺畅地传递至听众并使其易于接受，有策略地组织信息是至关重要的。从人的生理角度来看，人们因感受新鲜事物而产生的记忆与谈话进程密切相关。由图7-4所示听众的记忆曲线可知，在过程的初始阶段及终止阶段，听众的记忆最深刻。显然，不能期待听众对一个长达 1~2 小时的报告自始至终保持满腔的热情和浓厚的兴趣。因此，在组织信息内容的时候，应该特别注重开头与结尾，把最重要的内容注入开场白中或融入后面的结尾部分，切忌将主要观点和内容淹没在漫无边际的中间阶段。

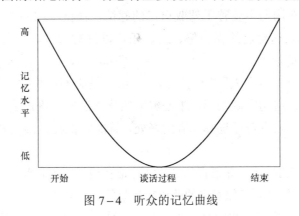

图 7-4 听众的记忆曲线

（3）保持积极的态度。态度对人的行为具有非常重要的影响。在人际沟通中要尽可能保持乐观、积极、向上的态度，避免消极、悲观的态度，在沟通中保持平和的心态，这样才能达到沟通的预期效果。

### 世界上最快乐的人

犹太人说，这世界上，卖豆子的人应该是最快乐的。因为他们永远不用担心豆子卖不出去。豆子卖不出去的时候，他们可以拿回家，磨成豆浆；如果豆浆仍然卖不出去，就做成豆腐卖，豆腐再卖不出去，可以压干了当豆腐干来卖；如果豆腐干也卖不出去的话，就把豆腐干腌起来，做成豆腐乳卖。卖豆子的人还有另一种选择：如果豆子卖不出去，就把豆子拿回家，加上水让它长成豆芽卖；如果豆芽卖不出去，就干脆让豆芽长成豆苗卖；如果豆苗也卖不动，就再让它长大一些，移植到花盆里当盆景卖；如果连盆景也卖不出去，就把它再次移植到田地里，让它生长，几个月后，就结出了许多新豆子。

看！卖豆子的人是多么豁达、乐观，遇事总是以积极的心态来对待。你也应该学学卖豆子的人。同样一件事情，用积极的心态去对待它，就会觉得心平气和，就会天天有好心情。

（4）尊重别人的观点和意见。在沟通中，无论自己是否同意对方的意见和观点，都要学会尊重对方，给对方说出意见的权利，同时将自己的观点更有效地与对方进行交换。

（5）坚持实事求是，以理服人。在人际沟通过程中，不仅说话办事要实事求是，言论行为还要符合社会规范，相处交往要体谅他人。与人交往发生矛盾时，最好的办法是避开对方最有力的攻击,寻找对方薄弱环节有理有力地进行反击,以理服人。如果与人交往中发现自己确实错了,切不可强词夺理,不妨主动认错,赔礼道歉,这样显得诚恳而又豁达,更易赢得别人的谅解、同情和赞许。

(6) 以情动人。在沟通中要善于驾驭自己的感情,根据不同的人、事以及环境、气氛,恰当地、情真意切地表达自己的喜、怒、哀、乐,以打动对方。只有真正的感情才具有力量,才能够感染和打动他人。

(7) 正确地运用语言。在人际沟通过程中,语言是必不可少的工具。正确地运用语言,选词造句准确恰当,中心鲜明突出,逻辑思维严密,语言流畅,语气语调依人依事合理选择、恰到好处,就能够保证人际沟通获得更大的成功。

**小故事**
什么叫"相对论"?

(8) 用非语言信息打动人。非语言信息往往比语言信息更能打动人。因此,如果你是发送者,你必须确保发出的非语言信息能够起到强化语言的作用。如果你是接收者,则要密切注意对方非语言信息的提示,以便全面理解对方的意思、情感。

(9) 选择恰当的时间和地点进行沟通。沟通一定要选择对方清醒的时间进行,并且传递信息时要有张有弛、疏密得当,让接收信息的人感到轻松愉快;在地点上,要尽量减少干扰因素,使沟通双方感到轻松自然。

**小故事**
卖杏人的遭遇

(10) 针对沟通对象进行沟通。发送者要根据接收者的心理特征、知识背景等状况,调整自己的谈话方式和措辞,避免以自己的职务、地位、身份为基础去进行沟通。

**小训练**

请同学们自我检查一下,你在与同学、老师或朋友的沟通过程中,自身存在的沟通问题有哪些?与同桌交流,并互相商讨一下解决的策略。

## 任务 7.2 商务沟通的目标与层次

任何组织和个人,为了生存和发展,都必然参加社会活动,并且从中获取各种物质、能量和信息,直接或间接地通过交换为社会提供产品或服务。这些与市场相关的活动,通常称之为商务活动或商业活动。那么,商务就是指参与市场活动的主体(厂商、政府、个人与家庭)围绕卖方以盈利为目的出售和买方以生存和发展为目的购买的各种相关经济活动的集合。

**微课**
商务沟通的目标与层

商务的概念包含以下三个层次。第一,为保证生产活动正常运行所进行的采购、销售、储存、运输等活动,这是商务组织最基本的商务活动。第二,为稳定商务组织主体与外部的经济联系及有效开展购销活动所进行的商情研究、商业机会选择、商务洽谈、合同签订与履行、商务纠纷（冲突）处理等活动，是为生产和购销服务的商务活动。第三，为保持自身的竞争优势和长期稳定发展所进行的塑造组织形象、制定和实施竞争战略、扩张经营资本、开拓新市场、防范经营风险等活动，这是战略性的商务活动。上述三个层次相互联系、相互影响，构成了一个完整的商务体系。

商务沟通，是指商务组织为了顺利地经营并取得经营的成功，为求得长期的生存发展，营造良好的经营环境，通过组织大量的商务活动，凭借一定的渠道，将有关商务经营的各种信息发送给商务组织内外既定对象（接收者），并寻求反馈以求得商务组织内外的相互理解、支持与合作。可见它是指在商务活动中，沟通者之间运用一定的沟通方式相互传递信息，交流思想，表达情感的一个过程。沟通的方式多种多样，有面对面的有声语言交谈，也有书面文字和肢体动作等无声语言的传递；有大型会议的演讲、报告，也有小组讨论的热烈争执。无论哪种沟通方式，作为企业组织管理中的基础性工作，商务沟通在现代经济生活和工作中都有着非常重要的作用。

**小案例**
知名企业的"特色聚会"

## 7.2.1　商务沟通的目标

任何沟通都是为着一定的目标而进行的，从沟通的本质上来说，沟通的目标有以下四个方面。

**1. 信息被对方接收**

沟通就是传递信息、思想、情感并达成共识的过程，如果信息、思想等无法被传递到沟通对象那里，则意味着沟通没有发生。这就不可能实现传递者的目的，问题的解决、一致性意见的形成也无从谈起。信息被对方接收是沟通目标中最基本的目标。

**2. 信息被对方理解**

信息被传递到沟通对象，只是实现沟通目标的第一步，紧接着信息应该被对方理解。一旦信息无法被对方理解或对方理解有误，将会对沟通的效果产生负面的影响。当然，这些信息能否被对方理解，一方面取决于传递者的文字描述是否清楚、语言是否明了、表情运用是否得当，另一方面取决于接收者自身的理解水平。所以说，信息不仅要被接收，还要被理解，否则同样无法形成有效沟通。

**3. 信息被对方接受**

"接收"和"接受"是两个有差异的概念，接收只是表明信息被传达到，并不代表沟通对象理解和赞同传递者的意见；而接受往往是沟通双方在具体问题上经过协商交流达成了较为一致的看法。当然，接受与否与理解与否没有直接关系，比如在谈判中，一方对另一方的观点即使清楚明白，由于双方的根本利益存在差距，理解了也不可能接受。信息能被对方接受无疑是沟通的更高层次的目标。

**4. 引起对方反响**

这指的是对方在接收、理解、接受信息的基础上，按照信息发送者的要求改变自己的行为和原有的态度，并采取积极的行动。能实现这一目标，表明沟通产生了预期的效果，沟通的整体目标得到最完美的实现。比如，一名销售员向顾客介绍和推销产品，如果顾客犹豫，销售员能细致地向顾客说明和解释产品的方方面面，消除顾客的疑虑，那么该顾客就可能从犹豫不决变成购买产品。

以上四个目标是沟通的最主要目标，在实际沟通活动中要想实现这四个目标，不仅取决于沟通者的沟通技能，还与沟通过程中的其他主客观因素相关。能实现四个目标最完美，不过在实际沟通中，往往可能实现的是其中的一两个目标。

小故事
良好沟通做成
"大生意"

### 7.2.2 商务沟通的层次

不是所有的沟通都能如双方所愿达成一致意见，在实际沟通过程中，沟通会出现以下四种层次。

#### 1. 无效沟通——阻断与抗拒

这种现象的发生实际就是沟通失败。沟通双方只从自己的角度出发理解问题，根本不顾及对方的意图和感受，甚至从心理上直接排斥对方的任何意见，形成双方交流的阻断与抗拒，最终导致沟通无效。形成无效沟通的原因既有客观因素，也有主观因素。

#### 2. 单向沟通——"鸿沟"现象

沟通本身应该是双向的，但在这种情况下，往往变成了单向行为，沟通的一方成为信息的传递者，而另一方则变成单纯的接收者，双方处在不对等的地位。由于双方地位的不对等，处在单纯接收一方的沟通者最后能否接受，其接受程度如何等均影响沟通效果，形成沟通者之间的"鸿沟"。这种单向沟通容易发生在上下级之间、教师和学生之间、促销人员和顾客之间。

#### 3. 双向交流——桥梁效应

这个层次的沟通是一种较为理想的沟通。双方对彼此传递出的信息不仅接收，而且能够正确理解，形成一致意见。即使交流过程中遇到矛盾、争执，双方也可以寻找办法，化解矛盾，消除误会，达成共识。沟通双方彼此之间仿佛有桥梁，可以相互往来交流。

#### 4. 心有灵犀——理想境界

这也是一种双向交流，并且是沟通的最高层次。交流双方"心有灵犀"，往往不需要借助语言，有时凭借一个眼神、一个表情、一个动作就可以让对方"心领神会一点通"，达到此时无声胜有声的境界。

沟 通 对 话

张：看来工作进展顺利。
王：根据你提供的数据是这样的。
张：如果我们按计划进行，工作将顺利完成。

王：除非出现我们力量不足的问题。
张：我们肯定能够完成任务。
王：但愿如此。
张：你这是什么意思？
王：看来你不愿意正视自己在这个项目上的问题。
张：请说下去！
王：你就是这样的！
张：我并非如此！
王：我看这是你一贯的作风。
张：我不同意你这样说，我知道自己没错。
王：但事实是我们缺乏足够的力量。
张：我同意。
王：那你为什么说不是！
张：什么？我那样说了吗？我只是说，尽管如此，只要我们努力也能完成任务。
王：如果你早这样说，我就会赞成你了。

由上面沟通对话可以看出，张、王两人之间的对话经历了由误解、争辩到达成理解、一致的变化过程。先前他俩在沟通中只是按照自己的思路进行对话，这必然出现各执一词、相互辩解的情况。当一方主动放弃争辩，另一方也主动换角度看问题时，双方达成了共识。这段对话充分说明沟通中依靠争辩是解决不了问题的，只有双方相互理解，换位思考，才能实现有效沟通。

当然，在实际的沟通过程中，最后的层次是理想化的，一般难以达到，真正能够实现并较为理想的结果是双方能够借助"桥梁"实现沟通。

**小贴士**
良好沟通的十项原则

**微课**
商务沟通的功能

**小故事**
关于戴安全帽的沟通

## 任务 7.3　商务沟通的功能

**问题出在哪儿？**

问题：
1. 下面这幅漫画（见图 7-5）说明了什么问题？
2. 如何避免以上问题的发生？
3. 在生活中你有没有遇到过类似的情形，你是如何处理的？

商务组织是由许多不同的部门和成员所构成的一个整体，这个整体有其特定的目的和任务。而这个整体的每个成员，并不是绝对理性的，

图7-5 问题出在哪儿？

如果没有良好的沟通环境，这个组织会面临诸多问题，将会发生如下的情景：总经理任命小李为总经理助理，可是小李迟迟不来报到；财务部小吴刚向甲公司汇去10万元购买原料，而小王第二天又向甲公司汇去10万元；工人老黄根据工程设计师的图纸生产的零件，根本不使用下一道工序；中国员工埋怨外国员工不了解中国国情，外国员工抱怨中国员工素质太低……这样下去，要不了多久，这个商务组织非垮台不可。

有效沟通是企业经营管理和个人在社会生活中经常会遇到的问题。人与人之间要达成真正的沟通并不是一件易事，商务组织是须臾不可离开沟通的。概括地讲，商务组织沟通的作用主要体现在以下几方面。

### 7.3.1 实现信息资源共享

商务沟通是企业提高效率和信息资源共享的重要途径之一。商务组织的信息沟通可以获得有关外部环境的各种信息与情报，如政治及经济政策、行业状况与发展趋势、消费市场的动态等。商务组织内的信息沟通可以了解职工的意见倾向和工作结果，把握他们的劳动积极性与需求，洞察各部门之间的关系与管理效率。在组织中只要有两个人以上共同工作，就一定要分享信息，否则工作将无法进行。管理人员要把组织的目标、决策、操作指示传达给操作人员，操作人员要把对指示的理解、工作的结果反馈给管理人员。员工之间要分享的信息相当广泛，如科技的新发展、个人经验、对操作的评价、上级的指示等。因此，通过沟通，企业内部人员能够在合作与协调上达成一致，从而能够尽快地调整资源分配，提高工作效率。

 小案例

**重视沟通的罗主管**

罗主管在接手新产品项目开发的工作时，意识到这是一个需要高度协作的工作，他请来技能培训老师、品质管理人员、技术部和物流部人员开会，将自己遇到的困难和目标诚恳地与这些部门做了沟通。相关部门的人员针对他所面临的问题提出了有效的解决方案。

项目 7 认识商务沟通

会议开得很成功,大家决定以后定期碰头,解决在协作上需要协调的事。

不久后,在新产品批量生产的庆功会上,罗主管发表了热情洋溢的讲话:

"这次新产品的成功,我由衷地感受到,是我们所有部门协作的成绩。感谢技术部的技术人员,在试做阶段没日没夜地工作,解决了大大小小试做阶段出现的问题,批量生产时才会这么顺利。他们还为提高工程能力,做了十多项改进,使我们的生产效率得以提高。感谢技能培训老师,培训出的这批操作人员技能素质都不错,为这个产品输送了合格的操作员。

"感谢物流和品质管理人员,给予我们紧密的配合,他们常常为配合生产加班,物料配给都很及时,最大限度地保证了我们的生产进度。

"因为大家的协作才使得我们获得了成功。我们团队成员的配合使得大家的力量被发挥出来,这个新产品项目才能又快又好地启动。这是我们大家的成绩!"

## 7.3.2 促进人际关系和谐

组织内部良好的沟通文化可以使所有员工真实地感受到沟通的快乐,促进绩效提高。加强内部的沟通管理,既可以使管理层工作更加轻松,也可以使普通员工大幅度地提高工作绩效,同时还可以增强组织的凝聚力和竞争力。

良好的沟通,可以增强员工的认同感和忠诚度,使员工感受到自己是公司的一员,从而发挥员工的积极性和自主意识。所以,沟通不仅仅是为了保证组织内部信息流动的畅通,也是为了体现对员工意见的重视和对员工的尊重。众所周知,无论在日常生活还是在实际工作中,人们相互沟通思想与交流感情是一种重要的心理需要,沟通可以解除人们内心的紧张与怨恨,使人们心情舒畅。而且在沟通中会产生共鸣和同情,促进彼此的了解,改善相互之间的关系。如果一个商务组织的信息沟通渠道堵塞,职工间的意见难以交流,将使人们产生压抑、郁闷的心理。这不仅会影响职工的心理健康,还会影响商务组织的正常生产。组织内部的良好沟通,可以提高管理水平,改善组织内部人际关系,使内部职能有效地衔接,从而形成组织合力,较好地发挥企业整体力量。

### 陈经理的烦恼

陈经理新到一个企业做中层管理工作,上任 3 个月他就显示出突出的才能。可是他发现,自己的工作并没有得到充分的肯定和鼓励,反而招来了上司不断的质疑和不信任。于是他更加努力地工作,半年后终于取得了一些明显的成绩,这时上司找他认真地谈了一次话,表扬了他的工作业绩,提出了他在工作中存在的几个问题,其中最重要的一点就是缺乏沟通,举例之一是他很少主动进入上司的办公室谈工作进展。陈经理有些不解……

173

上司明确指出陈经理"缺乏沟通",不知这位陈经理的烦恼是否消除了?不管怎样,陈经理应当学会沟通,掌握沟通技巧。

### 7.3.3 调动员工参与管理

通过沟通,组织内部人员能够在合作和协调上达成一致,从而能够尽快地调整资源分配方式,提高工作效率。我们以企业的重要工作——销售为例,从某种意义上来说,销售产品并不仅仅是销售员的工作,公司内部的所有人都应大力支持销售工作,否则再好的销售经理也无法达成业绩目标。所以这个工作特性对销售经理的沟通能力提出了很高的要求。事实上,只有具备了卓越的对内沟通能力,销售经理才能胜任本岗位的管理工作,才有可能整合组织的资源来顺利达成既定的目标。因此,沟通既可以促进领导改进管理方式,又可以调动广大职工参与管理的积极性,使职工增强信心,积极主动地为商务组织献计献策,增强主人翁责任感,从而增强商务组织内部的凝聚力,使商务组织蓬勃发展。

### 7.3.4 促进企业科学决策

管理者与员工不断地沟通讨论有关工作进展情况、潜在的障碍和问题、解决问题的办法、措施以及管理者如何帮助员工等问题。这种沟通贯穿于整个管理过程。其重要作用不仅在于能够前瞻性地发现问题并在问题出现之前予以解决,还在于它能把管理者与员工紧密联系在一起,经常性地就存在问题进行讨论,共同解决问题,消除障碍,达到科学决策的目的。

**小故事**
知名公司的"全员决策"

### 7.3.5 激发员工创新意识

随着我国管理民主化的不断加强,目前许多商务组织采取了各种各样的形式展开全方位的沟通活动,如高层接待日、意见箱制度、恳谈餐会、网上建议等。通过这些渠道可以让员工进行跨部门的讨论、思考、探索,而这些过程往往潜藏着无限的创意。所以,一个成功的商务组织,其沟通渠道往往是畅通的。另外,任何一个商务组织(部门或个人)的决策过程,都是把情报信息转变为行为的过程。准确、可靠、迅速地收集、处理、传递和使用情报信息是科学决策的基础。因此,科学决策的确定与商务组织沟通范围、方式、时间、渠道是密不可分的。

### 7.3.6 有效传播企业文化

企业文化必须靠物化才能生根。所谓物化,就是组织(主要是企业)制造出优秀的产品,为客户提供优良的服务。企业文化作为意识形态,需要以物质为支撑,反过来物质又推进意识形态的深化和升华。因此要塑造企业文化,不仅要从理念上形成认识与理解,更重要的是建立传播和执行企业文化的沟通渠道。没有这个渠道,企业文化就如同一纸空文,虚而不实,从而步入形而上学的误区。

企业应力求通过搭建良好且畅通的沟通渠道，使企业文化有效地进行传播，从而保证企业文化推广执行的正确性、方向性和有力性，使企业文化如宗教信仰般在员工心中潜移默化地成为企业员工的精神纲领，指导员工的言行举止，以此体现企业的形象与风范。

### 7.3.7 塑造组织的良好形象

商务组织的形象在公众心目中的形成除了商务组织有意识地传播外，大多数时候是在与公众的日常交往和大量的商务沟通中建立和形成的。例如，商务组织与消费者之间的关系，是在商务组织为消费者提供产品或服务时建立的，是在与消费者之间形成使用与服务关系的过程中发展的。如果你的产品和服务与消费者的需求之间存在距离，如果商务组织能急消费者所急，想消费者所想，与消费者及时沟通，理解并掌握消费者的需求，并尽力予以满足，商务组织将会在消费者心中留下良好的形象。

**满足顾客需求**

一家仓储服务公司的经理陪同一位有意向的客户参观公司的仓储库房。这位客户即将有一大批设备要暂存，她对该公司的存储设施感到满意。就在经理觉得大功即将告成之时，女客户突然说："我们要求将货物按不同生产日期分别存放。"经理有些惊愕，因为无论按技术要求，还是取货便利，都是按货物型号种类储存更好。但他随即回答："好的，我们会努力给客户提供一切便利。"女客户满意地点点头说："那就这么定了。非常感谢你们的理解，我已经联系过 5 个仓储公司了。可他们无一例外地想劝说我们按货物型号种类储存，说这样可节省不少空间和时间。"

这家仓储服务公司倾听客户的心声，满足客户的要求，塑造了自身良好的企业形象。

### 7.3.8 赢得公众大力支持

市场经济条件下，在法律允许的范围内，经济（商务）组织可以对部分资源进行资源优化配置。商务组织的竞争力与商务组织资源配置的优化程度成正比，而资源配置的优化程度又与商务组织对外沟通和协调能力成正比。在对外经营领域、资源配置领域和信息来源领域，任何商业组织都必须与公众充分进行沟通与协调。例如，与消费者有效沟通，提高其对本企业及产品的满意度和忠诚度，促成大量的潜在购买者转变为现实购买者，有利于本企业产品销售额的直接增长速度；与政府、媒体保持良好的沟通渠道，有利于获得大量有用信息、政策支持和正面宣传；与投资者（或金融机构）进行有效沟通，有利于加强彼此间的了解和信任，创造良好的投资氛围，增强其对企业的信心，从而吸引新的投资者，增强本企业的融资能力；与供应商保持良好的沟通关系，可获得稳定充足的货源和能源，保证本企业的生产经营活动和产品质量处于长期的稳定状态，并维持在一个较高的水平上，从而使企业拥有持久的竞争力；与竞争伙伴之间的沟通与协调，可以形成双赢的局面，表现出自己规范的竞争行为，可以赢得竞争伙伴的尊重，在行业中保持自己的信誉和形象，由此才能形成竞争中的合作关系。

### 7.3.9 化解企业冲突危机

商务沟通的过程是理解、协助的过程，是商业活动中实现价值、创造价值的途径。在商业业态不断变革的今天，商务组织必须通过外部说服、现代媒体、品牌信用以及零售终端等各方面沟通渠道的建立，与外部进行顺畅的沟通。

有效的商务沟通是双向的和互动的信息流动，商务组织在与政府、社区、媒体和消费者的沟通过程中，不仅能及时了解外界对本组织的看法、期望、意见和建议，同时也将自身的经营理念、产品信息、改进措施和对社会公众的关爱传达出去。这种互通既可以极大地促进商务组织更新市场策略，及时把握市场动态，抓住商机，又可以及时帮助本组织对负面影响采取补救措施，重获公众信任，化解公关危机。

**小案例**
知名公司的
危机沟通

## 电子活页：沟通的障碍及其克服方法

沟通过程就是人与人之间的信息沟通、思想感情交流和行为互动的过程。在现代社会中，沟通范围的不断扩大，沟通频率的不断提高，沟通水准的不断提高，使沟通的障碍也比以往更复杂。分析和研究沟通的障碍，对于调节人们的沟通行为、搬走沟通过程中的"绊脚石"、克服沟通的障碍，具有重要的意义。

一般来说，沟通的障碍包含知觉障碍、个性心理障碍、文化障碍以及社会障碍等几种类型。

沟通的知觉障碍

沟通的个性心理障碍

沟通的文化障碍

沟通的社会障碍

沟通障碍的克服方法

## 学生工作页

| 沟通的障碍及其克服方法 |||
|---|---|---|
| 任务 1 | 明确沟通的知觉障碍,并能够克服 ||
| 任务 2 | 明确沟通的个性心理障碍,并努力克服 ||
| 任务 3 | 明确沟通的文化障碍,并努力克服 ||
| 任务 4 | 明确沟通的社会障碍,并努力克服 ||
| 任务 5 | 你认为在跨国企业中,人们之间沟通最大的障碍是什么?为什么? ||
| 班 级 | 学 号 | 姓 名 |

学生自评

我的心得:










建议或提出问题:










教师评价

项目 7 认识商务沟通

## 思政园地：晋商乔致庸的沟通之道

晋商骄子乔致庸，是近代晋商的杰出代表。乔致庸晚年，乔家成为中国首屈一指的巨富。那么他的成功能给我们现代人尤其是经商者在沟通、交际中哪些启示呢？

请扫描右侧二维码，学习晋商乔致庸的沟通之道。

**思政园地**
晋商乔致庸的沟通之道

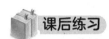
### 课后练习

**1. 问答题**

（1）沟通的内涵是什么？沟通有哪些种类？

（2）沟通有什么作用？沟通应遵循哪些原则？

（3）什么是商务沟通？商务沟通有哪些功能？

（4）在商务活动中，如何才能实现有效沟通？

**2. 思考与训练**

（1）你认为以下关于沟通的描述正确吗？为什么？

① "沟通不是太难的事，我们每天不是都在做沟通吗？"

② "我告诉他了，所以我已和他沟通了。"

③ "只有当我想要沟通的时候，才会有沟通。"

（2）你用马路旁边的公用电话与朋友联系，或者通过电子邮件与国外的朋友联系，请说出在这两个沟通过程中沟通的各个要素。

（3）回顾你一天的学习、工作和生活，哪些是沟通活动？请一一列举，并简要描述其效果。

（4）就你的组织而言，你认为目前存在着哪些沟通问题？应如何解决？

（5）通过媒体报道或其他途径，搜集相关资料，列举近期某商务组织所进行的沟通活动，并简要评述其效果。

（6）有人说沟通能力是决定商务组织管理人员职场竞争力的关键，你如何看待这个问题？

（7）随着现代信息技术的进步，我们的沟通方式正在发生哪些变化？

（8）请分析一下中国成语"对牛弹琴""话不投机"说明了沟通中的什么问题？

（9）以下四句话会不会让沟通对象产生抵触心理？为什么？请分小组讨论。

① 工作迟到的人被认为是不可信赖的。

② 未经部长允许，不能雇佣分包商。

③ 我们向所有全职员工提供健康保险和人身意外伤害保险。

④ 我已经为你订购了一台新的计算机，我希望它能在 15 日之前运到。如果时间允许，我会把它装好以便于你使用。

（10）某企业的售后服务中心接到一顾客打来的电话，顾客称 3 天前购买的该企业空调到现在还未安装。接电话的小吴耐心地对顾客说："由于最近天气炎热，购买空调的顾客较

179

多,而公司的安装工人有限,实在抱歉。请您再耐心地等两天,我们一定会帮您安装好的。"

请问,小吴这样的说法好吗?为什么?如果是你,会怎样做?

(11)某物流公司在承运一批货物时,原本应该在约定的时间内将货物运到指定的地点,但由于持续性暴雨、路面损毁等原因,该批货物一时难以运达。

请为该物流公司提出解决的办法,并写出解决办法的具体内容。

(12)请回忆和分析一个自己沟通失败的例子,在微信朋友圈与同学之间相互借鉴交流。要求:

① 具体描绘那次沟通事件的具体情景。

② 分析导致沟通不成功的原因。

③ 结合自己对本章的学习,谈谈当初应该怎样做才会取得良好的沟通效果。

### 3. 案例分析

请扫描二维码,阅读案例原文,然后回答每个案例后的问题。

### 4. 实训项目

(1)沟通活动:折纸训练。

案例原文

【任务目标】

① 使学生体会到单向沟通的局限性。

② 增强学生对双向沟通重要性的认识。

【任务内容与要求】

① 通过每个学生两次折纸、撕纸的活动,了解单向沟通和双向沟通的特点。

② 每个学生都要遵守活动规则,第一次折纸不允许说话。

③ 要认真体会两次折纸的结果带给我们的启示。

④ 认真参加讨论。

【任务组织】(见表7-4)

表7-4 折纸训练任务组织表

| 任务项目 | 具体实施 | 时间 | 备注 |
| --- | --- | --- | --- |
| 沟通方式训练 | (1)给每位学生发一张纸<br>(2)教师发布指令<br>——大家闭上眼睛;<br>——全过程不许问问题;<br>——把纸对折;<br>——再对折;<br>——再对折;<br>——把右上角撕下来,转180度,把左上角撕下来;<br>——睁开眼睛,把纸打开,比较一下大家撕出来的图样是否相同。<br>(3)再发一张纸,重复上面的指令。不同的是,这次允许发问<br>(4)对比两次结果,组织学生讨论<br>① 两次折纸的结果有什么不同?原因是什么?<br>② 双向沟通的优点是什么? | 10分钟 | 教室内提前准备废纸(16K),每人两张 |

【任务评价】（见表 7-5）

表 7-5 折纸训练任务评价表

| 评价指标 | 评价标准 | 分值（100 分） | 评估成绩 | 所占比例 |
|---|---|---|---|---|
| 对单向、双向沟通的理解 | 1. 对单向沟通局限性的理解 | 20 | | 70% |
| | 2. 对双向沟通的重要性有充分的认识 | 20 | | |
| | 3. 讨论认真，积极发言 | 10 | | |
| | 4. 有自己深刻的体会 | 20 | | |
| | 5. 遵守活动时间要求 | 10 | | |
| | 6. 效果明显 | 10 | | |
| | 7. 活动评估 | 10 | | |
| 教学过程 | 出勤、态度和热情 | 100 | | 30% |
| 小组综合得分 | | | | |

（资料来源：王振翼.商务谈判与沟通技巧[M].3 版.大连：东北财经大学出版社，2020.）

（2）实训：与程先生谈谈。品管部的程先生工作热情，工作效率一直都很高，每次都能圆满地完成工作任务。上司对其非常放心，并给予了很高的评价。上个月上司给他分配了一项新的工作，认为他完全有能力胜任这项工作。但是，程先生的表现却令人失望，上班时经常打私人电话，还犯了一些低级错误，并且心神不定，影响了工作。

上司请程先生 10 分钟后到其办公室来谈谈。

实训目的：通过现场沟通模拟，体验不同的沟通方式，不同的沟通效果，发现沟通障碍并总结改进。

实训步骤：

① 学生分组，3 人一组。由两名学生分别扮演上司或和程先生，进行 10 分钟的沟通，然后互换角色。

② 另一名同学作为观察者，着重观察双方是怎样沟通的，并对此做出评价。双方的沟通是否具有成效？是否有更好的沟通方式？

③ 选择一到两组同学在全班同学面前分享。

④ 学生互评，教师综合点评并总结。

（资料来源：吕书梅.管理沟通技能[M].5 版.大连：东北财经大学出版社，2021.）

（3）实训：问题解决与沟通。

目的：体会沟通的方法有很多，当环境及条件受到限制时，你是怎样去改变自己的，用什么方法来解决问题。

形式：将全体学员分成 14～16 人一组。

类型：问题解决方法及沟通。

时间:30分钟。

材料:摄像机、眼罩及小贴纸。

场地:教室。

操作程序:

① 让每位学员戴上眼罩;

② 给他们每人一个号,但这个号只有本人知道;

③ 让小组根据每人的号数,按从小到大的顺序排列出一条直线;

④ 全过程不能说话,只要有人说话或摘下眼罩,游戏结束;

⑤ 全过程录像,并在点评之前方给学员看。

相关讨论:

① 你是用什么方法来通知小组你的位置和号数?

② 沟通中都遇到了什么问题,你是怎么解决这些问题的?

③ 你觉得还有什么更好的方法?

(资料来源:惠亚爱.沟通技巧[M].3版.北京:人民邮电出版社,2021.)

(4) 沟通游戏:找到合适的距离。

游戏目的:让游戏者知道沟通应该需要合适的距离;使双方通过沟通确定他们的最佳距离。

游戏人数:10人。

游戏场地:不限。

游戏时间:30分钟。

游戏用具:无。

游戏步骤:

① 两人一组,让他们面对面站着,间隔2米。让两个人一起向对方走去,直到其中有一人,如A,认为是比较合适的距离(即再往前走,他会觉得不舒服)才停下。

② 让小组中的另一人,如B,继续往前走去,直到他认为不舒服为止。

③ 现在每个小组都至少有一个人觉得不舒服,而且事实上,也许两个人都不舒服,因为B觉得他侵入了A的舒适区,没有人愿意这样。

④ 现在请所有人回到座位上去,给大家讲解四级自信模式(见后面)。

⑤ 将所有的小组成员重新召集起来,让他们按照刚才的站法站好,然后告诉A(不舒服的那一位),现在他们进入自信模式的第一阶段,即很有礼貌地劝他的同伴离开他,例如:"请你稍微站远一点好吗?这样让我觉得很不舒服!"注意,要尽可能地礼貌,面带微笑。

⑥ 告诉B们,他们的任务就是对A们笑一笑,然后继续保持那个姿势,原地不动。

⑦ A中现在有很多人已经对他的搭档感到恼火了,他们进入第二级,有礼貌地重申他的界限,例如:"很抱歉,但是我确实需要大一点的空间。"

⑧ B仍然微笑不动。

⑨ 现在告诉A们,他们下面可以自由选择怎么做来达成目的,但是一定要依照四级自

信模式。要有原则，但是要控制你的不满，尽量达成沟通和妥协。

⑩ 如果你们已经完成了劝服的过程，就回到座位上。

四级自信模式：

第一级：通过有礼貌地提出请求，设定你个人的界限。你可以使用下面的表述："你介意往后退一步吗？""我觉得我们距离有点近。"

第二级：有礼貌地再次重申你的界限或边界。你可以使用下面的表达："很抱歉，我真的需要远一点的距离。"

第三级：描述不尊重你的界限的后果。你可以使用下面的表述："这对我很重要，如果你不能往后退一点，我就不得不离开。"

第四级：实施结果。你可以使用下面的表述："我明白，你选择不接受，正如我刚刚所说的，这意味着我将不得不离开。"

问题讨论：

① 当被人跨越到你的区域时，你是否会觉得很不舒服？如果别人不接受你的建议，你会有什么感觉？

② 是不是每一组的 B 都退到了让 A 满意的地方，是不是有些是 A 和 B 妥协以后的结果？

③ 有多少人采用了全部的四级自信模式？有没有人只采用了一级，对方就让步了？有没有人直接使用了第四级自信模式或直接转身离开？

培训师语录：

只要大家心平气和地沟通，总会找到双方的合适距离。

人与人之间要保持合适的沟通距离，距离太远，不利于及时沟通和深入沟通；距离太近，会让人产生紧张和压迫感，影响沟通效果。

（资料来源：邹晓春. 沟通能力培训全案［M］. 北京：人民邮电出版社，2014.）

（5）测试：你是一个善于沟通的人吗？

你是一个善于沟通的人吗？通过下面的测试？你会对自己的沟通能力有所把握。

① 你刚刚跳槽到一个新单位，面对陌生的环境，你会怎样做？

A. 主动向新同事了解单位的情况，并很快与新同事熟悉起来

B. 先观察一段时间，逐渐接近与自己性格合得来的同事

C. 不在意是否被新同事接受，只在业务上下功夫

② 你一个人随着旅游团去旅游，一路上你的表现是怎样的？

A. 既不请人帮忙，也不和人搭话，自己照顾自己

B. 游到兴致处才和别人交谈几句，但也只限于同性

C. 和所有人说笑、谈论，也参与他们的游戏

③ 因为你在工作中的突出表现，领导想把你调到你从未接触过的岗位，而这个岗位你并不喜欢，你会怎样做？

A. 表明自己的态度，然后听从领导的安排

B. 认为自己做不好，拒绝

C. 欣然接受，有挑战才更有意义

④ 你与一位同学的性格爱好颇为不同，当产生矛盾的时候，你怎么做？

A. 把问题暂且放在一边，寻找你们的共同点

B. 妥协，假意服从此同学

C. 非弄明白谁是谁非不可

⑤ 假设你是一个部门的主管，你的下属中有两人因为关系不合而常到你面前互说坏话，你怎样处理？

A. 当着一个下属的面批评另一个下属

B. 列举他们各自的长处，称赞他们，并说明这正是对方说的

C. 表示你不想听他们说这些，让他们回去做事

⑥ 你认为对于青春期的子女的教育方式应该是怎样的？

A. 经常发出警告，请老师协助

B. 严加看管，限制交友，监听电话

C. 朋友式对待，把自己的过去讲给孩子听，让他自己判断，并找些书来给他看

⑦ 你有一个依赖性很强的朋友，经常打电话与你聊天，当你没有时间陪他的时候，你会怎样做？

A. 问他是否有重要事，如果没有，告诉他你现在正忙，回头再打给他

B. 马上告诉他你很忙，不能与他聊天

C. 干脆不接电话

⑧ 因为一次小小的失误，在同事间产生了不好的影响，你怎么办？

A. 走人，不再看他们的脸色

B. 保持良好心态，寻找机会挽回影响

C. 自怨自艾，与同事疏远

⑨ 有人告诉你某某说过你坏话，你会怎样做？

A. 从此处处提防他，不与他来往

B. 找他理论，同时揭他的短

C. 有则改之，无则加勉，如果觉得他的能力比你强，则主动与他交往

⑩ 看到与你同龄的人都已小有成就，而你尚未有骄人业绩，你的心态如何？

A. 人的能力有限，我已做了最大努力，可以说问心无愧了

B. 我没有那样的机遇，否则……

C. 他们也没有什么真本领，不过是会溜须拍马

⑪ 你虽然只是公司的一名普通员工，但你的责任心很强，你如何把自己的意见传达给最高领导？

A. 写一封匿名信给他

B. 借送公文的机会，把你的建议写成报告一起送去

C. 在全体员工大会上提出

⑫ 在同学会上，你发现只有你还是个"白丁"，你的情绪会是怎样的？

A. 表面若无其事，实际心情不佳，兴趣全无

B. 并无改变，像来时一样兴致勃勃，甚至和同学谈起自己的宏观计划

C. 一落千丈，只顾自己喝闷酒

⑬ 在朋友的生日宴会上，你结识了朋友的同学，当你再次看见他时你会怎样做？

A. 匆匆打个招呼就过去了

B. 一张口就叫出他的名字，并热情地与之交谈

C. 聊了几句，并留下新的联系方式

⑭ 你刚被聘为某部门的主管，你知道还有几个人关注着这个职位，上班第一天，你会怎样做？

A. 把问题记在心上，但立即投入工作，并开始认识每一个人

B. 忽略这个问题，让它消失在时间中

C. 个别谈话，以确认关注这个职位的人

⑮ 你和小王一同被领导请去吃饭，回来后你会怎样做？

A. 比较隐晦地和小王交流几句

B. 同小王热烈谈论吃饭时的情景

C. 绝口不谈，埋头工作

评分标准：

|   | (1) | (2) | (3) | (4) | (5) | (6) | (7) | (8) | (9) | (10) | (11) | (12) | (13) | (14) | (15) |
|---|---|---|---|---|---|---|---|---|---|---|---|---|---|---|---|
| A | 2 | 0 | 1 | 2 | 0 | 1 | 2 | 0 | 1 | 2 | 0 | 1 | 0 | 2 | 1 |
| B | 1 | 1 | 0 | 1 | 2 | 0 | 1 | 2 | 0 | 1 | 2 | 2 | 2 | 1 | 0 |
| C | 0 | 2 | 2 | 0 | 1 | 2 | 0 | 1 | 2 | 0 | 1 | 0 | 1 | 0 | 2 |

请扫描二维码，查看"结果分析"。

（资料来源：张文光. 人际关系与沟通[M]. 2版. 北京：机械工业出版社，2021.）

结果分析

# 项目8　商务沟通的方式

## 项目目标

通过本项目的学习，应该达到以下目标。

**知识目标**：掌握有声语言的特性；了解有声语言沟通的优缺点；掌握有声语言沟通的技巧；掌握提高声音质量的方法；掌握非语言沟通的含义、特点；了解非语言沟通与语言沟通的区别；了解非语言沟通的作用；灵活运用目光语、表情语、态势语言、手势语、动作语、服饰语、环境语等非语言沟通方式。

**能力目标**：切实提高声音质量；灵活运用有声语言提高商务沟通效果；善于运用非语言沟通方式增强商务沟通效果，提高非语言沟通的运用能力。灵活运用有声语言沟通、非语言沟通方式，处处体现出对商务沟通对象的尊重，向他人传递积极的情感和态度，展现出良好的个人商务沟通形象。

**思政目标**：培养诚信经营、合作互利的财商理念；树立热情礼貌、以和为贵的沟通交流态度；提升专精勤思、兼容并蓄的职业素养；增强商务沟通中的换位思考意识、责任意识和诚信意识，提升沟通道德水准；提升人际交往中的文化自信、爱国主义情怀和民族自豪感，形成积极向上的人生观和价值观。

### 成功的推销

某单位原考虑买某厂的一辆4吨卡车，后来为了节省开支，又打消了这个主意，准备购买另一家工厂的2吨小卡车。厂家闻讯，立刻派出有经验的推销员专访该单位的主管，了解情况并争取说服该单位仍旧购买该厂的产品。这位推销员果然不负众望，获得了成功。他是怎样说服买方的呢？请看：

推销员："你们需要运输的货物平均重量是多少？"

买方："那很难说，2吨左右吧！"

推销员："有时多，有时少，对吗？"

买方："对！"

推销员："究竟需要哪种型号的卡车，一方面要根据货物数量、重量来定；另一方面也要看常在什么公路上、什么条件下行驶，您说对吗？"

## 项目8 商务沟通的方式

买方:"对。不过……"

推销员:"假如您在丘陵地区行驶,而且在冬天,这时汽车的机器和本身所承受的压力是不是比平时的情况下要大一些?"

买方:"是的。"

推销员:"据我所知,您单位在冬天出车比夏天多,是吗?"

买方:"是的。我们夏天的生意不太兴隆,而冬天则多得多。"

推销员:"那么,您的意思就是这样,您单位的卡车一般情况下运输货物为2吨;冬天在丘陵地区行驶,汽车就会处于超负荷的状态。"

买方:"是的。"

推销员:"而这种情况也正是在您生意最忙的时候,对吗?"

买方:"是的,正好在冬天。"

推销员:"在您决定购买多大马力的汽车时,是否应该留有一定的余地比较好呢?"

买方:"你的意思是……"

推销员:"从长远的观点来说,是什么因素决定一辆车值得买还是不值得买呢?"

买方:"那当然要看它能正常使用多长时间。"

推销员:"您说得完全正确。现在让我们比较一下。有两辆卡车,一辆马力相当大,从不超载;另一辆总是满负载甚至经常超负荷。您认为哪辆卡车的寿命会长呢?"

买方:"当然是马力大的那辆车了!"

推销员:"您在决定购买什么样的卡车时,主要看卡车的使用寿命,对吗?"

买方:"对,使用寿命和价格都要加以考虑。"

推销员:"我这里有些关于这两种卡车的数据资料。通过这些数字您可以看出使用寿命和价格的比例关系。"

买方:"让我看看。"(埋头于资料中)

推销员:"哎,怎么样,您有什么想法?"

买方自己动手进行了核算。这场谈话是这样结尾的:

买方:"如果我多花5 000元,我就可以买到一辆多使用3年的汽车。"

推销员:"一部车每年盈利多少?"

买方:"少说也有五六万元吧!"

推销员:"多花5 000元,3年盈利10多万元,还是值得的。您说是吗?"

买方:"是的。"

在沟通过程中,只有选择合适的沟通方式,才能进行最有效的沟通。沟通方式一般可以分为语言沟通和非语言沟通两类。本任务就着重介绍一下语言沟通中的有声语言沟通和非语言沟通。

小贴士
语言沟通的构成

## 任务 8.1 有声语言沟通

### 8.1.1 有声语言的特性

从语言运用看,有声语言在传情达意的过程中最直接、最普遍、最常用。有声语言具有以下特性。

#### 1. 有声性

有声语言是靠语音来表情达意的,其中各个语言单位均有声音。有声语言根据表达的需要,对声音的高低、升降、快慢做语调变化。有声性是有声语言的本质属性。

#### 2. 自然性

有声语言通俗、平易、自然。它保留了生活中许多语音、词汇和语法现象,如方言、俚语、俗语、儿话、象声、叠音等词汇以及省略、移位现象,表达时生动、自然。

#### 3. 直接性

有声语言的传达和交流以面对面为主要形式,信息传递直接、快捷。有声语言还以丰富的态势语言和类语言来支配,使之更趋完美。

#### 4. 即时性

有声语言突发性、现场性强,即兴发挥,可舒缓,可急迫,可重复,可更正,可补充。

#### 5. 灵活性

有声语言的表达可根据所处的语言环境随时调整、变化。表达者在不同的地点、场合,面对不同的任务对象,对谈论的话题、选择的角度、切入的深度等都可以随机应变。

**景泰蓝食筷**

一家涉外宾馆的中餐厅,中午时分,用餐的客人很多,服务员小姐忙碌地在餐台间穿梭。

一桌的客人中有几位外宾,其中一位外宾在用完餐后,顺手将自己用过的一双精美的景泰蓝食筷放入随身带的皮包里。服务员小姐看在眼里,不动声色地转入后堂。不一会儿,她捧着一只绣有精致图案的绸面小匣,走到这位外宾身边说:"先生,您好,我们发现您在用餐时,对我国传统的工艺品景泰蓝食筷表现出极大的兴趣,简直爱不释手。为了表达我们对您如此欣赏中国工艺品的感谢,餐厅经理决定将您用过的这双景泰蓝食筷赠送给您,这是与之配套的锦盒,请笑纳。"

这位外宾明白自己刚才的举动已被服务员小姐看到,颇为惭愧。只好解释说,自己多喝了一点,无意间误将食筷放入包中。感激之余,希望能出钱购买这双景泰蓝筷子,作为此行的纪念。餐厅经理亦顺水推舟,按最优惠的价格,记在主人的账上。

【点评】聪明的服务员小姐既没有让餐厅受损失，也没有令客人难堪，圆满地解决了问题，并收到良好的效果。恰当得体的语言沟通，不仅能够化解矛盾，解决问题，而且能达到良好的服务效果。在这个案例中，有声语言的特性得以充分的彰显。

## 8.1.2 有声语言沟通的优点和缺点

有声语言沟通的优点和缺点见表 8-1。

表 8-1 有声语言沟通的优点和缺点

| 有声语言沟通的优点 | 有声语言沟通的缺点 |
| --- | --- |
| 1. 适合表达感情和感受，并运用非语言要素，如语气和姿势来加强，使下属备受尊重，便于调动工作的积极性。<br>2. 灵活多样，可以是两个人的交谈，也可以是群体讨论；可以是正式的磋商，也可以是非正式的聊天。<br>3. 需对多人沟通时成本较低。<br>4. 双向沟通，通过语言和非语言要素的快速反馈，有利于及时收到接收者的反应。<br>5. 传播速度较快 | 1. 话一旦说出口就很难收回。<br>2. 讲话时，有时很难控制时间。<br>3. 因为传播速度快，信息接收者很难快速地思考。<br>4. 口头表达带有很多的感情色彩，容易因情绪说错话，影响信息的可靠性。<br>5. 偏向啰唆，很多情况下不够言简意赅 |

 小故事

### 恰当的语言

法国皇帝路易十四的御用画师雷布洪在为路易十四画像时，路易十四突然问他："你看我是不是老了？"雷布洪不愿说谎，也不宜说真话，于是他婉转地说："陛下额上不过多了几道胜利的痕迹而已。"

【点评】敢讲真话是一种精神，而会讲真话则是一种智慧。雷布洪用"胜利的痕迹"代表皱纹，表示"老了"，让对方不但接受，而且很满意。

## 8.1.3 有声语言沟通的技巧

在沟通过程中，常常会遇到一些矛盾、顾此失彼、难以两全的情况，使你处于两难的境地。例如，人们常会碰到下列情景：既想拒绝对方的某一要求，又不想损伤他的自尊心；既想吐露内心的真情，又不好意思表述得太直截了当；既不想说违心之言，又不想直接顶撞对方；既想和陌生的对方搭话，又不能把自己表现得太轻浮和鲁莽……凡此种种，难以一一列举。但概言之，这些矛盾都是一种矛盾：行动和伤害对方的矛盾，自己利益和他人利益的矛盾，自己近期利益和长远利益的矛盾。

为适应这些情况，产生了各种各样的语言表达艺术，以缓解这些矛盾。这种表达

的语言艺术从表面上看,似乎违背了有效口头表达清晰、准确的要求,但实际上是对清晰、准确原则一种必要的补充,是在更全面考虑了各种情况之后的更高阶段上的清晰和准确。

语言艺术的具体方法因人、因事、因时、因地而异,没有绝对地适用任何情况的方法。这里介绍一些有声语言沟通的技巧,供参考。

### 1. 积极表达期望

心理学中的"皮格马利翁效应"启示:赞美、信任和期待具有一种能量,它能改变人的行为,当一个人获得另一个人的信任、赞美时,他便感觉获得了社会支持,变得自信、自尊,获得一种积极向上的动力,并会尽力达到对方的期待,以避免对方失望,从而维持这种社会支持的连续性。语言沟通中,积极的语言反应表达出积极的心理期望。"皮格马利翁效应"也验证了积极的心理期望和暗示所产生的强大影响。要做到积极表达,可从以下几个方面来把握。

(1)避免使用否定字眼或带有否定口吻的语气。如用双重否定句不如用肯定句来代替,必须使用负面词汇时,尽量使用否定意味最轻的词语。"我希望""我相信"这两种说法有时表明你没有把握,或者传递出有些盛气凌人的信息;而赞扬现在的行为可能暗示对过去的批评。

(2)强调对方可以做的,而不是你不愿或不让他们做的事情,以对方的角度讲话。例如说:"我们不允许刚刚参加工作就上班迟到。"(消极表达)就不如说:"刚刚参加工作的人保证按时上班很重要。"(积极表达)

(3)把负面信息与对方某个受益方面结合起来叙述。可以说"你可免费享用 20 元以内的早餐"(积极表达),而不是说"免费早餐仅限20元以内,超出部分请自付"(消极表达)。

(4)如果消极方面根本不重要,干脆省略。如对方决策时不需要这方面的信息,信息本身也无关紧要,或者以前已经提供了这方面的信息,都可以省略。

(5)低调处置消极面,压缩相关篇幅。篇幅大,表明在强调信息。既然不想强调消极信息,就尽量用最小的篇幅,出现一次即可,不必重复。

**小贴士**
语言决定了教育的成败

### 2. 注意推论与事实

通常在观察外界的时候,人们在获得所有的必要事实之前就开始进行推论,推论的形成相当快,以至很少有人仔细考虑它们是否真的代表事实。"他未完成工作,因为偷懒","如果您听了我的建议,您就了解我的意思了",这些语句表示的并非事实,而是推论。因此不良的沟通就产生了。徐丽君、明卫红曾对此进行了分析,认为有 6 种基本方法可以分辨事实陈述和推论陈述(见表 8-2)。

表 8−2　事实陈述和推论陈述

| 事实陈述 | 推论陈述 |
| --- | --- |
| 根据第一手资料下断言 | 在任何时间下断言——根据事前、事后、事情发生时的经验 |
| 根据观察下断言 | 根据任何一人的经验下断言 |
| 必须根据所经历的经验 | 超出自己所经历的经验之外 |
| 根据经验的陈述 | 无界限地根据经验推论陈述 |
| 达到最大的可信度 | 仅有很小程度的可信度 |
| 得到具有相同经验人士的认同 | 有此经验的人士不认同 |

为了避免妄下推论，在与人沟通过程中应当注意以下情况。

（1）学会区分哪些是事实，哪些是推断。

（2）当根据从别人那里得到的信息做决策时，要评估推断的准确性，并获得更多信息。

（3）听取别人的汇报时，让其陈述事实而不是听取他人的评价。

（4）在说服别人时要使用具体的事实而非个人的价值判断。

（5）意识到事情的复杂性，不要将其简单化。

（6）当只看到两种选择结果时，有意识地寻找第三种甚至更多种可能出现的情况。

（7）意识到自己所得的信息是经过过滤的，自己并没有得到所有的事实。

（8）尽量向别人提供背景信息，以便别人能够准确地解释自己的观点或看法。

（9）以具体的证据、事实和事例来支持笼统的陈述与评价，避免诸如"这个人的素质不高"这样的论断。

（10）检查自己的反应，保证自己的决策建立在合理的证据之上。

### 3. 进行委婉表达

"委婉"一词人们并不陌生，它在修辞学中，又是修辞格的一种，但"委婉"并不仅仅指修辞的方法。在书面语中，它主要表现为一种语言的表达方式；在沟通中，它又是一种处理问题的态度和方法。恰当地运用委婉，能够鲜明地表明人们的立场、感情和态度。这样做，既能使对方乐于接受，达到说话的目的，又可增强语言的形象性和生动性。

微课
进行委婉表达

（1）直意曲达。语言总要表达某种意思，亦即说话者要达到表明自己态度和感情的目的。但这个意思是通过迂曲委婉的说法来表达的，这也是利用了人们思维的曲折性和复杂性来达到的。

## 人　中

传说汉武帝晚年时很希望自己能长生不老。一天，他对侍臣说："相书上说，一个人鼻子下面的'人中'越长，命就越长；'人中'长一寸，能活一百岁。不知是真是假？"东方朔听了这话，知道皇上又在做长生不老的梦，不禁呵呵一笑。皇上见东方朔的表情，喝道："你怎么敢笑话我？"东方朔脱下帽子，恭恭敬敬地回答："我怎么敢笑话皇上呢？我是在笑彭祖的脸太难看了。"汉武帝问："你为什么笑彭祖呢？"东方朔说："据说彭祖活了八百岁，如果真像皇上刚才说的，'人中'就有8寸长，那么他的脸不是有丈把长了吗？"汉武帝听了，也哈哈大笑起来。

【点评】东方朔要劝谏皇上不要做长生梦了，但又不好直言去规劝，只能用旁敲侧击的方法，委婉地表达自己的意思。这种批评使汉武帝愉快地接受了。

要达到沟通的最佳效果，不一定都用直言不讳的说法，用委婉的说法可能会达到意想不到的效果。

（2）易于接受。人们总是希望对方能够接受自己所发出的信息，并做出相应的反应。这就首先要让对方能够接受你发出的信息。委婉的语言可以帮助你达到这个目的。

### 聪明的蚊子

美国小说家马克·吐温到某地旅馆投宿，人家早告诉他此地蚊子特别厉害。他非常担心晚上是否能安稳睡觉，想要事先向服务员打招呼，又觉得这样做未必效果好，服务员不一定乐意接受。他在服务台登记房间时，一只蚊子正好飞过来。马克·吐温灵机一动，马上对服务员说："早听说贵地蚊子十分聪明，果然如此，它竟然会预先看我的房间号码，以便夜晚光临，饱餐一顿。"服务员听了不禁大笑起来，结果就记住了他的房间号码，并相应地采取了一系列防蚊措施，使马克·吐温这一夜睡得很好。马克·吐温如果生硬地告诉服务员要怎样赶蚊子，就不一定能达到这种效果。马克·吐温的话很委婉，让服务员易于接受，当然也就乐意尽心服务了。

在日常生活中也常有这样的例子：当你要求别人做一件事，或者指责别人哪里有过失的时候，你要尽量选择让对方感到有回旋余地的话，仿佛把主动权送给了对方。例如，某位员工衣帽不整有碍企业形象，你可以说："这样还算挺好的，但如果能够再把这个颜色换一下，会更好些。"这样的话语会使员工乐于接受，也就心悦诚服地愿意改正。

委婉的语言是曲折地表达自己的意思，听话者感到你是为他着想，或者感到合情合理，这就容易达到说话的目的，也给人以教育和启迪。

（3）言简意赅。委婉的语言表现形式是婉转温和，这就形成了其隐约、含蓄的特点，也就使委婉的语言容量较大，语言虽然很简洁通俗，含义却是相当深刻的。请看下面一段对话：

    问：你有过感叹吗？

    答：感叹是弱者的习气，行动是强者的性格。

    问：扬州大明寺进门有一尊大肚佛，两侧有副对联。上联是"大肚能忍忍尽人间难忍之事"，下联是"慈颜常笑笑尽天下可笑之人"。你能做到吗？

    答：我如果能做到我就成佛了。

    问：你有烦恼与痛苦吗？

    答：越有追求的人，烦恼与痛苦越多。成功之后将是快乐。

可以看出，答话者回答问题时，总是用迂曲的方式作答，语言浅显通俗，含义却值得咀嚼。

（4）手法新颖。委婉表达产生于人际沟通中出现了一些不能直言的情况。一是总会存在一些由于不便、不忍或不雅等原因而不能直说的事和物，只能用一些与之相关、相似的事物来烘托要说的本意。二是总会存在接受正确意见的情感障碍，只能用没有棱角的软化语言来推动正确意见被接受。还有一些其他类似的情况。黄漫宇在其编著的《商务沟通》（北京：机械工业出版社，2016.）中列举了如下新颖的委婉手法，值得你在人际沟通中一试。

① 用相似相关的事物取代本意要说的事物。如恩格斯《在马克思墓前的讲话》中说："3月14日下午两点三刻，当代最伟大的思想家停止了思想。……他在安乐椅上安静地睡着了——但已经是永远地睡着了。"恩格斯用"停止思想""睡着了""永远地睡着了"来取代"死"字。

又如在餐厅中人们谈到上厕所，一般都用"洗手间"来取代"厕所"。

② 用相似相关事物的特征来取代本意事物的特征。在一次记者招待会上，一位美国记者问周总理："请问中国人民银行有多少资金？"周总理说："中国人民银行现有18元8角8分。"如果直接回答，则会违反国家保密法；如果拒绝回答，则会破坏招待会的和谐气氛；如果不予回答，则会有损总理个人风度。借用人民币面值总额取代资金总额，真可谓三全其美，妙不可言。

③ 用相似相关事物的关系类推与本意事物的关系。作家谌容访美时，用"能与身为老共产党员的丈夫和睦生活了几十年"来间接回答关于她与共产党关系的提问。有人问："听说你至今还不是中共党员，请问您对中国共产党的私人感情如何？"谌容回答："你的情报很准确，我确实还不是中国共产党党员。但是我的丈夫是个老党员。而我同他共同生活了几十年尚无离婚迹象，可见……"

④ 用某些语气词如："吗、吧、啊、嘛"等来软化语气，这样可以使对方不感到生硬。比较下列两组句子。

"别唱了！""今天别去了！""你不要强调理由！"

"别唱了好吗？""今天别去了吧！""你不要强调理由嘛！"

无疑第二组中的每一句都显得比较客气婉转，会使对方易于接受，有更大的说服力。

⑤ 用个人的感受取代直接的否定。例如，把"我认为你这种说法不对"用"我不认为你这种说法是对的"，把"我觉得你这样不好"用"我不认为你这样好"来取代。

⑥ 以推托之词行拒绝之实。例如，别人求你办一件事，你回答说办不到会引起不快。你最好说："这件事目前恐怕难以办到，今后再说吧，我留意着。"——推脱给将来和困难。再如，别人请你去他家玩，你如果说没空去不了，会令人扫兴，你最好说："今天恐怕没有时间，下次一定来。"——推脱给将来和没空。又如，别人向你借钱，你手头也不宽裕，你可以说："这件事我将同我的内当家商量商量。"——推脱给将来和爱人。

⑦ 以另有选择行拒绝之实。例如，有人向你推销一件产品，你不想要，可以说："产品还可以，不过我更喜欢另一种产品。"又如，有人要求下星期一进行洽谈，你不想在这天洽谈，可以说："定在星期五怎样？"

⑧ 以转移话题行拒绝之实。例如，甲问："星期天去不去工厂参观？"乙答："我们还是先来商量一下，下次推销的安排怎样准备吧。"又如，甲问："我们明天去展销大厅再见面好吗？"乙答："好吧，不过我想时间定在展销前不如定在展销后。"

### 4. 使用模糊语言

人们在客观世界里所遇到的各种各样的客观事物，绝大多数都没有一个明确的界限。作为客观世界符号表现的语言也必然是模糊的。巧妙地利用语言的模糊性，使语言更能发挥它神奇的效用，是人际沟通追求的目标之一。

（1）化难为易。"化难为易"也称"化险为夷"。在人际沟通中，常会遇到难以应付的棘手场合，也会有非说不可却难以启齿的场面，怎么办？成功的沟通者往往会用模糊语言，使自己摆脱这种尴尬的处境。

**机智的售货员**

在某商场，有一位顾客拿了几个西红柿，将其混杂在已经称好重量并交款的蔬菜中转身就走。这时，售货员发现了这一情况。如果她高喊"捉贼"，势必影响商场的秩序，损伤商场的声誉，可能会和顾客大吵大闹一番。富有经验的售货员会两手一拍说："哎呀！请您慢走一步。我可能刚才不注意，把蔬菜给装错了，您再回来查查看。"这位顾客无奈也只得回来，售货员把蔬菜重新称过，随手就将西红柿拣了下来。售货员此时说"可能""查查看"都是模糊词语，收到神奇的表达效果。

（2）缓和语气。在某些情况下，对方可能故意损害你，使你怒发冲冠、情绪激动，使现场气氛顿时紧张起来。在这种情况下，使用模糊语言，能易于控制自己的情绪，缓和气氛，使事态朝好的方向发展。

### 司机下车！

在我国南方的一座城市，正值下班时间，乘车的人特别多，车已爆满。乘客们把车窗堵得严严的，车内乘客不容易看到车已行驶到哪一站。尽管司机报告站名，但车内人声嘈杂，总有乘客没听清，因此而错过站。有一位错过站的乘客慌慌张张地擂门大叫："司机下车！"司机也非常生气，正要酝酿几句奚落挖苦的话，正巧这时一位乘客及时地插嘴说："司机不能下车。司机下车了，谁来开车？"这时，不仅那位错过站的乘客情绪缓和下来，连司机也和颜悦色起来。

【点评】这位聪明的乘客就是利用"司机下车"这句话的模糊性来为司机解了围，剑拔弩张的气氛缓和了，一场争吵避免了。可见，如果我们用模糊语言来淡化紧张气氛，就可以控制情绪。它能使我们与他人交往时不致紧张，即使在冲突一触即发的关键时刻，也可以使你从容地脱身出来，离开不愉快的窘境或矛盾旋涡。

（3）点到为止。模糊语言要有分寸，要点到为止，不该说的不说。要能把自己意思表达明白，又不伤害别人。不要直来直去，要把自己的意思曲折委婉地表达出来，并且要让对方明白。

### 精神病院的采访

我国一位著名的播音员到精神病院采访，采访提纲中原先写的是："您什么时候得的精神病？"这位播音员感到这种话会刺激患者，就临时改口问道："您在医院待多久了？住院前感觉怎么不好呢？"委婉含蓄的提问，采用的是模糊语言，使对方易于接受，不致产生反感。

在采访结束时，这位播音员说："您很快就要出院了，真为您高兴。"

精神病患者对于"精神病"这个词十分忌讳，播音员在采访时自始至终注意回避这个词。

模糊语言的运用要掌握分寸，过于模糊，对方不了解你的意思，就失去了交际的作用；

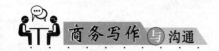

过于直露,又会伤害别人。只有既模糊又适度,在模糊语言中透露出自己真实的语意,才能达到交际的目的。

(4)偷换概念。为了顺利沟通,有时候,你还不得不使用更为"有趣"的一招——偷换概念,借以掐断矛盾的"导火索",模糊焦点,回避矛盾,转移谈话内容,起到平复对方心情的作用。

### 靳 阁 老

明代人靳贵曾当过武英殿大学士,人称靳阁老。他有一个儿子,科举屡屡落第。但多年后,靳阁老的孙子反倒金榜题名。靳阁老恨铁不成钢,训斥儿子无能。这时儿子笑道:"你的父亲不如我的父亲,你的儿子不如我的儿子,我怎么能算无能呢?"靳阁老听后转怒为喜。

【点评】其实,靳阁老一开始关注的是儿子本身的才能,焦点指向能力和表现上,而儿子的反驳牵扯到各自父亲和儿子的表现,实际上是偷换了概念。在实际交流中,由于对方并不会总是认真到拒绝任何逻辑错误,所以,这种方法经常能取得很好的效果。

(5)不妨幽默表达。幽默一词在古代汉语中已有,它的含义是寂静无声。现在人们早已不使用幽默一词原意,它倒成了一个外来词语,是英语 humor 的音译。幽默是一种含蓄而充满机智的辞令,是一种经过艺术加工的、最生动的语言形式和表达手法,是一个人的思想、学识、才华、灵感在语言运用中的结晶。正如林语堂先生所说:"幽默是一种人生态度。"在生活中,无论是文人雅士还是寻常百姓,无论是亲朋好友、邻里还是夫妻间,幽默的话语几乎都无处不在,它已成为一种健康的文化和艺术,是人际交往的调节剂。

### 服务员的幽默

一位顾客在一家餐馆用餐,有一道菜很久没送上来,他不耐烦地问服务员:"我还有一道菜怎么还没有送上来?"服务员笑着耐心询问:"请问您点的是什么菜?"顾客没好气地说:"炒蜗牛!"服务员立即说:"哦,蜗牛是个行动迟缓的动物。"一句话把顾客给逗乐了,然后,服务员马上说:"真是对不起,先生。请您稍等,我这就去催。"

【点评】你不但要把话说得清楚明白、礼貌得体，还要把话说得有趣，增强语言的感染力。这就要借助幽默的力量。

① 幽默的作用。幽默的作用很多，主要有以下几个方面的作用。

一是幽默可以化解难堪，融洽关系。例如：

在一个庆功会上，一个将军在与一个士兵碰杯的时候，士兵由于紧张，举杯时用力过猛，竟把一杯酒都泼到了将军的头上，士兵当时就吓坏了，可老将军却用手擦了擦头顶的酒，笑着说："小伙子，你以为用酒能治好我的秃顶啊，我可没听说过这个药方呀！"说得大家哈哈大笑。

二是幽默可以化解矛盾，缓和气氛。例如：

一个小孩看到一个陌生人长着很大的鼻子，马上大叫："大鼻子！"小孩的父母感到很难为情，很对不起人。陌生人却幽默地说："就叫我大鼻子叔叔吧！"大家因此一笑了之。

一个人在车上不小心踩了别人一脚，忙连声道歉。被踩的这个人风趣地说："不，是我的脚放错了地方。"这人大度地认为，事情发生了，已无可挽回，又不是故意的，也没有什么损失，何不一笑了之呢。

一个顾客在餐厅吃饭，米饭中沙子很多，服务员歉意地问："净是沙子吧？"顾客大度地回答："不，其中也有米饭。"这一回答，既批评了餐厅，也免除了尴尬局面。

三是幽默可以用来含蓄地拒绝。例如：

一位好友向罗斯福问及美国潜艇基地的情况。罗斯福问道："你能保密吗？"好友回答："能。"罗斯福笑着说："你能我也能。"好友也就知趣地不再问了。

四是幽默可以揭露缺点，针砭时弊。例如：

领导："你对我的报告有什么看法？"

群众："很精彩。"

领导："真的？精彩在哪里？"

群众："最后一句。"

领导："为什么？"

群众："当你说'我的报告完了'，大家都转忧为喜，热烈鼓掌。"

这段幽默讽刺了领导干部长篇大论，不着边际的作风。

五是借助幽默可以在轻松的气氛下进行严厉的批评。例如：

某商店经理在全体职工大会上说："要端正经营作风，加强劳动纪律，公私分明，特别是那'甜蜜的事业'——糖果柜台。"

六是幽默也是有力的反击武器。例如：

德国大文豪歌德有一次在公园散步，遇到一个恶意攻击他的批评家。那位批评家不肯让路，并傲慢地说："我从不给傻瓜让路。"歌德立刻回答："我却完全相反！"说完，立即转到一边去了。

七是幽默可以放松心情，感受美好。当今社会高效率、快节奏、信息量大，人的大脑容易产生疲劳。如果生活中多些笑声，多些幽默，就会消除人们的烦躁心理，保持情绪的平衡。说话，在某种程度上，具有一定的娱乐性，它不应该让人感到紧张、费力，而应给人一种舒适轻松之感。例如：

有个大财主订了个规矩：庄稼人遇到他，都得敬礼，否则便要挨鞭子。

一天，阿凡提经过这里，碰上了大财主。

"你为什么不向我敬礼，穷小子！"大财主怒不可遏。

"我为什么要向你敬礼？"

"我最有钱。有钱就有势，穷小子，你得向我敬礼，否则我就抽你。"

阿凡提站着不动。

围观的人越来越多，大财主有点儿心虚，便压低声音对阿凡提说："这样吧，我口袋里有100元钱。我给你50元钱，你就向我敬个礼吧！"

阿凡提慢悠悠地把钱装进兜里，说："现在你有50元钱，我也有50元钱，凭什么非要向你敬礼不可呢？"

周围的人大笑起来，大财主又气又急，一下子把剩下的50元钱抽了出来："听着，如果你听我的，那我就把这50元钱也送给你！"

阿凡提又把这50元钱收了，接着严肃地说："好吧，现在我有100元钱，你却1分钱也没有了。有钱就有势，向我敬礼吧！"大财主目瞪口呆。

这里，阿凡提的故事虽然带有寓言的色彩，但他的话语确实给人以轻松愉悦之感。

八是幽默语言可以婉转地提出要求。例如：

1953年，日本首相吉田茂设宴款待来访的美国副总统尼克松夫妇。席间，吉田茂突然转过头对身旁的尼克松夫人微笑着说："有几艘美国驱逐舰在东京湾停泊，请问这些军舰是不是怕您受我们的欺负而来保护您的？"一句话引得大家都笑起来。但是，笑声之中，尼克松已经明白吉田茂的话中之话了。当时，这些军舰在东京湾停泊，引起了日本朝野的普遍不安，吉田茂正是借助幽默的语言来婉转地表达对美国军舰的不满，希望尼克松能命令军舰驶离东京湾。

运用幽默语言提出自己的要求，这种方法在外交谈判、贸易洽谈中使用较多。这种说话方式含蓄婉转，往往具有暗示性、启发性，不会伤害双方感情。如果对方能够接受你的要求，则可以在笑声中乐意主动地采取措施；如果对方不能接受，那也无伤大雅，全当听了一则笑话，一笑了之。

九是幽默可以塑造交际中的自我形象。幽默的谈吐是良好性格特征的外在表现。在人际交往中，每个人都会遇到一些意想不到的情况。这时，为了避免出现僵局，就需要有一种随机应变的能力。而具有幽默感的人，则一定是一个机智、敏捷、善于应付各种棘手问题的能手。例如：

第二次世界大战期间，英国首相丘吉尔到华盛顿会见美国总统罗斯福，要求美国参战抗击德国法西斯。丘吉尔受到了热情款待，并被安排住进白宫。一天早晨，丘吉尔躺在浴盆里，抽着特大号的雪茄烟。门突然开了，罗斯福走了进来。丘吉尔大腹便便，肚子露出水面，两人都甚感窘迫。丘吉尔扔掉烟蒂，说道："总统先生，我这个英国首相在您面前可真是一点儿也没有隐瞒。"说罢两个人哈哈大笑。丘吉尔的一句话体现出他不愧为一个机智、敏捷、处变不惊、具有良好风度的领导者。

一句幽默语，使两位国家领导人从尴尬中解脱出来，同时也加深了了解，增进了友谊。

② 幽默的表达方法。幽默是人的思想、学识、智慧和灵感的结晶，幽默风趣的语言风格是人的内在气质在语言运用中的外化，幽默风趣的语言风度固然有先天成分的影响，但更有后天的习得。应掌握一些构成幽默的方法，并在语言表达中注意加以运用。

一是飞白。白指白字，别字。所谓飞白，就是明知其错，故意将错就错地加以援用。根据错误产生原因的不同，可把飞白分为语音飞白、字形飞白两类。

语音飞白即因语音相同、相近而将错就错地加以援用的飞白。如：中国古代有许多笑话就是利用错别字来制作的，如清代小石道人的《嘻谈续录》中有这么一个笑话：

一个人的官因为是捐钱得来的，所以他不懂官场语言。到任后这人便去拜见上司。上司问："贵处风土如何？"他回答说："并无大风，更少尘土。"上司又问："春花如何？"他回答说："今春棉花每斤二百八。"又问："绅粮如何？"答："卑职身量，穿三尺六的衣服。"又问："百姓如何？"答："白杏只有两棵，红杏倒不少。"上司说："我问的是黎庶。"他回答说："梨树很多，但结的梨都很小。"上司说："我不是问什么梨杏，我是问你的小民。"他赶紧站起来，说："卑职小名叫狗儿。"

"风土"即风俗，"春花"是指鱼苗，那个花钱买官的人，把"风土"误解为"风"和"土"，把"春花"误解为春天的棉花，这都是错误地理解了词语的意思，把它们当成语素意义的简单相加。这种误解不是语音飞白，属于语音飞白的是把"绅粮"误解为"身量"，"百姓"误解为"白杏"，"黎庶"误解为"梨树"，"小民"误解为"小名"，它们的语音都相同或相近。

字形飞白即因为字形的相似而导致误认、误读的飞白。一个外国留学生在北京学习汉语。一日，他忽然对老师说："贵国的民族自豪感宣传得极好，只是用语过于单调。到处都是'中国很行''中国人民很行''中国工商很行''中国农业很行''中国交通很行''中国建设很行'。"老师解释说："你看得不仔细，那是'银行'。"外国留学生之所以把"银行"与"很行"混为一谈，就是因为这两个字的字形极为相似，中国人很容易区分这两个字，所以觉得可笑。以下《西游记》中猪八戒的扮演者改名的故事也是飞白手法的运用。

在电视剧《西游记》中扮演八戒的马德华，原名叫马芮。有一天，老马因患重感冒，到一家颇有名气的医院看病，等了好久，值班护士拿着挂号本在走廊上叫："马内，马内！谁叫马内？"马芮见没人答应，心想：大概是叫我的吧，就进了门诊室。医生问："你叫马内？"马芮只好回答道："是的，我叫马内。"

到化验室抽血后，化验员又高声喊道："马苗、马苗，谁是马苗？你的血化验好了。"马芮不敢答应，但眼看化验室要关门了，他进去要化验单时，女化验员不耐烦了："你就是马苗呀，那你刚才是聋了还是哑了？"

马芮去药房取药，药剂师隔着窗户尖声嚷道："马丙，马丙，你的药好了。"有教训在先，这时马芮不敢怠慢，管它马内、马苗、马丙呢，抓起药就往注射室走去。

到了注射室，女护士见了注射单就笑了："哟，这个病号怎么叫马肉？马肉，该你注射啦！"马芮哭笑不得。

后来，马芮参加了《西游记》的拍摄，他想这么多人不认识我名字中这个"芮"字，名字一印到屏幕上，还不知道会被人们念成什么呢。干脆更名，改名叫马德华吧。

"马芮"，从字形上看，与"马内""马苗""马丙""马肉"都有些相像，这个故事马德华也许进行了虚构，至少进行了加工，由于巧妙地运用了飞白的手法，令人忍俊不禁。

二是降用。故意使用某些"重大""庄严"的词语来说明一些细小、次要的事情的表达技巧，谓之"降用"。恰当地运用降用，可暗示自己的思想，启发对方思考，令语言风趣生动。毛泽东就是一位极喜欢运用"降用"的行家里手。例如：

毛泽东的卫士封耀松连续两次失恋后，感到极为沮丧郁闷。毛泽东见状，笑着对封耀松说道："速胜论不行吧！也不要有失败主义，还是搞持久战好。"

"速胜论""失败主义"是抗日战争时期在对日寇入侵这一问题上所持的两种政治、军事观点，而"持久战"则是毛泽东为此而提出的著名论断。这里毛泽东新奇地用"降用"劝诫卫士在婚姻问题上不要急于求成，而应持相反的态度，以及"告吹"后不可有悲观失望情绪，于调侃、戏谑之中，委婉地批评了封耀松在对待婚姻问题上的轻率行为。

三是仿拟。故意模仿现成的词、语、句、调、篇及语句格式，临时创造新的词、语、句、调、篇及语句格式，谓之"仿拟"。它是幽默诸多构成法中最常用的一种，往往借助某种违背正常逻辑的想象和联想，把原来适用于某一种语境、现象的词语用于另一种截然不同的新的环境和现象之中，而且模拟原来的语言形式、腔调、结构甚至现成篇章，造成一种前后不协调、不搭配的矛盾，给人以新鲜、奇异、生动的感受。例如：

毛泽东在一次报告中批评某些干部为评级而争吵、落泪时说："有一出戏，叫《林冲夜奔》，唱词里说：'男儿有泪不轻弹，只因未到伤心处。'我们现在有些同志，他们也是男儿，他们是'男儿有泪不轻弹，只因未到评级时'。"这里运用的就是局部改动名句的仿拟之法，显得俏皮成趣、批评有力。

四是双关。利用双关、比喻、夸张等修辞手法，可使语言生动形象，幽默风趣。例如：

有一学生问导师："我常梦想当上了教授。导师，我要怎么做才能把梦想变为现实呢？"导师答道："少睡觉。"

"少睡觉"是一语双关，其一指少做白日梦，意在规劝他早醒悟，莫抱不切实际的幻想；其二指多用功，不要虚度时光，学习要做到废寝忘食。又如：

孩子："爸爸你当过船长吗？"

爸爸："没有。"

孩子："那妈妈为什么说你脚踏两只船？"

孩子天真无邪，不理解"脚踏两只船"的双关含意，构成了"船"的本义和引申义的矛盾碰撞，造成了幽默情趣。

五是自嘲。自我嘲讽，是指运用嘲讽的语气来嘲笑自己的缺陷和毛病，以取得别人的共鸣，引起别人会心一笑的方法。笑的规律是优笑劣、智笑愚、美笑丑、成熟笑幼稚。因此，如果善于显示自己比别人劣、愚、丑或幼稚，就会引人发笑，赢得公众的好感。自嘲还可嘲讽自己做过的蠢事、自己的生活遭遇等。

### 陈嘉漠的自嘲

陈嘉漠是清朝乾隆年间的举人，他的门生众多，可以称得上是桃李满天下。陈老先生80多岁时，身体还十分硬朗，并且与结发妻子恩爱如初，每晚同床而眠。

一年新春，许多门生一道前来为恩师拜年，谁知老先生贪睡，门生们来了之后还没有起床。听说客人来了，他便匆匆忙忙穿衣上堂，同众门生寒暄叙礼。他见众门生笑个不停，才发现由于着急，误穿了妻子的衣服。陈老先生自己也觉得好笑，便自我解嘲地说："我已经80多岁了，你师母也80岁了，今天我的做法正中了乡间的俗语'二八乱穿衣呀'。"众门生听了之后，都觉得他风趣幽默，大家一笑了之。

【点评】在与人交谈中，当你陷入尴尬的境地时，借助自嘲往往能使你从中体面地脱身。自嘲要求你具备豁达、乐观、超脱的心态和胸怀，同时，你应该是一个自信的人。因为，只有足够自信的人才能拿自身的失误、不足甚至生理缺陷来"开涮"，对丑处、羞处不予遮掩，反而把它放大、夸张，最后巧妙地引申发挥、自圆其说，博得众人一笑。

六是辨析。辨析就是对字形、数字、姓名或其他常用的词组作巧妙的拆卸、组合、分辨、解析。这种"辨析"是一般人预想不到的，极具机智巧妙的动力，听者先深感"出乎意外"，一经思考，又觉得在"情理之中"，在豁然顿悟之后，幽默便油然而生。如在人际交往中，富有幽默感的人，在自己介绍姓名或听人介绍时，会找出姓名中的特点，便于记忆，这么做往往会使人感到亲切自如，例如：

薄一波初次见到毛泽东，当自己介绍姓名后，毛泽东紧握他的双手，嘴里连声说道："好啊，这个名字很好！薄一波，薄一波，如履薄冰，如临深渊嘛！"说得周围的同志都笑了起来。

毛泽东风趣的"析姓辨名"，使初次会面的客人顿消紧张情绪，感到他和蔼可亲。

七是活用。活用熟语，随机应变，改变其原义，借形载义，可使语言富有诙谐感。例如：

一次，国画大师张大千和京剧艺术大师梅兰芳在席间相遇，张大千向梅兰芳敬酒道："梅先生，你是君子我是小人，我敬你一杯。"梅兰芳与众宾客不解。张大千含笑解释道："君子动口，小人动手。你唱戏动口，所以你是君子；我画画动手，所以我是小人。"一句话引得满堂宾客大笑不已。

应该特别指出的是，幽默表达手法的运用必须自然，切忌强求。第一，幽默只是手法，而非目的；第二，幽默是一种精神现象，不只是简单的笑话或滑稽所能描述；第三，幽默是一种风格、行为特性，是智慧、教养、道德处于优势水平下的一种自然表现。

### 8.1.4 提高声音质量的方法

#### 1. 认识声音

有人把人的发声器官比作一架管风琴。肺是风箱，由它提供发声的原动力。气流从肺中自下而上，通过气管上升到喉头，声音就由喉部产生。当人们呼气时，使保护气管开端的肌肉（即声带）紧密地挨在一起，以使空气通过声带时能够产生振动。这种振动产生了微弱的声音，然后该声音再穿过咽部（喉咙）、口，以及在某些情况下上升到鼻腔时被抬高产生共振。在这里，口和鼻腔就成了管风琴的两个管，它们不但可以起到扩大音量的作用，还可以任意变换音色。这样，共振后的声音被舌头、嘴唇、腭和牙齿这些发音器官改造，从而形成了语言体系中的声音。认识发声器官，了解声音如何产生，目的是在有声语言的训练中遵循其活动规律，正确发挥其功能和作用，从而有效地利用它来发出富有表现力和感染力的声音，增强语言表达的效果。

#### 2. 影响声音质量的因素

现实生活中，去除语言的内容，人们经常能够通过一个人的声音判断出对方的许多信息，如对方的性格、涵养、情绪等；有时甚至单凭一个人的声音就去主观地判断这个人的外貌、形象等特征，尽管判断的结果有时与事实不相符合，这说明声音具有迷惑性。因此，声音质量的高低直接影响听众对语言内容和表达者的接受程度。那么，影响声音质量的因素有哪些呢？

（1）音域。音域即每个人声音从低音到高音的范围。大多数人运用音高的范围超过 8 度，也就是音阶上的 8 个全音。音域的宽窄直接影响声音的质量。人们在平时交谈时，音域大多在一个八度左右，而常用的也只有四五个音的宽度，如果要同时与众多听众进行交流，如演讲或是表达强烈的思想感情时，这样的音域就显得过窄。因为这时表达者不得不用到音域的极限，自己会感到吃力，声音会变得不自然，而带给听者的则是极不舒服的感觉。音域过窄会造成表达上的障碍。通过专业的训练，可以拓宽你的音域。

（2）音量。也就是发出声音的强弱、大小。当人们正常呼气时，横膈肌放松，空气被排出气管。当人们讲话时，就会通过收缩腹肌来增加排出空气对声带的振动压力。这种在排出空气后更大的力量提高了声音的音量。感受这些肌肉动作的方法是：将双手放在腰部两侧，将手指伸展放在腹部。然后以平常的声音发"啊"，再以尽可能大的声音发"啊"，这时你会感觉到提高音量时腹部的收缩力量增强。微弱的声音，缺乏力度，使有声语言没有表现力，难以表达强烈的思想感情；而响亮、浑厚、有穿透力的声音，则能做到高低起伏，轻重有别，可以增强声音的表现力与感染力。因此，如果你的音量不够大，则可以通过在呼气时提高腹部区域压力的方法加以锻炼。

（3）音长。音长也就是声音的长短，它同语速、停顿密切相关，可以影响语言节奏的形成，对声音的质量同样有着不可忽视的作用。语速，也就是讲话的速度。大多数人正常交流时语速为每分钟130～150个字，而播音员的语速一般在每分钟180～230个字。可见，对于不同的人，不同的语言环境，语速的差异是比较大的。你不需要去统一执行哪一个标准语速，因为一个人的语速是否恰当，关键取决于听众是否能理解他在说什么。通常情况下，当一个人发音非常清楚，并且富有变化、抑扬顿挫时，即使语速很快也能被人接受。

（4）音质。音质是指嗓音的音调、音色或声音。它往往是一个人声音的个性。如笛子有笛子的声音，而京胡有京胡的声音。音质决定于共鸣腔的状态和质量的变化。音质直接影响声音是否优美悦耳，影响声音的表现力。最好的音质就是一种清楚悦耳的音调。影响音质的因素包括鼻音、呼气声、嘶哑的声音和刺耳的声音。

通过良好的训练可以使声音富于变化、轻重有别，从而更加有效地表达语言的思想内容。

### 小训练

① 大声朗读下列成语，注意声母和韵母以及声调。

| 比翼双飞 | 披荆斩棘 | 满载而归 | 丰衣足食 | 大张旗鼓 | 推陈出新 |
| 南征北战 | 龙飞凤舞 | 高瞻远瞩 | 快马加鞭 | 和风细雨 | 洁身自好 |
| 轻歌曼舞 | 先人后己 | 正本清源 | 超群绝伦 | 生龙活虎 | 日新月异 |
| 责无旁贷 | 此起彼伏 | 四通八达 | 按部就班 | 呕心沥血 | 峨冠博带 |
| 依山傍水 | 闻过则喜 | 云淡风轻 | 而立之年 | 仗义执言 | 瞒天过海 |
| 鞍前马后 | 兵强马壮 | 催眠有术 | 灯红酒绿 | 飞崖走壁 | 甘霖普降 |
| 挥毫洒墨 | 坚决果断 | 鲲鹏展翅 | 捞钱索物 | 埋头写作 | 千锤百炼 |
| 酸甜苦辣 | 吞云吐雾 | 心明眼亮 | 争前恐后 | 因循守旧 | 巍然挺立 |

② 向听众讲述一段个人经历中印象深刻的一件事。

要求：不要照稿宣读，注意吐字发音，并使自己的声音热情、自然、有表现力。可将自己上面的讲话用手机录下来，然后分析研究自己的录音，找到自己语言中的干扰词。再重复自己刚才讲述的内容，重复时注意克服这些干扰，尽量减少干扰词出现的频率。

#### 3. 发声练习

"发声"讲的是声音的问题。声音的好坏直接影响说话的效果。传说古希腊演说家德莫切克，第一次参加演讲比赛以惨败的结果收场，其中一个非常重要的原因就是他的嗓音嘶哑。后来，他苦练嗓音，终于成为享有盛

微课
发声练习

名的演说家。优美的声音，会给人增添一种绚丽耀眼的光彩，而浊哑的声音，会使得人们的话语黯然失色。声音集中，才能洪亮，才能结实。声音自然，才能毫不做作。声音圆润，才能给人以美感。在发声训练中，要做到"集中、圆润、自然"。正确的发声方式是："开牙关，要微笑，舌根松，下巴掉，一条声柱通硬腭，声音集中打面罩。"

"开牙关，要微笑"，必然引起软腭上提，增加口腔的空间，并具有一定的力量，可以增加口腔共鸣，使声音竖立、明亮、圆润，避免挤压出缺少共鸣、毫不悦耳的扁音来。后声腔适当打开，对充分运用胸腔、口腔共鸣也有好处。"舌根松，下巴掉"，是指喉部要放松，以免紧张而妨碍气息的流畅，产生挤压声音的现象。"下巴掉"不是说有意识地把下巴向下拉，而是让自己有一种下巴轻松得如同不存在似的感觉，目的还是让它松弛。"一条声柱通硬腭，声音集中打面罩"，是指结合气息的运用，要形成一条声柱（而不是一片）直通硬腭中心线，打到面罩上来，使声音集中，并具有穿透力。

在这个练习的基础上，才能进一步地对声音进行塑造。例如，在朗诵不同文体、不同风格、不同感情、不同人物性格和其他不同艺术形象的作品时，有了良好的发声基础，才能使声音富有表现力和感染力。

声音的产生并不是单靠哪一个器官完成的，而是呼吸器官、消化器官相互协同来完成发声的。发音效果的好坏，与呼吸、声带、共鸣器官等有直接的关系。因此，要想提高声音的质量，使自己发出的声音更加富有表现力和感染力，就要从以下几个方面多加练习。

（1）控制气息。气乃声之源。一个人气量的大小、能否正确用气，对语音的准确、清晰度和表现力都有直接影响。唐代文学家韩愈曾说过："气，水也；言，浮物也。水大而物之浮者大小毕浮。气之与言犹是也，气盛则言之短长与声之高下者皆宜。"因此必须学会控制好气息，这样才能很好地驾驭声音。在语言交流中要想使声音运用自如、音色圆润、优美动听，就要学会控制气息，掌握呼吸和换气的技巧。

呼吸的紧张点不应放在整个胸部，而应放在丹田，以丹田、胸膛、后胸作为支点，即着力点。力量有支点，声音才有力度。

控制气息的训练要从以下三个方面入手。

① 吸气。吸气时，要双肩放松，胸稍内含，腰腿挺直，缓慢平稳地吸气。要领是：气下沉，两肋开，横膈降，小腹收。这样吸气肌肉群随着收缩，腰部肌肉有明显的发胀、向后撑开的感觉，注意不要提肩，也不要让胸部塌下去。当气吸到七八成时，利用小腹的收缩力量控制气息，使之不外流。

### 小训练

抬重物时，必须把气吸得较深，憋着一股劲，后腰膨胀，腰带渐紧。这正是正确的呼吸方法。多抬几次重物，找出以上感觉。

## 项目 8　商务沟通的方式

② 呼气。呼气时，要保持吸气时的状态，两肋不要马上下塌。小腹始终要收住，不可放开，使胸、腹部在努力控制下，将肺部储存的气息慢慢放出，均匀地向外吐。呼气要用嘴，做到匀、缓、稳。在呼气过程中，语音随之一个接一个地发出，从而使有声语言富有节奏。

**小训练**

假设桌面上有许多灰尘，要求吹而又不能吹得尘土飞扬。练习时，按吸气要领做好准备，然后依照抬重物的感觉吸足一口气，停顿两秒钟左右，向外吹出气息。吹气时要平稳、均匀，随着气息的流出，胸腹尽量保持吸气时的状态。尽量吹得时间长些，直至将一口气吹完为止。

③ 换气。在语言表达过程中，人们不可能一口气将所要说的内容说完，常需要根据不同内容和表情达意的需要作时间不等的顿歇。许多顿歇之处就是需要换气或补气之处，以保证语气从容、音色优美，防止出现气竭现象。

换气有大气口和小气口两种换气方法。大气口是在类似于朗读、演讲这样的表达时，在允许停顿的地方，先吐出一点气，马上深吸一口气，为下面要说的话准备足够的气息。这种少呼多吸的大气口呼吸一般比较从容，也比较容易掌握。小气口是指表达一段较长的句子时，气息用得差不多了，但句子未完而及时补进的气息。补气时，可以在气息能够停顿的地方急吸一点气，或在吐完前一个字时不露痕迹地带入一点气，以弥补底气不足。要求吸气无声，又音断气连，是一种难度较大的换气方法。

**小训练**

● 高声朗读《高山下的花环》中雷军长的一段演说，安排好换气："我的大炮就要万炮轰鸣，我的装甲车就要隆隆开进！我的千军万马就要去杀敌！就要去拼命！就要去流血！！可刚才，有那么个神通广大的贵妇人，她，竟有本事从千里之外把电话打到我这前沿指挥所。她来电话干啥？她来电话是要我给她儿子开后门，让我关照关照她儿子！奶奶娘！走后门她竟敢走到我这流血牺牲的战场！我在电话里臭骂了她一顿！我雷某不管她是天老爷的夫人，还是地老爷的太太，走后门，谁敢把后门走到我这流血牺牲的战场上，没二话，我雷某要让她儿子第一个扛上炸药包去炸碉堡！去炸碉堡！"

● 练习下面的绕口令，开始做练习时，中间可以适当换气。练到有了控制能力时，逐渐减少换气次数，最后要争取一口气说完。

　　五组的小组长姓鲁，九组的小组长姓李。鲁组长比李组长小，李组长比鲁组长老。比李组长小的鲁组长有个表姐比李组长老，比鲁组长老的李组长有个表姐比鲁组长小。小的小组长比老的小组长长得美，老的小组长比小的小组长长得丑。丑小组长的表姐比美小组长的表姐美，美小组长的表姐比丑小组长的表姐丑。请你想一想：是鲁组长老，还是鲁组长的表姐老？是李组长小，还是李组长的表姐小？是五组小组长丑，还是九组小组长丑？是鲁组长表姐美，还是李组长表姐美。

　　气息控制训练可以把握"深、通、匀、活"四字方针，注意气息和内容的结合。单纯的语音、气息训练效果并不好，需要你在实际朗读过程中不断体会、运用。

　　（2）训练共鸣。共鸣指人体器官因共振而发声的现象。在产生共鸣的过程中，共鸣器官把发自声带的原声在音色上进行润饰，使声音圆润、优美。科学调节共鸣器官可以丰富或改变声音色彩，同时起到保护声带的作用，延长声带的寿命。用声的共鸣重心在口腔上下，以口腔共鸣为主。一般提到的共鸣腔有颅腔、鼻腔、口腔、胸腔，这是四个最基本的共鸣腔。声乐学习中还提到腹腔共鸣。要想声音圆润集中，需要改变口腔共鸣条件。发音时双唇集中用力，下巴放松，打开牙关，喉部放松，提颧肌、颊肌、笑肌，在共同运动时，嘴角上提。可以通过张口吸气或用"半打哈欠"感觉体会喉部、舌根、下巴放松，这时的口腔共鸣会加大。在打开口腔的时候，同时注意唇的收拢。

　　训练共鸣要从以下几方面入手。

　　① 鼻腔共鸣。鼻腔共鸣是由"鼻窦"实现的。鼻窦中的额窦、蝶窦、上颌窦、筛窦等，各有小小的孔窦与鼻腔相连，发音时这些小孔窦起共鸣作用使声音响亮、传得更远。运用鼻腔时，软腭放松，打开口腔与鼻腔的通道使声音沿着硬腭向上走，使鼻腔的小窦穴处充满气，头部要有振动感。这样，发出的声音才会震荡、有弹力。但要注意，鼻腔色彩不能过量，过量就会形成"囊鼻音"。

　　词组练习：妈妈　光芒　中央　接纳　头脑
　　蓝蓝的天上白云飘，白云下面马儿跑，挥动鞭儿响四方，百鸟齐飞翔。

　　② 口腔共鸣。口抬起，呈微笑状，使整个口腔保持一定张力，口腔壁、咽腔壁的肌肉处于积极状态。这样，声带发出的声音随气流的推动流畅向前，在口腔的前上部引起振动，形成共鸣效果。共鸣时要把气息弹上去，弹到共鸣点。声音必须集中，同时还要带上感情，兴奋起来。这样才会达到一个好的共鸣效果。

## 项目 8　商务沟通的方式

> **小训练**

词组练习：澎湃　冰雹　拍照　平静　抨击　批评　哗啦啦　啪啪扑　哽咽

绕口令：山上五株树，架上五壶醋，林中五只鹿，柜中五条裤，伐了山上树，取下架上醋，捉住林中鹿，拿出柜中裤。

③ 胸腔共鸣。胸腔是指声门以下的共鸣腔体，属于下部共鸣腔体，它可以使声音结实浑厚、音量大。运用胸腔共鸣时，声带振动，声音反着气流的方向通过骨骼和肌肉组织壁传到肺腔，这时胸部明显感到振动，从而产生共鸣。有了这个底座共鸣的支持，声音才会真实，不飘。胸腔的空间及共鸣能量大，发出的声音有深度和宽度，声音更浑厚、宽广。

> **小训练**

● 胸腔共鸣训练。

"a"元音直上、直下、滑动练习。

词组练习：百炼成钢　翻江倒海　追悔莫及。

小柳树，满地栽，金花谢，银花开。

● 发声练习。

口腔打开，使下面一组音从胸腔逐渐向口腔、鼻腔过渡。要求放慢、拖长、找准共鸣位置。

a－mai－mao－mi－mu

● 朗读共鸣练习。

朗读《七律·长征》(毛泽东)，要求放慢速度，有意识地夸张，尽量找出最佳共鸣效果。声音适当偏后些，使之浑厚有力。注意防止"囊鼻音"。

红——军——不怕——远——征——难，

万——水——千——山——只——等——闲。

五岭——逶迤——腾——细——浪，

乌蒙——磅礴——走——泥——丸。

金沙——水拍——云——崖——暖，

大渡——桥横——铁——索——寒。

更喜岷山——千——里——雪，

三军过后——尽——开——颜。

● 假设分别向 1 个人、10 个人、50 人、1 000 人，在教室、大礼堂、体育场等地朗诵或喊口令，十分准确地运用声音。

在进行共鸣训练时,扩大共鸣腔要适度,不能无限制,要以不失本音音色为前提。同时,应该学会控制共鸣腔肌肉的紧张度,保持均衡的紧张状态。另外,共鸣腔各部位包括肌肉要协同动作,这样声音的质量才能真正提高。

(3)吐字归音。吐字归音是汉语(汉字)的发声法则,即"出字"和"收字"的技巧。把一个字分为字头、字腹和字尾三部分,"吐字"是对字头的要求,"归音"是对字腹尤其是对字尾的发音要求。吐字归音训练要从以下方面着手。

① 吐字。吐字也叫咬字。一是注意口型,口型该大开时不能半开,该圆唇的时候不能展唇,尽量使声音立起来。二是注意字头,字头是字音的开始阶段,要求叼住弹出。要做到吐字清晰,发音有力,摆准部位,蓄足气流,干净利落,富有弹性。只有这样吐字才能使声音圆润、清楚。

### 小训练

读下面的绕口令。先慢读,注意分辨声母,发好字头音,读准声调,读几遍后再加速。

- 白石白又滑,搬来白石搭白塔。白石塔,白石塔,白石搭石塔,白塔白石搭。搭好白石塔,白塔白又滑。
- 四和十,十和四,十四和四十,四十和十四。说好四和十,得靠舌头和牙齿。谁说四十是"细席",他的舌头没用力;谁说十四是"适时",他的舌头没伸直。认真学,常练习,十四、四十、四十四。

② 归音。字尾是字音的收尾部分,指韵母的韵尾。归音是指字腹到字尾这个收音过程。收音时,唇舌的动作一定要到位,字腹要拉开立起,即在字腹弹出后口腔随字腹的到来扯起适当的开度,共鸣主要在这儿体现。然后收住,要收得干净利落,不拖泥带水,但也不能草草收住。如"天安门"三个字收音时舌位要平放,舌尖抵住上齿龈,归到前鼻韵母"n"音上。只有这样归音才到位,才能使声音饱满,富有韵味。

### 小训练

读下面的绕口令,注意"n"和"ng"的收音。

梁家庄有个梁大娘,梁大娘家盖新房。大娘邻居大老梁,到梁大娘家看大娘,赶上梁大娘家上大梁,老梁帮着大娘扛大梁,大梁稳稳当当上了墙,大娘高高兴兴谢老梁。

**4. 声音的运用技巧**

(1)语调。俗话说,听话听音,锣鼓听声。生动多变的语调是一种表意功能很强的口语修辞手段。语调高低升降的变化可以表达不同的含义,常见的有以下几种。

① 高升调。常用于呼唤、号召、惊疑等情感较为激昂的句子。例如:

让我们高举起振兴中华民族希望的火炬,去奋斗!去开拓!去创造我们美好的未来!

② 平直调。多用于一般的叙述、说明句。例如:

我不相信天上有上帝、宇宙有鬼神,但我相信,每个人都有他自己的命运。

③ 抑降调。多用于祈使、感叹等句子。例如:

每个人都有自己的人生航线,但是没有一条会是笔直的,它充满着曲折,人类的历史就是这样。

④ 曲折调。一般表示含蓄、反诘、夸张等情感。例如:

什么"人权自由""博爱平等",全是骗人的鬼话。

**小训练**

根据括号内的提示,用恰当的语调说出下面的话。

"你到这里来过?"

1. 高兴(这太好了!)
2. 惊讶(真没有想到。)
3. 怀疑(这可能吗?)
4. 责怪(你不应该来呀!)
5. 愤怒(真是太不像话了!)
6. 惋惜(唉!无可挽回的过失。)
7. 轻蔑(这种地方你也来,你是什么东西。)
8. 冷漠(是否来过与我无关。)

(2)重音。重音是指在句子中某个词语说得特别重或者特别长。重音通常分两类,一类与句子的结构有关,叫作结构重音;另一类与强调的某个潜在的语义有关,叫作强调重音。在说话人没有任何强调意思时,句中的结构重音就起作用了,这时的重音是句中组成成分之间相比较而存在的。例如,在简单的主谓句中,旨在说明主语"怎么样了"时,相比之下,谓语重些。如小王买了(重音在"买")。如果句中有宾语,则宾语较重,如小王买电脑了(重音在"电脑")。如果句中有修饰语,则修饰语较重,如楼上的小王买电脑了(重音在"楼上")。强调重音没有固定的位置,是根据表达者所要强调的潜在意义决定的,但强调重音也不是随心所欲的,要根据上下文意思决定。例如,我们要起诉施虐者(实施起诉的不是别人);我们要起诉施虐者(不是采取别的行为,是起诉);我们要起诉施虐者(起诉的对象是施虐者)。

说出下面的话，注意重音。

他吃了一块蛋糕。

他吃了一块蛋糕。

他吃了一块蛋糕。

他吃了一块蛋糕。

（3）停顿。停顿是指在语言交流中的语句或是词语间声音上的间歇。停顿一方面是我们生理和心理的需要；另一方面它也起到控制节奏、强调重点的作用；同时也给听者一个思考、理解和接受的时间，使听者更好地理解语义。停顿有多种性质，一是语法停顿，这类停顿基本依据标点来处理，如句号、问号、感叹号的停顿就要比顿号、逗号、分号的停顿长；二是层次停顿，语义的层次需要停顿来表达清楚，这既包括语言中大的意思层次，如一节或一段，也指一句话中的语义的层次；三是呼应性的停顿，如果是一大段的语言内容，往往会出现整体性的呼应或是局部呼应，这种情况声音必须停顿，否则就会造成呼应中断，影响语义的表达，如：这对小燕子，便是我们故乡的那/一对，两对吗？（郑振铎《海燕》）；四是音节性的停顿，这主要是指节奏感比较强的诗词朗读时，如空山/新雨后，天气/晚来秋（王维《山居秋暝》）；五是强调性的停顿，即为了突出句中的某些重要词语，而在这些词语的前或后稍加停顿，如：有的人活着/他已经死了；有的人死了/他还活着（臧克家《有的人》）。

（4）语速。语速是指语言节奏的快慢。它是体现语言节奏、表达思想感情的重要手段。在现实生活中，凡是兴奋、激动时，语速就会加快；而沉思、平静时，语速就会变慢。因此，语速的运用与内容、情感有关，也受不同场合的影响。做报告、播音的语速就相对较慢，而讲课的语速则要快一些，最快的则是体育赛事的转播解说。

（5）抑扬。抑扬是指语调高低升降的变化。抑扬顿挫才会引人入胜。下面几种语言节奏较为常用，应注意掌握。

① 高亢型。声音偏高，起伏较大，语调昂扬，语势多上行。用于鼓动性强的演说，叙述一件重大的事件，宣传重要决定及使人激动的事。

② 低沉型。语速偏慢，语气压抑，语势多下行。多用于悲剧色彩的事件叙述，或慰问、怀念等。

③ 凝重型。声音适中，语速适当，既不高亢，也不低沉，重点词语清晰沉稳，次要词语不轻不促。用于发表议论和某种语重心长的劝说，或抒发感情等。

④ 轻快型。多扬少抑，听起来不费力。日常性的对话、一般性的辩论都可使用这种语言节奏。

⑤ 紧张型。语速较快，句中不延长停顿。用于重要情况的汇报，必须立即加以澄清的事实申辩等。

⑥ 舒缓型。声音不高也不低，语速从容，既不急促，也不大起大落。说明性、解释性的叙述，学术探讨等宜用。

在不同的场合，要注意运用有效的发音。坚毅激进的声音，可以给人以一种奋进感；柔和清脆的声音使人愉快；低缓忧郁的声音让人感伤；而粗俗急躁的声音使人愤怒。所以，要试着去掉自己的发音障碍，调整节奏和音色，使有声语言富有节奏，展示出声音的和谐之美，做个说话受人欢迎的人。

### 小训练

综合运用有声语言重音、语速、停顿、抑扬等技巧，根据语言的环境，朗读下面的内容。

① 伙计们都寻思起来，想什么办法呢？玉宝坐在旁边也想了一会儿，笑着说："叔叔，我有个好办法，咱们大家出口气，把那老小子打一顿。"（选自高玉宝《半夜鸡叫》）

② 康大叔显出看他不上的样子，冷笑着说："你没有听清我的话，看他的神气，是说阿义可怜哩。"

③ 我为少男少女们歌唱，我歌唱早晨，我歌唱希望，我歌唱那些属于未来的事物，我歌唱正在生长的力量。

④ 范柳原冷冷地道："你不爱我，你有什么办法，你做得了主吗？"白流苏道："你若真爱我的话，你还顾得了这些！"范柳原道："我不至于那么糊涂。我犯不着花了钱娶一个对我毫无感情的人来管束我。那太不公平了。对于你，那也不公平。噢，也许你不在乎。根本你以为婚姻就是长期的卖淫合同。"（张爱玲《倾城之恋》）

⑤ 一生中能有这样两个发现，该是很够了，即使只能做出一个这样的发现，也已经是幸福的了。但是马克思在他研究的每一个领域，甚至数学领域都有独到的发现，这样的领域是很多的，而且其中任何一个领域他都不是肤浅地研究的。（选自恩格斯《在马克思墓前的讲话》）

## 任务 8.2 非语言沟通

据研究，高达 93%的沟通为非语言沟通，其中 55%是通过面部表情、身体姿态和手势传递的，38%是通过声调传递的。所以，非语言沟通在沟通过程中是十分常见且重要的，甚至比语言沟通表达的信息更加重要。

小故事
锁定纳粹分子

### 8.2.1 非语言沟通概述

**1. 非语言沟通的概念**

所谓非语言沟通，就是使用除语言沟通以外的其他各种沟通方式来传递信息的过程。非语言沟通的形式有很多，包括身体语言、副语言、空间语言以及环境语言等，甚至没有表情的表情、没有动作的动作都是非语言沟通的有效途径。

微课
非语言沟通概述

在沟通的过程中，非语言沟通和语言沟通关系密切，经常相伴而生，并且非语言沟通在其中起着非常重要的作用，甚至比通过语言表达的信息更为重要。

**2. 非语言沟通的特点**

概括起来非语言沟通的特点主要表现在以下几个方面。

（1）非语言沟通更能真实地表明情感和态度。面部表情、肢体动作、目光等非语言的使用方式，都在向他人传递你的情感和情绪，包括愉快、惊讶、悲伤。例如你会不自觉地接近喜欢的人；对某些话题感兴趣时，会把身体倾向对方；通过语气、语调等准确地识别说话者的情绪。

（2）非语言信息可能与语言信息相互矛盾，非语言信息更可信。语言信息是经过精心加工的，但非语言信息在很大程度上是无意识的，根深蒂固的。现实交际中，你也会发现"言行不一"的现象。在得到混杂信息时，非语言信息通常比语言信息更可靠。

（3）非语言沟通隐藏着丰富的文化内涵。非语言行为是在特定的群体中学到的，它受到文化环境、风俗习惯、思维方式、宗教信仰的影响。如拉美人握手比较柔软，而北美人握手就强劲有力。

**非语言沟通与文化**

美国人每天用于交谈的时间是日本人的两倍；

美国人经常用拇指和食指合成圆圈表示"OK"，而这在巴西、新加坡、俄罗斯和巴拉圭这种手势则是一种粗俗的举动；

在佛教国家，头是神圣不可侵犯的，你绝对不可以去摸别人的头；

在穆斯林文化中，不能用左手碰食物或用左手拿东西吃，这会被认为不干净；

将脚踝交叠在一起，在印度尼西亚、泰国和叙利亚是举止粗鲁的表现；

在德国，用手指指自己脑袋是侮辱他人的行为；

希腊人听到夸奖时会用嘴吹气；

洪都拉斯人把手指放在眼睛下面表示他们不相信；

日本人在受窘或表示反对时会发出嘶嘶的吸气声；

越南人低下眼睛看着地面表示尊敬；

地中海和拉丁文化的人际沟通中更多地用手势，身体接触也比较多。

### 3. 非语言沟通与语言沟通的区别

非语言沟通与语言沟通的区别主要表现为以下几个方面。

（1）沟通环境。在非语言沟通中，你只需运用眼睛，不必与人直接接触。比如，你可以通过一个人的着装、动作判断他的性格与喜好，通过他的收藏品判断他的业余爱好，通过他的表情看出他与朋友的关系程度，通过他约会的地方看出他对约会的重视程度。非语言沟通可以不为被观察者所知，而语言沟通一般要面对面进行。

（2）反馈方式。除了语言之外，对于对方所给予的信息，可以给予大量的非语言反馈。你的很多感情反应是通过面部表情和形体位置的变化表达的。例如，通过微笑和点头来表示对别人说的内容感兴趣；通过坐立不安或频频看手表来表示缺乏兴趣。

（3）连续性。语言沟通从词语开始并以词语结束，而非语言沟通是连续的。无论对方是沉默还是在说话，只要他在你的视线范围，他的所有动作、表情都传递着非语言信息。比如在一家商店里，一个妇女在面包柜台旁徘徊，拿起几样，又放下，还不时地问面包的情况，这表明她拿不定主意。一位客户在排队，他不停地把口袋里的硬币弄得叮当响，这清楚地表明他很着急。几个小孩试图确定自己的钱能买收款处附近糖果罐中的多少糖果，收款员皱着眉头叹了口气，可以看出她已经不耐烦了。商店中所有人都向你传递着非语言信息，并且是连续的，直到他们从你的视线中消失。

（4）渠道。非语言沟通经常不止利用一条渠道。例如，想象在观看一场足球赛时你所发出的信息：你穿着某队代表色的衣服，或者举着牌子，别人就能判断你喜欢哪支球队；当该队得分时，你跳起来大声喊叫。这样，在非语言沟通中，你既使用了视觉渠道，又使用了声音渠道。又如，一次会议，地点在五星级饭店，配有最好的食物，高层领导出席，着装正式。这些都表明此次会议非常重要。

（5）可控程度。人们很难控制非语言沟通，其中控制程度最低的领域是情感反应。高兴时你会不由自主地跳起来，愤怒时会咬牙切齿。你的绝大多数非语言信息是本能的、偶然的，这与语言沟通不同，在语言沟通中，你可以选择词语。

（6）结构。因为非语言沟通是无意识中发生的，所以它的顺序是随机的，并不像语言沟通那样有确定的语言和结构。如果你坐着与人交谈，你会考虑你要说的话，但不会考虑什么时候跷腿、从椅子上站起来或看着对方，这些非语言动作对应交谈期间所发生的情形。仅有的非语言沟通规则是一种行为在某种场合是否恰当或被允许。例如，在一些正式场合，即使你遇到不高兴的事，也不能跳起来，而要喜怒不形于色。

（7）掌握。语言沟通的许多规则，如语法、格式，是在结构化、正式的环境中得以传授的，如学校。而很多非语言沟通没有被正式传授，主要是通过模仿学到的，例如小孩子模仿父母、兄弟姐妹和同伴，下属模仿上司。

总之，人们的成功需要两座桥梁来沟通：一座是语言沟通，另一座是非语言沟通，两者缺一不可。

### 藏不住事的齐桓公

春秋时期，齐桓公与管仲密谋讨伐卫国，议罢回宫，来到其所宠爱的卫姬宫室。卫姬见之，立即下跪，请求齐桓公放过卫国。齐桓公大惊，说："我没有对卫国怎么样啊！"卫姬答道："大王平日下朝，见到我总是和颜悦色，今天见到我就低下头并且避开我的目光，可见今天朝中所议之事与我有关。我一个妇道人家，没有什么值得大王和大臣们商议的，所以应该是和我的国家有关吧？"齐桓公听了，沉吟不语，心里决定放弃进攻卫国。

第二天，齐桓公与管仲见面，管仲第一句话就问："大王为何将我们的密议泄露出去？"齐桓公吓了一跳，问道："你怎么知道？"管仲说："您进门时，头是抬起的，走路步子很大，但一见我侍驾，走路的步子立即变小了，头也低下了，你一定是因为宠爱卫姬，与她谈了伐卫之事，莫非您现在改变主意了？"

【点评】管仲和卫姬通过齐桓公的目光和举止，获得了语言之外非常有价值的信息。由此可见非语言沟通的作用和魅力。

## 8.2.2 非语言沟通的作用

非语言沟通作为沟通活动的一部分，在完成信息准确传递的过程中起着重要的作用，它能使有声语言表达得更生动、更形象，也能更真实地体现表达者心理活动的状态。

### 1. 代替语言

人们现在使用的大多数非语言沟通，经过人类社会历史文化的积淀而不断地传递、演化，已经自成体系，具有一定的替代有声语言的功能。许多用有声语言所不能传递的信息，通过非语言沟通却可以有效地传递。另外，非语言沟通作为一种特定的形象语言，可以产生有声语言所不能达到的交际效果。在日常工作中，人们在自觉或不自觉地使用各种非语言沟通来代替有声语言，进行信息的传递和交流，这既可省去过多的"颇费言辞"的解释和介绍，又能达到"只可意会，不可言传"的效果。例如：

有一次，曾任美国第16届总统的林肯作为被告的辩护律师出庭。原告律师将一个简单的论据翻来覆去地陈述了两个多小时，听众都不耐烦了。好不容易才轮到林肯辩护。只见他走上讲台，一言不发，先把外衣脱下，放在桌上，然后拿起玻璃杯喝了口水，接着重新穿上外衣，然后又喝水，这样的动作重复了五六次，逗得听众笑得前俯后仰。这时，林肯才在笑声中开始了他的辩护。

林肯与其他听众一样，对原告律师啰啰唆唆、翻来覆去的发言极为不满，却又不便直言指责。于是，他上台之后，进行了一系列肢体动作、幽默表演，以此代替有声语言嘲弄原告律师，抒发出他心中的不满。一举胜过千言万语，收到了无声胜有声的表达功效。

### 挥 手 之 间

方纪的《挥手之间》描述了在抗日战争时期，毛泽东去重庆谈判前与延安军民告别时的动作。"机场上人群静静地站立着，千百双眼睛随着主席高大的身影移动。""人们不知道怎样表达自己的心情，只是拼命挥着手。""这时，主席也举起手来，举起他那顶深灰色盔式帽，举得很慢，很慢，像是在举一件十分沉重的东西，一点一点地，一点一点地，等举过头顶，忽然用力一挥，便在空中一动不动了。""举得很慢很慢"体现了毛泽东在革命重要关头对重大决策严肃认真的思考过程，同时，也反映了毛泽东和人民群众的密切关系和依依惜别之情。"忽然用力一挥"表现了毛泽东的英明果断和一往无前的英雄气概。毛泽东在这个欢送过程中一句话也没有讲，但他的手势和动作却胜过万语千言。

**2. 强化效果**

在语言交际的过程中，表达者的神情容貌、举手投足、身姿体态，始终伴随着有声语言来传递出相应的信息。在一般情况下，动态的、直观形象的态势语言与有声语言的协调统一，会同时作用于听者的视觉器官与听觉器官，从而拓宽信息传输渠道，补充和强化有声语言信息的传递效果，使人产生更深刻的印象。例如：

英国前首相丘吉尔在一次演讲中说："我们现在的生活水平比历史上任何时期都高，我们现在吃得很多。"讲到这里，他故意停了下来，看着听众好一会儿，然后，他盯着自己的

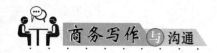

大肚皮说:"这是最有力的实证。"

丘吉尔在这段演讲中首先妙用停顿,把听众的注意力吸引到自己身上,然后巧妙地运用"盯着自己的大肚皮"的态势语言来辅助有声语言进行论证,产生了妙趣横生、令人捧腹的表达效果。

### 3. 体现真相

非语言沟通大多是人们的非自觉行为,其中所包含的信息往往都在交际主体不知不觉中显现出来。它们一般是交际主体内心情感的自然流露,与经过人们的思维进行精心提炼的有声语言相比,非语言沟通更具有显现性。非语言沟通在交际过程中可控性较小,其所传递的信息更具有真实性。正因为非语言沟通具有这个特点,因而非语言沟通所传递的信息常常可以印证有声语言所传递信息的真实与否。在现实交际中常出现"言行不一"的现象。正确判断一个人的真实思想和心理活动,要通过观察他的身体语言,而不是有声语言。因为有声语言往往会掩饰真实情况。日常工作中,同事之间一个很小的助人动作,就能验证谁是你的真心朋友。在商务谈判中,可以通过观察对方的言行举止,判断对方的合作诚意和所关心的目标等。

### 4. 表达情感

非语言行为主要起着表达感情和情绪的作用。例如,相互握手表示良好人际关系的建立;父母摸摸小孩子的脑袋表示爱抚;夫妻、恋人、朋友间的拥抱表示相互的爱恋和亲密。在历史上,管宁通过"割席"这个无声行动,拉开了同不专心学习的伙伴华歆的距离;汉文帝垂询贾谊时,"夜半虚前席"则缩小了君臣之间的距离。最典型的是吴敬梓的《儒林外史》有一回写严监生病入膏肓,弥留之际已不能说话,但是还没咽气。他把手从被单里伸出来,赵氏慌忙揩揩眼泪,走上前道:"爷,别人都不相干,只有我晓得你的意思!你是为那灯盏里点的是两茎灯草不放心,恐费了油。我如今挑掉一茎就是了。"说罢,忙走去挑掉一茎。众人看严监生时,他点一点头,把手垂下,顿时就没有了气。这段描写固然是夸张地刻画了严监生吝啬的性格特点,但更说明了人在不能说话的情况下能用态势语言来表情达意。

## 一个微小举动

某城市电台的一位主持人时常经过一个地下通道,见到一个男孩坐在通道的一角弹着吉他唱歌。男孩总是戴着一副墨镜,显然是个盲人。他的歌唱得很好,并且唱的大多是一些人们喜欢的歌曲。主持人为了听他唱歌,常常走得很慢,等他一曲唱完,便走到他跟前放下一点儿零钱再离开。

有一天下雨了，男孩唱的是主持人很喜欢的《光辉岁月》。她就站在那里倾听，男孩唱得很投入，她也被他的投入打动了。他唱完的时候，她像往常一样，在他的琴袋里放下零钱。这时，男孩突然抬起头说："谢谢你，谢谢你多次给我的帮助。我还要谢谢你，你每一次经过的时候，都是蹲下来往我的琴袋里放钱。我在这里唱了3年的歌，你是唯一一个蹲下来放钱的人。我听得出你走路的声音，你总是轻轻地蹲下来，轻轻地离去，虽然我的眼睛看不到你。"她很吃惊。他摘下墨镜，一双很大的眼睛，却没有光泽。他又说："我就要离开这座城市了，今天我在这里就是为了等你来。我想在我临走的时候唱一首歌给你。"

男孩子调了一下琴弦，轻轻地唱起了《你的眼神》。歌曲很优美，令人感动。

【点评】一件小事，一个小举动，孤立地看起来微不足道，不算什么，但它表达了一种情感，在沟通中所产生的影响并不小。

#### 5. 调节气氛

在语言交际过程中，态势语言所表达的情感信息往往具有暗示作用，而表达者可以有意通过表情、目光、手势、体姿等手段调动或影响交际对象的情绪，启发或引导对方的思路，调节语言交际的气氛，从而掌握语言交际的主动权。有时，通过态势语言辅助有声语言来调控语言交际活动，可以化不利的、被动的局面为有利的、主动的局面，以实现交际目的。例如：

2 000多年前，马其顿国王亚历山大远征印度，途中断水，面临全军崩溃的危急时刻，亚历山大在战马上作鼓动演讲："勇敢的将士们，我们只要前进，就一定会找到水源。"说这话时，他的右臂向正上方高高举起，五指张开，然后，迅速有力地挥下，给人以确定无疑的感觉。当讲到"壮士们，勇敢地前进吧！"时，亚历山大的右臂平肩向后收回，然后迅速有力地将五指分开的手掌猛地推向前方，表现一种势不可当、所向无敌的气势，给将士们以极大的精神激励。

马其顿国王亚历山大在作鼓动讲演时，伴随着慷慨激昂的语言的是果断而强有力、迅猛向前不可阻挡的手势，这些态势语言的恰当运用调动和激发了将士们昂扬奋发的情绪，引导他们相信并赞成自己的观点，激起了他们奋勇前进、一往无前的斗志。可以说，亚历山大国王用伴随有声语言的态势语言牢牢把握住了交际的主动性，并成功地达到了预期的目的。

#### 6. 展示素质

态势语言不仅可以补充、替代、强调有声语言，也是一个人思想情感的外化，是个人修养、风度、个性等方面的展示。良好的态势语言，能够提升一个人在听众心目中的地位，从而建立一种信任，同时还能给听众带来美好和谐的审美愉悦。而不当的态势语言则会降低其在听众心目中的地位，影响听众对其语言信息的接收。例如，一个人举止从容，说明其为人冷静；慌慌张张说明其不够自信或是缺少条理；面带微笑，说明心态阳光，对听众友好；而面部僵化说明其历练不足或是心理素质欠佳等。无论你是否有意识地使用态势语言，你总是以某种态势出现在听众面前，而这种态势能够把人性格特征、内在涵养等方面的信息无声地传递给听众。态势语言既是一个人德才学识等各方面修养的外化，也是其特有的行为气质的外显。《世说新语》里讲述了这样一个故事：

魏武将见匈奴使，自以形陋，不足雄远国，使崔季珪代，帝自捉刀立床头。既毕，令间谍问曰："魏王何如？"匈奴使答曰："魏王雅望非常；然床头捉刀人，此乃英雄也。"魏武闻之，追杀此使。

虽然曹操装扮成地位低下的卫士，可是，曹操高度的政治、军事、文化素养，长期养成的封建时代的政治家的特有气质，并没有被他矮小的身材所掩盖，而被匈奴来使一语道破。

### 积极的非语言和消极的非语言

**1. 积极的非语言**
- 正面注视表示精力集中。
- 面带微笑表示态度友好。
- 双手叉腰表示进行控制的决心和能力。
- 整洁的外表表示信心十足、精明能干，还表示有修养和礼貌。
- 手托下巴表示在评判。
- 扬起眉毛表示感兴趣。
- 微微侧着头和友好的目光接触表示赞同地聆听。
- 谈话时，如果对方将头侧向一边，尤其是倾向讲话者的一边，或者身体前倾，面向讲话者，眼睛盯住对方，表示对对方的话很感兴趣。
- 两腿分开与肩同宽，双手背后，挺胸、抬头，目光平视对方，面带微笑，则表示对交谈有兴趣、有信心。
- 慢慢打开记录本，表示关注对方讲话；快速打开记录本，表示发现了重要问题。

**2. 消极的非语言**
- 躲闪的目光表示回避。
- 把头垂下表示对所讲的事没兴趣。
- 肩部低垂表示缺乏信心。
- 手臂环绕身体表示自我安慰。
- 紧锁的眉头和紧闭的双眼表示心存疑惑。
- 将手插入裤袋里或交叉在胸前，有下意识的小动作，表示不专心、不在意。

- 摆弄手中的笔、打火机，抚弄衣带、发辫等，表示拘谨、缺乏自信、缺乏经验，而且也有失庄重。
- 摘下眼镜，轻轻揉眼或擦镜片，表示精神疲劳，或对争论不休的问题感到厌倦。
- 轻轻地拿起桌子上的帽子，表示要结束谈话或告辞。
- 不停地吸烟，表示在某个问题上伤脑筋；深吸一口烟，表示可能是准备反击；将烟圈向上吐，表示自信、傲慢；将烟圈向下吐，表示情绪低沉、忧郁、沮丧等。

### 8.2.3 非语言沟通的构成

大体上，非语言沟通主要包括运用目光语、表情语、态势语言、手势语、动作语、服饰语、环境语等方面的沟通。

#### 1. 表情语

面部表情能反映一个人的内心，它是"心灵的镜子"。这面镜子，是由脸的颜色、光泽、肌肉的收与展，以及脸面的纹路所组成的。它以最灵敏的特点，把具有各种复杂变化的内心世界，如高兴、悲哀、痛苦、畏惧、愤怒、失望、忧虑、烦恼、疑惑等，最迅速、最敏捷、最充分地反映出来。这里我们主要探讨表情语中的目光和微笑。

（1）目光。"眼睛是心灵的窗户"。眼睛是最能传神的，是口语交流中表达感情信息的重要渠道，会产生很强的感染力。兴奋、热情的目光会使听众高兴；和蔼、关切的目光会使听众感到亲切；坚定、自信、充满希望的目光会使听众受到鼓舞；冷峻如剑的目光会使听众毛骨悚然；充满仇恨的目光会使听众怒火中烧。因此，应注意运用目光语来表达内在的丰富感情。

**谈判中的对峙**

朝鲜战争后期，美国人被迫坐下来谈判。当谈到交换战俘时，美国代表提出无理要求并采取拖延战术，谈判桌前出现沉默的对峙。李克农将军指示中朝代表"坐下去"，中朝代表便一个个挺直腰板，稳坐不动，一双双眼中透出冷厉的目光，逼视着对方，沉默了132分钟。最后美国人顶不住了，宣布休会。

【点评】李克农将军指示中朝代表"坐下去"，用态势语言"沉默""冷厉的目光""挺直腰板""稳坐不动"与美方代表对峙，尤其是"冷厉的目光"的"逼视"，体现出强大的威力，让对方顶不住而宣布休会。

目光语主要体现在时间、部位、方式三个方面。

① 时间。实验表明，在整个语言交流过程中，双方的目光相接累计应达到50%～70%的时间，只有这样，才能在彼此间建立起信任和喜欢。如果目光相接不足全部交谈时间的

1/3，则表示对交流内容不感兴趣。还要注意的是，在语言交流中除关系十分亲密外，一般连续注视对方的时间应在 1～2 秒内，否则会给对方造成不舒服的感觉。长时间对异性注视或者上下打量，都是不合礼仪的行为。

② 部位。目光停留的部位在场合不同、对象不同的情况下有所不同。在业务洽谈、交易磋商、贸易谈判等公务活动中，目光停留在对方的前额至双眼这一区域，会让人感到你认真严肃、有诚意、积极主动，容易把握交谈的控制权。在大多数的社交场所，目光停留的部位是对方的双眼至嘴这一区域，会让人感到你友善尊重，富于关切。而对于异性之间，特别是恋人之间目光则更多停留在对方的双眼和胸部之间；在关系并不密切，甚至陌生人之间，这种目光语则是不合礼仪的。

③ 方式。目光语的使用方式主要有以下三种。

● 环视法。这是用眼睛环视听众的方法。在环视过程中要做到神态自然，视线在全场按一定幅度自然地流转，环视场内听众。这种目光可以控制听众的情绪，了解听众的反映，检查语言表达的效果。但头部不可大幅度地转动，以免扰乱听众视线，分散听众的注意力；也不可以过于呆板，使听众感到僵化而无生气。

● 注视法。这是把视线集中到某一听众或某一区域，只同个别或部分听众交流的方法，以对听众做比较细致的心理调查，启发引导全场听众专心听讲，或制止个别听众在场内小声议论、搞小动作等。但注视个别听众时目的要明确，时间不宜过长，能让听众充分理解其意图即可。

● 虚视法。这是用眼睛似看非看的方法。虚视要求睁大眼睛面向全场听众而不专注某一点，使每一个听众都感觉到被注视。这种目光能够控制全场，可以克服语言交流中的怯场心理；在回忆和描述某种情景时，还可以表示思考，带领听众进入想象的理想境界，使听众受到优美意境的熏陶和感染。目光语必须注意与面部其他表情协调一致，与有声语言密切配合，而且反应要灵敏、自然、和谐，不可随意挤眉弄眼，生硬做作。运用虚视法，要做到"目中无人，心中有人"。

小案例

## 愤怒的丘吉尔

《愤怒的丘吉尔》（见图 8-1）是摄影师卡什在第二次世界大战时期拍摄的英国首相丘吉尔的艺术肖像，这幅照片被《镜头》杂志称为摄影史上采用率最高的一幅摄影作品。

当丘吉尔首相走出会议室步入书房时，等候已久的摄影师让丘吉尔很放松地站到椅子旁，左手扶着椅背，右手插入裤袋，嘴中含着雪茄烟，但这只能拍摄出丘吉尔首相温和自然的性格，未能达到摄影师所预期的效果。于是摄影师上前一把夺下丘吉尔嘴上的雪茄，顿时，丘吉尔首相勃然大怒，双目圆睁，一手叉腰，气势咄咄逼人，摄影师当机立断地抓拍了这一稍纵即逝的瞬间，拍摄了一幅题为《愤怒的丘吉尔》的经典肖像。

照片第二天被各大报纸刊登，照片形象地反映了第二次世界大战时期英国首相丘吉尔像一头怒吼的雄狮要与希特勒等法西斯决战到底的决心，极大地鼓舞了全世界人民反法西斯战争的斗志。

图 8-1　愤怒的丘吉尔

① 向同桌讲一段自身经历的故事，要求恰当运用目光语，训练时长 10 分钟。
② 假设前方的固定物是你喜欢的人，请对着镜子和自己说话，进行目光语的练习。

（2）微笑。微笑是无声的语言，但是"无声胜有声"。真诚自然、适度得体的微笑，传递的是诚意，是沟通心灵的桥梁，是接近别人的最好介绍信。同时，微笑也能显示出自信和期待，希望会有一个良好的沟通。微笑的妙用主要表现在：让人更易接受你的建议；让你的赞美更有分量；让人更易接受你的请求；让人加倍领受你的谢意。

微笑是可以培养的。要培养微笑可以先从镜子开始。当你面对镜子的时候，可以回忆一些你非常喜欢的、令人愉快的事情，然后将这种愉悦的感受传递到你的脸上，心里相信今天会遇到许多快乐的事情。时间长了，随着这些想象酝酿出的良好感觉，就会形成善意、真诚的微笑。

### 卢舍那大佛

龙门石窟的卢舍那大佛（见图 8-2）造像微胖，衣裙线条简单，神采全集于眉宇嘴角。造型兼具庄严与世俗。微微上扬的嘴角，流露出淡淡的笑意。远观时，卢舍那大佛的这种微笑尤为明显。当距离逐渐拉近时，卢舍那的笑意会逐渐消退。近身仰视卢舍那大佛，只见她的庄严。从两侧观，笑意比正面要浓一些。而从左侧看，笑意又比右侧的要多一些。

从左侧45°角观看，卢舍那大佛还流露出一丝"妩媚"。正是她那永恒的微笑，让人觉得舒服、愉快，这就是经典微笑魅力的实例。

图8-2　卢舍那大佛

① 播放优秀节目或优秀演讲片段，指出在节目或演说过程中，主持人使用了哪些面部表情，试着解释每个表情所传达的意义。

② 请列举出用"眉""眼""目""鼻"表示内心情感的成语，并且试着通过面部表情表现出来。

**2. 态势语**

常言道"坐有坐相，站有站姿""立如松，坐如钟，卧如弓，行如风"。这些体态规范在语言交流中虽然不必完全效仿，但可以肯定，稳定优美、舒适自然的体态，有利于塑造一个人良好的形象。态势语言主要指站姿、坐姿、移动。

（1）站姿。脚是整个人体的底盘，脚的姿势关系到人的"站相"。而且许多姿态发源于此，站立姿态适当，会觉得全身轻松，呼吸畅快，易于旋转，让听众看着顺眼、舒适，体现一种体态美、形象美。语言交流中表达者的体态、风貌、举止、表情都应该给听众以协调平衡以致美的感受。演讲家曲啸说："听众就是演讲者的镜子，而且是多棱镜，从各个角度来反映演讲者的形象。要想从语言、气质、神态、感情、意志、气魄等方面充分地表现出演讲者的特点，也只有在站立的情况下才有可能。"恰当的站姿主要有以下两种。

①"丁"字式站姿。站立的姿势，一般提倡"丁"字步。一只脚在前，另一只脚在后。两脚之间成90°垂直达到"丁"字形，两腿前后交叉距离以不超过一只脚板的长度为宜。站立时，全身的力量都应集中在前脚上，后脚跟略为提起。其中，右脚在前，左脚在后，称为"右势丁字形"；左脚在前，右脚在后，称为"左势丁字形"。这种"丁"字站姿用于表达强烈的感情，有利于调动听众的兴趣和情绪。运用"丁"字站姿需要注意的是两脚不宜紧靠在一起，否则会显得呆板，没有精神；两只脚不要平行地放在一条直线上，因为两腿所构成的平面，与前排听众的视线构成平行状态，如果身体的重力均等落在两只脚上，就会形成机械对称，失去对比，不仅毫无美感，而且直接影响态势语言的效果。

②"稍息式"站姿。"稍息式"站姿是两脚之间任何一脚略向前跨步,两脚之间成75°,脚跟距离在16厘米左右。这种站姿要求两腿均须直立,一身力量多半集中在后脚。前脚只有辅助作用。在交流过程中,也可以根据需要随时变换左势和右势。要改变站姿时,只要后脚前进一步,变左势为右势,或变右势为左势即可。"稍息"式站姿在语言交流中广泛运用,特别是在说理、达意、传知等场合,一般都用这种形式。

除此之外,站姿应注意收腹挺胸,做到"松而不懈,挺而不僵"。要克服不良的习惯动作:身子东摇西晃,背着手来回走动,以脚尖"打点",紧张时抓耳挠腮等。

### 小赵的疑惑

小赵是某公司的员工,和他的同事小章一样是业绩优秀的员工,他们的能力和形象几乎在伯仲之间,但是奇怪的是,公司每次有什么重大的活动都让小章主持。小赵百思不得其解,向朋友抱怨道:"领导为什么只重用小章,而对我的多才多艺却视而不见呢?"朋友说:"如果是我,我也会用小章的,你们俩能力和形象差不多,但是他往那一站就让人觉得很高大、很标致,就没有见他对谁说话的时候弯着腰的,他的站姿让人觉得很振奋,那么笔直,让人认为他是个很自信的人,充满活力。老板放心把工作交给他。而你总爱低着头,和人交谈的时候喜欢靠在墙或者柱子上,大家会以为你对一切都不感兴趣,缺乏活力。这不属于一个成功的、富有活力的年轻人所应有的样子。"

【点评】俗语说"坐有坐相,站有站相",单就站相而言,小赵远不如小章。"总爱低着头",常常"靠在墙或者柱子上""缺乏活力",不能体现公司员工的形象。小赵当在气质、风度上下点儿功夫。

(2)坐姿。优雅美观的坐姿,不仅能塑造完美的自我形象,还可以减轻自己的疲劳。男性坐着的时候,要抬头、挺胸、收腹、两眼平视对方,两腿与肩平齐,要表现出男士的自信与大方。女士的坐姿与男性要求不同,强调坐姿要优雅,要求坐在凳子的1/3处或1/2处,不要靠椅背,胸脯不要靠前桌,身体稍稍向左或右侧15°为宜,一只脚的拇趾紧接着另一只脚的脚跟,膝盖并拢。不论是男士还是女士,都切忌"跷二郎腿",如果"跷二郎腿"时还轻轻抖动,这就会传达出说话者漫不经心、懒散、对话题不感兴趣等信息。长时间的交流,可采取坐姿和站姿相结合。这样既可减少自己的劳累不适,也能形成一种"动静相济"的效果。动静结合更能突出表达所注重的思想情感。罗斯福认为交流的技巧在于"亲切、简短、坐着说"。"坐着说"比较随便,这对于"拉家常"式的交流较为适合。

(3)移动。移动是指整个身体的运动。在语言交流中,有的人自始至终都会完全静止地站着,而有的人则可能不断走动。动与不动的原则是,如果没有移动的理由,最好的做法是站在原地。理想的移动应该有助于强调过渡、强调观点或将注意力吸引到语言内容的一个特别的方面。避免不自觉地运动、跳动或是摇晃，不停地左右换脚，从场地的一侧走到另一侧。这都会给听众造成眼花缭乱之感。

① 请同学轮流站上讲台，大家当场指出其站姿是否规范。

② 请同学走上讲台坐在座位上，说几句简短的话，再回到自己的座位上坐好，台下同学和老师评论该同学的表现。

③ 每一位同学绕教室走一圈，老师和其他同学指出其走姿是否合乎要求，指出其存在的问题。

**3. 手势语**

"手是人的第二张脸"。手的动作不仅能够表情，还会达意。一些人讲话时，不能用、不会用或乱用手势，是因为缺乏手势语运用的严格训练。

（1）手势语活动范围。手势语活动范围分为上区、中区、下区三个区域。

① 上区（肩部以上）。手势在这一区域活动，多表达积极、宏大、激昂的内容和感情。如表示坚定的信念、殷切的希望、胜利的欢呼、幸福的祝愿、愤怒的抗议等。"让我们扬起风帆，向着光明的未来奋勇前进！"右臂向斜上方打出，表示奋斗的决心。

② 中区（肩部至腹部）。手势在这一区域活动，多表达叙述事物和说明事理，一般表示比较平静的心情。"请相信我，我一定会做好这项工作的。我虽然没有名牌大学的文凭，但我有勇于进取、敢于负责的品质。"右臂抬起，手抚心区，表示忠诚。

③ 下区（腹部以下）。手势在这一区域活动，多表达否定、不悦、鄙视、憎恶和厌弃的内容和情感。"考试作弊，这是令人不齿的欺骗和盗窃行为。我们郑重承诺，此类行为决不会在我们中间发生！"右手臂放在胸前，然后迅速向斜下方打出，表示厌恶、憎恨。

（2）手势语分类。手势语具体分为情意手势、指示手势、象形手势和象征手势四种。

① 情意手势主要用于带有强烈感情色彩的内容，加深对方对语句思想感情的理解，可以产生情深意切、感染力强的表达效果。例如：

1946年，闻一多在昆明作了著名的《最后一次演讲》，其中有一段演讲词是：

"反动派暗杀李先生的消息传出后，大家听了都悲愤痛恨。我心想，这些无耻的东西，不知他们是什么想法？他们的心理是什么状态？他们的心是怎样长的？"

说到这里，闻一多愤怒地用力拍了一下讲台。这"砰"的一声，顿时震撼了全场听众的心房，把混在台下的几个特务吓得紧缩着脑袋，不敢吱声。

闻一多先生这个拍桌子的手势语辅助逼问探究的话语，充分表达了他悲愤交加的心情已经急剧上升到了顶点,同时也产生了震撼和震慑的双重作用。

② 指示手势主要用于具体指明人、事物、方向或数量等,它可以给对方一种真实感。其特点是动作简单,表达专一,一般不带感情色彩。如在说到你、我、他和这边、那边时,轻轻用手指示一下,使听众产生一种形象化的感觉。指示手势是在交流过程中显示对方视线范围内的事物的动作,视线所不及的不宜用这种手势。

③ 象形手势。主要用于模仿形状物以引起听众的联想,给对方一个具体明确的印象、一种形象化的感觉。如一位乡干部讲"池塘里的鱼已有这么大"时,他伸出两手,手心相向画了一下"这么大"的长短,便使人一目了然,既具体又形象。

④ 象征手势。主要是用于表示一些比较复杂的感情和抽象的概念,使对方对抽象事物有一种具体感。这种手势含义虽然较抽象,但若能配合口语,运用得准确、恰当,则能启发听众的思维,引起听众的联想。如在演讲中,当演讲者讲道:"我们有的是满腔的热血,有的是年轻的生命,那就用我们的热血来复苏祖国蓬勃的生机,用我们的生命来焕发母亲青春的光彩吧!"可用单手或双手有力地伸向上前方,以象征祖国母亲的未来和希望,从而唤起听众美妙的憧憬和幸福的遐想。

另外,手势中手指的作用也是不可以忽视的,它可以表示数目,可以指点他人和自己。当对某人表示崇敬、赞扬之意时可伸出大拇指。拳头的动作相对来说少一些,它一般用来表示愤怒、决心、力量或警告等意思。但不到感情激烈时不要用,而且不可多用。

(3) 手势语沟通方法。工作中,有效的使用手势语能更有助于增强管理沟通的效果。图8-3描述了增强语言沟通效果的手势语沟通方法。

① 手势与口语表达应一致。一般当人们的手势和口头表达不一致时,听众常常会更相信手势所表示的意义。所以,领导者在讲话或演讲时,手势与讲话内容保持一致能起到增强表达效果的作用。

② 手势要自然适度。在讲话时应该做到"情到于此,手自然来帮忙",矫揉造作的手势动作会让人感觉不舒服,影响管理者的人格魅力。因此,管理者在讲话时切忌手势太多、动作太硬、速度太快、幅度太大等。

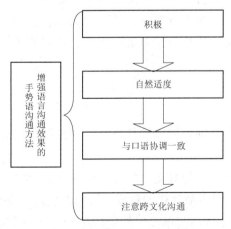

图8-3 增强语言沟通效果的手势语沟通方法

③ 尽量使用积极的手势。应该多使用积极意义的手势，如竖起大拇指、举手致意、手掌向上等，这些会让下属感觉更亲切和友好，并可以大大提高工作效率；相反地，如果你经常使用消极的手势，如用手敲击桌子、用手指指向对方、手掌向下，会给人不尊重的感觉。

④ 跨文化沟通时要注意不同文化的差异。不同的文化，手势具有不同的含义。例如，竖起大拇指这个手势，在中国表示赞扬、夸奖别人，而在中东地区则表示否定的含义；在德国和瑞士，如果用手指指向自己则表示侮辱他人。因此，对跨文化沟通的人士来说，应仔细观察手势的幅度和姿势，以适应当地文化，因人、因物、因情、因事来使用恰当的手势。

### 小训练

请根据以下语句的内容给出相应的手势语和表情语。

请大家安静，安静！

什么是爱？爱，不是索取，而是奉献！

他转身朝着黑板，拿起一支粉笔，使出全身的力量，写了两个词语："法兰西万岁！"然后他待在那儿，头靠着墙壁，话也不说，只向我们做了一个手势："散学了——你们先走吧！"

在过去的一年中，在座各位将我们的销售额不可思议地提高了 17.17%！这在公司的整个历史上还从来没有过，从来没有！由此我们的利润不只是提高了 5% 或 10%，而是 13%，整整 13%！

大家不要慌，请大家跟我来！

我现在要明确地告诉对方辩友，你们犯了一个严重的逻辑错误！

现在，请让我们大家在此，心平气和地交换一下对这个问题的看法。

现在，摆在我们面前的有两条道路：一是勇往直前奋战下去，有成功的可能，但也有失败的风险；二是原地踏步，坐以待毙。

这几天，大家晓得，在昆明出现了历史上最卑劣最无耻的事情！李先生究竟犯了什么罪，竟遭此毒手？他只不过用笔写写文章，用嘴说说话，而他所写的、所说的，都无非是一个没有失掉良心的中国人的话！大家都有一支笔，有一张嘴，有什么理由拿出来讲啊！有事实拿出来说啊！

#### 4. 动作语

动作语是指头、肩以及腿脚等肢体动作语言。通过肢体动作的分析，可以判断人的心理活动或心理状态。

（1）头部动作。头部动作是身体动作的重要一部分。其实，头部动作所传递出的肢体语言非常细腻，人们需要根据头部动作的程度，再结合实际的条件来判断头部动作的信息。

① 点头。点头这一动作虽然简单，但是所传递的含义很多：赞成、肯定、理解等。另

外，在特定的场合下，还表示礼貌和问候，是一种优雅的社交动作语言。

② 摇头。摇头一般情况下表示拒绝和否定的含义。但是，在特定的背景下，摇头还表示沉思的含义。

③ 歪头。在聆听演讲或其他某些情况下，人们会歪头，这表示很认真；在听到悲伤的消息时，一边看着对方，一边歪着头，表示对别人的遭遇很同情。

（2）肩部动作。耸肩这一动作在外国常见，含义是对此无可奈何、随你便、放弃等。假如有人求你办一件事，你做了耸肩这个动作，那么对方就明白你的意思了。举个小例子，同事对你说："嗨，老板想安排你去机场接一位贵宾。"你不好意思说你不想去，你就做出耸肩的动作，意思就是："没办法啊，碰到了呗。"

（3）腿和脚的动作。腿和脚的动作虽然不易被察觉，但是更能直观地揭露一个人真正的心理状态。挑衅时双腿挺直；忧郁时双腿无力；兴奋时手舞足蹈；抖腿时表示心情很轻松、很愉悦；跺脚时表示兴奋，有时也表示愤怒；脚打节拍，这其实是一个预备性的动作，表示恨不得马上就采取行动；脚和脚尖点地表示轻松、无约束；脚步轻快表示心情舒畅；脚步沉重表示疲惫不堪、心事重重。

### 小训练

请思考以下有关身体语言的描述并回答问题：

① 你与你的老板谈到加薪的事，当你解释加薪的理由时，你的老板歪着头，两眼注视着你，两手托腮。他在告诉你什么信息？

A. 他赞成加薪

B. 他不会给你加薪

C. 他正在左右为难，难下决定

② 你在公司向管理层汇报工作，其中一位委员心不在焉地听着，她的脚不断地打着拍子，眼睛看着她的手表。她正在告诉你什么？

A. 她不相信你所说的

B. 她对你所说的内容兴奋不已

C. 她不耐烦了

③ 你被安排与一家公司的董事长会面，你希望能在该公司工作。当你进入他的办公室时，他抓住你的手，用双手与你握手，请你坐下，然后拍你的肩膀。这位董事长在告诉你什么？

A. 他嘉许你的机敏

B. 他想雇用你

C. 他正在强调他的身份和地位

【分析提示】这些问题的答案都是 C。第一例中老板可能对你所表达的事实有些迷惑，但是他想仔细地听你解释；第二例中的委员或许有另一个约会，她需要离开去参加另一个约会，另一个约会的压力导致她那些身体动作；第三例中，公司的董事长可能是个非常谦和的人，他这样做只是想让你感到放松些。

对于商务人员，尤其是销售员来说，平时的工作主要是与客户沟通，除了善于语言沟通，更要善于借助非语言沟通来表情达意。如果你希望留给客户一个好印象，那么就要在手势、眼神、站姿以及坐姿等方面下功夫，纠正那些不雅的、负面的肢体语言，具体如表8-3所示。

表8-3 销售员应遵循的正确的肢体语言

| 名称 | 正确的肢体语言 | 错误的肢体语言 |
| --- | --- | --- |
| 手势 | （1）在指点物品时，若所指物品较大，应用全手掌指出；若所指物品较小，只用食指去指就行了，同时要注意掌心朝上。<br>（2）在给客户带路时，销售员应该对客户说"请往这边走"，同时全掌伸出，手指指示走路方向，手掌朝向对方。<br>（3）做手势时要配合肢体其他动作，单是打手势会让客户感觉不适 | 在介绍产品时，用手背对着客户来指引其观看产品说明书，这会让客户觉得你不够坦白，因此要纠正 |
| 眼神 | （1）在与客户沟通时，销售员的目光应注视客户眉宇之间的三角区域。此外，客户的鼻子、嘴巴和下巴等也可作为重点关注区域。<br>（2）销售员自己讲话或聆听客户讲话时，应不时地注意对方的眼睛。<br>（3）在客户提出特别请求或面谈即将结束时，销售员可以把视线集中在客户的眼睛部位，这样会使客户产生亲切感 | 注视客户某一部位的时间过长，会给对方造成一种压迫感；如果目光游离，又会让对方觉得冷漠 |
| 站姿 | （1）正确的站姿是做好行礼、打招呼等后续动作的基础。<br>（2）销售员站立时一只脚稍微在前、另一只脚靠后并将重点放在后脚。<br>（3）销售员在与客户沟通时，尽可能地站在客户的左边而不是正对面，否则会给客户压迫感 | 站着时不断地摇晃肩膀或不断地倒换双脚，这会让客户认为你不耐烦，想尽快结束谈话 |
| 坐姿 | （1）就座时最好坐满整个椅面，但背部不可靠着椅背。<br>（2）坐着时，身体基本保持正直，可微微向前倾，双手端正地放在两腿上。<br>（3）女士应双腿并拢，男士的两膝盖间应保持一个拳头左右的距离 | 坐在椅子上时，两腿向前伸得长长的，或跷起二郎腿晃来晃去，这会令客户反感，也不礼貌 |

（资料来源：王宏. 每天一堂销售口才课［M］. 北京：机械工业出版社，2014.）

5. 服饰语

君子"不可以不饰，不饰无貌，无貌不敬，不敬无礼，无礼不立"，这是《礼记》中对君子服饰的要求，以及有关服饰重要性的阐述。英国作家莎士比亚曾经说过："一个人的穿着打扮就是他的教养、品位、地位的最真实写照。"

在现代生活中，人们的服饰反映出一个人的精神面貌、个人风格、生活情趣、审美追求、文化素养和社会地位等信息。服饰可以赢得沟通对象的信任和尊重，可以使人的形象更加富有魅力。作为一种非语言，服饰越来越受到人们的重视。服饰语已成为非语言沟通的重要组成部分。在与人沟通时，选择"合适"的服装十分重要。

（1）服饰应符合年龄、职业和身份。在人际交往时服饰应符合自己的年龄、职业和身份，做到和谐统一，即绝不能为了突出个别部分的美而破坏了整体形象的美。在生活中，对不同年龄的人有不同的着装要求。除了在正式场合下，年轻人可以穿得随意、活泼些，这样才能体现出青年人朝气蓬勃的精神；而中老年人的着装要庄重、雅致，体现出成熟和稳重。作为管理者，着装要充分体现自己的身份，注意自己的形象，这样才能给人留下很好的印象。尤

## 项目 8　商务沟通的方式

其是职业装更能表明一个人的身份，这无形中促使一个人热爱本职工作、增强责任感。

（2）服饰应符合个人的肤色、脸型和身材。人们要根据自己的肤色、脸型和身材来考虑着装，达到扬长避短的效果。一般情况下，个子较高的人，上衣应该适当加长，搭配低圆领、宽大蓬松的袖子和宽大的裙子都可以给人以"矮"的感觉，衣服最好选择深色、单色和柔色；个子矮的人，最好选择浅色的套装，上衣稍短一些，这样使腿比上身更突出，服装的款式要求以直线为佳，上下颜色最好保持一致，切忌穿大花图案或宽格条纹的服装。

（3）服饰的颜色要合适。在这样一个色彩缤纷的世界里，人们对不同的色彩有着不同的感觉。色彩被分为不同的色调，有暖色调、冷色调等，所以人们要了解色彩、色调所象征的意义。表 8-4 显示了各种颜色所象征的意义。

表 8-4　各种颜色所象征的意义

| 颜色 | 象征意义 |
| --- | --- |
| 黑色 | 代表权力，给人以强有力的感觉。作为管理者，在一些庄重而且正式的场合下适合穿黑色衣服，更能体现公司的实力和形象 |
| 灰色 | 代表冷漠，是一种冷色。身穿灰色服装有助于将各种事情平息下来，许多业务代理人员比较喜欢穿灰色服装，而且这也能表明其身份，开展业务也会比较顺利 |
| 棕色 | 代表友好而富有同情心，也代表一定的权力和力量。作为企业管理者，你需要有控制力，所以在参加会议时，穿棕色西装是明智的选择 |
| 深蓝色 | 代表力量和权力，但不像黑色和灰色那样让人感到隔阂与冷漠。管理者在参加会议时也可考虑选择深蓝色西装 |
| 深绿色、赤黄色、紫红色 | 这些颜色非常鲜艳夺目，能更好地吸引人们的注意力，这样人们会更多地关注你的衣服，而不关注你个人本身 |
| 浅黄色、浅紫色、浅绿色 | 这些颜色代表软弱，是一种比较柔和的颜色，在业务活动中应该避免穿浅黄色衣服，因为它会让你显得软弱，削弱你的态度，不自觉地就会把优势交给对方 |

（4）要符合内容和环境。服饰的款式和颜色，要与交际的场合和表达的内容协调一致，这有助于思想感情的表达和听众对内容的理解和接受。如参加晚会，就不妨穿得鲜明、漂亮些，以此表示欢欣、喜悦；在追悼会上致辞，就必须穿得庄严、肃穆，表示严肃、哀痛。与不同的人交际，也应该身着不同的服装。如同工农大众交谈，不妨穿得朴实大方一些；对知识分子演讲，则应该穿得典雅美观一些。

在演讲中，注意服装款式与表达内容的一致，就会收到良好的交际效果。例如：

有一位女青年，在参加"社会主义好"演讲比赛时，穿的是西装，给听众以欣喜、美好的感觉；在参加小说分角色演讲时，则穿白衬衫打领带，显得潇洒、大方；在参加历史故事演讲比赛时，她讲的是在对敌作战中，英勇战斗、光荣牺牲的一个英雄的故事，这时她身穿军装，表示崇敬、肃穆；在参加"青春·理想"演讲比赛时，则穿 T 恤衫，显得活泼、大方。根据不同的内容选择不同的服装，表现了这位女青年高雅的鉴赏水平和审美情趣，同时也取得了圆满的表达效果。

总的来说，在人际交往中，穿着应符合目前国际上公认的 TPO 原则。T（time）代表时间，通常也用来表示日期、季节、时代；P（place）代表地方、场所、位置、职位；O（object）代表目的、目标、对象。遵循这个原则和上述要求，就会选择协调适中的服饰，做到因人而异，因时而异，因地而异，争取人际交往和口语表达的成功。

## 你代表不了公司

一个炎热的下午，一位销售钢材的专业推销员走进了一家制造公司的总经理办公室。这个推销员身上穿着一件有泥点的衬衫和一条皱巴巴的裤子。他嘴角叼着雪茄，含混不清地说："早上好，先生，我代表森筑钢铁公司。"

"你也早上好！你代表什么？"这位总经理问，"你代表森筑钢铁公司？听着，年轻人，我认识森筑钢铁公司的高层领导，你不能代表他们——你的形象和外貌代表不了他们。"

### 6. 环境语

沟通都在特定的环境中进行，因此环境也是沟通的工具，要充分利用时间环境、空间距离进行信息和情感的交互。

（1）时间环境。时间环境在沟通中起着传递信息的作用。

沟通时间的选择，交往间隔的长短，沟通次数的多少，以及赴约的

微课
环境语

迟早，往往显示出行为主体的品性和态度。如一个学生上课经常迟到或早退，老师会认为他学习不认真。一般地，对于时间的控制反映了沟通对象的地位、长幼和态度。情侣约会时的女士让男士略等一会儿，这样不仅是为了考验男人，还能让男人感觉到自己的矜持；上司可故意让下属等候，表示地位优越或对下属的不满和惩罚；一般人可以运用及时答复朋友来信的方式，表示对于友谊的重视。

你可以通过观察人们对时间的把握，了解到人们地位的高低，以及对事件的重视程度。也就是说，是否会准时赴约，或者谁等谁，等多久，这些都反映了交际主体职位的高低和对事件的重视程度。

① 赴约的心理准备。如果两人约好见面，那么双方是否准时赴约取决于双方的价值估量。很显然，如果你是和自己的领导赴约，那么肯定不会让领导等待，而是很早就恭候对方；但反过来，如果是和你的下属赴约，那么你赴约的心理状态应该是轻松、随意的。由此可见，通过是否准时赴约的心理状态，可以看出人们地位、等级的差别。

② 参加会议的到场时间。通过对参加会议的到场时间先后顺序这个非语言信息，可以看出人们之间的差别。通常情况下，会议参与者会提前到达会场，而会议的主持人和领导则是准时到达会场，确实可以从中看出不同职位上的人对时间的把握是有所差异的。

一般来说,无论是组织还是个体,虽然都会对他人的迟到和自己的等待有一定的容忍程度,但是若让他人等待太久,超出对方的容忍度,那么就会引起对方的不满;同时,对自己的信任程度大大降低,破坏自己的形象。因此,在这点上,无论是组织还是个体,无论是领导还是下属,都应该准时赴约。

### 时间观念小测试

- 你认为时间是十分珍贵的吗?
- 你愿意尽快完成一件事情还是按时完成即可?
- 你喜欢一鼓作气完成工作还是慢慢地做事情?
- 你希望别人在时间观念上总是同你一样吗?
- 当其他人的时间观念与你不一致时你感到很恼火吗?
- 你是否因为对方没有时间观念而忽视你很恼火?

如果你对上面前3个问题做出了肯定的回答,就说明你是一个时间观念很强的人,当然,这要建立在你对自己的判断很客观的基础上。如果你对上面后3个问题做出了肯定的回答,就说明你不具备第二种意义上的时间观念,即你不是一个在时间上很配合其他人的人。

(2) 空间环境。与时间环境一样,空间环境在沟通中也起着传递信息的作用。不同的空间环境能够表达不同的意义和情感,甚至能够反映出不同的信仰和文化背景。通过控制交流双方的空间环境因素进行沟通,称为空间沟通。在空间沟通中,要把握好沟通空间位置、空间距离、空间朝向、空间布置等。

① 空间位置。位置在沟通中所表示的最主要的信息就是身份。你去拜访一位客户,在他的办公室会谈,你坐在他办公桌的前面,表示他是主人,他拥有控制权,你是客人,你要照他的安排去做。在开会时,积极地坐在最显眼位置的人,表明他希望向其他人(包括领导)显示自己的存在和重要性。宴请的位置也很讲究主宾之分,东道主坐在正中,面对上菜方向,他右侧的第一个位置为最重要的客人,他左侧的第一个位置留给第二重要的客人,其他客人、陪同人员以东道主为中心,按职务、辈分依次落座。由此可见,位置对于沟通双方的心理影响是非常明显的。

② 空间距离。观察人们在自己与他人之间保持的距离,可以发现哪些人处于密切的关系中,哪些人处于更为正式的关系中。如果你走进总经理的办公室,他继续坐在自己的办公桌前,可以预见你们的谈话将是正式的;如果他请你在房间一角舒适的椅子上与他并肩而坐,他则安排了一种更为亲切的情境,那么谈话将会是非正式的。爱德华·霍尔通过观察和访谈,发现北美人在与他人沟通时有四个层次的空间距离,如表8-5所示。

表8-5 四个层次的空间距离

| 距离/米 | 类别 | 语意 | 适用 |
| --- | --- | --- | --- |
| <0.5 | 亲密距离 | 亲密无间、爱抚、安慰 | 恋人、夫妻、密友交流 |
| 0.5～1.2 | 个人距离 | 亲切、友好、融洽 | 朋友、同志、同事谈心 |
| >1.2～3.6 | 社交距离 | 庄重、严肃、认真 | 会见外宾、商务谈判 |
| >3.6 | 公共距离 | 公开、大度、开朗 | 演讲、报告、讲课 |

● 亲密距离。在亲密距离范围内，人们相互间的距离一般在0～0.5米。适用的对象一般是父母、夫妻、情人或知心朋友等。

### 不一般的亲密距离

在公司中忌讳两人勾肩搭背的小动作，因为这种亲密距离让人看起来不一般，像小团体、小帮派。例如，总经理和各个部门经理坐在一起时，总经理拍拍其中一个经理的膝盖说："老刘啊，这事你放心啊，你问的事我肯定有办法解决的。"看到这种亲密的距离，其他经理可能会有这种猜测："你看老刘和老总走得那么近，到时候肯定会提拔他的。"

● 个人距离。在个人距离范围内，人们相互间的距离一般在0.5～1.2米。个人距离的适用对象是朋友或熟人，一般在进行非正式的个人交谈时最常见，如在酒会中。在这种距离下，常常会有进一步的人际交往，也反映出人们保护个人隐私的心理状态，但如果超出这个距离，则会容易被他人听到，交谈也很困难，所以成功的沟通者在与他人接触时，会对人际距离保持足够的敏感度。

● 社交距离。在社交距离范围内，人们相互间的距离一般在1.2～3.6米。适用于面试、社交性聚会、商业活动和咨询活动等非个人交谈，而不适用于分享个人隐私。

### 社交距离在办公室中的应用

以办公桌为例，一般重要领导的办公桌大小能够使来访者与领导的距离达到社交距离，这可以体现领导的权威，而在有众多员工的大办公室里，办公桌的距离也是社交距离，这样员工可以把精力集中在自己的工作中，并且受其他人干扰的程度小。但是，如果员工要私下讨论某件事情时，可从社交距离移动到个人距离内。

● 公共距离。在公共距离范围内，人们相互间的距离一般在 3.6 米以上。通常适用于公共演讲、报告、讲课中，人们说话的声音洪亮，沟通也变得更为正规和正式。

人的亲疏程度可以用空间距离来衡量，但是一个人需要多少空间领域，情况千差万别，不能一概而论。但每一个人在心理限定上的空间感觉，必然成为自己与他人之间的一种物理距离。即使再拥挤，也需要距离。

空间距离之所以成为一种沟通手段，就是因为不同的沟通距离、不同的空间方位不仅标志着人们不同的情感关系，而且影响着人们的情感表达。在近距离内，人们相互之间能给予对方强烈的情感刺激，于是产生一种近体效应，身体越是接近，就越能激发情感、密切关系。当然，近体效应的产生要以一定的情感关系为基础，而且需要恰当的情境及其他相关条件。

距离能够产生美。人际距离是人际关系密切程度的一个尺码。人与人之间的关系与相互间在空间位置上的距离存在着某种联系。距离近，表示交际双方亲密；陌生人之间距离太近，会使人感到轻浮。距离稍远，则表示自尊和文雅；距离过远，会使人有冷淡之感。交谈双方的距离可保持在 1 米左右。

③ 空间朝向。空间朝向就是在交往中交际双方调整自己相对于对方的角度。具体有以下几种。

● 面对面的朝向，即交际主体的面部和肩部都是与对方相对的。这种朝向表示双方的关系或者是亲密的，或者是严肃的，或者是敌对的，同时，也体现出双方集中于正在交际的活动。面对面的朝向在讨论问题、洽谈、协商或发生争吵时常见，此时人们会无意识地面对面。

● 背对背的朝向，即交际主体背对着背，和面对面的朝向是相反的。这种朝向表示否定的含义。

● 肩并肩的朝向，即交际主体的两个肩并成一条直线，朝向一致。这种朝向一般适用于比较亲密的人。

● V 形朝向，即交际主体的朝向呈一定的角度。这种朝向说明双方有着维持关系的兴趣，但是这种兴趣比面对面的朝向略有减弱。

**影响空间行为的因素**

在不同场合中什么样的空间行为是合适的、什么样的空间行为是不合适的，这些行为对沟通都有一定的影响。

● 地位的影响。空间的利用通常表现出地位上的差异，只要看一看办公室的大小就能发现。比如，办公室越大，主人在企业中所处的地位越高。当地位差距拉大时，通常人们之间的沟通距离也会随之增加。一些办公室安放大办公桌，不仅看上去很气派，而且形成了缓冲带，即与来访者保持距离。许多企业在认识到距离因素扩大了地位所产生的影响时，会尽力去缩小它。例如，管理者开始主动迎接来到办公室的来访者，甚至主动到一线工人那里讨论某一问题的解决办法等，进一步改善了上下级之间的沟通关系。

● 个性的因素。与性格内向的人相比，性格外向的人在与他人接触时能保持较近的沟通距离；与缺乏自信心的人相比，自信心强的人在与别人接触时，沟通距离也较近。

● 人与人之间的亲密程度。通常，人们总希望与自己熟悉的同伴或好朋友保持较近的距离，而尽量远离陌生人，因此空间距离也成为亲密程度的一种标志。当与他人初次见面时，人们会保持社交甚至公共距离；只有在比较熟悉后，才会被允许进入他人的私人空间。当然，即使是成为亲密的朋友，如果在正式场合，也不能保持亲密距离，而应该保持社会或人际距离。

④ 空间布置。人们常常受到设计和陈设的影响而浑然不知，应了解以下有关空间布置的三个因素。

● 办公室的空间设计。实际上关于办公室空间设计的传统观点和开放式观点一直争论不休。在美国，传统的办公室通常是具有四角的空间，在四周有若干办公室，中间是大厅。中间的公共部分被称为"牛栏"（bullpen）。波斯纳（Posner）曾描述传统的办公室有以下特点：周边的大办公室供老板使用；有两扇窗户的办公室是资深主管的视力范围；而转角办公室，即两面墙上带有窗花的房间，通常是高级主管或合伙人的办公室；建筑物内侧的办公室属于资历较浅的主管，那里没有窗户，但有一扇门，一个可以称为自己小天地的地方；而"牛栏"是属于低层员工和临时工的地方，这里就好像把你的桌子放在楼道里，没有隐私，要在那里咒骂或抱怨实在困难，因为你被置于众目睽睽之下。

开放式办公室的概念源自德国，于20世纪60年代传到美国。开放式办公室包括自由形式的工作群。拥护者声称，开放式的观念创建了民主的气氛，增加了同事之间的沟通和弹性，甚至有研究认为，开放式的办公环境提高了员工的生产力。20世纪90年代，半数以上的美国公司都采用开放式这种大部分空间为员工而非经理所用的办公室。近年来，随着办公室功能的整合，办公室变得更为简单和方便，以符合不断进步的科技要求。流线型的办公桌吸引着员工，而且员工们越来越多地掌握着他们自己的工作场所，如办公桌下的暖气、小型的个人空气供应设备、个性化的工作灯和音乐等。实践证明这种设计使员工的工作效率大大提高。

小贴士

### 房间天花板的高度与人的思维

美国明尼苏达大学的研究揭示了房间天花板的高度与人的思维之间的关系，根据此研究,市场学教授迈耶说:"头顶的高度能激活人脑中的某种概念,当人们进入天花板较高的房间时,就会产生自由的念头;反之,人们会倾向于产生拘泥狭隘的想法,进而影响解决问题的行为方式。"根据这个规律,管理人员最好在拥有较高天花板的办公室里工作,这样更有利于管理者对公司进行大胆的改革和创新。同样的道理,工程技术人员和会计所在的房间天花板最好低一些,这样使他们可以对工作精益求精,思维更集中在具体的事物和细节上。

● 办公室的颜色。研究显示,办公环境的颜色影响着员工与顾客的心理和感情。颜色能被看见,也能被感受到。红色、橙色、黄色容易使人产生侵略性的激动和刺激。人们所处房间的地板、墙壁、天花板和家具如果是鲜艳的色彩,会使人血压升高,心跳加速,并增加脑部活动。在清凉的颜色中,人的生理功能会正常活动,如蓝色是冷色,它清晰而有尊严,具有镇静的效果,而淡绿色则使人安详、平和。

● 办公室的陈设。办公室里办公桌的大小、形状、摆放位置以及座椅的舒适程度,都会影响来访者在此停留的时间和主人给来访者留下的印象。这些正如高级轿车的座位设计一样,座位按照驾驶人的背部曲线来设计,让人感觉更舒服,这样可以防止长途驾驶所带来的疲惫。

通常,办公室里办公桌的陈设方式有四种,如图8-4所示。

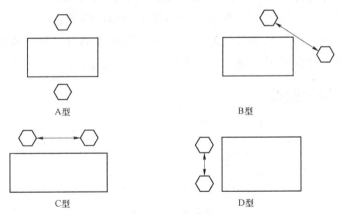

图8-4 办公桌的陈设方式

A型:这是一种标准的陈设方式。这种陈设方式中,房间主人坐在桌后,象征着权力,主宰着整个办公室的空间,来访者坐在对面。这样的陈设方式给主人以绝对的优势,给来访者以权威,缺少主动性。这种方式不仅有利于建立各种规章制度,而且在批评、告诫员工时能取得较好的效果,但是当你要为员工提供好消息时,却不太合适。

B型:在这种陈设方式中,主人和来访者的椅子的距离拉近,这样双方沟通更加方便,但是主人的椅子仍在桌后,掌控着全场,因此仍显示出权威性。如果主人希望尽快拉近与陌生来客的距离,那么这种B型的陈设方式最为理想。

C型:这是一种靠背型摆设,完全没有障碍,来访者和主人的地位是相同的,没有差别，这样的陈设给人以亲切的感觉，适合于关系比较亲密的人使用。同时，这种方式也适合于同事间对工作问题和其他问题的谈论。

D型：办公室的中立位置。椅子摆放的位置是办公室的非正式地方，一般是长沙发、长椅或围绕的咖啡桌等。显然，这样的布置适合于更为自由、更为友善的交流，看不出什么等级差别。如果主人要与来访者讨论个人问题，或者要获得对方对目标的认同，这样的类型非常合适。

### 惠普的敞开式办公室

美国惠普公司创造了一种独特的"周游式管理办法"，鼓励部门负责人深入基层，直接接触广大职工。为此目的，惠普公司的办公室布局采用美国少见的"敞开式大房间"，即全体人员都在一间敞厅中办公，各部门之间只有矮屏分隔，除少量会议室、会客室外，无论哪级领导都不设单独的办公室，同时不称头衔，即使对董事长也直呼其名。这样有利于上下左右通气，创造无拘束和合作的气氛。

【点评】管理中打破各级各部门之间无形的隔阂，促进相互之间融洽、协作的工作氛围是提高工作效率的良方。不要在工作中人为地设置障碍，敞开办公室的门，制造平等的气氛，同时也敞开了彼此合作与心灵沟通的门。对一个企业而言，最重要的一点是营造一个快乐、进步的环境，这在同事之间，可以实现上下公开、自由自在、诚实地沟通。

### 8.2.4 非语言沟通的运用

#### 判 断 对 错

就以下问题请回答"对"或"错"：

1. 当一个人试图撒谎时，他会尽力避免与你的视线接触。
2. 眉毛是传达一个人的感情状态的关键线索之一。
3. 所有的运动和非语言行为都有其含义。
4. 大多数非语言沟通是无意识行为的结果，因而是个人心理活动的最真实流露。
5. 别人对你的反应取决于你通过沟通留给他们的印象。

小训练
判断对错
参考答案

在人们的语言交流过程中,有声语言始终起着主导作用。非语言对有声语言的辅助、补充、替代与强化作用,表明非语言只是完成表达任务的手段而不是追求的最终目标。因此,对非语言的运用要注意符合以下要求。

1. **自然真实**

自然真实是交流双方建立信任的基础,这是对态势语言运用的最基本要求。孙中山曾经这样告诫人们:"处处出于自然。"动作生硬,刻意表演,姿态做作,如背台词一般,这种态势会使听众感觉别扭,不真实,缺乏诚意,矫揉造作,除了能够使听众心生反感之外,起不到任何积极作用。

2. **符合个性**

卡耐基比喻一个人的手势,就如同他的牙刷,应该是专属于他个人使用的东西,人人各不相同,只要他们顺其自然,每个人的态势语言都应各不相同。你可以学习他人得体的态势语言,但不可完全复制,否则就失去了自己的风格。生活在不同时代,不同文化,不同国度的人,其态势语言的风格也会有所不同。不难观察,当今的中国领导人和美国领导人,在语言表达中通过态势语言传递的个性都是不同的。因此,要结合自身个性特点,训练态势语言。例如,一个比较安静的人,与人交流时不喜欢用手势,那么在交流中不一定要加入手势,因为他首先自己会感到别扭,所以做出的手势就会僵硬,不够自然。

3. **服从内容**

口语交流中的一举一动、一颦一笑,都应该目的明确,与语言的内容一致,服从语言内容的要求,从而切实起到传情达意的需要。同时要善于随着语言内容、情感的变化适当地变换动作和姿态,以期生动活泼,富于魅力。如果交流的内容是一个相对严肃的话题,那么态势语言应该庄重严肃;反之,如果交流的内容是一个相对轻松的话题,那么态势语言应该活泼轻松。

4. **合乎礼仪**

符合礼仪规范的态势语言可以无声地向听众展示个人素质。一个人举止优雅、彬彬有礼、张弛有度的态势语言可以显示出表达者良好的教养和从容自信的内涵,从而使交际对象加深对其个人魅力的认同。一个人粗鲁无礼、缺乏修养,诸如莫名其妙地傻笑,眼睛望着天花板,不时地用眼睛瞟向对方,东摇西晃,抓耳挠腮,挖鼻孔、揉眼睛,手无处可放等,这种态势语言会令交际对象生厌,更难以获得人们的信任。

**梁实秋描述梁启超演讲时的风采**

梁实秋在《记梁任公先生的一次演讲》中有以下描述。

出场给人的第一印象:

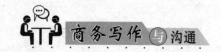

　　我记得清清楚楚，在一个风和日丽的下午，高等科楼上大教堂里坐满了听众，随后走进了一位短小精悍秃头顶宽下巴的人物，穿着肥大的长袍，步履稳健，风神潇洒，左右顾盼，光芒四射，这就是梁任公先生。

　　演讲中的激情四溢：

　　先生的讲演，到紧张处，便成为表演。他真是手之舞之足之蹈之，有时掩面，有时顿足，有时狂笑，有时叹息。听他讲到他最喜爱的"桃花扇"，讲到"高皇帝，在九天，不管……"那一段，他悲从中来，竟痛哭流涕而不能自已。他掏出手巾拭泪，听讲的人不知有几多也泪下沾襟了！又听他讲杜氏讲到"剑外忽传收蓟北，初闻涕泪满衣裳……"，先生又真是于涕泗交流之中张口大笑了。

# 电子活页：网络沟通、书面沟通

1. 网络沟通

网络沟通的概念和特征

网络沟通的主要方式

网络沟通的策略

2. 书面沟通

书面沟通的特点

书面沟通的优点和缺点

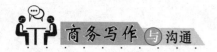

# 学生工作页

| | 网络沟通、书面沟通 | |
|---|---|---|
| 任务 1 | 请每位同学结合所学网络沟通的知识和自身使用网络的体会，制订一份网络沟通行为准则，然后以小组为单位进行交流 | |
| 任务 2 | 搜集几个你认为办得好的企业网站，并与同学讨论 | |
| 任务 3 | 书面沟通是一种非常重要的沟通方式，请大家交流一下，在什么情况下适合书面沟通，并举出相应的例子 | |
| 班 级 | 学 号 | 姓 名 |

| 学生自评 |
|---|
| 我的心得： |
| |
| 建议或提出问题： |

| 教师评价 |
|---|
| |

## 项目 8　商务沟通的方式

## 思政园地：会说软话的"95后"女教师

　　教师就意味着热情、活力、奉献、敬业、标杆、方向、扶梯。教师传递出去的永远是力量、星火、雨露、阳光，凡是撒播的地方都会桃李芬芳、硕果累累。教师的光辉使命是尽己所能开发学生的智力、想象力、潜力、学力、生产力和创造力；想尽办法提高学生的学习积极性，保持乐观的心态，激发不断拼搏进取的豪情，培养高尚的道德情操，增强其与时俱进的创新势头；发挥聪明才智透彻认识每个学生的真实力、真想法、真性情，张扬学生的个性，发挥每个学生的优点长处，屏蔽或转化大家的差距与短处，使学生们优秀之处更优，彰显每个人的正能量。教师的职责不是否定一个学生，而是挖掘学生的闪光点，给予肯定、加以鼓励、由衷赞美、正确引导，让学生的光辉越来越耀眼，瑕疵越来越黯淡，甚至转化、消失。每位教师都需要经常认真回顾、反思、修正自己的语言，也许无意中的一个"不"字会在学生心里记住一辈子，影响他一生。每位教师都希望把最美好的记忆留给学生，让他们受益一生、骄傲一世，那就请注意正确的言辞，发挥好语言对学生的正导向作用吧。[①]

　　请扫描二维码阅读，会说软话的"95后"女教师案例，并谈谈其思政教育意义。

**课后练习**

**1. 问答题**

（1）有声语言有何特性？有声语言的优势体现在哪些方面？

（2）结合实际分析如何成为一个善于言辞的人？

（3）如何提高声音质量？

（4）什么是非语言沟通？它与语言沟通的区别是什么？

（5）非语言沟通有何作用？它由哪些方面构成？

**2. 思考与训练**

（1）请设想，在下列情况下，应该怎么说？

① 某俱乐部举行的一次招待会上，服务员倒酒时，不慎将啤酒洒到一位宾客那光亮的秃头上，服务员吓得手足无措，目瞪口呆。这位宾客却微笑着说："……"

② 一位主持人在报幕的时候不慎将《猎人舞曲》报成了《腊八舞曲》，如果当时你是这位主持人的搭档，你会说："……"

（2）如果你在公共场所排队等候时有人插队，假设插队的人分别是青年学生、中年女工人、中年男知识分子和农村老大爷，你应如何劝说他们不要插队？请分组讨论，各小组推荐一名代表上台演示。

（3）结合下面的事例回答问题。

小贴士

会说软话的"95后"女教师

[①] 高中建，吕涛. 发挥教师语言的正导向作用 [J]. 中国教育学刊，2016（2）：100-101.

① 某君赴宴迟到，匆忙入座后，见一烤乳猪就在面前，于是大为高兴地说："还算好，我坐在乳猪的旁边。"

话刚出口，才发现，身旁一位胖女士怒目相视。他急忙赔着笑脸说："对不起，我是说那只烧好了的。"

问题：某君这次交流的失误在哪里？

② 有位脾气很不好的旅客，因为不满意柜台小姐安排的机位，在机场对小姐大吼大叫。

过了一会儿，这位小姐见他还没有意思住嘴，后面又有很多旅客排着队等候划票，于是就对他说："先生，你再吵，我只好请警卫来处理了。"

没想到这位先生变本加厉，他大吼："你少吓唬我！我不是傻瓜！"

小姐听了这话，笑了笑，仍然用温和的口气说："很对不起，我刚才没注意到这一点。"

后面排队的旅客都哈哈大笑，笑声中，这位不讲理的旅客摸摸鼻子离开了柜台。

问题：柜台小姐的潜台词是什么？这样的回答好不好？如果由你来处理，你会怎么说？

③ 一家知名外贸公司举行一次别开生面的宴会招聘考试，有一位小伙子表现良好，深深吸引了面试官。宴席上，小伙子走到这家公司的人事经理面前，举杯说道："刘经理，结识您很荣幸，我十分愿意为贵公司效力。但如果确实因为名额有限我不能梦想成真，我也不会气馁的，我将继续奋斗，我相信，如果我不能成为您的助手，那就一定会是您的对手。"

他的话提醒了这家外贸公司的人事经理。最后，公司录取了这个小伙子。

问题：你觉得这位小伙子的这番话说得好吗？为什么？

④ 有一对夫妻开了一家玩具店，聘请了一个店员。这个店员很勤快，服务态度也好，老板非常满意。有一天店员嘟囔了一句："我的合同后天就到期了。"老板听了以后，内心十分焦虑，整天闷闷不乐。既怕合同到期店员不干了，临时找不到人，影响生意，又怕店员要求加薪，自己无法满足，影响感情。

问题：假如你是店老板，该怎样解决这个问题？

⑤ 一位农村大娘去买布料，售货员迎上前去热情地打招呼："大娘，您买布呀？您看这布多结实，颜色又好。"谁知这位老大娘听了颇为不悦，嘴上冷冷地说："要这么结实的布有啥用，穿不坏就该进火葬场了。"售货员一听，略一沉思，笑眯眯地说："大娘，看您说到哪儿去了，您身子骨这么硬朗，再穿几件也没问题。"一句话说得大娘高兴起来，爽快地买了布，还直夸售货员心眼儿好。

问题：为什么在听了售货员的几句话以后，农村大娘的态度会有这么大的变化？这个故事让我们在人际交往过程当中得到什么样的启发？

（4）运用语言沟通的知识和技巧，由3～4名同学自由组成小组，其中一人为讨论组织者，任选以下问题进行讨论，5～8分钟完成讨论，并派一人当众综述沟通结果。

① 你们几位同学都是电影爱好者，打算成立一个校内影迷协会，作为发起者请讨论它的可行性方案。

② 你们几个同学是超级数码影迷，一直想自导、自拍、自演一部DV，现在商量实施方案。

③ 如果你们班有一名同学因经济困难假期无钱回家，几个好朋友想帮助他，但他的自尊心很强，讨论一个最得体的办法。

④ 假设你们班得到优秀班集体的奖金1 000元，你们几个是班干部，现在商议一下这笔奖金的处置方案。

（5）声音模仿练习。

① 模仿我国著名体育解说员宋世雄的一段解说词，注意发音准确、感情饱满。

1981年的世界杯女排赛，中国女排第一次获得世界杯冠军，也是五连冠的开始。同年，中国男排大翻盘战胜韩国，取得世界杯赛资格。宋世雄高亢的解说，让人记忆深刻。他回忆，当时声音颤抖，一个字一个字地从嘴里蹦出来。

亲爱的听众、亲爱的观众，当你看到中国女排运动员在场上的精彩表现，可曾想到，她们是付出了多少代价啊！年轻的小将郎平，为了提高身体机能，让医生踩她的双腿，疼得她流出了眼泪，咬破了嘴唇，也不哼一声。她曾经这样说："我是个新队员，要接受严格的考验，接受最艰苦的训练，绝不被困难吓倒。"

② 模仿黄健翔的一段解说词，尽量快而不乱、发音准确。

2006年6月26日，在第18届世界杯足球赛八分之一决赛意大利对澳大利亚的比赛中，当比赛进入伤停补时的最后时刻，意大利左后卫格罗索突入澳大利亚队禁区助攻，被澳大利亚后卫绊倒。裁判判给意大利队一个点球。这时黄健翔有一段颇具争议的"激情"解说。

伟大的意大利的左后卫！他继承了意大利的光荣的传统。法切蒂、卡布里尼、马尔蒂尼在这一刻灵魂附体！格罗索一个人他代表了意大利足球悠久的历史和传统，在这一刻他不是一个人在战斗，他不是一个人！

托蒂，面对这个点球。他面对的是全世界意大利球迷的目光和期待。

施瓦泽曾经在世界杯预选赛的附加赛中扑出过两个点球，托蒂应该深知这一点，他还能够微笑着面对他面前的这个人吗？10秒钟以后他会是怎样的表情？

这个点球是一个绝对理论上的决杀。绝对的死角，意大利队进入了八强！

胜利属于意大利，属于格罗索，属于卡纳瓦罗，属于赞布罗塔，属于布冯，属于马尔蒂尼，属于所有热爱意大利足球的人！

澳大利亚队也许会后悔的，希丁克，他在下半时多一人的情况下打得太保守、太沉稳了，他失去了自己的勇气，面对意大利悠久的历史，他没有再拿出他在小组赛中那种猛扑猛打的作风，他终于自食其果。

③ 模仿一段新闻联播的播报。

④ 模仿一段名人的演讲或讲话。

（6）观摩演讲或观摩电影，有目的地观察别人的手势、表情，仔细研究，博采众长，并经常对镜练习、矫正。多积累，烂熟于心，形成自己的动作。

（7）请每位同学自己选择感兴趣的内容，用五分钟时间做准备，做一次简短的讲话，要求使用得体的非语言要素进行辅助。通过录像回放，首先让训练者进行自评，然后教师与学生再给予评价。

### 3. 案例分析

请扫描二维码，阅读案例原文，然后回答每个案例后的问题。

### 4. 实训项目

（1）口头语言沟通实训。

实训目的：

① 通过实训掌握书面语言及口头语言沟通中的各种技巧要领。

② 提高运用相关知识解决实际问题的信心和能力。

③ 养成良好的沟通习惯和风格，形成得体的沟通综合能力。

实训情景：

职业情景 1——你是公司办公室陈主任，公司曾向某家饭店租用大舞厅，每一季用 20 个晚上，举办员工培训的一系列讲座。可是就在培训即将开始的时候，公司突然接到通知，要求必须付高出以前近 3 倍的租金。当你得到这个通知的时候，所有的准备工作已经就绪，通知都已经发出去了。单位领导派你去说服对方不要违约，你怎么办？请模拟场景，角色扮演。

职业情景 2——于雪的上司吴总是公司负责营销的副总，为人非常严厉。吴总是南方人，说话有浓重的南方口音，经常"黄"与"王"不分。他主管公司的市场部和销售部，市场部的经理姓"黄"，销售部经理又恰好姓"王"，由于"黄"和"王"经常听混淆，于雪非常苦恼。这天，于雪给吴总送邮件时，吴总让她"请黄经理过来一下！"，是让王经理过来还是让黄经理过来？于雪又一次没听清吴总要找的是谁。面对这种情况，于雪该怎样处理？

实训内容：

① 根据职业情景1，模拟演示陈主任的沟通协调过程。

② 根据职业情景2，为秘书于雪找出一个两全其美的办法，并演示沟通过程。

实训要求：

① 本实训可在教室或情景实训室进行。

② 先分组讨论，再进行角色模拟演示。

③ 分组进行，每组 3~5 人，一人扮演对方公司经理，一人扮演秘书于雪，一人扮演公司吴副总经理。分角色轮流演示，每组分别演示以上两个情景。

④ 要求编写演示角色的台词与情节，用语规范，表达到位。

实训提示：

① 利用口语交流的技巧。

② 注重沟通的目的与策略。

实训总结：

个人畅谈沟通体会，教师总评，评选出最佳口头语言沟通者。

（资料来源：徐丽君，明卫红. 秘书沟通技能训练. 北京：科学出版社，2008.）

（2）非语言沟通游戏。

游戏目的：证明沟通有时完全可以通过肢体动作完成，而且同样行之有效；证明通过手势和其他非语言的方法完全能够实现人与人之间的沟通。

游戏形式：全体学生，2人一组。

游戏时间：10分钟。

游戏要求：

① 向对方介绍自己。一方先通过非语言的方式介绍自己，3分钟后双方互换。

② 在向对方进行自我介绍时，双方都不准说话，整个介绍过程必须全用动作完成，你可以通过手势、目光、表情以及图片、标识等非语言手段进行沟通。

③ 请你通过口头沟通的方式，说明刚才通过肢体语言所表达的意思，与对方的理解进行对照。

相关讨论：

① 你用肢体语言介绍自己时，表达是否准确？

② 你读懂了多少对方用肢体语言表达的内容？

③ 对方给了你哪些很好的线索使你了解他？

④ 你在运用非语言沟通时存在哪些障碍？

⑤ 你怎样才能消除或削弱这些障碍？

（资料来源：王建民. 管理沟通实务［M］. 6版. 北京：中国人民大学出版社，2023.）

（3）是下巴还是面颊。

游戏程序：

步骤1：教师一边示范，一边请学员站起来，伸出右臂，与地面保持水平。教师说："现在，请用你们的大拇指和食指围成一个圈。"（教师在说的时候，示范）然后继续说："请将上臂举起，弯成直角。"（继续示范该动作）

步骤2：看看是否学员都做正确，然后继续说："好，请用掌心托住你的下巴。"注意，当教师说"托住下巴"时，教师用掌心贴住面颊。

步骤3：教师四处看看，但什么也不要说。5~10秒后，学员中有些人会意识到错误并转而用掌心托住下巴。再过几秒，学员会大笑起来。这时教师可以强调指出："一位培训师的行为往往比他的言语更为有效。"

提示：如果时间允许，教师可以改变一些动作，看看学员们这次是否能反应过来。

相关讨论：

① 有多少学员跟着教师的动作做了呢？为什么？

② 有时候，行为上发生的问题会导致沟通的失误，通过这个游戏，让你认识到阻碍有效沟通的困难有哪些？

③ 讨论一下如何更好地运用行为动作来进行沟通。

④ 在工作中，你是否遇到过类似情况？如何更好地处理这些问题呢？

游戏总结：

① 很多沟通问题就是由于理解不够准确而造成的。在与他人交往时，有时会出现一些言行不一的现象。这种疏忽就有可能导致别人一些理解上的错误，造成不必要的误会。你在平时多加注意，出现问题及时改正与解释，当然你还应该学习一些可以有效化解这种错误的方法。

② 从游戏中可以体会到，人们评价你的标准通常是你的行为。要时刻关注自己的行为，努力做到言行一致。

③ 在日常生活中，非语言沟通会起到很重要的作用。在语言沟通的同时配合适当的非语言沟通，会增强沟通的有效性，因此你应多学习一些非语言沟通的技巧。

（资料来源：张传杰，黄漫宇. 商务沟通：方法、案例和技巧 [M]. 北京：人民邮电出版社，2018.）

# 项目 9　商务日常沟通

### 项目目标

通过本项目的学习，应该达到以下目标。

**知识目标**：掌握寒暄的原则、方式和规范；掌握商务洽谈的准备、原则和规范；明确说服的基本条件；明确赞美的类型和条件；了解商务沟通中倾听的作用和原则，明确造成倾听障碍的因素。

**能力目标**：能够得体地进行寒暄和商务洽谈；运用商务沟通中的倾听技巧，提高商务沟通效果。在日常商务活动中，不断提高自身沟通能力，在沟通中传达关心和友爱，营造良好的沟通氛围，树立良好的职业形象。

**思政目标**：培养诚信经营、合作互利的财商理念；树立热情礼貌、以和为贵的沟通交流态度；提升专精勤思、兼容并蓄的职业素养；增强商务沟通中的换位思考意识、责任意识和诚信意识，提升沟通道德水准；提升人际交往中的文化自信、爱国主义情怀和民族自豪感，形成积极向上的人生观和价值观。

### 经理室的对话

小王是一家科教设备公司的推销员，他希望通过勤奋的工作来创造良好的业绩。一天他急匆匆地走进一家公司，找到经理室，于是就有了如下的一段对话：

小王：您好，李先生。我叫王乾，是科教设备公司的推销员。

经理：哦，对不起，这里没有李先生。

小王：你是这家公司的经理吧？我找的就是你。

经理：我姓于，不姓李。

小王：对不起，我没听清你的秘书说你是姓李还是姓于，我想向你介绍一下我们公司的彩色复印机……

经理：我们现在还用不着彩色复印机。

小王：噢，是这样。不过，我们还有别的型号的复印机，这是产品目录，请过目。（接着，掏出香烟和打火机）你来一支？

经理：我不吸烟，我讨厌烟味，而且，我们公司是无烟区。

小王：……

## 任务 9.1 寒　　暄

为了确保商务活动目标的实现，商务人员一定要与客户搞好关系，拉近与客户之间的距离，最好的方式就是寒暄。所谓寒暄，并不是指随便说一些话题，而是要针对客户的问题，要让客户觉得和你有话可谈，甚至可以和你成为知己。下面快来看一个实例。

小洁毕业后到了一家影楼工作。很多来拍照片的客户都非常喜欢她。有一天，她正在擦拭相框的时候，大厅里来了一位客户，于是她赶紧热情地迎了上去。

小洁："您好！请您到这边来坐，您是准备拍结婚照吗？"

客户："嗯，是的。"

小洁："您是朋友介绍过来的，还是无意中看到进来的呢？"（为寒暄收集资料）客户："哦，我是无意中看到的，就进来看看。"

小洁："那您的婚期在什么时候呢？"（收集资料）

客户："下个月底。"

小洁："女士，您算是比较有时间观念的，知道提前一个月来拍照，从拍完照到取件大概需要二十多天，我给您推荐的这个是目前最好的优惠套系，真是物美价廉，我来给您介绍。"（寒暄）

小洁："这套很便宜哦！您真是有福气可以订到这一套，来，我先帮您把订单写一写。"

客户："我今天没有和男朋友一起来，所以想先询问一下男朋友的意见，和他商量一下。"

小洁："也对，应该询问男朋友的意见，您真是细心又尊重男朋友。其实拍结婚照这样的事情，一般男朋友都没意见的，您那么尊重他，我想他也会尊重您的意见。这样好了，这套系您也很喜欢，但这优惠剩下的不多了，要不我先开单保留优惠，您先别告诉男朋友您预订了，明天或后天您再带他来看一看，我再做一次介绍，如果您男朋友没意见而优惠也保留了，如果他有意见，我还可以再详细地介绍一下，应该没问题的，您看这样行吗？"

客户："那好吧，我明天再来一次。"

在此案例中，销售员小洁在开始推销时，就在寒暄中占据了谈话的主动权，对顾客的心理进行了全方位的把握，从而收集了客户的资料，然后再有针对性地为顾客选择合适的产品和服务，并向顾客进行介绍。当客户提出要和男朋友商量时，小洁更是抓住了客户的"捡便宜"心理，稳住了客户。

调查显示，成功的寒暄，提起对方的爱好占72%；提起对方的工作占56%；提起时事问题占36%；提起孩子等家庭之事占34%；提起影艺运动占25%；提起对方的故乡及所读的学校占18%；提起健康占17%；提起理财技术及街谈巷议占14%。

寒暄表示一种分享感情或营造友好气氛的语言方式，是一种用来传达关心和友爱的社交方式。商务交际、商务沟通离不开寒暄。

## 9.1.1 寒暄的原则

对于交际者来说，寒暄的行为遵循以下几个基本原则。

**1. 亲疏原则**

寒暄的行为是否发生与交际各方的人际关系亲疏相关联，关系亲密的人之间不需要寒暄，关系较一般的人之间更需要寒暄，以满足礼节上的要求，从这一意义上可以说寒暄标志着不是特别亲密的人际关系。

**2. 合作原则**

寒暄的参与者遵循特殊的合作原则，对语义内容的质和量均无明确的或最大的要求，即使是虚假的命题或不真实的信息也予以默认，对方说什么都可以附和。

**3. 直白原则**

在说话的风格上，一般采用直接、明确的表达方式，不用晦涩的语言，说话不拐弯抹角。不排除幽默，但仅限于无功利性暗示意义。因为寒暄的内容不那么重要，所以说的话也很容易让人明白。寒暄作为一种礼节性的行为，在一定意义上也可以说是没话找话。这种情况下，相应的言语策略的规定性不强，可选择的余地也比较大，往往是说什么都可以，因此也就使得交际者有时反而不好确定选择什么策略，造成不知说什么好的情况。

**4. 坦诚原则**

寒暄虽然与交际目的不一定有直接联系，其内容也未必与后面的正式交谈相关，仅仅是交际活动的"起点"，是言语交际的"开场白"，但仍需要出言坦诚，问候真诚，切不可虚情假意，口是心非。

**5. 礼貌原则**

礼貌是指言语动作谦虚恭敬，这种谦虚恭敬应该是自然得体的，若是过分了反而显得不真实，也会使对方不自在。

## 9.1.2 寒暄的常用方式

一般地，有以下三种寒暄的常用方式。

**1. 问候式**

问候式寒暄是直接向交际对象表示问候或招呼。例如：

您（你）好！
吃了吗？
出去吗？
最近忙吗？
读几年级了？
你的钢琴练得怎么样了？
又有大作发表了吧！

家里人都好吧？（对已婚者）
爸爸妈妈都挺好吧？（对未婚者）

#### 2. 称赞（评议）式

通过对交际对象（或与交际对象有关的人与事）加以称赞或进行评议，来表达对交际对象的认可与问候。例如：

哇，你这件毛衣在哪儿买的，真漂亮！
哇，你们家好干净啊！
您可越活越年轻了！（对中老年人）
你的气色真好！（对病愈的病人）
这孩子真可爱！（对朋友或同事的孩子）
你是×××小学的吧，你们学校办学水平很高哇！（对初次见面者）

#### 3. 描述式

描述式寒暄是通过对交际语境有一定关联的一些因素进行极为简洁的"描述"，来表达问候之意。例如：

呦，大妈今天买了这么多的好菜，又是鸡又是鸭的啊！
您老一身运动装又要去打门球啦！
今天天气真不错！

### 9.1.3 寒暄的基本规范

在与客户交往的过程中，商务人员要根据客户的具体情况，如接触与客户时间长短、与之熟识程度等来判断是否可以寒暄。如果可以寒暄，就要遵守以下寒暄的基本规范。

#### 1. 区分对象

交往对象不同，寒暄的内容也应当有所差别。在这一点上要具体考虑以下几个因素。

（1）年龄差别。一般来说，如果交往双方在年龄上有明显的差别，那么在寒暄的过程中，对年轻者要表示敬重，对老年者要表现出热情谦虚。

（2）亲疏界限。交往双方如果是已经非常熟悉的人，那么在寒暄时不妨随意一些；反之若初次见面，就应该庄重一些。

（3）性别不同。男士与女士寒暄应该特别注意，不适合于女士的语言一定要避免使用。例如，过去人们在见面时，常喜欢用"你又长胖了"的话作为恭维或寒暄，但这用在女士的身上是不适合的。另外，同女士寒暄时虽然不一定要故作严肃，但是谈论轻松、幽默的话题时要注意格调高雅，掌握分寸。

（4）文化背景差异。语言具有民族性，这不仅表现在语音、语调上，还体现在语言使用的习惯和表达的文化内涵上。不同民族、不同国家在寒暄这一语言环节上也有着明显的差异。如中国人在寒暄时喜欢以关切的语调询问对方的饮食起居、生活状况、工资收入、家庭情况等，但在西方国家这些内容却是彼此交谈的禁区。同样，在中国文化环境中不适合使用的寒暄语在其他一些文化环境中则可能得到认可或普遍使用。

### 2. 见机行事

寒暄同样有个语境问题，寒暄时机的把握，寒暄时间的长短，寒暄内容的选择，话语的"冷热度"，态势语言的配合，等等，都得由"境"而定。

### 3. 积极主动

在必要时，你要积极主动与对方先搭话，发起寒暄，这样不但会给对方留下你有诚意的好印象，也会使对方感受到你对他的热情和尊重。

### 4. 尽力顺从

如果对方先主动与你寒暄，说明他很重视你的存在，并愿意同你建立或保持友好关系。你应尽力顺从、应对，切不可对方问一句你答一句，更不应等沉默之后才找话说，这样很易造成尴尬局面。

### 5. 顺其自然

寒暄本身不存在是非曲直。你没必要针对某句话刨根问底。即使明知对方在说假话，你也大可不必介意，只要寒暄能在和谐、友好的气氛中进行就行。

### 6. 把握适度

要根据具体情况、场合来调适寒暄的时间及内容。比如你有正事欲与对方谈，就不应该东拉西扯地寒暄个没完，这样会误事，还会使对方产生厌倦之感。

### 7. 话题合适

首先要放下顾虑，大胆抛出话题。很多商务人员刚入行时，面对客户，还有很多的顾虑，不知道该跟客户讲什么，这样很容易出现冷场的情况。因此，商务人员必须放下顾虑，大胆地抛出话题。

其次要扩大寒暄的话题。商务人员必须要有广泛的兴趣爱好和丰富的知识，这样，在与客户寒暄时，就可以适当地扩大寒暄的话题，尽量把话题引到客户感兴趣的话题上，比如，客户是哪里人，是否经常旅游等。

最后要注意避讳客户隐私。寒暄话题选择要有针对性。一是涉及客人收入、家庭、婚姻等隐私的话题绝对不能提，除非访客主动告诉你。二是涉及公司的机密不能提。

众所周知，在体育比赛之前，要做一些热身运动。而寒暄恰如交谈前的热身运动，它能在商务人员与客户之间搭起一座友谊的桥梁，使双方情绪放松，增强熟悉感，从而为交谈营造良好的氛围，更好地实现商务目标。

小贴士
寒暄的禁忌

### 善于寒暄的业务员

业务员：非常感谢王经理在百忙中抽出时间与我会面，我一定要把握住这么好的机会。

王经理：不用客气，我也很高兴见到您。

业务员：贵公司在王经理的领导下，业务领先业界，真是令人钦佩。我浏览过贵公司的网站，知道王经理非常重视网络营销，现在很多客户都从网上购买产品了。使用这种方式营销您在业内是榜样啊！

王经理：我们销售的产品是网络办公设备，我们的客户以高科技企业为主。随着网络的普及，这些客户都开始从网上来寻找自己需求的产品，我们建立自己网站的目的是满足客户在网络上查询产品、了解产品，提高我们的销售效率。

业务员：王经理，您的理念确实反映出贵公司的经营特性，很有远见。我相信贵公司在销售方面已经做得非常成功了。我向您推荐一个网站推广的方案，这个方案可以使客户更容易地发现贵公司的产品和服务，这样不仅能提高销售额，也有很好的广告效应，会使贵公司及贵公司的产品具备更大知名度。

【点评】在这段会话中，业务员通过恰当的寒暄，达到了向王经理推广方案的交际目的。虽然说王经理最后是否选择接受这个方案取决于该方案的好坏及实施后所带来的利益，但业务员恰当的寒暄为自己赢得了介绍这个方案的机会。从总体上看，在开始的时候，业务员先诚恳地感谢王经理的接见，表示对王经理的重视，接着通过自己事前对王经理的公司销售等信息的收集和信息整合重组，以此为基础进行合适的寒暄并进行得体的赞美，引出推荐网站推广方案的交际目的。

在路上你与自己的任课老师相遇，并与之寒暄。请设计寒暄语并演示。

## 任务9.2 洽　　谈

对于商业人士来说，"商界无处不洽谈"。商务洽谈是有关各方为了争取或维护自己的切身利益，坐在一起进行面对面的沟通、协商，各方通过讨价还价以及某种程度上的妥协，以求进行合作、达成交易、拟定协议、签署合同。商务洽谈是一种利益之争，既要讲谋略，又要讲礼仪。倘若只讲谋略而不讲礼仪，一味地寸步不让、寸土必争，不懂尊重、不懂移情、不懂妥协，不但不会有助于当次洽谈的成功，反而会弄僵洽谈各方的关系，为日后交往、合作带来困难。

## 9.2.1 商务洽谈的准备

商务洽谈开始前,如何体现对对方的尊重,是赢得对方合作前必须要做好的功课。

**1. 友好协商洽谈的地点、时间**

商务洽谈举行的地点,对洽谈各方有不同的影响。虽然说每一方都希望作为东道主获得一定的谈判优势,但是从礼仪的角度来说,各方应该通过友好协商,确定洽谈的地点和时间。如果作为东道主,一定要做好迎送、款待、照顾对方的工作,使对方有宾至如归的感觉,在谈判开始之前,就能赢得对方好感,获得理解、尊重和信赖。如果是客座洽谈,那么做到客随主便,尊重对方的文化、风俗习惯,可以为洽谈的顺利展开打下坚实的基础。

### 利用环境的优势轻取对手

日本老资格政治家河野一郎在他的回忆录中描述了 20 世纪 50 年代他在与苏联部长会议主席布尔加宁的一次谈判中利用环境的优势轻取对手的故事。当他来到谈判会议室准备就座时,苏联人按惯例让他先行选择,河野环视一下,就近选了一把椅子说:"我就坐在这儿吧。"布尔加宁说了声"好",便在河野对面坐了下来。事后,河野讲,他选的椅子在方向上是背光线的,谈判中他很容易看到对方的表情,甚至布尔加宁流露出的倦容。河野宣称这是他多年外交谈判取胜的一个秘诀。

**2. 妥善选择和布置洽谈会所**

一定要避免选择声音嘈杂、容易被外人搅扰的会议场所,会所的光线、声响、温度、色彩、装饰等要有利于洽谈的顺利进行。

洽谈的桌子一般安排在会议室中央,双边的洽谈应以长方形桌或椭圆形桌为宜;多方洽谈多设圆桌或方形桌。举行洽谈时,须按礼宾次序安排座位。

双方谈判时,长方形或椭圆形谈判桌竖排式摆放,按会见会谈礼宾座次安排座位,即以进门面桌的右侧中位为客方主谈人的座位,主方主谈人坐于其对面,其余人员则按客右主左,分别与两位主谈人按先右后左的位序安排座位,如图 9-1 所示。谈判桌横排式摆放时,客方主谈人面门居中而坐,主方主谈人背门居中而坐,其余谈判人员按职位高低,以右高左低排序原则安排坐在双方主谈人的右侧和左侧,如图 9-2 所示。

多方谈判应摆放圆桌或方形桌,其礼宾上位以"以远为尊""以中为尊""以右为尊"为原则综合确定。人员排序则以主谈判人的职位高低或国家(单位)英文字母排序或先来后到顺序等为依据安排座位。采取何种方式排序,应在谈判前发送通知时就告知对方。

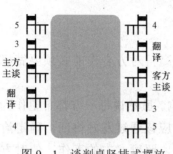
图9-1 谈判桌竖排式摆放

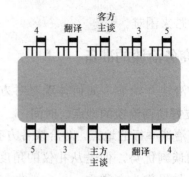
图9-2 谈判桌横排式摆放

### 3. 洽谈参加人员注意个人形象

在商务交往中，人们对交往对象的个人形象倍加关注。因为一个人的个人形象真实地体现了个人的教养和品位，客观地反映了个人的精神风貌与生活态度，表现了对交往对象的重视程度，也代表着其所属企业、国家、民族的形象。因此，个人形象事关大局，举足轻重。

（1）仪容要统一。没有人愿意和一个蓬头垢面、容貌猥琐、形象不佳的对手合作。在仪容上，参会人员务必有统一的规定：男士一律要求剃须、吹头发，精神饱满、容光焕发，不允许睡眼惺忪、萎靡不振。女士不许浓妆艳抹、染彩色头发或使用过于浓烈的香水，应当化淡妆，选择端正、素雅的发型，给人一种简约、清丽、素雅、知性的职业女性形象。

（2）服饰要规范。一般来说，衣着打扮能直接反映出一个人的修养、气质和情操。所以，选择服装一定要体现职业特点，着装要庄重、规范，要注意服饰的细节，以表明对对方的尊重与认真。衣容不得体、不整洁，会给人以不重视或慌乱、粗心的印象。懂得形象包装，给人留下良好的第一印象的商务洽谈人员，将是永远的赢家。洽谈业务时的服饰规范是：男士最好的选择是穿白色衬衫、配条纹式领带，着熨烫平整、贴身合体的西服，穿黑色皮鞋配深色袜子。有必要带公文包的场合，最好选择黑色或棕色的真皮公文包。切忌穿牛仔裤、无领夹克衫、T恤衫，配旅游鞋或凉鞋。女士则须穿深色西装套裙和白衬衫，黑色高跟或半高跟皮鞋配肉色长筒袜或连裤式丝袜。根据个人爱好，可以佩戴高雅素洁的项链、首饰。切忌穿紧身装、透视装、低胸装、露背装、超短装、牛仔装、运动装或休闲装，尤其是不要从头到脚、全身上下戴满各式首饰。

（3）举止要得体。坐正立直，行走稳健，态度和蔼端庄，精神饱满自然，因为任何失礼或不合礼仪的言行都会被视为有失体面。

（4）要珍重信誉。"信誉至上"，是现代企业经营的第一要则。企业信誉，不仅是企业文明经商、恪守职业道德的反映，还是企业经营管理、工艺设备、技术水平、人力智力等企业素质的综合反映。

（5）要遵约守时。没有人会喜欢一个言而无信、不能按时赴约的人做商务伙伴。洽谈应严格遵守时间，提前5～10分钟时间到达谈判场所最为适宜。不能无故失约，也不能超时，这都是很不礼貌的行为。承诺别人的事情不能遗忘，必须讲信用，按时做好。

## 9.2.2 商务洽谈的原则

商务人员在参加洽谈会时，应以礼待人、尊重他人、理解他人，坚持正确的商务洽谈礼仪原则，才能使洽谈顺利进行并取得满意的结果，为将来的商务合作打下坚实基础。

### 1. 平等协商、对等谈判

在洽谈中，要求洽谈各方在地位、权益、责任上要一律对等，各方发表意见的机会、受重视程度、否决权力都应一致平等。坚持有关各方在合理、合法的情况下进行友好会谈、平等协商，通过以理评理、以理服人的方式，赢得对方认同，达成某种程度的共识或一致。如果有关各方在谈判中的地位不平等，就很难达成让各方心悦诚服的协议。

### 对事不对人

在一家由美国人投资经营的日本工厂中，因为劳资纠纷，工人举行了罢工。据美方经理介绍：工人早在六周前就向资方提出警告，举行罢工的当天，双方经过协商达成一致意见，罢工结束后，工人们主动打扫示威场地，清理满地的烟头、咖啡杯，恢复了场地原来清洁的面貌。第二天，工人们又自发地加班，完成了因罢工而拖欠的生产任务。美方经理对此种做法非常不解，就询问其中的一位罢工工人，这位工人是这样回答他的："我们对资方有些意见，想让您知道我们对此事是极其严肃的，唯一的办法就是举行罢工。但这公司也是我们的公司，我们不愿让您认为我们对公司是不忠诚的。"这位工人的回答为我们的谈判问题拓展了一条新的思路，那就是：在谈判中基于我们对对方提出的某一条款有意见，我们不得不言辞犀利，那是因为我们希望对手知道我们对此事的重视程度和严肃性，我们并不想搞僵双方的关系，我们进行谈判的目的在于谋求一种互利、共赢的结局。

【点评】通过上面的案例可以知道，谈判是一项合作的事业，人事两分是合作的前提和基础，也是谈判者素质修养的体现。

### 2. 人事分开、尊重对方

商务洽谈是一个讨价还价的艰苦过程，大家对己方既定的目标都义不容辞、志在必得。然而，在谈判激烈交锋的过程中，一定要做到对"事"严肃，对"人"友好，以人事分开为原则。对"事"要据理力争，对"人"则应礼敬有加。在任何时候，都可以不同意对方的意见，甚至可以提出相反的论点。但绝不能有不尊重对方权利的不礼貌言行。在对方陈述时，要全神贯注、认真严肃地倾听，不能有心不在焉的表现；不打断对方的谈话，要尽量让对方把话讲完。己方发言时，要尽量使用礼貌用语，不能使用攻击对方的字眼，特别是不能采用贬低对方个人水平、提及个人生理不足及隐私、带有谩骂威胁的语言。

### 3. 自信从容、谦虚大度

"敌军围困万千重，我自岿然不动"，商务洽谈时既要胸有成竹、乐观自信、稳如泰山，更需要谦虚大度。自信从容能给对方以信任感，使自己保持规范的礼仪和严肃的形象；谦虚大度不仅能使自己保持绅士风度，而且能赢得对方的尊重和配合。只有自信的人才能笃定与坚持，也只有谦虚的人才懂得礼仪的重要。

### 4. 求同存异、互惠互利

在商务洽谈会上，矛盾和冲突是经常出现的。求同存异、相互妥协是达成共识和协议的一把金钥匙。既然是商务洽谈，就要有讨价还价的利益之争，各方应该在确保己方底线的前提下，关照对方合理的、核心的诉求，通过各方的相互让步，达成双方都能够接受的、互惠互利的协议。在现代商业社会中，最理想的洽谈结果是既讲竞争，又讲合作，尽量达成既利己又利人的双赢、多赢局面。

### 成功的交易

一位女顾客的视力不太好，她使用的手表指针，必须长短针分得非常清楚才行。可是这种手表非常难找，她费了很多周折，总算在一家名表店发现了一只她能看得很清楚的手表。但是，这只手表的外观实在丑陋，很可能是这个缘故一直卖不出去。就此而论，2 000元的定价似乎是贵了点。以下是顾客与经理的对话：

顾客：2 000元似乎是太贵了。

经理：这个价格是非常合理的，这只手表精确到一个月只差几秒钟而已。

顾客：时间太精确的表对我来讲并不重要，你看我现在这只"天王"表，买时才800元钱，已经使用10年了，这只表一直是很管用的。

经理：喔！用了10年了，以您的身份应该有只更名贵的手表了。

顾客：可是价格有些贵了。

经理：你是不是希望手表让你看得清楚？

顾客：是的。

经理：我从来没有见过这么一只专门设计得让人们容易看的手表。这样吧，1 680元，便宜一点儿，数字也好听。

顾客：好吧，就这样吧。

【点评】案例中销售经理非常委婉、含蓄地表明价格，证明该表物超所值，最后又做出合理让步，完全满足了女顾客的购买心理，这是一次既互惠又互利的成功交易。

## 9.2.3 商务洽谈的规范

现代商务洽谈，一般都在小范围内进行。在商务洽谈过程中，参加洽谈的人员应讲究谈话礼节，注意询问礼节，坚持平等商讨平等沟通规范。

**1. 讲究谈话礼节**

商务洽谈人员要热情诚恳，有礼有节，这是维系交往双方良好关系的纽带。洽谈时言语要"和气、文雅、谦逊"，不讲粗话、脏话，不强词夺理，不恶语伤人。文明礼貌用语要时时挂在嘴边，并且语气要亲切柔和，语句要委婉含蓄，伴以发自内心的微笑，显示出表里如一的热情。这样才能缩短双方的心理距离，使对方感到温暖与鼓舞，才有利于促成洽谈成功。

洽谈时表达的方式要因人而异，因物而异，灵活变通。切忌千篇一律，言语死板。对不同年龄、职业、性别、爱好的洽谈对象要使用不同的称呼语。要运用不同的言语句式，要认真观察对方，分析对方，讲究发问，善于引导，词句的选用要有变化。说话要通俗易懂，不犯禁忌。

商务人员要掌握好洽谈的时间。洽谈时间的长短，要视具体情况而定，但一般洽谈不应超过三四十分钟。因此，对洽谈内容应先做妥善安排，以便于在最短时间内以最有效的方式来进行洽谈。

在商务洽谈过程中，应始终做一个良好的倾听者。洽谈的目的，是寻找对方真正的需求。一个成功的洽谈者，同时也应该是一个良好的倾听者。他应能从对方的谈话中发现问题，从而可以有的放矢地打动对方。那种口若悬河的形象，看似能说会道，实际上往往会使对方产生反感。

涉外商务洽谈还要做到入乡随俗。这是国际交往中一条很重要的礼仪原则。在涉外商务洽谈中，应尊重各国的风俗习惯与礼节，以缩小交往时出现的文化差距与减少相互间的观念冲突。不同国家的社会制度有异，文化习俗有别，思维方式与理解角度也往往差别较大，在交谈时应相互尊重，言语谨慎。

**2. 注意询问礼节**

在商务洽谈中，洽谈一方为了解某一方面的事实，向另一方进行询问，是常有的事。有这样一个例子：有一位教徒问神父："我可以在祈祷时抽烟吗？"他的请求遭到神父的严厉斥责。而另一位教徒又去问神父："我可以在吸烟时祈祷吗？"这个教徒的请求却得到了神父允许。这两个教徒发问的目的和内容完全相同，只是语言表达方式不同，但得到的结果却相反。由此看来，善于运用语言技巧，才能赢得期望的洽谈效果。为了保证询问效果，一般应注意以下几点。

（1）询问时要注意现场的气氛。如果双方的注意力都集中在另一个问题上，撇开主题强行询问，只会干扰洽谈活动的正常进行。

（2）询问时要注意语气的平和亲切，不能把询问变成审问或责问，引起对方反感。遣词造句也要斟酌，以免引起对方误解。

（3）当被询问人答话时，询问人应耐心倾听。不要因为对方的回答不能使自己满意，就随便打断对方的话,这是不礼貌的行为。

(4)当询问结束时,应对对方所作的解答表示感谢。

## 连 连 发 问

在一场货物买卖谈判中,双方就价格问题难以达成一致,买方经过精心策划,提出了下列问题:"尊敬的先生,当一件产品所需的原材料开始降价,那么随着成本的下降,其价格是否应降低呢?""是的,毫无疑问。""当一件产品的包装改用简易包装了,那么它的价格是否应降低呢?""是的。""那么你方在原材料价格大幅度下降,产品又改用简易包装的情况下,为什么还坚持原来的价格呢?"直到这时卖方才发现落入了陷阱,无言以对,只能应对方的要求降低产品的价格。

### 3. 坚持平等商讨

商讨,在商务活动中是必不可少的。没有商讨,商务关系就不会健康地发展。商务关系越密切,商讨也就会变得越重要。在商讨中出现问题、矛盾也是正常的,遇到矛盾时应注意平等商讨。在礼仪上,要注意以下几点。

(1)应先找出矛盾所在。有些矛盾是误会引起的,应通过交换意见加以消除。有些矛盾涉及业务上的是非问题,对此,要敢于公开地阐明自己的观点。

(2)应明确商讨的对象是"事"而不是"人"。当然事情要人做,事和人一般是有联系的。但把事和人随便交织在一起商讨,常会使对方感到你对某人有成见,因而影响商讨的实际效果。

(3)要有目的地商讨。每一次商讨,都应当有一个目标,并争取解决某些特定的问题。即使达不到统一,也一定要阐明各自的观点。

(4)态度要诚恳和现实。要与人为善,不去翻陈年老账,一切商讨都为了解决现实问题。

(5)在辩论时,要用事实来讲清道理。富有经验的商务人员,一般信守这样一句常理:"九备一说。"即花九分力气去准备,而在桌面上的直接口语表达仅仅需要花一分精力而已。在商讨前,应该做一定的思想上、材料上和表达上的准备,使事理交融,举证有力。语言应文明,态度要端庄。

(6)遇到冷场时,应迅速找出冷场的原因,尽量缩短冷场的时间。商务洽谈人员要有企业家的头脑、宣传家的技巧和外交家的风度。凡正规、正式的洽谈,都应该按照一系列约定俗成的礼仪和程序进行庄重的会晤。商务洽谈的计谋很重要,商务洽谈的礼仪也不可或缺,它们互为表里、不可分割,共同决定着洽谈的成功。商务洽谈礼仪是做好商务洽谈工作的必备宝典。

**在洽谈中应避免使用的言词**

极端性语言:"肯定如此","绝对不是那样"。
针锋相对的语言:"不用说了,事情就这么定了。"
涉及对方隐秘的话题:"你们为什么不同意?是不是你们的上司没点头?"
有损对方自尊心的语言:"开价就这个,买不起就直说。"
催促对方的语言:"请快点儿决定!"
以自我为中心的语言:"我的看法是……""如果我是你……"
模棱两可的语言:"可能是……""大概是……"
赌气的语言:"上次你们已多赚了好几万元了,这次不能再让你们占便宜了。"

以小组为单位,创设商务洽谈情景,分角色进行洽谈礼仪的训练。

## 任务 9.3 倾　　听

想一想繁体字"聽"的含义。

一提到商务沟通,人们往往想到的是要有良好的语言表达技巧,却忽视了倾听。事实上,在实现沟通的过程中,你不可能总是处于"说"的位置,而是需要学会很好地倾听。斯蒂尔博士的研究表明:人们每天花在与人沟通的时间中,9%用于写东西,16%用于阅读,30%用于说话,45%用于倾听。"听"是"说"的基础,是有效沟通的前提。学会倾听,才能集思广益,明辨是非,实现有效的双向交流沟通。

### 9.3.1　商务沟通中倾听的作用

在商务沟通中,倾听是一个重要组成部分和一项技能,是实现有效沟通的一个手段。作为商务人员,要会听、善听,有效地倾听。倾听在商务沟通中的作用如下。

**1. 倾听能给客户留下好印象**

你能认真、耐心地倾听顾客谈话,就会让对方感到你是一个能听他倾诉的人,是一个值得交往的对象，继而形成良好的印象和信任，打消戒备心理，愿意与你交谈和倾诉并接受你的产品或服务。

### 2. 倾听可获取客户重要的信息

倾听在沟通中是一种鼓励方式，能让对方感到被尊重，愿意表露真情。只有认真地倾听对方的陈述，鼓励对方讲出实情，观察对方的语气、语调，捕捉对方的情绪变化，才能及时获得更多的信息。

### 3. 倾听才能发现说服对方的关键信息

在商务沟通中，只有认真地倾听，理解了对方的真正意图，才能找到解决问题的关键，促成商务沟通目标的实现。

### 4. 倾听可掩盖自身弱点

在商务沟通中，当遇到对方很强势时，不要急于表白。先询问对方，耐心倾听，了解对方，掩盖自身的弱点和不足，变被动为主动。特别是遇到投诉、自己违约时，要先耐心倾听，了解对方的意见和态度，再做决定。

### 5. 倾听有助于合作的成功

倾听是有效沟通的关键要素，是推动商务活动成功的重要技巧。只有认真用心倾听，才能了解客户，找到商机。

## 假 日 酒 店

1951 年，威尔逊带着母亲、妻子和 5 个孩子，开车到华盛顿旅行，一路上所住的汽车旅馆，房间矮小，设施破烂不堪，有的甚至阴暗潮湿，又脏又乱。几天下来，威尔逊的老母亲抱怨说："这样的旅行度假，简直是花钱买罪受。"善于思考问题的威尔逊听到母亲的抱怨，又通过这次旅行的亲身体验，受到了启发。他想：我为什么不能建一些方便汽车旅行者的旅馆呢？他经过反复琢磨，暗自给汽车旅馆起了一个名字叫"假日酒店"。

想法虽好，但没有资金，这对威尔逊来说的确是最大的难题。他想募股，但别人没搞清楚假日酒店的模式，不敢入股。威尔逊没有退缩，他心中只有一个念头，必须想尽办法，首先建造一家假日酒店，让有意入股者看到后，放心大胆地参与募股。具有远见卓识且敢想敢干的威尔逊，冒着失败的风险，果断地将自己的住房和准备建旅馆的地皮作为抵押，向银行贷款 30 万美元。1952 年，也就是他举家旅行的第二年，他终于在美国田纳西州孟菲斯市夏日大街建起了第一座假日酒店。5 年以后，他将假日酒店开到了国外。

【点评】威尔逊的成功，在于他注意倾听别人的谈话，并从他人的谈话中提炼出有价值的信息。

## 9.3.2 阻碍倾听的因素

在商务活动中,由于谈判双方是为了争取自己利益最大化而进行沟通,因此容易发生争执,产生分歧,不能达成沟通效果,究其原因,很多是阻碍倾听的因素造成的。

微课

阻碍倾听的因素

**1. 听不进对方的话**

许多商务人员在与客户交流时,不能接受对方的意见。当客户讲述时,看起来你是在倾听,而实际上你是在找反驳的理由,时刻准备反击对方,听不出客户的真正意图所在,因而丧失商机。

**2. 急于发表言论,甚至打断客户**

在商务场合,有些人为了占上风不吃亏,急于发表个人言论,甚至打断客户,常让客户失去信任,不利于与客户的沟通。在回应客户之前,应该先让客户把话说完。对客户缺乏耐心甚至粗鲁地打断他们,这是对客户本人不尊重的表现。之所以会这样,主要是商务人员缺乏自信。缺乏自信会令商务人员产生紧张的情绪,而这种情绪一旦占据其思维,就会使其无从把握客户所传递的信息。也正是为了掩饰这种紧张情绪,许多人总是在应当倾听时擅自插话,打断发言者。

小故事

### 完整的倾听很重要

一位女士走进一家餐厅,点了一份汤,服务员端上来后很礼貌地走开了。服务员刚走开,这位女士便将服务员叫过来说:"对不起,这碗汤我没法喝,因为……"还没等顾客说完,服务员马上说了声对不起,并重新为这位顾客上了一碗汤。

可是,这位女士仍旧说:"对不起,这汤我没法喝,因为……"这位服务员一时有点儿不知所措,并解释说:"尊敬的女士,您点的这道菜是本店最拿手的,深受顾客欢迎,您对我们的服务有什么不满吗?"

"先生,我只是想问一下,喝汤的勺子在哪里?"

【点评】倾听中最忌讳随便打断对方的话。故事中的服务员如果能耐心听完顾客的意见,事情就不会变得这样复杂。

**3. 排斥异议,容不得不同意见**

很多商务人员,在与客户的接触交流中,容不得对方提出异议,总是认为自己是做商务工作的,掌握信息多,了解具体情况,比较内行,因此,容不得不同意见。

**4. 歧视对方,心存偏见**

商务人员常犯的一个错误就是以貌取人,从外表判断对方,印象好,就愿意交谈接待,

印象差,就比较冷漠,不愿意与之打交道,因此常常失去客户。商务人员心存偏见也会在很大程度上阻碍倾听。偏见让倾听者无法对发言者所传递的信息保持开放和接纳的心态。这是因为,偏见使人在倾听之前就已经对发言者或他所传递的信息做出了判断。

### 5. 不愿意与客户交谈

很多商务人员,缺乏耐心,不愿与客户进行沟通,等着客户上门主动成交,因而失去了耐心倾听的机会,没机会了解客户的真正需求。

### 6. 预先下结论

在没弄清对方要表达的意思之前,就先入为主,凭主观想象下结论,使双方产生矛盾或纠纷,致使商务沟通无法实现。

### 7. 理解能力不足

由于个人文化素养和专业基础知识以及文化习俗等原因,商务人员对客户所表达的意思理解不到位,听不明白或听不懂而造成许多误会。

### 8. 选择性地听

只关心自己关注的问题,不能站在顾客的角度认真倾听,经常是没有听全面,而使沟通失败。

### 9. 过分依赖笔记

在听顾客讲话时,只重视记笔记,而没有真正听明白对方讲什么。不能完整地领会对方所要表达的意思。

### 10. 注意力不集中

商务人员受到内部或外部因素的干扰而无法集中注意力,这是最常见的阻碍倾听的因素。当你疲倦时,胡思乱想时,或是对客户所传递的信息不感兴趣时,你都很难集中注意力。商务人员不能任由自己分心。在倾听时,应该尽可能消除噪声或其他会令你分心的因素。电话铃声、微信提醒或是其他人的打扰都会让你无法专注于倾听。另外,倾听时任由自己分心也是不为说话者着想和不礼貌的表现。

### 11. 过于关注细节

如果商务人员尝试记住所有的人名、事件和时间,那么就会觉得倾听"太辛苦"了。这种紧紧抓住信息中的细节而抓不住要点的做法非常不可取,这样做就可能完全不能明白对方的观点。

### 12. 商务人员不重视信息

商务人员鲁莽地认为某个信息枯燥乏味,产生"不在乎"的情绪,并且拒绝花费时间和精力去评估这个信息,这些行为都表明倾听者不重视发言者所提供的信息。

## 9.3.3 商务沟通中倾听的原则

### 1. 专心

在商务沟通过程中,始终要保持积极的心态,认真专心地倾听客户所传达的信息。

### 2. 移情

在与客户进行沟通时，要站在客户的角度，设身处地地替客户着想，理解客户的意图，能够移情地去倾听。

### 3. 客观

在与客户进行沟通时，要站在客观的角度，考虑双方的利益，坚持互惠互利，自愿买卖，公平交易，客观公正地使双方都能最大限度地获利。

### 4. 完整

商务人员一定要倾听客户的完整信息，听出客户的弦外之音。有效的倾听是要用心、用脑、用眼去倾听。

**吉拉德的教训**

美国汽车推销之王乔·吉拉德曾有过一次深刻的体验。

一天，某位名人来买车，乔推荐了一款最好的车型给他。那人对车很满意，眼看就要成交了，却突然变卦而去。乔为此事懊恼了一个下午，百思不得其解。

到了晚上 11 点乔忍不住打电话给那人："您好！我是乔·吉拉德，今天下午我曾经向您介绍一款新车，马上您就要买下，却突然走了。这是为什么呢？""你真的想知道吗？"

"是的！实话实说吧，小伙子，今天下午你根本没有用心听我说话。就在签字之前，我提到我的儿子吉米即将进入密执安大学读医科，我还说到他的学科成绩、运动能力以及他将来的抱负，我以他为荣，但是你毫无反应。"

【点评】乔失败的原因就是没有用心倾听。在沟通过程中，如果不能够认真倾听别人的谈话，也就不能够"听话听音"，何谈机警、巧妙地回答对方的问题呢？

### 9.3.4 商务沟通中倾听的技巧

倾听是一门需要不断修炼的艺术。在商务活动中，有效倾听所发挥的作用绝不亚于陈述和提问，良好的倾听技巧可以帮助商务人员解决与客户沟通过程中的许多分歧问题。倾听如此重要，但大多数商务人员的倾听能力不尽如人意，常因没有很好地倾听，而与客户产生矛盾和纠纷。以下商务沟通中的倾听技巧是务必掌握的。

**微课**
商务沟通中倾听的技巧

#### 1. 做好倾听的准备

要想了解客户，就要让客户讲话，要想实现与客户良好的沟通，就必须重视客户，保持良好的精神状态，做好积极倾听的准备。如心理准备、身体准备、态度准备及情绪准备等。在交谈前，要停止手中的工作，关掉手机，表情放松，注视对方，用平和的心态专注地倾听对方讲话。恐慌的心理、疲惫的身体、黯然的神态及消极的情绪等都可能使倾听归于失败。

倾听时,应该保持开放的心态,这是提升倾听技巧的指导方针之一。这样做不但使你能考虑到事情的各个方面,还能减少你与发言者之间的隔阂,实现良好沟通。回应说话者时,即使你不同意他的观点,也应对其信息保持积极的态度。

2. 发出倾听的信号

在客户发言前,你要目光专注地注视着对方,表现出对客户的谈话感兴趣,并主动让客户谈谈他的想法。当客户讲话时,你要表情放松,注视着对方,与客户保持目光接触,专注地倾听。在倾听中,应对对方的谈话不时地点头,表示你能接受对方,并让对方继续他的谈话。倾听中要做到充分接收信息,正确倾听"弦外之音"。

倾听时,正确的态势语言很重要。人的身体姿势会暗示他对谈话的态度。自然开放的姿态,代表着接受、感兴趣与信任。根据达尔文的观察,交叉双臂是人们在日常生活中最普遍的姿势之一,这种姿势优雅,富于感染力,让人看上去自信心十足。但这种姿势常常会自然地转变为防卫姿势,容易让人误以为不耐烦或高傲。

3. 对谈话主题或客户产生兴趣

这样做有助于商务人员以积极的态度进行倾听。倾听时,你的目标应当是从每个客户那里获取知识和信息,但如果你对他们不感兴趣,就很难集中注意力。因此,应当消除自己对谈话主题或是客户的偏见,使自己对其产生兴趣。倾听时,应该关注客户提供的信息,而不是他们的外表、性格或者说话方式,不要由于这些因素而对他们加以定论,应该根据他们提供的论据来判断信息的价值。另外,也不要仅仅因为客户的出色表达就立即对他们做出肯定的判断。出色的表达并不意味着其传递的信息有价值。因此,应该等客户完整地传递了信息之后,再做出判断。

4. 充分接收信息

商务沟通中,达到有效性的关键取决于能否在双方之间充分地表达和接收信息。倾听就是为了很好地接收信息。商务工作人员在倾听的过程中,要站在对方的角度,理解对方,听完整、听明白对方的话语,特别是有分歧的问题,不要急于争辩,先冷静分析、思考。

在倾听过程中,要明确与对方沟通的目的,维护大局,边听边分析,集中精力捕捉信息的精髓,进行思维重组,将对方谈话内容梳理、归纳、转换为自己理解的意思,同时要仔细分辨对方谈话的语气、语速、语调及表情的变化,抓住对方的主要信息,理解对方的真正意图。

倾听中还要积极关注自己不熟悉的信息。如果在倾听时遇到此类信息,就更需要高度集中注意力。因为如果不这样做,就有可能抓不住信息中的重点内容。当对方传递的是自己不熟悉的信息时,不要因为信息复杂而气馁,而要使自己对学习新事务产生兴趣,以充分理解这些信息。

5. 检查你的理解力

倾听中,要总结归纳对方阐明的主要观点,分析其思想用意,梳理并提出的关键问题。

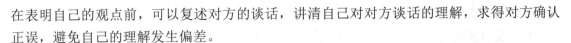

项目 9　商务日常沟通

在表明自己的观点前,可以复述对方的谈话,讲清自己对对方谈话的理解,求得对方确认正误,避免自己的理解发生偏差。

**6. 不要过早下结论**

商务人员在倾听时不要过早下结论。当你不同意发言者的观点时,最自然的反应就是立即不再理会他所传递的信息,尽管你不需要同意客户的所有观点,但是在下结论之前,还是应该听完他的话。只有听完了全部的信息,才可以彻底地检验并公正地评估客户的观点、论据和论证过程。

### 主持人与小朋友

美国著名的主持人林克莱特在一期节目上访问了一位小朋友,问他:"你长大了想当什么呀?"小朋友天真地回答:"我要当飞机驾驶员!"林克莱特接着说:"如果有一天你的飞机飞到太平洋上空时,飞机所有的引擎都熄火了,你会怎么办?"小朋友想了想:"我先告诉飞机上所有的人绑好安全带,然后我系上降落伞,先跳下去。"

当现场的观众笑得东倒西歪时,林克莱特继续注视着孩子。没想到,孩子的两行热泪夺眶而出,于是林克莱特问他:"为什么要这么做?"他的回答透露出一个孩子真挚的想法:"我要去拿燃料,我还要回来!还要回来!"

**7. 复述客户所传递的信息**

通过复述,倾听者可以确定自己是否完全理解了该信息。复述时,商务人员可以用自己的话向发言者概括信息的主要内容,这样能减少对信息的误解和错误的推测。

**8. 适时适度地提问**

沟通的实现需要双方进行交流。听完对方的讲话,要做出一些反应,可以提出问题、建议、意见或看法。但一定要适时适度地提问。适时,就是要等对方讲完;适度就是不要一下提出太多的问题,或一个问题反复纠缠不清,还要注意提问的语气,尽量保持平和的心态,一般情况下,不能把提问变成质问。特别是当看法和认识出现分歧时,要学会控制自己的情绪,放松心情,尽量抑制冲动,避免矛盾冲突。

**9. 不应该过于拘谨**

商务人员在倾听时过于拘谨使倾听变成了一种被动行为,此时,商务人员绝不会表达自己的观点,他们根本不参与交流,常常只是以"很好"和"我明白你的意思"之类的话来回应客户。商务人员在倾听时过于拘谨可能是因为害羞,也可能仅仅出于不想给发言者带来麻烦。无论是什么原因,他们的行为都会阻碍有效的沟通。要避免在倾听时过于拘谨,应当遵循以下原则:一是乐于表达自己的想法;二是通过提问参与对话;三是回答问题要

265

干脆；四是与说话者进行眼神交流。

### 10. 及时反馈

当双方都表明自己的观点后，要把自己一方的意思向对方表明。有异议要及时提出，双方共同协商解决。

### 懂得倾听的汽车销售员

欧洲有一位汽车销售员，就是因为懂得倾听，十年内他卖出的奔驰汽车多达五百辆，成为名列全球前几的超级销售员。当他谈论此问题时，他告诫每一个人："每个顾客都像一本书，你要用心倾听才读得懂。"开始的时候，他是个很业余的销售员，客人一上门，只交谈三句话就希望客户赶紧付钱买车走人，于是他的业绩总是挂零。直到有一次，一位顾客要他先闭上嘴巴，忍无可忍地对他当头棒喝，他这才意识到了自己的问题："我说得太多，听得太少。后来，我要求自己先不要说话，让客人先说话，这样才听得懂对方的需求与考虑，而不是径自推销。"

有一位女士趾高气扬来到他的店里看车，他的同事亲切地趋前问候："您是来看车吗？"女士很不悦地答道："我来这里不是看车，又是看什么呢？"这时，他端上一杯水，一语不发地站在一边，替下那名因此而生气甚至恼羞成怒的同事。女士冷冷地开口道："你们的业务员服务态度很差，卖的车又贵。"他很谦虚地请教："您说得很对，那我们要如何改善呢？"他请对方到贵宾室坐下……30 分钟后，一笔 200 万元的订单就到手了。

同事惊奇地问他是怎么做到的。他说："我什么都没说，只是安静地听她抱怨了 20 分钟。"原来这位客户早就锁定了一款车，但逛了几家车行都没碰到一位令她满意的业务员。这位推销高手一边用心地听她抱怨，一边附和响应，同时他也在整理自己的思绪。等到客户气消以后，他又与对方聊起对付那些推销狂的经验，还提醒她购车要选对地方。于是不到 30 分钟，交易就顺利地完成了。①

请就所学内容及自己平时的经验，分别列举在倾听时应采取的积极做法和应避免的消极做法。

---

① 高原. 气场修成手册 [M]. 长沙：湖南文艺出版社，2012.

## 电子活页：赞美、说服

1. 赞美

赞美的类型　　　　　赞美的条件　　　　商务沟通中的赞美技巧

2. 说服

说服的基本条件　　商务沟通中的说服技巧

# 学生工作页

| | 赞美、说服 | |
|---|---|---|
| 任务 1 | 你的一位同学参加某项大学生竞赛活动获得了好成绩，你如何赞美他（她）？ | |
| 任务 2 | 设想你到一个新的环境，面对初次见面的同事，请找出同事的三个特点并加以赞美 | |
| 任务 3 | 如果你的班级有一名同学考入大学后，完全放松自己，整天上网打游戏、吃喝玩乐不学习，作为他的好朋友，请你说服他抓紧时间好好学习 | |
| 班　级 | 学　号 | 姓　名 |

| 学生自评 |
|---|
| 我的心得： |
| 建议或提出问题： |

| 教师评价 |
|---|
| |

## 思政园地：千古名篇的说服艺术

《触龙说赵太后》是《战国策·赵策四》中著名篇章，古往今来被广泛传颂。这样一个历史小故事，从中能够看得出触龙经典的说服艺术。

《战国策·赵策四》中记载，赵太后刚刚执政，秦国急速来攻打，赵国向齐国请求救援，齐国要求将赵太后的小儿子长安君作为质子，才肯出兵。群臣极力劝说，赵太后也不肯。赵国大臣触龙为了国家的安全，运用了巧妙地说服方式，动之以情，晓之以理。从容进谏，喻之以大义。最终说服了赵太后。

请扫描二维码阅读大臣触龙说服活动的成功之处，体会《触龙说赵太后》这一千古名篇中的说服艺术及思政教育意义。

《触龙说赵太后》的说服艺术

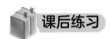

### 1. 问答题

（1）如何与客户寒暄？

（2）收集商务沟通中经常使用的寒暄语，并在实践中加以运用。

（3）如何提高商务洽谈的效果？

（4）为什么沟通过程中倾听占有十分重要的位置？请谈谈你的体会。

### 2. 思考与训练

（1）请完成以下交谈练习。

① 你去拜访一位名人，进屋之后发现主人家养了一只小猫。请以此为话题，设计一段对话。

② 一天，你逛商场时发现一位营销员好像是当年的校友，在学校时没机会交谈，她好像也觉得你面熟，你主动和她打招呼。你们会谈些什么？

③ 放暑假了，你坐车回家，周围坐着几位年龄、身份、性别不同的陌生人，为消除路途寂寞，你先和他们寒暄几句，使大家都有谈兴。你会怎样说话呢？

④ 将来，你在事业上取得了一定成就，在老同学聚会上，你怎样谈自己的成功？别人赞扬你，你怎样表现谦虚的风度？

⑤ 你的一位同学做错了事，你告诉了老师，这位同学因怀恨而再不搭理你，请和他说话，恢复你们的友情。

（2）请完成以下倾听练习。

① 以"积极倾听，构建和谐班级（校园）"为主题，组织主题班会，请同学们轮流发言，各抒己见。

② 请总结一下你倾听时存在哪些不良习惯？

③ 为什么沟通过程中倾听占有十分重要的位置？请谈谈你的体会。

④ 两位同学为一组，每位同学准备一篇有一定信息量的约 800 字的文章，一位同学将文章读给另一位同学听，倾听者要注意使自己保持专注。文章宣读完毕，由倾听者陈述自己获得的信息，宣读者检查对方信息是否准确无误。然后，角色互换，再进行一轮。最后双方谈谈各自在倾听中的感受。

⑤ "听"的能力训练。

尽管"听"是我们与生俱来的能力，但是它并不是一件容易的事情。以下练习就是最好的说明。

练习 1：教师对学生说："请拿出一支铅笔，一张纸。在纸上画一条约 10 厘米长的垂直线。把你姓氏拼音的第一个和最后一个字母写在直线的上方和下方。"注意不要强调最后一个句子中的两个"和"字。教师会发现大多数人会把第一个字母写在线上方而最后一个字母写在线下方。

练习 2：教师让学生迅速回答下列问题：

"有的月份 31 天，有的月份 30 天。那么有多少个月份有 28 天？"

不少学生会回答："一个。"而事实上所有的月份都有 28 天。

问题：

● 以上两个小练习分别说明了倾听中的什么问题？
● 从以上练习中我们应该汲取哪些倾听经验？

⑥ 到养老院做义工，陪老人聊聊天，注意运用寒暄及倾听的技巧，看看效果到底如何？

### 3. 案例分析

请扫描二维码，阅读案例原文，然后回答每个案例后的问题。

### 4. 实训项目

（1）模拟交谈训练。通过本训练，一是让学生运用所学的日常沟通方法和技巧，与他人沟通交流，提高口头表达能力；二是让学生掌握发表个人见解的方法和策略，在公众场合具备敢于说话的勇气和胆量。

案例原文

基本组织思路是：模仿电视谈话类节目，如央视《对话》的形式，组织学生进行主题谈话训练。可从以下几方面着手。

① 将学生 10~15 人划分为一组，每组选出 2 名选手参加交谈训练，其他同学作为听众或参加评议。

② 交谈过程中主持人和选手也可以和听众进行互动，方法和规则可视现场情况做出规定，目的是调动全体学生的参与意识，保持场面的活跃。

③ 教师和同学先确定交谈的话题，可以采用教师出题或学生出题等多种方式，然后从中优选。话题的选择应与同学的学习、生活、兴趣爱好联系紧密，学生有话可说，不会造成冷场，话题应包含较丰富的信息容量和多维的价值取向，有利于发挥学生的个人经验和独立思考。

④ 教师担任沟通活动的主持人，通过提问、询问、转问、串接、引申、转题等多种方

式，引导和调动场上、场下的交谈气氛，掌握和控制活动的节奏和进展。

⑤ 有条件的可以进行全程录像，活动结束，结合录像回放分析，教师和同学共同点评，总结。

（资料来源：张波. 口才与交际［M］. 北京：机械工业出版社，2015.）

（2）赞美训练。

① 你能说出多少赞美的语言。分小组活动，以小组为单位，小组成员在规定的时间内，说出赞美他人的语言。赞美的内容包括外表、内在、生理层面、精神层面、肢体、感觉等等。评选出说得最多、范围最广的小组。

② 同学间的互相赞美。随机对班上五位同学进行赞美，然后请被赞美者谈谈感受，再由师生对赞美人的语言进行点评。

③ 运用赞美进行成功推销。一名推销员走进一家银行的经理办公室推销伪钞识别器。女经理正在埋头写一份东西，从其表情可以看出女经理情绪很糟；从桌上的混乱程度，可以判断女经理一定忙了很久。同时推销员也发现女经理有一头乌黑发亮的长发。

● 请一位同学扮演推销员，一位同学扮演女经理。
● 推销员怎样才能使女经理放下手中的活计，高兴地接受推销员呢？请做情景演示。

（资料来源：周璇璇，张彦. 人际沟通. 厦门：厦门大学出版社，2015.）

（3）说服训练。

【任务目标】

① 能够了解说服在沟通中的重要性。
② 能够正确运用说服的技巧。
③ 能够形成良好的说服素养，提高沟通能力。

【建议学时】1学时。

【任务实施过程】

① 热身准备。分析以下案例中主人公运用了怎样的说服技巧。

卡耐基是美国著名演说家、教育家。他常租用某家大旅馆的礼堂，定期举办社交培训班。

一次，卡耐基突然接到这家旅馆增加租金的通知。更改日期和地点已经不可能了，他决定亲自出面与旅馆经理交涉。下面是二人对话的内容。

卡耐基："我接到你们的通知时有点儿震惊。不过，这不怪你，假如我处在你的地位，或许也会做出同样的决定。作为这家旅馆的经理，你的责任是让你的旅馆尽可能多地盈利。你不这么做的话，你的经理职位就难以保住，对吗？"

经理："是的。"

卡耐基："假如你坚持要增加租金，那么让我们来合计合计，看这样对你是有利还是不利。先讲有利的一面。大礼堂不租给我们讲课，而出租给别人办舞会、晚会，那么你获利就可以更多，因为举行这类活动时间不会太长。他们能一次付出很高的租金，比我们的租金当然要高很多，租给我们你显然感到吃亏了。现在我们再分析一下不利的一面，你增加

我的租金从长远来看，其实降低了你的收入，因为你实际上是把我撵跑了，我付不起你要的租金，势必再找别的地方办训练班。还有，这个训练班将要吸引成千上万的中上层管理人员到你的旅馆来听课，对你来说，这难道不是起到了不花钱的活广告作用吗？事实上，你花 5 000 元钱在报纸上做广告，也不可能邀请这么多人到你旅馆来参观，可我的训练课却给你邀请来了，这难道不划算吗？"

经理："的确如此，不过……"

卡耐基："请仔细考虑后再回答我好吗？"

结果经理最终同意不涨租金。

② 实地大演练。将全班同学分成若干组：每组 10 人左右。教师出示情景材料，学生根据教师所提供的情景分组进行说服技巧演练。各组在全班进行表演，其他同学进行点评，教师做出小结，针对学生表演的优缺点给予指导。

**【任务完成】**

① 评出最佳说服者一名。

② 针对某些同学上网成瘾的现象进行说服。

（资料来源：赵京立. 演讲与沟通实训［M］. 3 版. 北京：高等教育出版社，2021.）

（4）倾听技能训练。

形式：集体参与。

时间：10 分钟。

场地：教室。

材料：任何一则包含一些数字或确切事件的新闻。

程序：

① 事先从报纸或文摘上选取一则 200～300 字的故事，注意最好是有简单情节的故事，而不是评论性文章。在课上很不经心地向学员提起，告诉他们你要为他们念一段很有意思的故事。

② 大声朗读这则故事。

③ 结束后，你会发现学员们对这个故事毫无兴趣，露出厌倦和疲乏的表情。

④ 这时拿出一个精致的礼品，说："故事念完了，现在我会就这个故事的内容提几个问题，谁能答对，我就把这个礼物送他。"

⑤ 问 5～7 个问题，都是一些关于故事的时间、地点、名字和简单情节的问题。

⑥ 尽管问题简单，你会发现几乎没有一个人能全部答对。

分享：

① 既然大家都是具有一定素质的人，既然都听了这个故事，为什么却没有人能记得非常清楚？

② 我们不去认真听的原因是什么呢？我们该怎样改进倾听技巧？

③ 如果事先把奖品拿出来，学员们的倾听效果会不会不一样？这是为什么？在没有物质刺激的情况下，我们应怎样提高自己的倾听效果？

（资料来源：谢玉华. 管理沟通［M］. 4 版. 大连：东北财经大学出版社，2020.）

（5）商务沟通游戏——荒岛求生。

【背景资料】私人飞机坠落在荒岛上，只有6人存活。这时逃生工具只有一个只能容纳一人的橡皮气球吊篮，没有水和食物。

这6个人是：

孕妇：怀胎八个月。

发明家：正在研究新能源（可再生、无污染）汽车。

医学家：多年研究艾滋病的治疗方案，已取得突破性进展。

宇航员：即将远征火星，寻找适合人类居住的新星球。

生态学家：负责热带雨林抢救工作。

流浪汉：历经人生艰辛，生存能力较强。

【游戏程序】

步骤1：参加人通过抽签确定角色。

步骤2：每个角色有2分钟陈述自己存活的理由。

步骤3：在其他扮演者完成陈述后，每个角色有1分钟通过反驳他人来增强自己的说服力。

步骤4：听众根据扮演者的表现进行投票，在投票时不要加入自己对角色的主观认识。

【游戏总结】

（1）通过倾听他人理由可以完善自己，因此倾听是很有必要的。

（2）游戏者成功的关键在于体会角色的处境和心情，如果真的觉得自己生命和游戏相联系，这样在劝说时你会很认真。

（3）这是一个帮助自己提高说服力的游戏，也可以锻炼心理承受能力。

（资料来源：张传杰，黄漫宇. 商务沟通：方法、案例和技巧［M］. 北京：人民邮电出版社，2018.）

# 项目 10　商务应酬沟通

## 项目目标

通过本项目的学习，应该达到以下目标。

**知识目标**：了解商务接待工作的过程及方法。明确商务拜访的过程、技巧及注意事项。了解商务宴请的特点、形式与基本原则，掌握商务宴请的组织过程，了解与客户进餐的方法。

**能力目标**：能够充分认识商务接待、商务拜访等商务应酬沟通的过程与注意事项；提升自身的商务应酬沟通能力；在商务应酬沟通中，做到与人为善，展现出良好的商务形象。

**思政目标**：培养诚信经营、合作互利的财商理念；树立热情礼貌、以和为贵的沟通交流态度；提升专精勤思、兼容并蓄的职业素养；增强商务沟通中的换位思考意识、责任意识和诚信意识，提升沟通道德水准；提升人际交往中的文化自信、爱国主义情怀和民族自豪感，形成积极向上的人生观和价值观。

### 小张错在哪里？

小张大学毕业后在扬州昌盛玩具厂办公室工作。中秋节前两天办公室陈主任通知他，明天 15:00 本公司的合作伙伴上海华强贸易有限公司的刘君副总经理将到本市（昌盛玩具厂的出口订单主要来自华盛贸易公司），这次来的主要目的是了解昌盛玩具厂是否有能力有技术在 60 天内完成美国的一批圣诞玩具订单，昌盛玩具厂很希望拿到这份利润丰厚的订单，李厂长将亲自到车站接站。由于陈主任第二天将代表李厂长出席另外一个会议，临时安排小张随同李厂长一起去接刘副总经理，小张接到任务后，征得李厂长同意，在一个四星级宾馆预订了房间，安排厂里最好的一辆轿车去接刘副总经理。

第二天上午，小张忙着布置会议室，通知一家花木公司送来一批绿色植物，准备欢迎条幅，又去购买了水果，一直忙到 14:30，穿着休闲服的小张急急忙忙随着李厂长一起到车站，不料，市内交通拥挤，他们到车站后发现刘副总经理已经等待了十多分钟，李厂长不住地打招呼，表示抱歉，小张也跟着说，厂子离市区太远，加上堵车才迟到的。说着，小张拉开车前门请刘副总经理上车说："这里视线好，您可以看看我们的市容市貌。"随后，又拉开右后门请李厂长入座，自己急忙从车前绕到左后门上了车，小车到达宾馆后，小张推开车门直奔总台，询问预订房间情况，为刘副总经理办理入住手续，刘副总经理提行李跟过来。小张将刘副总经理送到房间后，李厂长与刘副总经理交流着第二天的安排，小张在房间里转来转去，看看是否有不当之处。片刻后，李厂长告辞，临走前告知刘副总经理18:00接他到扬州一家著名的餐馆吃晚饭。

小张随着李厂长出来后，却受到李厂长的批评，说小张经验不够。小张觉得很冤枉，自己这么卖力，又是哪里出错了？

# 任务 10.1　商务接待

语言是人们表情达意，进行情感交流和沟通信息的最重要的手段和工具。商务人员接待工作中的语言方式和质量，会直接影响客户的心理活动，能令人欢喜，也可招人厌恶。无论商务人员有着怎样好的仪容、仪表、仪态，如果没有得体的言谈礼仪，缺乏独到的接待言谈技巧，同样无法赢得顾客，长期留住客户。因此，从商务接待口才方面讲，主要应从以下几方面来规范自身的语言。

## 10.1.1　商务接待中的沟通技巧

**1. 得体地称呼客人**

使用正确的称谓称呼客人，用词文雅。如酒店服务人员不能称呼客人为"喂"，最为通用的称呼是"先生""小姐""女士""太太"等。

**2. 多使用礼貌用语**

商务人员在日常工作中，应根据时间、场合、对象，使用不同的礼貌用语。常用礼貌用语有"请""您""谢谢""对不起""请原谅""没关系""不要紧""别客气""您早""您好""再见"等。

还要多用敬语、谦语。生硬而难听的话，不仅会刺伤对方，对自己也无益，同时也表现自己不懂礼仪，缺乏教养，格调低下。在商务接待中，有五句话是商务人员经常要说的，称为商务接待的"五声"，这"五声"是指：① 问候声：如"您好！"；② 接待中服务声：如"对不起，打扰一下，请问……"；③ 得到别人帮助应有感谢声：如"谢谢！"；④ 做错事或做不到的事应有致歉声：如"实在对不起"或"非常抱歉"；⑤ 送别客人应有道别声：如"再见！"。在坚持"五声"服务的同时，还应杜绝以下"四语"：① 不尊重客人的蔑视语；② 缺乏耐心的烦躁语；③ 自以为是的否定语；④ 刁难他人的斗气语。

**3. 声音优美动听**

商务人员说话语音应以低音为主，语气委婉含蓄，避免争执。语速要因人而异，快慢适中，根据不同的对象，灵活掌握。

**4. 尊重对方的风俗习惯**

在与客人交谈时，应充分尊重客人的风俗习惯，不适宜向客人询问或避免询问有关客人隐私和风俗习惯方面的问题，这包括：有关客人的年龄、体重，尤其是女宾的年龄、体

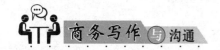

重方面的问题；有关客人的薪水、财产问题；有关客人的婚姻状况；有关客人的身体状况；有关客人馈赠礼品价值方面的问题；有关客人信仰的宗教忌讳方面的问题；有关客人民族习惯与风俗忌讳的问题；有关客人国家政治敏感或令其屈辱性的问题等。

#### 5. 讲究接待的谈话方法

商务人员接待过程中与客人谈话是不可避免的，因此掌握好与客人谈话的方法，是十分重要的。为此要做到以下几点。

（1）在谈话之前最好能够了解对方的身份，以便使自己的谈话更得体，有针对性。

（2）与客人谈话时，要实事求是，知之为知之，不知为不知，不要轻言许诺。

（3）同两个以上客人谈话时，不要冷落任何一方。

（4）与客人谈话时，给对方更多讲话的机会，不要随便打断对方的话头。

（5）对方的讲话没听清时，可以再问一次，如发现有误，应该进一步解释。

（6）客人间互相交谈时，不可凑上旁听。

（7）表达意思要委婉。商务人员说话要尽量采用与人商量的口气，避免使用主观武断的词语；说话要尽量采取自谦的口吻。

（8）说话时掌握分寸。在说话之前，商务人员要思考措辞是否妥当，如有不妥之处一定要反复修改，以免影响商务组织的形象。

（9）有礼貌地回答询问。商务人员回答客人询问的时候一定要耐心细致，对于不了解的情况，要充分表示歉意。

#### 6. 运用语言沟通技巧

（1）恰当使用褒扬性语言。一句褒扬的话，往往会使商务人员与顾客之间的感情更加亲近，关系更加密切和谐，同时也有利于顾客对商务人员的理解，使其协助商务人员做好工作。

（2）用肯定句代替否定句。否定句是表示不同意、不承认的句子。商务人员在接待顾客时，对顾客的意见不宜直接用否定句来回答，以免给人不尊重顾客的印象。如在商场，顾客临柜问讯："这种酒这儿没有 56° 的吗？"营业员如果只简单回答："没有。"顾客很可能立马就走，如果营业员改换一句："是的，目前只有 39 和 42 这两种度数的酒……"这样，顾客就有可能留下来选购。

（3）善用负正法。对于顾客来说，任何商品都有优点，也有缺点，而且由于受各种因素的影响，商品的某些优点，往往容易被消费者所忽略，有时商务人员先将商品的缺点提一下，再叙述优点，使强调的重点放在后面，给人以辩证看法，也许效果会更好一些。

（4）善用模糊语言。在商务接待工作中，有时需要不直接的、模糊的语言和表达方式，以便让客户自己去体会、去琢磨，从而收到预期的表达效果。

《辞海》对模糊语言的定义为："表达模糊概念的语言。"沈卢旭先生在《模糊语言新界说》中认为："模糊语言是指在意义上不明确，在表述形态上不清晰，内涵伸缩性大，解释或理解可变性大的这一类社会交际使用的语言。"模糊语言的语义内涵一般是明确的，外延界限却不太明确，具有不明确性、不精确性、相对性的特点。在自然语言中，句子中大部分使用的是模糊词语,如"大的整数""高的房屋""美的女人""绿色"等都是模糊语言。

模糊语言有利于人际关系更加和谐,有利于工作更加协调,人们越来越清醒地认识到它的功能,并在逐步寻求更好的驾驭它的途径。商务接待工作中遇到以下情况,灵活使用模糊语言,能化解矛盾,增强语言表达效果,促使工作顺利进行。

① 对于尚未确定的事项,不妨使用模糊语言。如对待来寻求帮助的客户,要对其抱有一种同情心,在接待中,可以恰当运用模糊语言进行安慰、劝说,切不可对其给予肯定或否定的答复,因为问题还没有核实清楚。如"我们会尽快完成这项任务",估计谁也不会追问尽快具体是多久,但人们都能理解这句话的意思。正如英国著名语言学家琼斯所言:"我们大家(包括那些追求精确无误的人)在说话和写作时使用不准确的、含糊的、难以下定义的术语和原则,这并不妨碍我们所用的词是有用的,这便是接待场合中模糊语言独特的魅力。"

② 在不能满足客户要求时,可使用模糊语言。商务人员接待客户时,不直接说"不",可以减轻对方的挫折感,同时也能避免矛盾冲突。例如,有客户来公司,在秘书处得知老板不在公司后,该客户不相信仍坚持说:"我找你们老板有很重要的事,非见面商量不可啊。"这时,秘书没有直接说"不行",生硬地回复客户,而是用了模糊语言,她说:"那我去帮您找一找,看老板回来没有。"秘书可借此机会请示领导,如果领导表态不见,秘书就回话:"很抱歉,都已经找遍了,领导还没回来。"此时客户心里也能接受事实而打道回府了。再如下属单位来请领导出席活动,如果秘书直接说"今天领导有要事,不去了",就显得呆板、生硬,使人感觉领导在摆架子,看不起人。假如秘书这样说:"今天领导有要事,可能去不了。"此处使用模糊词语"可能",表达婉转之意,听起来比较柔和,不僵硬,易于让人接受。

此外,有些情况不便向对方说明时,最好用模糊语言,这种情况多数是为了保密或自我保护。

## 10.1.2 熟悉商务接待的步骤

商务接待要注意遵循以下八个步骤,做好各项工作,只有这样,才能使商务接待工作取得良好的成效。

**1. 做好接待的准备**

接待,是给客人以良好第一印象的最重要工作。在接待工作中,把迎宾工作做好,对来宾表示尊敬、友好与重视,客户就会对东道主产生良好印象,从而为下一步深入接触打下基础。在迎宾工作中,要注意做好以下前期准备工作。

(1) 掌握客户基本状况。营销人员一定要充分掌握客户的基本状况。这些情况有:来访客户的人数(包括几男几女)、身份、所搭乘的交通工具,甚至还包括饮食习惯、民族以及宗教信仰。这样方便安排接待、用餐和住宿。如果来访者中间有身份很高的客户,营销人员要考虑请公司相关领导出面参与接待。如果来宾尤其是主宾曾经来访过,则在接待规格上要注意前后一致,无特殊原因不宜随意升格或降格。客户若报出自己一方的计划,比如来访的目的、来访的行程、来访的要求等，应在力所能及的前提下满足其特殊要求，并尽可能给予照顾。

（2）制订具体接待计划。为了避免疏漏，一定要制订详尽的接待计划，以便按部就班地做好接待工作。根据常规，接待计划至少应包括迎送方式、迎送规格、交通工具、膳宿安排、工作日程、文娱活动、游览、会谈、会见、礼品准备、经费开支以及接待、陪同人员等基本内容。对于客户来访可能讨论到的问题要有充分准备，客户谈什么、怎么谈，承诺什么、怎么承诺，询问什么、怎么询问等问题，要做到心中有数，提前预演。这样一来，当谈到这些问题的时候，才能迅速、规范地做出反应，以免被动。

（3）确认客户抵达时间。有时候，客户到访时间或因其健康状况，或因紧急事务缠身，或因天气变化、交通状况等的影响，难免会有较大变动。因此，接待方务必在对方正式启程前与对方再次确认抵达的具体时间，以便安排迎宾事宜。

（4）做好客户住宿安排。如果接待方替客户安排住宿，就要问清楚客户需要多少房间，住宿的标准，对住宿有无特殊要求。接待方承担住宿费用时，要充分考虑交通、环境、饮食、气温、朝向、宗教信仰、生活习惯等因素，为客户选择一个适宜的住宿地点。如果是外国客户，因尽量安排在国际连锁酒店，这样无论是语言还是饮食，都符合他们的习惯。安排住宿时，如果是多位客户，订的又是双人标准间，则应该由客户方自己选择安排房间。

**2. 交通工具停靠站迎宾**

（1）迎宾人员。一般来说，迎送人员与来访客户的身份要相当，但如果乙方当事人因临时身体不适或不在当地等原因不能前来迎送，可灵活变通由职位相当的人士或由副职出面迎送。遇到这种情况，应从礼貌出发向对方做出解释。另外，迎宾人员最好与来访客户专业对口。

（2）迎宾地点。来访客户的地位身份不同，迎宾地点往往有所不同。一般情况下，迎宾的常规地点有：交通工具停靠站（机场、码头、火车站等），来宾临时住所（宾馆），东道主的办公地点门外等。在确定迎宾地点时，还要考虑以下因素：双方的身份、关系及自身的条件。

（3）迎宾时间。到车站、机场去迎接客人，应提前到达，坚决不能迟到让客人久等。客人刚下飞机或下车就能瞥见有人等候，一定会感激万分；如果客人是第一次到这座城市，还能因此获得一种安全感。若迎接来迟，会使客人感到失望和焦虑不安，还会因等待而产生不快，事后无论怎样解释都无法消除这种失职和不守信誉造成的印象。

（4）迎宾标识。如果迎接人员与客人素未见面，一定要事先了解一下客人的外貌特征，最好举个小牌子去迎接。小牌子上尽量不要用白纸写黑字，这样会给人晦气的感觉；也不要写"××先生到此来"，而应写"××先生，欢迎您！""热烈欢迎××先生"之类的字样；字迹力求端正、大方、清晰，不要用草书书写。一个好的迎宾标识，既便于找到客人又能给客人留下美好印象——当客人迎面向你走来时会产生自豪感。在单位门口，不要千篇一律地写上"欢迎"一词，而应根据来宾的国籍随时更换语种，这样会给来宾一种亲切感。

（5）问候与介绍。接到客人后，切勿一言不发、漠然视之，而要先与之略做寒暄，比如说一些"一路辛苦了""欢迎您来到我们这座美丽的城市""欢迎您来到我们公司"之类的话。接着向客人介绍自己的姓名和职务，有名片更好；客人知道你的姓名后，如一时还不知如何称呼你，你可以主动表示："就叫我小×或××好了。"其他接待人员也要一一向客人做自我介绍，有时可由领导介绍，但更多的时候由秘书承担这一职责。在做介绍时，态度要热情，要端庄有礼，要正视对方并略带微笑，可以先说"请允许我介绍一下"，然后按职务高低将本单位的人员依次介绍给来宾。对于远道而来、旅途劳顿的来宾，一般不宜多谈。

（6）握手。握手是见面时最常见的礼节，双方相互介绍之后应握手致意。握手时，要注视对方，微笑致意，并使用"欢迎您"等礼貌用语。迎接来宾时，迎宾人员一定要主动与对方握手。

（7）献花。有时迎接重要宾客时要向其献花，一般以献鲜花为宜，并要保持花束的整洁、鲜艳。在社交场合，献什么花、怎么献花，常因目的、民族、地域、风情、习俗的不同而有所区别。一般情况下，应注意从鲜花的颜色、数目和品种三个方面加以考虑。

（8）为客代劳。接到来宾后，在走出迎宾地点时应主动为来宾拎拿行李，但对来宾手上的外套、箱包或是密码箱等则不必"代劳"。客人如有托运的物件，应主动代为办理领取手续。

### 3. 陪车

来访客户抵达后从交通工具停靠站到住地以及访问结束后由住地到交通工具停靠站，有时需要主人陪同乘车。

主人在陪车时，应请客人坐在自己的右侧。有司机的时候，后排右位最佳，应留给客人。上车时，应主动打开车门，以手示意请客人先上车，自己后上。一般最好让客人从右侧门上车，主人从左侧门上车，以免从客人座前穿过。如客人先上车坐到了主人的位置上，则不必请客人挪动位置。

在接待客人时，客人一般会对将要参加的活动的有关背景资料、筹备情况、有关的建议，当地风土人情、气候、物产，富有特色的旅游点，近期本市发生的大事，本市知名人士的情况，当地的物价等感兴趣。所以，接待人员要向客人就上述信息做必要的介绍。

### 4. 入住宾馆与探访

将来访客户送至宾馆，要主动代为办理登记手续，并将其送入房间。进入宾馆房间后，应告知来访客户餐厅何时营业，有何娱乐设施，有无洗衣服务等，以便客人心中有数。来访客户一到当地，最关心的就是日程安排，所以应事先制订活动计划。来访客户到宾馆后，应马上将日程表送上，以便其据此安排私人活动。根据活动安排，来访客户将与哪些人会面与会谈，也应向其做简略介绍。为了帮助来访客户尽快熟悉访问地的情况，还可以准备一些有关这方面的出版物给客人阅读，如本地报纸、杂志、旅游指南等。考虑到来访客户旅途劳累，主人不宜久留，应让其早些休息，分手前要说好下一次见面的时间和地点，并留下自己的地址和电话号码，以便来访客户有事情时联系。

从客户入住，到你来探访的时间不宜太长，太长了会显得不礼貌；也不能太短，太短了，也许客户还没来得及整理行李，有的女士还要换一下服装，洗脸化妆。一般在客户入住至少一个小时之后来探望比较合适。对于这一点，也应该提前让客户知道，以便让其有所准备。如果客户身份比自己高，最好请公司相关领导与自己一同探望，以显郑重。

### 5. 引导客人

（1）注意迎接客户的三阶段行礼。国内通行的三阶段行礼包括15°、30°、45°的鞠躬礼。

- 15°的鞠躬礼是打招呼，表示轻微寒暄；
- 30°的鞠躬礼是敬礼，表示一般寒暄；
- 45°的鞠躬礼是最高规格的敬礼，表达深切的敬意。在行礼过程中，不要低头，要弯下腰，但绝不能看到自己的脚尖；要尽量举止自然，令人舒适；切忌用下巴跟人问好。

（2）引导手势要优雅。男性接待人员在做引导时，应该是当访客进来的时候，行个礼，鞠个躬，手伸出的时候，眼睛要随着手动，手的位置在哪里眼睛就跟着去哪里。如果访客问"对不起，请问经理室怎么走"，千万不要口中说着"那里走"，手却指着不同的方向。女性接待人员在做指引时，手就要放下来，等到必须转弯的时候，需要再次打个手势告诉访客"对不起，我们这边要右转"。打手势时切忌五指张开或表现出软绵绵的无力感。

（3）注意"危机"提醒。在引导过程中，要注意对访客进行危机提醒。比如，在引导访客转弯的时候，熟悉地形的接待人员知道在转弯处有一根柱子，就要提前对访客进行危机提醒；如果拐弯处有斜坡，就要提前对访客说"请您注意，拐弯处有个斜坡"。对访客进行危机提醒，让其高高兴兴地进来，平平安安地离开，这是每一位接待人员的职责。

（4）上下楼梯的引导方式。引导客户上楼梯时，假设接待者是女士，应请客人先走，客人从楼梯里侧向上行，引导者走在中央，配合客人的步伐速度引领；而引导客户下楼梯时，引导者应走在客人的前面，客人走在里侧，引导者走在中间，边注意客人动静边下楼梯。

（5）在走廊和电梯里的引导方法。在走廊，接待人员应在客人的左斜前方，距离二三步远，配合步调。若左侧是走廊的内侧，应让客人走在内侧。引导客人乘坐电梯时，接待人员先进入电梯，等客人进入后关闭电梯门，到达时，接待人员按住"开门"键，让客人先走出电梯。

（6）注意开启会客室大门。会客室的门分为内开和外开，在打开内开的门时不要急着把手放开，这样会令后面的宾客受伤；如果要打开外开的门，就更要注意安全，一旦没有控制好门，很容易伤及客户的后脑勺。所以，打开外开门时，千万要用身体抵住门板，并做一个"请"的动作，当客人进去之后再随后将门轻轻地扣住，这是在维护客人的安全。

（7）会客室安排和客厅引导方法。正常情况下会客室座位的安排：一般会客室离门口最远的地方是主宾的位子。假设某会议室对着门口有一个一字形排列的座位，这就是主管们的位子，而与门口成斜角线的位子就是主宾的位子，旁边是主宾的随从或者直属人员的位子，离门口最近的位子安排给年龄辈分比较低的员工。

特殊情况下会客室座位的安排：会客室座位的安排除了遵照一般的情况，也要兼顾特殊。有些人位居高职，却不喜欢坐在主位，如果他坚持一定要坐在靠近门口的位子，要顺着他的意思,让客人自己去挑选他喜欢的位置,接下来只要做好其他位子的顺应调整就好。当客人走入客厅,接待人员用手指示,请客人坐下,看到客人坐下后,才能行点头礼再离开。如果客人选择下座就座,可请客人改坐上座,但不要勉强。

### 6. 奉茶

在客户接待中,人们容易忽略奉茶中的一些小细节,从而错过合作的良机。注重奉茶的细节和礼仪,才能给客户留下良好的印象,并营造出和客户商谈的融洽氛围,顺利实现企业的营销目标。奉茶要注意以下礼仪。

(1) 多准备几种茶叶。对于茶,不同的客户有不同的喜好,有人喜欢绿茶,有人喜欢红茶,有人喜欢花茶……要想让客户满意,不妨绿茶、红茶、花茶、乌龙茶等各类常见茶叶都备上一点,因人而异,投其所好沏茶。

(2) 茶具要专业。为客户奉茶,最好备有专业茶具,且茶具不能有破损和污垢,要洗干净、擦亮,这样才能更好地发挥茶的作用,营造商谈的和谐氛围。

(3) 奉茶有讲究。奉茶多是在主宾交谈之时,这时为了不打扰客户商谈的情绪,尽量从客户的左后侧奉茶,条件不允许时也可从右后侧奉茶,切不可从其正前方奉茶。

在给客人奉茶时,杯内的茶水倒至八分满即可,不可倒满,免得溢出来溅洒到客人身上。茶水冷热也要控制好,千万别烫着客人。茶水要清淡,除非客户主动提出浓茶要求。端送茶水最好使用托盘,既雅观又卫生;托盘内放一块抹布更好,以便茶水溢出时擦拭。端茶时,有杯柄的茶杯可一手执杯柄,一手托在杯底或单手执杯柄;若茶杯没有杯柄,注意不要用手握住茶杯,以减少手指和杯沿部分的接触,更不可把拇指伸入杯内。

奉茶时可以按由右往左的顺序逐个奉上,也可以按主要宾客或年长者—其他客人、上级领导—其他客人这个顺序敬奉。

(4) 上茶不过三杯。中国人待客有"上茶不过三杯"的说法,第一杯叫敬客茶,第二杯叫续水茶,第三杯叫送客茶。如果一再劝人用茶,却又无话可讲,则有提醒来宾"打道回府"的意思。在面对较为守旧的客户时切忌多次劝茶和续水。

## 接待客户时的注意事项

(1) 主动热情接待客户。在来访客户到达本单位时,参与接待的相关领导和工作人员,应该前往门口迎接。进入办公室或会客室时,接待人员一般应起身握手相迎,对上级、长者、客户来访,应起身上前迎候。如果自己有事暂不能接待来访者,应安排秘书或其他人员接待来访客户,不能冷落来访客户。正在接待来访客户时,有电话打来或有新的来访者,应尽量让秘书或他人接待,以避免中断正在进行的接待。

(2) 要保持亲切灿烂的笑容。笑是世界的共通语言,笑是接待人员最好的语言工具,接待访客的第一秘诀就是展现亲切笑容。当客户靠近的时候，接待人员绝对不能面无表情地说："请问找谁？""有什么事吗？""您稍等……"这样的接待会令客人觉得很不自在，相反地，一定要面带微笑地说："你好，请问有什么需要我服务的吗？"。

（3）注意使用温馨合宜的招呼语。当接待来访客户时，最好不要或者尽量减少使用所谓的专业术语，多使用顾客易懂的语言，比如医学专业术语、银行专业术语等，许多顾客无法听懂那些专业术语，如果在与其交谈时张口闭口皆术语，就会让顾客感觉很尴尬，也会使交流受到影响。所以，招呼语要通俗易懂，要让顾客切身感受到亲切和友善。同时，应尽量使用简单明了的礼貌用语，比如"您好""大家好""谢谢""对不起""请"等，向顾客展现自己的专业风范。另外，还应该尽量使用生动得体的问候语，比如"有没有需要我服务的？""有没有需要我效劳的？"这样的问候语既生动又得体。切忌使用类似"找谁？有事吗？"这样的问候语，会让客人感到不舒服，甚至会把人吓跑。

（4）妥善处理来访客户的意见或建议。对来访客户的意见和观点不要轻率表态，应思考后再做答复。对一时不能作答的，要约定一个时间再联系。对能够马上答复的或立即可办理的事，应当场答复，迅速办理，不要让来访者无谓地等待或再次来访。对来访客户的无理要求或错误意见，应有礼貌地拒绝，不要使来访者尴尬。

### 7. 陪同旅游

对远道而来的客户，特别是重要客户，如果第一次来访，那么陪同客户旅游也是常用的公关手段。具体包括以下方面。

（1）事先安排。如果想安排客户在本地旅游，首先要看客户的行程安排是否允许。如果不知道，可以将陪同游玩的设想及日期告诉客户。得到客户的同意后再将旅游线路（含主要景点简介）、所需时间等信息，告诉客户方，以征求其意见和建议。从日期上来说，时间尽量安排在处理完公务以后。游玩路线安排上，景点不在多，重点在于著名、安全、健康、有特色、有纪念意义等。游玩之前要安排好交通工具，如果随旅游团旅游，就要事先在正规的旅行社办好手续。在游玩当天，还要带上充足的饮料、零食、纸巾等物品。

客户方如果只有两三个人甚至一个人，自己一个人陪同就可以了；客户方有身份较高者，就应酌情再邀请公司身份和对方差不多的同事一起陪同，当然如果自己和对方很熟，也可以亲自陪同。客户方人数较多的话，陪同人员就不宜一人，否则不方便照顾。

（2）注意事项。既然是旅游，而且是陪同客户旅游，应该本着"舒适、健康、安全"的原则，所以无论是交通安排上，还是饮食或者旅游具体项目的选择上，一定要保证质量和档次。在景点买票时，安排好客户让其稍事休息，自己去排队；如果有比自己身份低的同事在，也可以请同事去买票，自己陪客户聊天，以免冷落客户。

陪同游玩时，应向客户介绍景点，特别是一些有趣的典故更要介绍。自己不清楚的话，就应事先查阅相关资料，做足功课。还有本地的名吃、特色小吃，游玩过程中应该特别安排客户品尝。

当地特色的旅游纪念品，营销人员应该主动替客户买好，人手一份。如果客户单位有

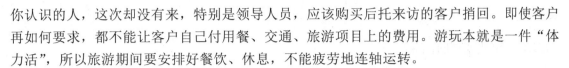

你认识的人,这次却没有来,特别是领导人员,应该购买后托来访的客户捎回。即使客户再如何要求,都不能让客户自己付用餐、交通、旅游项目上的费用。游玩本就是一件"体力活",所以旅游期间要安排好餐饮、休息,不能疲劳地连轴运转。

8. 送别

俗话说:"出迎三步,身送七步。"送别,是留给客人良好印象的最后一项重要工作。不管你前面的接待工作做得多么周到,如果最后的送别让来访客户备受冷落,整个接待工作就会功亏一篑。做好送别工作,关键在于一个"情"字。具体而言,送别时应注意以下礼仪。

(1) 提出道别。在日常接待活动中,按照常规,道别应当由来访客户先提出来。

(2) 送别用语。宾主道别,彼此都会使用一些礼貌用语表达对对方的惜别之情,最简单、最常用的莫过于一声亲切的"再见!",除此之外,"您走好!""有空多联系!""多多保重!"等也是得体的送别用语。

(3) 送别的表现。一般来访客户告辞离去,营销人员只需起身将其送至门口,说声"再见"即可。如果上司要求你代其送客,则应视需要将来访客户送至相应地点;如果对方是常客,通常应将其送至门口、电梯门口或楼梯旁、大楼底下、大院门外;如果是初次来访的贵客,则要陪伴对方走得更远些;如果只将来访客户送至会议室或办公室门口、服务台边,则要说声"对不起,失陪",目送客人走远;如果将客人送至电梯门口,则宜点头致意,目送来访客户至电梯门关合为止。若将来访客户送至大门口或汽车旁,则应帮来访客户携带行李或稍重物品,并帮客户拉开车门,开车门时右手置于车门顶端,按先主宾后随员、先女宾后男宾的顺序或客户的习惯引导其上车,同时向其挥手道别,祝福其旅途愉快,目送客户离去。在送别的过程中,切忌流露出不耐烦、急于脱身的神态,以免给客户匆忙打发他走的感觉。

以小组为单位,模拟在商务场合接待客人的情景,注意相关细节。

## 任务 10.2　商 务 拜 访

商务活动,尤其是做销售有五大步骤:事前的准备、接近、需求探寻、产品的介绍与展示、缔结业务关系,而所有这些工作无一不是建立在拜访客户的基础之上。根据经验显示:能力相同、业务相似的两位业务员,如果其中一位拜访客户的次数是另一位的两倍,那么这位业务员的成绩也一定是另一位的两倍以上。所以,要成为优秀营销人员,一定要学会利用时间把拜访客户列为第一要务。因此,作为一名商务人员,如何建立自己职业化的拜访之道,然后再成功地运用它,将成为突破客户关系、提升销售业绩的重要砝码。

## 10.2.1 拉近心理距离

拜访客户，首先要拉近与客户的心理距离，为拜访奠定良好的基础。

#### 1. 建立第一印象

商务人员给客户留下的第一印象可能会对将来是否成交产生重大影响，第一印象主要是指初次见面给人留下的印象，包括仪表及言行举止。商务人员要做到服饰整洁得体，穿着与自己的身份、销售的产品和公司的形象相符。言行举止要有礼有节、温文尔雅，说话条理性、逻辑性强。谈话时，注意营造一个轻松、愉快的氛围，避免形成与客户对立和过于商务化的环境，以免给双方造成压力。

商务活动是与人打交道的工作。在拜访客户时，推销自己和推销产品同等重要。拜访客户的工作在一定程度上影响着企业利润的实现，甚至影响着企业的生存。因此，拜访客户的礼仪在推销过程中，起着举足轻重的作用。总之，遵守礼仪规范，建立良好的第一印象，营造轻松的沟通氛围是客户拜访的"敲门砖"。

#### 2. 缩短心理距离

初次拜访，客户难免会有怀疑和防备心理，如何消除这种心理的影响，缩短双方的心理距离，就显得很重要了。

推销员与客户原本没有任何关系。初次见面应该做自我介绍或随便聊几句，但要记住，目标是接近客户。要从客户的言谈举止中寻找共同点，如共同的爱好甚至是读过相同的小说、看过相同的体育比赛等。然后，再以这些共同点为开端，慢慢地接近客户。

在与客户交往之初，坦诚与关心是最好的缩短双方距离的方法。要真诚地关心客户，帮助客户拿重东西，逗逗孩子，谈谈对方的工作等。同时别忘了适当地赞美对方，注意掌握分寸，真心赞美而非吹捧。这样，比较容易被客户接受，消除陌生感。如果实在找不出上述中的任何一项，可以日常生活中的琐事作话题。气候、娱乐、旅行、认识的人、工作，甚至是衣、食、住、行中的任何一项，都可作为展开商谈活动的谈话题材。总之，必须先引起对方的注意，才能达到进一步详谈的目的。

推销员在逐步接近客户时，必须特别留意聆听对方的话。注意运用"一、二、三"方式，即自己说一分钟，聆听对方话二分钟，再附和三分钟。同时，以消息、利益、兴趣或日常生活中的种种琐事，作为谈话内容。使用这种方法，可以解除对方的心理戒备，进而深入对方的心灵，传达商务信息。

## 10.2.2 与客户谈话的技巧

#### 1. 准备谈话大纲

在每次拜访客户之前，一定要提前准备好谈话大纲，尤其是首次拜访客户时，最起码要做到有步骤、有层次。不要想到哪里说到哪里，或者是被客户主导着谈话内容。有些业务人员拜访客户时，因为事先没有准备谈话大纲，在

微课
与客户谈话的技巧

谈话中经常出现冷场,甚至是没话找话说,使得客户兴趣索然。表 10-1 是一个最基本的谈话大纲,可供参考。

表 10-1　谈话大纲

| 次序 | 内容点 |
| --- | --- |
| 1 | 介绍来访目的 |
| 2 | 引导客户的自我介绍 |
| 3 | 引导客户存在的需求 |
| 4 | 介绍企业基本情况及特色 |
| 5 | 从中总结出双方的合作点所在 |
| 6 | 打算问对方的问题 |
| 7 | 对方可能会问到的问题 |

**2. 控制谈话局面**

控制谈话局面,可以更好地探知客户需求,商务人员如果不了解客户的需求就难以赢得客户的认同,只有了解客户的真正需求与期望,才能使销售行为顺利开展,才能带给客户一个完美的解决方案,实现销售的目标。

如果不能有效地控制谈话的局面,就会产生很多问题,比如,不能了解客户的真正需求、只能被动地回答客户,导致失去展示自己产品特点与优点的机会。如何控制谈话的局面呢?简言之,是采用发问与聆听相结合的办法。在遇到客户试图掌握谈话主动权时,推销人员可利用反问句来及时扭转被动的局面,引导客户的思路向自己希望的方向转变,从而掌握谈话的主动权,以了解客户更多的信息及向客户传递更多有用的信息。

**3. 把握拜访谈话方式**

客户拜访工作是一门集营销艺术、广告宣传、语言表达于一身的综合活动,营销人员语言表达能力决定了拜访是否成功,是决定企业产品营销工作成败的重要因素之一。因此,掌握一些谈话的技巧,提高讲话的质量,对营销人员来说是非常有必要的,它可能是拜访成功的决定因素。

商务人员在现今的工作模式下,要想实现畅通的交流,提升自身的谈话技巧,就必须把握好谈话的方式及特点。

(1)谈话内容要充实周到。这是谈话的先决条件。这就要求客户经理在推销产品的时候,不能单纯地谈论产品的品种、数量和价格,还要了解所推销产品的各项内在指标,要清楚产品的优缺点以便于更全面、更详尽地向客户介绍产品。

(2)谈话内容要真实具体。这是取信于人,树立自身形象的关键。首先,谈话不要吞吞吐吐,说一些似是而非的话,要一是一,二是二,把要表达的意思说清楚,尽量让客户明白你的意图,客户才有可能按你的意愿做事。其次,不能弄虚作假,要讲求真实。无论做人还是做事,付出真诚才能换取真心。

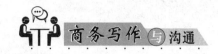

（3）谈话方式要简洁干脆。诙谐幽默的谈话可以使谈话的气氛更加活跃轻松，吸引客户，引出更多的话题。即使偶有争执，一句幽默的话胜过十句苍白的辩解。当然，幽默是出于自然的，多一分便成为油滑，少一分便成为做作。这就要求营销人员平时要注重自身的学习，多方涉猎，以提高自身谈话的含金量。

（4）谈话内容要因人而异。对不同身份、不同性格的人应采取不同的谈话方式和策略，以达到谈话目的。服务对象可以说是三教九流无所不包，这就要求掌握他们的性格特点、了解他们的志趣爱好，投其所好，对症下药，从他们感兴趣的话题入手，以此作为一个重要的切入点来实现谈话目的。

（5）谈话结果要言行一致。不能轻易向客户许诺，但许下的诺言必须付诸行动。"君子讷于言而敏于行"，许下诺言就一定要守信并履行。一次毁信违约，就有可能将个人乃至整个企业的信誉打入万劫不复的境地。

总之，高质量的谈话是实现谈话目的的首要条件。掌握并熟练地运用谈话的技巧，肯定会取得事半功倍的效果。提升自身的谈话技巧，会更有利于自身业务能力的提升，能以更加良好的业务水平去服务客户，更加有效地拉近客户与公司的距离，提升客户对公司的忠诚度。

**4. 平静对待拒绝**

当与客户初次见面时，为了消除客户的紧张情绪，正确的做法是：向客户建议购买时，千万不能以其为特定的销售对象，应该叙述他人的例子。换言之，就是不要让客户感觉到你正在向他推销，而应当采用妥善的说法，如"今天我不想推销商品，只是为收集一些资料而来"，或者事先声明不会勉强对方购买，并与对方约定，倘若客户忙碌，将随时离去。当询问客户对自己的建议有何意见时，要同时请客户告知如何做对他才有所帮助。此外，还要强调所提供的不仅是商品，也是一份关心，会给对方带来方便或利益。利用以上方法，可以消除客户的紧张情绪，使其心情放松并与你进行商谈。

在接近客户时，往往会遭到拒绝。拒绝是推销的孪生兄妹。即使是出色的推销员，也经常被客户拒绝。面对拒绝，应做到以下两个方面。

一要心平气和，从容不迫。很少有推销员刚上门客户就说"你来得正好，我正急需这类物品"之类的话。所以，无论遭到何种方式的拒绝，都应保持微笑，目光正视对方，不必难为情地低下头或转身就走，应礼貌地道声"打扰了""谢谢"，然后告辞。

二要认真分析被客户拒绝的原因。客户是对产品和企业不了解还是不喜欢？客户是没有钱还是时机不恰当？还是自己推销中出了什么问题？然后针对这些原因，拟订方案，重新振作精神，鼓起勇气，再去推销。

### 10.2.3 掌握客户沟通要点

商务人员正式展开与客户的沟通后，在言语上还有几点需要注意的方面。

**1. 主动告知这次前来沟通的意图**

直接说明来意，是想来认识一下，还是想通过客户了解市场情况。许多客户非常忌讳业务人员不明说拜访的真正意图,他们没精力来猜测业务人员的拜访意图。

#### 2. 不要抢话

在与客户沟通时,一定要等对方把话说完,在某些话题上,还要与客户进行再确认,然后再来进行相关的答复和解释。不要迫不及待地抢过话头,进行解释,这容易让客户误解,认为这业务人员太心急了,缺乏最基本的稳重和礼貌。

#### 3. 不要太快把话题转移到自己的产品上来

业务人员上门来拜访,归根结底是在推销自己的产品。若是过早过快地推销自己的产品,很容易让客户厌烦或是有抵触情绪。现在客户根本不缺产品,作为业务人员,应从产品的行业状况、行业市场、本地市场发展特性等这些容易让客户感兴趣话题切入,话题逐渐向自家产品方向转移。

#### 4. 在谈及自己的企业目标时,话不要说得太大

现在很多企业都有自己的宏大目标,要么是做行业第一,要么是做某个商品品类的第一,甚至是保护某个民族产业之类。其实,客户对这些内容没多少兴趣,毕竟是刚开始接触,对你还没形成价值认定。因此,说话还是要有分寸,话不要说得太大。

#### 5. 不要当着客户的面交头接耳

前来拜访客户的业务人员,不要当着客户的面交头接耳,这样的行为很容易让客户感觉不舒服,并且还会有些猜疑之心,总觉得业务人员在私下里商量什么见不得人的东西,甚至有挖坑下套的嫌疑。

#### 6. 不要攻击客户的现有产品

有些业务人员为了突出自己的产品优势和企业优势,喜欢攻击其他厂家及其产品,哪怕眼前这位客户曾选购这些厂家的产品,业务人员也照说不误。甚至还会从产品品质、产能、企业地位、利润率等角度算账给客户看,总而言之就是说明自己的产品和企业要比别人的优秀很多。其实,在客户看来,攻击客户现有的产品,就等于攻击客户本人。毕竟,这些产品是客户亲自引进的,否定这些产品就是在否定客户本人。

#### 7. 在拜访结束时主动询问

在谈话结束临走的时候,业务人员应主动询问一下客户,还有什么需要了解的。这里需要注意的是,在明确告知对方这是最后一个问题后,对方所问出来的问题,往往是最重要的一个问题。

### 10.2.4 熟悉商务拜访的步骤

#### 1. 拜访前的准备工作

拜访是获得营销成功的重要时机,营销人员必须重视,并认真做好拜访前的准备工作。

**微课**
熟悉商务拜访的步骤

(1)了解客户信息。客户来源有三种:① 现有客户转介绍的新客户资料;② 从媒体上收集客户的资料;③ 从职业分类上寻找客户。

拜访客户之前,必须首先了解客户的需求及公司财务状况,了解客户的渠道很多,包

括和客户沟通时他们自己的介绍，第三方的叙述，媒体的报道等，目前最快捷的方法便是通过网络查阅受访公司的相关资讯，可以登录客户方的网站下载客户资料，了解客户公司的组织结构、经营者的姓名、公司产品及销售网，甚至包括公司的最新发展情况等。最重要的是，要了解客户公司的商业模式或者盈利模式，知道客户原物料的上游供应状况及下游的经销体系，甚至主要客户是谁等，为将来与客户面谈做好准备。

在拜访客户前，一定要先掌握客户公司对订货有决定权或有影响力的人物姓名、性格、年龄、兴趣、嗜好与经历等信息。

了解客户，还要了解客户公司在行业、领域内的地位，竞争对手的情况，包括：他们的年度或月份销售量、他们的理念、最近新闻及营销策略、自己公司同类商品的对外报价、他们与客户之间的关系等。

（2）做好行程安排。若是在国内从事销售业务，一般行程安排上不会有问题；但若是在国外的话，要注意的事项较多，要入乡随俗按当地人习惯安排行程。还有必须确定行程的目的是什么。例如接单、例行拜访等所需准备的行头就各有不同。拜访客户时准备的礼物不需太贵重，否则会被怀疑另有企图；另外，对于受访客户国家的历史、土地、国情最好都能有基本认识，尤其是西方国家或较小国家，这将会让他们有不同的感受。再者，建议用该国语言牢记客户名字。在国外出差时尽量与客户拍照，方便做完整的记录，以便下次其他同事出差时能知道客户称谓和名字，这些做法会让客户感觉很亲切。

（3）制订拜访客户计划。利用不去拜访客户的日子，安排联系客户，约定拜访时间的工作。同时，也利用这个时间整理客户的资料。把一天当中所要拜访的客户都选定在某一区域之内，这样可以减少来回奔波的时间。

（4）做好充分的预演。拜访客户的面谈之前，要明确客户是什么态度，是积极、主动，还是在营销人员运用了约见技巧后勉强为之？客户为什么要面谈？是想了解价格还是想知道商品性能、特点，或只是想先谈谈看？对以上这些事情要事先做好充分的预演，以提高面谈成功的概率。

（5）准备有关资料。拜访客户，要准备的资料包括商品说明书、宣传材料、报价单、样品（或模型）、有关认证材料、本单位的资历证明、媒体的正面报道资料、自己的名片，还有自己基于对客户的了解而做的预案、针对可能出现的情况事先拟订的解决方案或应对方案以及一些小礼品等。客户制订需要的其他材料也要准备好。这些文件要事先经过整理，尽量是打印的，看起来干净整齐，并分类装订好。

（6）注意仪容和服饰。仪容、服饰事关拜访者自身的职业形象和所代表的机构形象，也体现对被拜访者的尊重。所以，拜访前对仪容的修饰和服饰的选择与斟酌马虎不得。

### 2. 拜访的预约

拜访前，应事先联络妥当，尽可能事先告知，最好是和对方约定一个时间，以免扑空或打乱对方的日程安排，不告而访，做不速之客是非常失礼的。

**微课**
*拜访的预约*

（1）约见时间的安排。约见时间的安排，直接关系到销售员计划的成败。但在约见时间的确定上，销售员一般没有主动权，客户总会根据自己的工作日程，安排适当时间约见销售员，这样，既可以节约时间，又可以满足销售员约见的要求。具体约见时间因约见对象、约见事由、约见方式、会见地点等的不同而不同。这就要求销售员在约定会见时间时还应注意下列四点。

① 根据约见对象的特点来选择最佳拜访时间。只有客户或准客户最空闲的时刻，才是最理想的拜访时间。举例来说，一般的商店在 7:00—8:00，是最理想的拜访时间，因为商店的生意一大早最清闲。较晚关门的商店大约在深夜才兴旺，大多在中午以后才开始营业，所以适当的拜访时间是 14:00 左右。鱼贩与菜贩是一个较特殊的行业，大清早出门采购，不仅整个上午忙碌不堪，就是 16:00—18:00 也是生意兴旺，所以最适宜的拜访时间是在 14:00 左右。医生是特殊的行业，大概从 9:00 开始，病人就络绎不绝，因此 7:00—8:00 应该是适宜的拜访时间。拜访公司职员，如果去公司的话应该在 11:00 以前；居家拜访适宜在 18:00—20:00 之间。拜访值班人员在 19:00—21:00 之间。这里列举的都是第一次拜访的理想时间。由于你第一次拜访时已与客户建立了亲密的关系，所以第二次拜访，可以更改时间。原则上都应选在 15:00 左右拜访，这时客户一般较清闲，且通常一个人到了 15:00 左右，工作大约告一段落，会感觉有点疲倦，心情也较松懈，内心正企盼有个聊天的对象，营销人员在这一时刻出现不会干扰客户的工作，较容易顺利沟通。时间就是金钱，作为营销人员必须用心安排自己的拜访时间，以免因择时不当而浪费时间。

② 根据约见事由来选择最佳拜访时间。以正式销售为事由的，应选择有利于达成交易的时间进行约见；以市场调查为事由的，应选择市场行情变化较大或客户对商品有特别要求时进行约见；以提供服务为事由的，应选择客户需要服务的时间约见，以期达到"雪中送炭"的效果；以收取货款为事由的，应先对客户的资金周转状况做一番了解，在其账户上有余额资金时进行约见；以签订正式合同为事由的，则应适时把握成交信息及时约见。

③ 根据会见地点来选择最佳拜访时间。一般来说，会见地点约定在家中，则营销人员就要考虑客户的工作时间表，最好让客户来安排约见时间。而一旦确定了约见地点和约见时间，营销人员就应提前几分钟到达，一方面表示对营销工作的重视，另一方面遵守时间可以给客户带来好感，提高营销人员自身的信誉。

④ 根据约见对象的意愿合理利用拜访时间。在一般情况下，拜访客户的时间不宜太长，当拜访目的基本达到而客户对结束约见又有某些暗示时，营销人员应尽快考虑以圆满的方式结束约见，以免使客户产生反感。如有未尽事宜，可以再行约见。"马拉松"式的会谈，既达不到拜访目的，又可能导致客户不再想约见，从而失去客户。

如果双方有约，应准时赴约，不能轻易失约或迟到。但如果因故不得不迟到或取消访问，一定要设法在事前立即通知对方，并表示歉意。

此外，约见的事由、对象不一样，约见的地点也应有些讲究。一般可以选择在客户的工作单位、家里、社交场所和公共场所等。具体选择在哪里，应视情况而定。有的客户出于某种需要，不便在工作单位或家中接待销售员的来访，就应选择公共场所进行约见。

（2）预约客户的方法。在营销工作中，许多时候，推销员预约客户都会被拒绝，这不一定是客户对营销人员的提议没有兴趣，而多半是营销人员预约技巧不佳的缘故。常用的预约客户的方法有以下几种。

① 利益预约法。联系客户时，不要急于预约拜访时间，而应迎合大多数客户的求利心态，简要说明商品的利益，突出销售重点和商品优势，引起客户的注意和兴趣，这样有助于很快达到预约客户的目的。

② 问题预约法。抓住客户的关心点进行提问，引起客户的兴趣，从而使客户集中精力，更好地理解和记忆营销人员发出的信息，为激发购买欲奠定基础并顺利预约。

③ 赞美预约法。喜欢别人赞美是人的天性，营销人员可以利用人们的这种天性来达到预约客户的目的。赞美一定要出自真心，恰如其分，要切忌虚情假意、无端夸大。

④ 求教预约法。虚心求教的态度能轻松化解客户防备之心。一般来说，人们不会拒绝登门虚心求教的人。推销员在使用此法时应认真策划，把要求教的问题与自己的销售工作有机地结合起来，以期达到约见的目的。

⑤ 好奇预约法。人们都有好奇心。推销员可以利用动作、语言或其他一些方式引起客户的好奇心，以吸引客户的兴趣。

⑥ 馈赠预约法。营销人员可以在预约拜访之前，先赠送客户一些小礼品或公司的样品，以咨询客户反馈意见的名义，进而实现预约客户的目的。

⑦ 调查预约法。营销人员可以利用调查的机会预约客户，这种方法隐蔽了直接销售商品这一目的，比较容易被客户接受，也是在实际中很容易操作的方法。

⑧ 连续预约法。"精诚所至，金石为开"，在一次预约拜访失败后，销售人员千万不要灰心，而要消化客户信息，寻找新的亮点，多与客户交流，最终顺利达到预约拜访的目的。实践证明，许多营销活动都是在营销人员连续多次预约客户后，才引起客户对其注意和兴趣，进而为以后的销售成功打下了坚实的基础。

3. 拜访过程中的礼仪

（1）准时到达。拜访一定要准时到达，要充分考虑到交通堵塞等情况，出发时有充分的提前量，不要迟到。一般地以提前 10～15 min 到达为宜，这样可以从容调整自身状况，整体感受所拜访公司的环境，感受公司文化和人员的精神面貌，为顺利拜访奠定基础。

### 守时的康德

德国著名古典哲学家康德是一个十分守时的人，他认为守时是一种美德，代表着礼貌和信誉。1779 年，他想要去一个名叫珀芬的小镇拜访老朋友威廉先生，事先写信告诉威廉，说自己将会于 3 月 5 日 11:00 之前到达。

康德3月5日一早就租了一辆马车上了去威廉先生家的路。途中经过一条河，需要从桥上穿过去。但马车来到河边时，车夫停了下来，对车上的康德说："先生，对不起，桥坏了，再往前走很危险。"康德只好从马车上下来，看看从中间断裂的桥，他知道确实不能走了。康德看了看时间，已经十点多了，他焦急地问："附近还有没有别的桥？"车夫回答："有，在上游，如从那座桥上过去，最快也得40分钟才能到达目的地。"康德算了算时间，那就赶不上约好的时间了。于是，他跑到附近的一座破旧的农舍旁边，对主人说："请问您这间房子肯不肯出售？"农妇听了很吃惊地问："我的房子又破又旧，而且地段也不好，你买这座房子干什么？""你不用管我有什么用，你只要告诉我你愿不愿意卖？""当然愿意，200法郎就可以。"康德毫不犹豫地付了钱，对农妇说："如果您能够从房子上拆一些木头，在20分钟内修好这座桥，我就把房子还给你。"农妇再次感到吃惊，但还是立即把儿子叫来，及时修好了那座桥。马车终于平安地过去了。

10:50的时候，康德准时来到了老朋友威廉家门前。这时，已等候在门口的老朋友看到康德，大笑着说："亲爱的朋友，你还像原来一样准时啊！"可他哪里知道康德路途中间买房修桥的事。

（2）做好与前台的沟通。在进入客户单位之前最好先从头到脚地检查一下自己的着装、仪容是否存在不符合礼仪规范的地方。如果拜访重要的客户，要事先关掉手机或将其调整到静音状态，这体现了对拜访对象的尊敬，对访问事宜的重视。然后面带微笑、从容不迫地走向前台，礼貌地致意、问好，然后告诉前台自己来自哪个单位，要约见什么人，见面预约的时间，恳请前台予以安排。

一般拜访客户单位身份较高者，当前台没有查到预约记录时，会问你来访的目的，如"您找王总有什么具体事吗？"这时，你可以用间断、抽象性的字眼或用一些较深奥的技术专用名词向前台说明来意，让他觉得你的来访很重要。也可以含糊地说："上次见面的时候和王总聊过合作的事情，王总让我过来再详细沟通一下。"

拜访客户一定要注意和前台处理好关系。第一次来访可以赠送一些小礼品，礼品应价格不贵但很精美实用。这样前台会对你印象不错，一回生，二回熟，以后拜访就变得很容易了。

（3）到达约定地点礼仪。到达拜访地点后，如果对方因故不能马上接待，可以在对方前台人员的安排下在会客厅、会议室或在前台，安静地等候。如果等待时间过久，可以向有关人员说明，并另定时间，不要显出不耐烦的样子。有抽烟习惯的人，要注意观察该场所是否有禁止吸烟的警示。即使没有，也要问问工作人员是否介意抽烟。如果接待人员没有说"请随便看看"之类的话，就不要随便东张西望，到处窥探。

到达被访人办公室时，一定要事先轻轻敲门，进屋后等主人安排后坐下。后来的客人到达时，先到的客人应站起来，等待介绍或点头示意。对室内的人，无论认识与否，都应主动打招呼。如果与对方是第一次见面，应主动递上名片，或做自我介绍。对熟人可握手问候。如果你带其他人来，要介绍给主人。进门后，应把随身带来的外套、雨具等物品搁放到对方接待人员指定的地方，不可任意乱放。

优雅得体的言谈举止体现了个人素质、涵养和职业精神，你要注意言谈举止。赢得对方的好感和敬重。在客户没有邀请你入座之前不要随便坐下。被邀请入座时应表示感谢。如果客户也是站着的，则不要先于客户就座。

落座后要由营销人员先开口寒暄。谈话时开门见山，不要海阔天空，浪费时间。最好在约定时间内完成访谈，如果客户表现出有其他要事的样子，千万不要再拖延，如未完成工作，可约定下次拜访时间。在交谈过程中，即便与客户的意见相左，也不要争论不休。要注意观察客户的举止神情，当对方有不耐烦或有为难的表现时，应转换话题或口气，避免出现不愉快或尴尬的场面。

接茶水时，应从座位上欠身，双手捧接，并表示感谢。吸烟者在主人敬烟或征得主人同意后，方可吸烟。和主人交谈时，应注意掌握时间。

拜访过程中对接待者提供的帮助要及时适当地致以谢意。若是重要约会，拜访之后应给对方寄一封谢函或留一条短信，以加深对方的好感。

## 如 此 拜 访

小王和小李是大学同学，大学毕业后各奔东西。如今，小王在 A 公司当业务员，小李在 B 公司当经理。A 公司正好准备与 B 公司做一笔买卖（第一次），而小王得知此事后，便自告奋勇，一来想去探望一下十多年没见的同学，二来也想提升一下自己在公司的地位。这天下午，小王便去了 B 公司的经理室，结果在门口被秘书拦下。经过一番解释，秘书告诉他李经理不在，并将公司的电话号码给了他。

隔了几天，小王打电话给 B 公司，预约成功，定于星期三 15:30 见面。结果由于堵车，小王晚到了一个小时。到了以后，经打听，经理还在，就推门进去。老同学相见，十分欢喜，小王马上冒出一句：" 小李，这几年过得不错啊！" 李经理感到有些尴尬。接着两人寒暄了几句，小王便在沙发上一坐，跷起了二郎腿，掏出一支烟递给李经理，李经理不抽烟，小王自己便大口大口地抽起来，整个经理室顿时烟雾笼罩。李经理实在觉得不适，就打开窗户，说："我这几天咽喉发炎，闻不得烟味儿，请原谅。"小王不情愿地掐灭了香烟。小王的这种拜访，不会收到好的效果，只会适得其反，因为他太缺乏拜访礼仪了。

（4）不能会面情况的处理。拜访客户时，即使事先已经约好，自己应约而来，仍然会碰到对方不在的情况。这时可以向前台转达自己来访未遇；也可以在自己名片的空白处写上："×月×日×时应约来访未遇，改天来访"的简短消息，请前台转交。如果对方在单位但没有出面接待，可能是当时正忙或正在开会。遇到这种情况不要死缠烂打，而应该说：

"好，那我改日再来。"并说明什么时候再打电话预约下次见面时间。如果再三恳求说："两分钟也行，务必见一面。"这种精神虽然可嘉，但并不恰当，很容易引起对方反感，得不偿失。过于匆匆地见面不如下次再见面。

有时客户正在与其他客户谈话，甚至在你苦等了很久之后却说："改天再谈吧！今天没有时间了。"也有的时候眼看比你晚来的客人，一个接一个地被客户接待却不理睬你；有时好不容易轮到接待你了，客户却临时有事走开了。这时候你虽然受了委屈，但千万不要气馁，在客户本人或者前台约好下次拜访的时间后，礼貌、大方、精神抖擞地和前台或者其他接待过自己的人告别，让客户方看到你良好的修养和风度。

（5）适时礼貌地告辞。拜访中，即使谈得再投机也有结束的时候。作为拜访者，适时礼貌地告辞不仅是风度，更是智慧。拜访结束时彬彬有礼地告辞，可给对方留下良好的印象，同时也为下次的拜访创造良好的氛围和机会。所以，及时告辞、礼貌告辞这一环节相当重要。

拜访时间长短应根据拜访目的和客户意愿而定，通常宜短不宜长，适可而止，一般拜访时间以 1 h 左右为宜，届时双方主要事宜都谈完了，就要及时告辞。此外，谈到快要就餐或休息的时间，也要起身告辞。或者事情谈得差不多了，又有其他人拜访客户，也应尽快告辞，以免给客户的接待造成不便。

当客户有结束会见的表示时，应立即起身告辞。如客户反应冷淡、交谈不投机甚至客户不愿意搭理营销人员，或者客户不时地看表、有起身的动作等情况，营销人员都要"知趣"而退。

准备告辞时间应在你说完一段话之后，不要选择在客户说完一段话之后，因为这会使其误以为营销人员听得不耐烦。同时告辞前不要有打哈欠、伸懒腰、看手表等表示疲倦、厌烦的举止。

告辞前营销人员要对客户的热情接待予以肯定和感谢。说完告辞的话就应起身离开座位，不要久说或久坐不走。告辞时要同客户和其他客人一一告别。

如果客户出门相送，要主动与客户出手相握，以请客户留步，并热情地说声再见。

拜访客户时因特殊情况不得不离开，此时无论主人在场与否，都要主动告别，不能不辞而别。

以小组为单位，创设商务情景，模拟练习拜访，注意相关细节。

# 电子活页：商务宴请、商务谈判

1. 商务宴请

商务宴请概述

商务宴请的组织

与客户进餐

2. 商务谈判

商务谈判的概念和特点

商务谈判的语言技巧

# 项目 10 商务应酬沟通

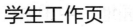

## 学生工作页

| 商务宴请、商务谈判 ||
|---|---|
| 任务 1 | 事先准备几份饭店菜单,让学生分组进行点菜、配菜练习,最后由老师和学生一起,从色、香、味、营养、价格等方面进行评价,评出班级点菜"营养师" |
| 任务 2 | 以小组为单位,分角色演示一次宴会,其中的角色有:总经理、营销部经理、秘书和三位客人 |
| 任务 3 | 请结合自身体会,具体说明谈判在你生活中的作用 |
| 任务 4 | 一天,一位打扮入时的年轻女子,牵着一条宠物狗走进一家餐馆,她坐下后把小狗放在对面的座位上,引起旁边顾客的不快,有人向老板抱怨。请一位同学扮演这家餐馆的老板,试着与年轻女子(另一位同学扮演)谈判 |
| 任务 5 | 为了给学生的一次公关礼仪大赛筹集一点资金,派两名学生到校内一家眼镜店争取赞助费。假如你就是代表,你将怎样去和眼镜店的老板谈判以取得他们的支持? |
| 班 级 | | 学 号 | | 姓 名 | |

### 学生自评

我的心得:


建议或提出问题:


### 教师评价

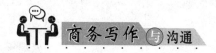

# 思政园地：中国古代的拜访礼

中国泱泱大国，自古被称为礼仪之邦。自周初制礼作乐，在制度和文化上都奠定了后世发展演进的基础。儒家六艺中又以礼为第一位，传承至今，构筑了源远流长、丰富多彩的中国礼文化。而礼文化中礼义部分成为政治制度的基石，礼仪则成为人与人之间、家族与宗族之间、群体与社会之间、民族之间、中外之间社会交往的礼法规约、禁忌习俗。

中国人的生活，常以礼为指南。在实践礼宾待客、拜贺庆吊、酬酢宴饮以及馈赠赏赐等等社交活动时，无不奉行以礼相待，崇尚"投之以木桃，报之以琼瑶"，来必报之以礼，往必答之以礼。拜访礼就是最常应用的礼仪之一。

请扫描二维码，了解中国古代的拜访礼，并谈谈其思政教育意义。

中国古代的拜访礼

### 1. 问答题

（1）商务接待中有哪些沟通技巧？

（2）商务接待的一般步骤是怎样的？

（3）商务拜访中，怎样拉近与客户的心理距离？

（4）商务拜访的步骤是怎样的？

### 2. 实践题

（1）小王做销售工作多年，积累了不少经验。近日，领导让他给新来的小张介绍一下接待客户的经验，如果你是小王你应怎样介绍？

（2）在你所在学校的"校园宣传日"里，要接待到校参观的学生家长和当年准备参加高考的考生，如果由你负责这项接待工作，你准备怎样做？请列出接待方案。

（3）假如你明天要拜访一位重要客户，你需要做哪些形象准备和资料准备？请列示。

（4）进行拜访礼仪实践。学生2～4人为一组，利用业余时间，到亲朋好友家进行拜访。拜访的目的可以是社会调查、礼节性拜访或是请教问题等。拜访结束后，每个人写出详细的拜访过程，在教师的指导下，在全班进行拜访总结。

### 3. 案例分析

请扫描二维码，阅读案例原文，然后回答每个案例后的问题。

### 4. 实训项目

（1）接待与拜访模拟训练。

实训目标：熟悉接待、拜访中的沟通技巧，能够正确运用其礼仪规范。

实训学时：2学时。

实训地点：实训楼前、电梯间、会议室。

实训准备：办公家具、茶具、茶叶、热水瓶或饮水机、企业宣传资料等。

案例原文

实训方法：一部分学生扮演来访客户，另一部分学生扮演某企业的商务人员接待客户，模拟演示以下情景：

① 在门口迎接客人；

② 引导客人前往接待室；

③ 与客人搭乘电梯；

④ 引见介绍；

⑤ 招呼客人；

⑥ 为客人奉送热茶；

⑦ 送别客人。

演示完毕后，两组人员角色对调，再演示一遍，充分体会接待、拜访的礼仪要求。

（资料来源：张岩松. 新型现代交际礼仪实用教程［M］. 3版. 北京：清华大学出版社，2023.）

（2）拜访场景模拟训练。

实训目标：熟练、规范地运用拜访的各种礼节进行交际。

实训学时：1学时。

实训地点：实训室。

实训准备：拜访场景、名片若干张。

实训方法：3～5人一个小组，每组设计一个商务拜访场景，将拜访的相关礼仪连贯地演示下来，学生对各组的表演进行评价，最后由教师来总结。表演之前，每组应就设计的场景和成员的角色进行说明。

（资料来源：张岩松. 新型现代交际礼仪实用教程［M］. 3版. 北京：清华大学出版社，2023.）

（3）组织营销宴请活动。

实训目标：通过商务宴会的组织，掌握宴请的组织和相关细节，赴宴的礼节和席间交流等礼仪规范，展示良好的形象和素质，赢得客户。

实训学时：1学时。

实训地点：实训室。

实训背景：A公司和B公司是合作伙伴。B公司李董事长，销售部吴部长，东北地区销售处刘处长，秘书小刘、小吴一行到A公司进行商务洽谈，A公司张总经理，财务总监马先生、技术总监刘先生，总经理秘书小苗、小孙负责接待。

实训准备：设置一个宴会的环境。要有一张圆桌或数张圆桌。桌椅摆放要符合营销宴请位次安排的礼仪。

实训方法：将学生每10人分为一组，分别扮演A、B公司的人员。每组演示宴会的整个过程，内容可以自由发挥，但要注意交际技巧和语言禁忌，服饰和行为举止。

一般地，宴会应体现以下基本内容。

① 根据情景内容，模拟演示桌次和座次的安排。

② 根据情景演示在宴会厅门口迎接客人、引导客人入场就座的过程。
③ 演示李董事长、张总经理分别致辞、敬酒的场面。
④ 演示席间谈话交流的情景。
⑤ 演示秘书小刘不小心打翻酒水，正确处理的过程。
⑥ 演示送客的过程。

有条件的话可以用数码摄像机记录整个过程，然后投影回放，学生自我评价，找出不合规范之处。授课教师总结点评学生存在的个性问题和共性问题。最后，全班评选出"最佳表现组"。

（资料来源：严军. 商务礼仪与职业形象［M］. 北京：对外经济贸易大学出版社，2009.）

# 参 考 文 献

[1] 王建民. 管理沟通实务 [M]. 6版. 北京：中国人民大学出版社，2023.
[2] 付家柏. 财经应用文写作 [M]. 3版. 北京：清华大学出版社，2023.
[3] 郑立新，秦学. 应用文写作 [M]. 3版. 大连：东北财经大学出版社，2023.
[4] 张耀辉，戴永明. 简明应用文写作 [M]. 4版. 北京：高等教育出版社，2023.
[5] 徐中玉. 应用文写作 [M]. 6版. 北京：高等教育出版社，2023.
[6] 傅瑞敏. 应用文写作 [M]. 北京：机械工业出版社，2023.
[7] 卢堡生，徐利江. 应用文写作 [M]. 北京：人民邮电出版社，2023.
[8] 王用源. 应用文写作技能与规范 [M]. 北京：人民邮电出版社，2022.
[9] 李冰，刘春玲. 情境式应用文写作 [M]. 北京：机械工业出版社，2022.
[10] 邵龙青. 财经应用写作 [M]. 6版. 大连：东北财经大学出版社，2022.
[11] 张子泉. 应用文写作 [M]. 北京：清华大学出版社，2022.
[12] 郭雪峰，杨忠慧，岳五九. 应用文写作 [M]. 2版. 北京：高等教育出版社，2022.
[13] 段轩如，高玲. 应用文写作教程 [M]. 4版. 北京：中国人民大学出版社，2022.
[14] 陈晓兰，董菁. 财经应用文写作 [M]. 北京：中国人民大学出版社，2022.
[15] 李展. 高职应用文写作 [M]. 2版. 北京：中国人民大学出版社，2022.
[16] 龙菲，苏宪国. 人际沟通与交流 [M]. 北京：清华大学出版社，2021.
[17] 吕书梅. 管理沟通技能 [M]. 5版. 大连：东北财经大学出版社，2021.
[18] 惠亚爱. 沟通技巧 [M]. 3版. 北京：人民邮电出版社，2021.
[19] 赵京立. 演讲与沟通实训 [M]. 3版. 北京：高等教育出版社，2021.
[20] 刘春玲. 财经应用文写作 [M]. 北京：人民邮电出版社，2021.
[21] 申作兰. 商务应用文写作 [M]. 北京：中国轻工业出版社，2021.
[22] 李薇. 财经应用写作 [M]. 3版. 北京：高等教育出版社，2021.
[23] 朱孔阳，吴义专. 商务应用文写作教程 [M]. 2版. 大连：东北财经大学出版社，2021.
[24] 陈承欢. 财经应用文写作 [M]. 2版. 北京：人民邮电出版社，2021.
[25] 王琪，于巧娥. 应用文写作实务 [M]. 北京：中国人民大学出版社，2021.
[26] 王用源. 写作与沟通：慕课版 [M]. 北京：人民邮电出版社，2021.
[27] 陈锦，杜蓉，周琳. 实用沟通与写作 [M]. 3版. 北京：机械工业出版社，2021.
[28] 王振翼. 商务谈判与沟通技巧 [M]. 3版. 大连：东北财经大学出版社，2020.
[29] 谢玉华. 管理沟通 [M]. 4版. 大连：东北财经大学出版社，2020.
[30] 吕书梅. 职业沟通技巧 [M]. 大连：东北财经大学出版社，2020.
[31] 邱宣煌. 财经应用文写作 [M]. 6版. 大连：东北财经大学出版社，2020.

[32] 郭沁荣. 高职应用文写作教程[M]. 北京：清华大学出版社，2020.

[33] 刘常宝. 财经应用文写作[M]. 2版. 北京：机械工业出版社，2020.

[34] 王茜，冯志英，崔丽. 财经应用文写作[M]. 北京：清华大学出版社，2020.

[35] 吕秋薇. 财经应用文写作[M]. 3版. 北京：电子工业出版社，2020.

[36] 邓玉萍. 应用文写作[M]. 2版. 北京：中国人民大学出版社，2020.

[37] 张祥评，金敏，张鹏振. 沟通与写作[M]. 武汉：华中科技大学出版社，2020.

[38] 唐琳，张海涛，周龙军. 商务写作与沟通[M]. 大连：大连理工大学出版社，2020.

[39] 杨丽彬. 沟通技巧[M]. 北京：机械工业出版社，2019.

[40] 黄杰，汤曼. 商务沟通与谈判[M]. 北京：人民邮电出版社，2019.

[41] 范晓莹，黄漫宇. 人际沟通与交流[M]. 2版. 北京：清华大学出版社，2019.

[42] 宋倩华. 沟通技巧[M]. 2版. 北京：机械工业出版社，2019.

[43] 戴诗颖. 礼貌原则视角下的寒暄赞美话术[J]. 开封教育学院学报，2019(9): 96-98.

[44] 钟新. 新编财经应用文写作[M]. 北京：中国人民大学出版社，2019.

[45] 陈承欢. 财经应用文：写作技巧 范例模板 实战训练[M]. 北京：人民邮电出版社，2019.

[46] 张莉，胡懿. 财经应用文写作[M]. 北京：电子工业出版社，2019.

[47] 屈波. 写作与沟通[M]. 西安：西北大学出版社，2019.

[48] 张传杰，黄漫宇. 商务沟通：方法、案例和技巧[M]. 北京：人民邮电出版社，2018.

[49] 王鹏. 书写我人生：应用文写作[M]. 北京：中国人民大学出版社，2018.

[50] 李稻魁，杨晓丽，贺予新，等. 财经应用文写作[M]. 2版. 成都：西南财经大学出版社，2017.

[51] 刘春丹. 财经应用文写作[M]. 3版. 北京：北京大学出版社，2017.

[52] 郑延琦. 财经应用文写作方法与技巧[M]. 北京：人民邮电出版社，2017.

[53] 盛明华. 常用经济应用文写作教程[M]. 2版. 上海：立信会计出版社，2017.

[54] 王燕. 应用文写作项目化教程[M]. 2版. 北京：中国人民大学出版社，2017.

[55] 叶惠美. 应用文写作[M]. 北京：中国人民大学出版社，2016.

[56] 王凤，金清子，韩雪. 新编大学应用文写作教程[M]. 北京：中国人民大学出版社，2016.

[57] 黄秀丽，江爱国. 应用文写作[M]. 北京：中国人民大学出版社，2015.

[58] 王敏杰. 应用文写作[M]. 北京：中国人民大学出版社，2015.

[59] 陶莉. 职场口才技能实训[M]. 北京：中国人民大学出版社，2015.

[60] 张波. 口才与交际[M]. 北京：机械工业出版社，2015.

[61] 蒋红梅，张晶，罗纯. 演讲与口才实用教程[M]. 北京：人民邮电出版社，2015.

[62] 李元授. 人际沟通训练[M]. 武汉：华中科技大学出版社，2014.

[63] 徐静，陶莉. 有效沟通技能实训[M]. 北京：中国人民大学出版社，2014.

[64] 王晶. 口才训练实用教程[M]. 北京：清华大学出版社，2014.

[65] 袁红兰. 演讲与口才［M］. 北京：航空工业出版社，2014.
[66] 朱萍，周国兴. 参与式应用文写作教程［M］. 2版. 北京：中国人民大学出版社，2014.
[67] 吴雨潼. 人际沟通实务教程［M］. 大连：大连理工大学出版社，2014.
[68] 王珊. 商务活动组织与策划［M］. 北京：中央广播电视大学出版社，2013.
[69] 杨利平，艾艳红. 实用口才训练教程［M］. 长沙：湖南人民出版社，2013.
[70] 张珺. 实用口才［M］. 南京：南京大学出版社，2013.
[71] 金常德. 大学生社交口才实践教程［M］. 北京：北京大学出版社，2013.
[72] 李晓霞. 论商务沟通中的有效倾听［J］. 现代商贸工业，2013（12）：56-57.
[73] 刘伯奎. 大学生情商口才［M］. 北京：电子工业出版社，2013.
[74] 程庆珊. 商务沟通［M］. 大连：东北财经大学出版社，2012.
[75] 姚小玲，张凤，陈萌. 演讲与口才［M］. 北京：电子工业出版社，2012.
[76] 周曼. 说服的语言艺术［J］. 中国大学生就业，2012（5）：46-47.
[77] 佚名. 业务员初次拜访客户的提问技巧［J］. 北方牧业，2012（18）：31.
[78] 韦志国. 秘书写作［M］. 大连：大连理工大学出版社，2012.
[79] 李娜. 现代应用文写作［M］. 北京：清华大学出版社，2012.
[80] 傅春丹. 演讲与口才案例教程［M］. 北京：中国水利电力出版社，2011.
[81] 屈海英. 新编演讲与口才［M］. 杭州：浙江大学出版社，2011.
[82] 汪彤彤. 商务口才实用教程［M］. 北京：中国人民大学出版社，2011.
[83] 佚名. 掌握谈话技巧巧妙拜访客户［J］. 北方牧业，2011（8）：33.
[84] 钟小安. 秘书在接待工作中要善用模糊语言［J］. 秘书之友，2011（6）.
[85] 刘伯奎. 口才交际能力能力训练［M］. 北京：中国人民大学出版社，2011.
[86] 王浩白. 商务沟通［M］. 杭州：浙江大学出版社，2011.
[87] 丁宁. 管理沟通［M］. 北京：清华大学出版社，2011.
[88] 张秋筠. 商务沟通技巧［M］. 北京：对外经济贸易大学出版社，2010.
[89] 唐丽. 接待工作中秘书的寒暄技巧［J］. 秘书之友，2010（5）：43.
[90] 韦茂繁. 经济应用文写作实训教程［M］. 大连：大连理工大学出版社，2010.
[91] 王粤钦，李海燕. 新编财经应用文写作［M］. 4版. 大连：大连理工大学出版社，2010.
[92] 蔡录昌. 经济应用文写作［M］. 北京：清华大学出版社，2010.
[93] 张文光. 人际关系与沟通［M］. 北京：机械工业出版社，2009.
[94] 张喜春，刘康声，盛暑寒. 人际交流艺术［M］. 北京：北京交通大学出版社，2009.
[95] 黄静. 开拓新客户，首次拜访应如何［J］. 现代家电，2009（17）：56-57.
[96] 谢宗云. 销售业务员如何开发拜访维护客户［J］. 中国商贸，2009（11）：39-40.
[97] 成运伟. 在销售中如何说服客户［J］. 北京农业，2009（35）：13-14.
[98] 郭文根. 酒店接待口才［J］. 民营科技，2009（11）：93，143.
[99] 卢海燕. 演讲与口才实训［M］. 大连：大连理工大学出版社，2009.
[100] 王亮. 在销售中如何说服客户［J］. 中国畜牧兽医文摘，2008（6）：38-39.

［101］明卫红. 沟通技能训练［M］. 北京：机械工业出版社，2008.

［102］邹晓明. 沟通能力培训全案［M］. 北京：人民邮电出版社，2008.

［103］莫林虎. 商务交流［M］. 北京：中国人民大学出版社，2008.

［104］惠亚爱. 沟通技巧［M］. 北京：人民邮电出版社，2008.

［105］徐丽君，明卫红. 秘书沟通技能训练［M］. 北京：科学出版社，2008.

［106］刘伯奎. 口才与演讲系统化训练［M］. 北京：北京交通大学出版社，2008.

［107］陈秀泉. 实用情境口才：口才与沟通训练［M］. 北京：科学出版社，2007.

［108］佚名. 如何进行成功的商务演讲［J］. 沪港经济，2007（11）：50-51.

［109］张建宏. 态势语言的特点［J］. 秘书，2007（5）：21-23.

［110］周彬琳. 实用口才艺术［M］. 大连：东北财经大学出版社，2006.

［111］黄漫宇. 商务沟通［M］. 北京：机械工业出版社，2006.

［112］李晓. 沟通技巧［M］. 北京：航空工业出版社，2006.

［113］潘桂云. 口才艺术［M］. 北京：旅游教育出版社，2006.

［114］黄雄杰. 口才训练教程［M］. 北京：高等教育出版社，2006.

［115］马志强. 语言交际艺术［M］. 北京：中国社会科学出版社，2006.

［116］王占国. 赞美语言用得好　客户怎能不买单［J］. 现代营销，2006（10）：49.

［117］冯玉珠. 餐饮礼仪全攻略［M］. 北京：对外经济贸易大学出版社，2005.

［118］俞玉荣. 商务谈判中"提问"和"答复"的技巧和运用［J］. 职业技术，2004（4）：48-51.

［119］宿春礼. 客户管理文案［M］. 北京：经济管理出版社，2003.

［120］周亮. 如何与客户第一次亲密接触：客户拜访技巧［J］. 中国中小企业，2003（11）：34-36.

［121］邵咏涛，商务交往中的交谈技巧［J］. 对外经贸实务，2003（8）：36-37.

［122］李正堂，蒋心海. 语言的魅力［M］. 北京：海潮出版社，2002.

［123］刘伯奎. 教师口语：表达与训练［M］. 上海：华东师范大学出版社，2002.

［124］刘伯奎，王燕. 口才演讲：技能训练［M］. 北京：中国人民大学出版社，2002.

［125］翟雅丽. 教师口语技巧［M］. 广州：暨南大学出版社，2001.